Mensch – Natur – Technik

Gymnasium Thüringen

5/6

Herausgeberin

Dr. Solveig Schmitz

Duden Schulbuchverlag

Berlin · Mannheim

Autoren

Carola Bachem

Monika Biere-Mescheder

Dr. habil. Barbara Gau

Prof. Dr. Bernd Hill

Dr. Edeltraud Kemnitz

Prof. Dr. sc. Manfred Kurze

Prof. Dr. habil. Lothar Meyer

Inge Müller-Costard

Dr. habil. Christa Pews-Hocke

Dr. Solveig Schmitz

Aenne Wood

Prof. Dr. habil. Erwin Zabel

Beiträge von Doris Berger-Stein, Dr. Rainer Hartelt, Dr. Heidemarie Kaltenborn, Martin Lembcke, Werner Liebermann, Dr. habil. Bernd Raum, Katrin Täger, Dr. Adria Wehser, Birgit Weidemann, Silvia Wenning

Berater Carola Bachem, Bad Klosterlausnitz

Hartmut Kost, Seebach

Dr. Gabi Krause, Heideland

Jeannette Radefeld, Königshofen

Redaktion Dr. Solveig Schmitz

Gestaltungskonzept Simone Hoschack, Britta Scharffenberg

Einband Britta Scharffenberg

Layout Claudia Kilian, Jens Knöpke, Manuela Liesenberg, Susanne Raake

Grafik Christiane Gottschlich, Martha-Luise Gubig, Claudia Kilian, Jens Knöpke, Manuela Liesenberg, Christiane Mitzkus, Jens Prockat, Susanne Raake, Walther-Maria Scheid, Sybille Storch

Titelbild Mädchen: Bildagentur Waldhäusl/McPhoto; Lotuseffekt: panthermedia/William Thielicke

Dieses Werk enthält Vorschläge und Anleitungen für Untersuchungen und Experimente. Vor jedem Experiment sind mögliche Gefahrenquellen zu besprechen. Die Gefahrstoffe sind durch die entsprechenden Symbole gekennzeichnet. Experimente werden nur nach Anweisung der Lehrkraft durchgeführt. Solche mit Gefahrstoffen dürfen nur unter Aufsicht durchgeführt werden. Beim Experimentieren sind die Richtlinien zur Sicherheit im naturwissenschaftlichen Unterricht einzuhalten.

Die Webseiten Dritter, deren Internetadressen in diesem Lehrwerk angegeben sind, wurden vor Drucklegung sorgfältig geprüft. Der Verlag übernimmt keine Gewähr für die Aktualität und den Inhalt dieser Seiten oder solcher, die mit ihnen verlinkt sind.

www.cornelsen.de

1. Auflage, 6. Druck 2020

Alle Drucke dieser Auflage sind inhaltlich unverändert und können im Unterricht nebeneinander verwendet werden.

© 2009 Duden Paetec GmbH, Berlin

© 2017 Cornelsen Verlag GmbH, Berlin

Druck: Athesiadruck GmbH

ISBN 978-3-8355-3115-4

PEFC zertifiziert

Dieses Produkt stammt aus nachhaltig bewirtschafteten Wäldern und kontrollierten Quellen.

PEFC

PEFC/18-31-166

www.pefc.de

Inhaltsverzeichnis

3 Wirbeltiere – Tiere mit Rückgrat 94

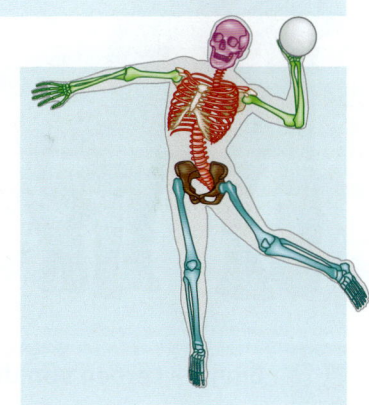

5 Keiner lebt für sich allein · 174

6 Bionik – Lernen von der Natur · 218

7   So kannst du vorgehen   250

1 Vom Probieren zum Experimentieren

Natur beobachten und erforschen

Aus einem Ei schlüpft ein Küken. Wir selber entwickeln uns vom Säugling zum Jugendlichen und weiter zum Erwachsenen. In der Natur lassen sich viele spannende Entwicklungen beobachten. Um die Natur zu nutzen und auch um Fortschritte in der Technik zu erzielen, reichen einfache Beobachtungen aber nicht aus.

Naturwissenschaften – wozu?

Ob Fahrrad, Handy oder MP3-Player, ohne Erkenntnisse aus den Naturwissenschaften gäbe es diese Geräte nicht. Auch für die Produktion von Lebensmitteln und die Heilung von Krankheiten wird Wissen über Zusammenhänge und Abläufe in der lebenden und in der nicht lebenden Natur benötigt.

1.1 Mensch – Natur – Technik

1 Einen Wasserstrahl ablenken

Drehe einen Wasserhahn so auf, dass der Wasserstrahl dünn und gleichmäßig herausfließt!
Reibe nun einen aufgeblasenen Luftballon fest, aber vorsichtig an deinem Pullover!
Halte den Ballon in die Nähe des Wasserstrahls!

2 Eine Münze im Wasser

In der Schale liegt eine Münze. Die Kerze brennt. Wie kommst du an die Münze heran, ohne nasse Finger zu bekommen?
Als Hilfsmittel steht dir ein großes Glas zur Verfügung.

3

Ist eine leere Flasche wirklich ganz leer?

Das Gefühl beim Aufblasen eines Luftballons kennst du sicher. Probiere es einmal so: Stecke den leeren Ballon in eine Flasche und stülpe die Öffnung über den Flaschenrand!
Versuche nun, den Ballon aufzublasen!
Entferne den Ballon!
Halte die Flasche waagerecht und lege ein kleines Papierkügelchen in die Flaschenöffnung!
Blase gegen das Papierkügelchen!

4 Einen Luftballon aufblasen

Fülle ein Tütchen Backpulver in eine kleine Plastikflasche! Gib etwas Essig in einen Luftballon! Stülpe ihn so über die Öffnung der Flasche, dass der Essig auf das Backpulver tropft!

5

Blütenfarbe nach Wunsch

Stelle eine Blume mit einer weißen Blüte in farbiges Wasser! Du kannst das Wasser mit Tinte, Lebensmittelfarbe oder Krepppapier färben. Beobachte die Blüte an mehreren Tagen hintereinander!

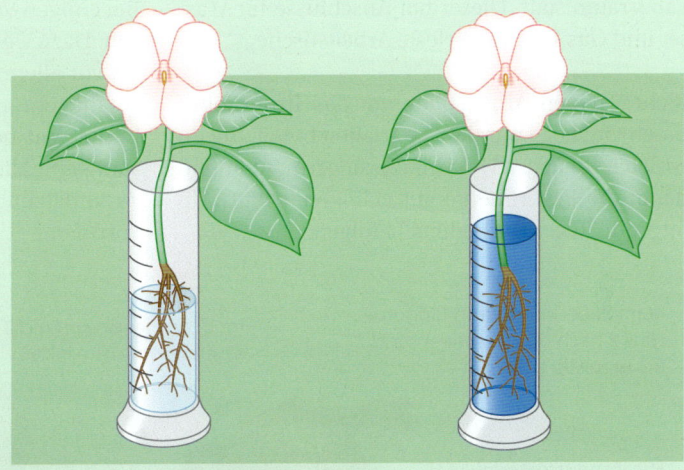

6

Ein Tier beobachten

Beobachte ein Tier oder eine Gruppe gleicher Tiere ganz aufmerksam! Suche einen Ort, an dem du etwa 15 Minuten lang ungestört „forschen" kannst! Tiere zum Beobachten findest du im Garten, auf dem Schulhof oder im Aquarium. Überlege, welche Hilfsmittel geeignet sind, deine Beobachtung zu unterstützen (Käscher, Lupe, Fernglas, ...)!

Sicherheit zuerst!

Wie verhalte ich mich richtig?

Das Fach Mensch – Natur – Technik bietet dir die Möglichkeit, selbst zu experimentieren. Dazu kannst du viele Materialien und Geräte verwenden, die du aus dem Alltag kennst. Für manche Versuche benötigst du aber auch spezielle Chemikalien und Laborgeräte. Wenn möglich, findet der Unterricht in einem besonders ausgestatteten Laborraum statt. Dieser hat Anschlüsse für Wasser und Gas sowie feuerfeste Arbeitstische.

Richte deinen Arbeitsplatz auf das Experimentieren ein! Lege nur die Materialien bereit, die du wirklich brauchst! Um Unfälle zu vermeiden und damit die Experimente gut gelingen, solltest du folgende Regeln unbedingt befolgen:

Auch nach dem Experimentieren sind einige Regeln einzuhalten:
– Reste sammeln und nur nach Anweisung des Lehrers entsorgen!
– Alle Geräte sorgfältig reinigen und an ihren Platz zurückstellen!
– Den Arbeitsplatz aufgeräumt und sauber hinterlassen!
– Hände gründlich waschen!

Erhitzen

Bei einigen Versuchen ist es nötig, Stoffe zu erhitzen. Dazu werden **Wärmequellen** genutzt.
Da vor allem bei offenem Feuer die Verletzungsgefahr sehr groß ist, solltest du die Wärmequelle immer gut beobachten und ausreichenden Abstand einhalten. Auch brennende Kerzen können zu Verletzungen führen oder sogar Brände hervorrufen.

Beim Experimentieren längere Haare nach hinten binden und **Schutzbrille** tragen!

Im Unterrichtsraum nicht essen und nicht trinken!

Chemikalien nicht anfassen, niemals kosten, nicht mit nach Hause nehmen!

Nur Arbeitsmaterialien zum Experimentiertisch mitbringen!

Für einen sicheren Stand aller Geräte sorgen, z. B. mit Stativmaterial!

Experimente nur nach Anweisung durchführen!

Auch bei der Nutzung einer Heizplatte musst du bestimmte **Sicherheitshinweise** beachten:
- Vorsicht! Nach dem Ausschalten bleibt eine Heizplatte noch längere Zeit heiß, ebenso die verwendeten Gefäße.
- Verwende nur hitzebeständige Gefäße!

Wenn es erforderlich ist, einen **Gasbrenner** zu nutzen, musst du besonders aufmerksam arbeiten.
- Benutze den Brenner nur nach genauer Anleitung durch den Lehrer!
- Trage stets eine Schutzbrille!
- Beachte besonders: Es besteht große Verbrennungsgefahr für Kleidung und Haare!
- Beachte: Die Flamme ist oft nicht gut sichtbar!
- Richte die Öffnung von Gefäßen beim Erhitzen nie auf Personen! Es besteht Verbrennungsgefahr durch herausspritzende Flüssigkeiten.

Gehe immer in folgender Schrittfolge vor:
Entzünden:
1. Brenner an den Gashahn anschließen!
2. Luftzufuhr und Gaszufuhr am Brenner schließen!
3. Gaszufuhr am Labortisch (nach Anweisung des Lehrpersonals) öffnen!

4. Gaszufuhr am Brenner öffnen und Gas sofort entzünden!
5. Luftzufuhr vorsichtig öffnen („rauschende", blaue Flamme ist heißer als „helle" Flamme)!
6. Ein Mitschüler beobachtet die Flamme (bei Gefahr schließt er die Gaszufuhr am Labortisch).

Löschen:
1. Gaszufuhr am Labortisch schließen (niemals „auspusten")!
2. Luft- und Gaszufuhr am Brenner schließen!

Sicherer Umgang mit Stoffen des Alltags

In unserem alltäglichen Leben kommen wir mit einer Vielzahl von Stoffen in Berührung. Mit manchen Stoffen müssen wir vorsichtig umgehen, da sie auf den menschlichen Körper eine schädliche Wirkung haben können. Andere fügen Tieren oder Pflanzen Schaden zu, wenn sie in die Umwelt gelangen.

Im Fach Mensch – Natur – Technik wirst du auch mit Stoffen arbeiten, die dir bisher nicht bekannt sind. Sei immer vorsichtig und gehe nach diesen Regeln vor:
- Achte auf Gefahrstoffsymbole!
- Nimm immer nur eine kleine Menge aus dem Vorratsgefäß!
- Gib niemals Reste in die Gefäße zurück!
- Nimm niemals eine Kostprobe!
- Um den Geruch eines Stoffes kennenzulernen, fächele mit der Hand von der Öffnung des Gefäßes in Richtung deiner Nase!

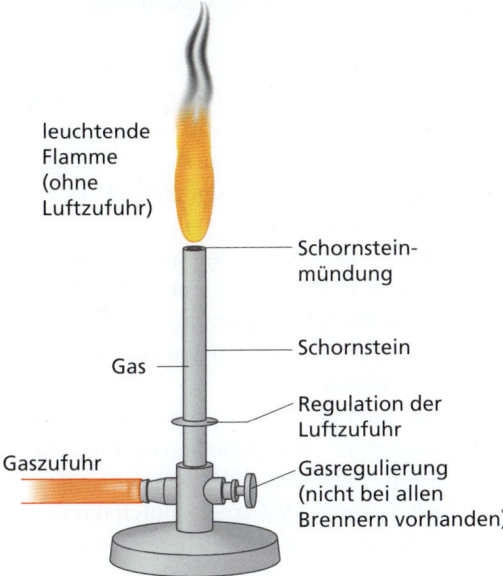

leuchtende Flamme (ohne Luftzufuhr)

Schornsteinmündung

Schornstein

Gas

Regulation der Luftzufuhr

Gaszufuhr

Gasregulierung (nicht bei allen Brennern vorhanden)

1 Aufbau des Gasbrenners

Gewusst · Gekonnt

Suche im Haushalt nach Verpackungen mit den abgebildeten Symbolen:

Xi
reizend

F
entzündlich

C
ätzend

Xn
gesundheitsschädlich

Welche Produkte sind so gekennzeichnet? Wozu werden sie verwendet?

Worum geht es im Fach Mensch–Natur–Technik?

Wenn du den Anleitungen auf Seite 10 und 11 folgst, kannst du deine Eltern oder Freunde verblüffen und zum Staunen bringen. Du weißt, wie du einen Wasserstrahl „verbiegen" kannst, wie du eine Münze aus einem Teller mit Wasser holen kannst, ohne nasse Finger zu bekommen, oder wie du mit Backpulver und etwas Essig einen Luftballon aufblasen kannst.

Du weißt aber nicht, warum diese Dinge geschehen. Als Naturwissenschaftler reicht dir das Beobachten nicht aus. Deshalb möchtest du den Dingen auf den Grund gehen. Du möchtest Erklärungen finden und deine Überlegungen überprüfen können. Genauso gehen auch die „richtigen" Naturwissenschaftler vor.

Im Fach Mensch–Natur–Technik werden Themen aus der Biologie, Chemie und Physik behandelt. Die Inhalte der einzelnen Fächer, die als Naturwissenschaften bezeichnet werden, sind oft eng miteinander verzahnt. Viele Erscheinungen in der lebenden Natur lassen sich nicht ohne die Erkenntnisse aus der Chemie oder der Physik erklären (↗ Abb. 1).

1 Delfine verständigen sich mithilfe des Schalls. Um dies zu verstehen, werden physikalische Erkenntnisse angewendet.

– Die **Biologie** untersucht Erscheinungen des Lebens von Pflanzen, Tieren und Menschen. Sie befasst sich mit der Entstehung des Lebens, seinen Erscheinungsformen, seinen Entwicklungen und Gesetzmäßigkeiten.
– Die **Chemie** untersucht Erscheinungen, die mit dem Aufbau, den Eigenschaften und der Umwandlung von Stoffen unserer Umwelt verbunden sind.
– Die **Physik** untersucht grundlegende Erscheinungen und Gesetze, die sowohl in der lebenden als auch in der nicht lebenden Natur auftreten und in der Technik genutzt werden.

> **Alle Naturwissenschaften befassen sich mit Erscheinungen und Vorgängen in der lebenden und der nicht lebenden Natur. Sie liefern auch Erkenntnisse, die der Technik zugrunde liegen.**

Selbst erforscht

Lebendig oder nicht?

Im Fach Mensch–Natur–Technik geht es um lebende und nicht lebende Natur. Wie lassen sich beide unterscheiden?

Pflanzenrennen
a) Lass Blumentöpfe auf der Fensterbank einmal einige Tage an der gleichen Stelle stehen und drehe sie auch nicht!
b) Beobachte die Pflanzen täglich! Haben sie sich bewegt?
c) Drehe die Töpfe dann genau anders herum! Beobachte erneut! Wie sieht es nun mit der Bewegung aus?
   Bewegen sich die Pflanzen unterschiedlich schnell?
d) Mit diesem Versuch lassen sich zwei Merkmale des Lebens nachweisen. Nenne diese beiden Merkmale!
e) Finde weitere Merkmale, durch die sich Lebewesen von nicht lebenden Dingen unterscheiden!

Kennzeichen des Lebens

Menschen und Tiere sind Lebewesen. Sie bewegen sich, essen und atmen. Aber auch Pflanzen zeigen die Kennzeichen des Lebens. Sie vertrocknen, wenn lange kein Regen gefallen ist oder wenn man vergisst, sie zu gießen. Die Blätter werden gelb und die Pflanzen verkümmern, wenn sie nicht regelmäßig gedüngt werden.

Pflanzen benötigen zum Leben also bestimmte Stoffe. Dazu gehören Wasser und Mineralstoffe. Sie brauchen aber auch Licht und Kohlenstoffdioxid. Die Aufnahme der Stoffe aus dem Boden erfolgt über die Wurzeln und aus der Luft mit den Laubblättern. Pflanzen benötigen auch Sauerstoff zum Leben. Besonders nachts nehmen sie Sauerstoff aus ihrer Umgebung auf. **Pflanzen ernähren sich und atmen.**

Können sich Pflanzen bewegen?

Viele Pflanzen sind zeit ihres Lebens an einem Ort festgewachsen. Sie können nicht – wie die Tiere – von einem Ort zu einem anderen Ort laufen, schwimmen oder fliegen. Es gibt aber Bewegungen bei ihnen. Allerdings bewegen sie nur Teile ihres Körpers, z. B. die Blüte oder die Laubblätter. Viele Pflanzen öffnen und schließen ihre Blüten beispielsweise in Abhängigkeit vom Wetter. Bei Regen oder Kälte werden oftmals die Blüten geschlossen, bei Sonnenschein und Wärme geöffnet (z. B. Tulpen, Löwenzahn). Bei vielen Zimmerpflanzen kann man beobachten, dass sie ihre Laubblätter und Stängel zur Fensterseite ausrichten. Sie wenden sich dem Licht zu. Dreht man die Pflanze, so kann man feststellen, dass sie wieder zum Licht wächst. **Pflanzen können sich bewegen.**

Können Pflanzen auf Reize reagieren?

Obwohl Pflanzen keine Sinnesorgane wie die Tiere besitzen, können sie doch Informationen (Reize) aus ihrer Umwelt aufnehmen und auf sie reagieren. Beim Öffnen bzw. Schließen von Blüten wirken Regen, Kälte, Sonnenschein und Wärme als Reiz auf die Pflanze. Auf Berührung reagiert die Mimose mit dem Zusammenklappen ihrer gefiederten Blätter (↗ Abb. 1, rechts). Nach einiger Zeit breitet sie die Blätter wieder aus (↗ Abb. 1, links). **Pflanzen reagieren auf Reize. Sie sind reizbar.**

Bei ausreichender Ernährung beginnt die Jungpflanze zu wachsen. Sie wird größer und entwickelt sich zur ausgewachsenen Pflanze. Diese bildet Blüten und Früchte mit Samen. Fallen die Samen auf den Boden, können sie auskeimen und im nächsten Jahr neue Pflanzen bilden. **Die Pflanzen wachsen, entwickeln sich und pflanzen sich fort.**

> **Pflanzen und Tiere sind Lebewesen. Kennzeichen dafür sind:**
> – Sie atmen und ernähren sich.
> – Sie können sich bewegen.
> – Sie reagieren auf Reize.
> – Sie entwickeln sich und pflanzen sich fort.

1   Die Mimose reagiert auf Berührungen. Man nennt sie deshalb auch „Sinnespflanze".

Wie arbeitet die Kriminalpolizei?

In den letzten Jahrzehnten haben sich in den Labors der Kriminalpolizei moderne naturwissenschaftliche Methoden immer mehr durchgesetzt. In einem modernen Kriminallabor arbeiten Chemiker, Physiker, Biologen, Mediziner, Schusswaffenexperten, Spezialisten für Fingerabdrücke und Computerexperten zusammen.
Einige der kriminalistischen Methoden kannst du selbst ausprobieren:

Fingerabdrücke

Das Muster der Linien auf der Handinnenfläche und auf den Fingerkuppen ist bei jedem Menschen anders. Dieses Muster lässt sich aber jeweils einem von drei Grundtypen zuordnen.

1. **Die Grundtypen der Fingerabdrücke**
   a) Beschreibe die Unterschiede zwischen den abgebildeten Grundtypen der Fingerabdrücke (↗ Abb. 1)!
   b) Zeichne die wesentlichen Merkmale der drei Grundtypen der Fingerabdrücke in dein Heft!

2. **Fingerabdrücke in deiner Klasse**
   Stelle den Grundtyp deines Fingerabdrucks fest! Ermittle die Verteilung der Grundtypen der Fingerabdrücke in deiner Klasse!

Material:
Stempelkissen, unlinierte Karteikarten, Lupe

Durchführung:
a) Rolle mit der Kuppe deines Zeigefingers einmal über das Stempelkissen!
b) Drücke die Fingerkuppe auf die Karteikarte!
c) Schreibe deinen Namen zum Abdruck!

Auswertung:
a) Betrachte deinen Fingerabdruck mit der Lupe!
b) Suche in deinem Fingerabdruck Lage und Anzahl der Deltalinien (↗ Abb. 1) und markiere sie!
c) Schreibe den Grundtyp zu deinem Fingerabdruck!
d) Lege in deinem Heft eine Tabelle nach folgender Vorlage an!
   Trage die Anzahl der Schüler mit dem jeweiligen Abdruckmuster ein!

	Bogenmuster	Schleifenmuster	Wirbelmuster
Anzahl Schüler	…	…	…

3. **Fingerabdrücke sammeln**
   Fingerabdrücke, die als Spuren an einem Gegenstand zu finden sind, werden von der Polizei ausgewertet und mit vorhandenen Fingerabdrücken verglichen. Dazu müssen sie sichtbar und haltbar gemacht werden.

1 Die rot markierten Bereiche heißen Deltabereiche. Ihre Lage und Anzahl helfen bei der Bestimmung des Grundtyps von Fingerabdrücken: Bogenmuster (1), Schleifenmuster (2), Wirbelmuster (3).

Material:
sauberes Glas, Kohlepulver, Pinsel (weich, dick), durchsichtiger Klebestreifen, weißes Papier, Lupe

Durchführung:
a) Drücke deine Zeigefingerkuppe auf das Glas!
b) Stäube ein wenig Kohlepulver auf die Druckstelle! Verteile das Pulver sehr vorsichtig mit dem Pinsel!
c) Klebe einen Klebestreifen fest auf den nun sichtbaren Fingerabdruck!
d) Ziehe den Klebestreifen ab und klebe ihn auf ein weißes Blatt Papier, ohne das Muster zu verreiben!

Auswertung:
a) Vergleiche den gewonnenen Fingerabdruck mit deinem Fingerabdruck auf der Karteikarte (Aufgabe 2)!
b) Welche Schwierigkeiten ergeben sich? Schreibe auf, welche Bedingungen einem Kommissar das Sammeln von verwertbaren Abdrücken erschweren!

4. Über Fingerabdrücke informieren
Informiere dich im Internet über Fingerabdrücke! Finde heraus, warum sie bei der Suche nach Tätern so hilfreich sind!
Stelle ein Informationsplakat über Fingerabdrücke zusammen! Nenne es „Die Kriminalpolizei informiert: der einzigartige Fingerabdruck"!

5. Detektivspiel „Wer war der Täter?"
a) Bildet Gruppen zu jeweils maximal vier Schülerinnen und Schülern!
b) Wischt ein Glas sorgfältig mit einem Tuch ab!
c) Wählt ein Gruppenmitglied aus, das auf dem Glas einen Fingerabdruck des Zeigefingers hinterlässt!
   Die anderen Gruppen dürfen nicht wissen, wer von euch den Fingerabdruck gemacht hat!
d) Gebt nun euer Glas und eure Karteikarten mit den Fingerabdrücken (Aufgabe 2) an eine andere Gruppe ab! Nehmt das Glas und die Karteikarten einer anderen Gruppe entgegen!
e) Findet heraus, wer in der anderen Gruppe der „Täter" ist, d.h., wer seinen Fingerabdruck auf dem Glas hinterlassen hat!

Spuren

Reifen- oder Schuhspuren, die ein Täter im Freien hinterlässt, geben wichtige Hinweise auf das Profil und die Größe von Füßen, Schuhen oder Reifen. Sie können jedoch vom Regen weggespült oder überlaufen werden. Eindrücke von Reifen oder Schuhsohlen werden deshalb mit Abgüssen aus Gips haltbar gemacht. So kann man sie später immer wieder für Ermittlungen nutzen.

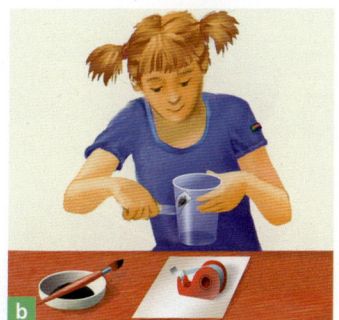

1 Arbeitsschritte beim Sichtbarmachen von Fingerabdrücken mit Kohlepulver: Einstäuben mit Kohlepulver (a), Abnehmen des Fingerabdrucks mit Klebestreifen (b), Aufkleben des Klebestreifens auf Papier (c)

6. Verräterische Bodenspuren

Stelle einen Gipsabdruck von einer Schuhspur her!

Material:
Gipspulver, Wasser, Rührschüssel, Löffel, Schuhkarton ohne Boden, Schaufel

Durchführung:
a) Suche dir eine gut zu erkennende Schuhspur in der Erde!
b) Drücke den Schuhkarton etwa 1 cm tief um den Eindruck des Schuhs herum in die Erde (↗ Abb. 1 a)!
c) Verrühre den Gips mit Wasser zu einem zähen Brei! Gieße den Brei ca. 5 cm hoch in den Karton (↗ Abb. 1 b)! Lass den Abdruck eine halbe Stunde trocknen!
d) Grabe den festen Gips zusammen mit dem Karton vorsichtig aus!
Lass den Gipsabdruck einen Tag lang trocknen!
e) Entferne den Karton und säubere den Gips mit Wasser!

Auswertung:
a) Schau dir deinen Gipsabdruck genau an: Nenne 5 besonders auffällige Merkmale!
b) Stelle Vermutungen an, welche Art von Schuh die Spur hinterlassen hat!
c) Versuche zu erkennen, ob der Mensch gegangen, langsam oder sehr schnell gelaufen oder auf Zehenspitzen gegangen ist!

7. Verschiedene Bewegungen hinterlassen Spuren

Untersuche die Unterschiede zwischen Spuren, die durch verschiedene Arten von Bewegung entstanden sind!

a) Suche dir eine Partnerin oder einen Partner!
b) Probiert auf einem weichen Untergrund aus, wie Fußspuren nach unterschiedlichem Gehen, Hüpfen, Humpeln oder Laufen aussehen!
c) Dokumentiert eure Beobachtungen in einer Tabelle!

Art der Bewegung	Umriss der Spur	Beobachtung
...	...	...

Stiftprobe

Betrügereien mit gefälschten Dokumenten oder mit gefälschten Kunstwerken aufzudecken, gehört ebenfalls zu den Aufgaben der Kriminalpolizei. Oft sind sehr aufwendige Apparate und viel Erfahrung notwendig, um Fälschungen vom Original zu unterscheiden.

Fälschungen von Unterschriften lassen sich jedoch leicht anfertigen und auch leicht erkennen. Mit einer einfachen Methode lässt sich auch nachweisen, mit welchem Stift etwas geschrieben wurde. Dabei wird die unterschiedliche Zusammensetzung der Tinte genutzt.

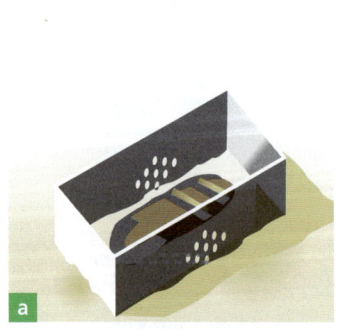
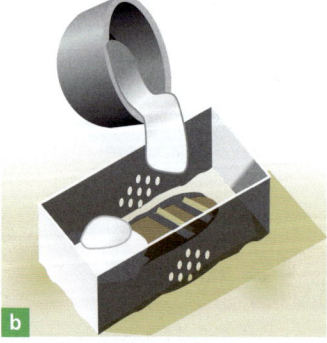
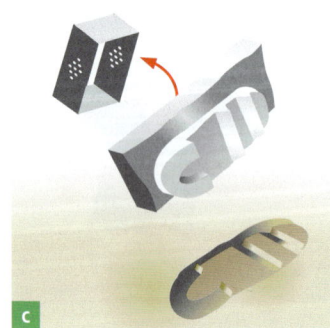

1 Anfertigen eines Gipsabdrucks von einer Trittspur

8. Ist Schwarz = Schwarz?

Unterscheide Stifte mit scheinbar völlig gleicher Farbe mithilfe der Chromatografie!

Material:

Verschiedene schwarze Filzstifte, Becherglas, Wasser, Filterpapier

Durchführung:

a) Schneide einen Streifen Filterpapier so zu, dass er in die Mitte des Becherglases passt! Knicke den oberen Rand, damit der Streifen im Becherglas nicht abrutschen kann (↗ Abb. 1)!

b) Ziehe im Abstand von ca. 2 cm vom unteren Rand des Filterpapiers eine dünne Linie mit Bleistift!

c) Trage auf diese Linie mit dem schwarzen Filzstift einen Punkt auf!

d) Fülle das Becherglas ca. 1 cm hoch mit Wasser!

e) Stelle nun den Filterpapierstreifen mit dem Punkt nach unten in das Becherglas! Der Punkt darf nicht im Wasser stehen!

f) Verfahre mit den anderen Filzstiften genauso! Nimm jeweils einen neuen Streifen Filterpapier!

g) Trockne die Filterpapierstreifen und klebe sie in deine Mappe ein!

Auswertung:

a) Beschreibe deine Beobachtungen!

b) Worin unterscheiden sich die einzelnen schwarzen Farben?

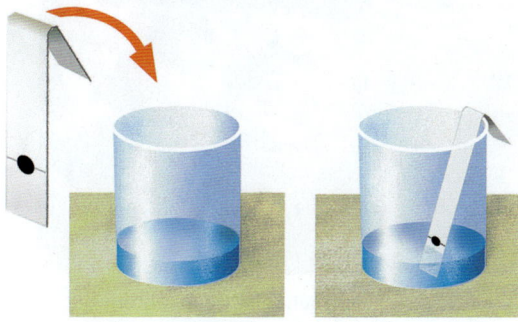

1 Anfertigen eines Chromatogramms

9. Detektivspiel „Mit wie vielen Stiften schrieb der Täter?"

a) Bildet Gruppen mit maximal vier Schülerinnen oder Schülern!

b) Schreibt die Namen der Gruppenmitglieder mit verschiedenen gleichfarbigen (schwarzen, braunen oder grünen) Filzstiften auf ein Filterpapier!

c) Reicht die beschriebenen Filterpapiere jeweils an die nächste Gruppe weiter!

d) Findet die Anzahl der verschiedenen verwendeten Stifte heraus!

Schutz vor Fälschungen

Besonders Personalausweise, Führerscheine oder Banknoten müssen vor dem Kopieren durch kriminelle Fälscher geschützt werden. Daher werden z. B. in Geldscheine Wasserzeichen, Hologramme und Metallfäden eingearbeitet, die das Fälschen erschweren. Eurobanknoten gelten als sehr fälschungssicher. Bei ihnen wurden viele moderne Techniken zum Schutz vor krimineller Geldfälschung angewendet.

10. Echt oder falsch?

Informiere dich im Internet, wie man Falschgeld von echten Euroscheinen unterscheiden kann! Gehe dabei folgenden Fragen nach:

a) Welche Merkmale kannst du fühlen, welche mit bloßem Auge erkennen?

b) Für welche Sicherheitsmerkmale brauchst du Hilfsmittel, z. B. eine Lupe oder spezielles Licht?

c) Welche Merkmale befinden sich auf der Vorderseite, welche auf der Rückseite?

d) Fertige ein Poster an!

Für eine erfolgreiche Arbeit der Polizei sind naturwissenschaftliche Methoden zum Haltbarmachen und zum Auswerten kleinster Spuren notwendig. Die Auswertung erfolgt immer durch genaues Beobachten und Vergleichen.

Interessantes aus der Geschichte

Entdeckungen in der Biologie

Auch in der Biologie werden ständig neue Entdeckungen gemacht. Durch die Weiterentwicklung der Forschungsmethoden kommen immer neue Erkenntnisse über die Lebewesen hinzu. Viele Dinge sind den Menschen aber schon lange bekannt. Vor allem im Hinblick auf die Nutzung von Lebewesen gehen die Entdeckungen weit in die Geschichte zurück.

Bei den ersten Entdeckungen biologischer Zusammenhänge ging es darum, sich zu ernähren. So begannen die Menschen bereits vor über 7000 Jahren damit, Getreide anzubauen. Die Bedeutung von Getreide für die Ernährung und das Wissen über günstige Lebensbedingungen für die Pflanzen waren zuvor entdeckt worden.

Schon seit mehr als 5000 Jahren kann man Brot und Bier unter Verwendung von Hefezellen herstellen. Etwa genauso lange ist die Joghurtbereitung bekannt. Zur damaligen Zeit wusste man allerdings noch nicht, dass zur Joghurtherstellung Milchsäurebakterien erforderlich sind. Bakterien als solche waren zur damaligen Zeit nicht bekannt.

Sehr alt ist auch die Haltung und Zucht von Tieren als Haus- und Nutztiere. Vor mehr als 10 000 Jahren begann das Einfangen und Zähmen von Wölfen und damit die Zucht der heutigen Haushunderassen (↗ Abb. 1). Schon die Ägypter schätzten um 2500 v. Chr. Katzen als zutrauliche Mäusefänger und später auch als Mitbewohner.

Immer wurde auch versucht, Zusammenhänge zu erklären und mit experimentellen Methoden zu ergründen. Die Frage, wie sich Pflanzen ernähren, hat Wissenschaftler z. B. im 16. Jahrhundert beschäftigt (↗ S. 87).

Um 1637 entwickelte ANTONY VAN LEEUWENHOEK eines der ersten Mikroskope, mit welchem er bereits den Aufbau von Samen, Früchten und Blüten untersuchen konnte.

Einen wichtigen Beitrag zur Beantwortung der Frage nach der Entstehung der Arten leistete CHARLES DARWIN, der 1859 sein Hauptwerk „Entstehung der Arten durch natürliche Auslese" veröffentlichte.

1865 stellte GREGOR MENDEL Regeln für Vorgänge bei der Vererbung vor. Erst 1953 gelang WATSON und CRICK die Entschlüsselung des chemischen Aufbaus und der Struktur des Erbmaterials.
Die Blutgruppen wurden 1901 durch den Mediziner KARL LANDSTEINER entdeckt.

1. Liste alle Entdeckungen auf! Ordne sie jeweils einer Jahreszahl zu!
2. Fertige einen Zeitstrahl an und trage die Entdeckungen aus der Biologie ein!

1 Der Wolf ist der Vorfahre aller Hunderassen. Das Zähmen begann vor mehr als 10 000 Jahren.

Beziehungen zwischen Mensch, Natur und Technik

Solange es Menschen gibt, beschäftigen sie sich mit den Pflanzen und Tieren um sie herum. Beide liefern Nahrung oder können gefährlich sein. Es war also schon immer wichtig, z. B. essbare von giftigen Pflanzen unterscheiden zu können oder die Gewohnheiten der Tiere zu kennen, um sie zu jagen oder um ihnen aus dem Weg zu gehen.

Auch Erscheinungen der nicht lebenden Natur spielten bei der Entwicklung der Menschheit eine große Rolle. In Höhlen konnten sich Menschen ansiedeln. Feuer spendete Wärme und Licht, konnte aber auch zerstörerische Kraft entfalten. Mit seiner Hilfe konnten die Menschen Fleisch braten, Ton brennen und später Eisen gewinnen.

Im Laufe der Zeit strebten die Menschen eine zunehmende Unabhängigkeit von den Unregelmäßigkeiten der Natur an. Zumindest in den Industriegesellschaften ist die Versorgung mit Lebensmitteln heute das ganze Jahr über gesichert, die Menschen haben es in ihren Häusern immer warm und trocken. Die Auswirkungen von Naturkatastrophen wie Stürme, Hochwasser oder Erdbeben zeigen jedoch, dass natürliche Gegebenheiten auch dort, wo moderne Technik genutzt wird, großen Einfluss auf das Leben der Menschen haben können.

Viele technische Geräte haben Vorbilder in der Natur, auch ganz alltägliche Dinge wie der Klettverschluss (↗ S. 39). Wissenschaftler versuchen, darum Prinzipien aus der Natur zu verstehen und auf die Technik zu übertragen.

Selbst erforscht

Was ist meine Umwelt?

Erkundet eure Umwelt einmal auf andere Art!
a) Findet euch paarweise zusammen! Einer der Partner schließt die Augen und lässt sich „blind" führen. Der sehende Partner wählt einen interessanten Blick und tippt dem „blinden" auf die Schulter. Dieser öffnet für einige Sekunden die Augen und prägt sich das Bild ein. Nach drei Bildern werden die Rollen getauscht!
b) Nimm eine unlinierte Karteikarte und einen Stift und suche dir einen gemütlichen Platz, möglichst im Freien! Setze dich dort für etwa 10 Minuten hin und lausche den Geräuschen! Fertige eine „Geräuschelandkarte" an! Dazu trägst du in die Mitte der Karteikarte ein Symbol ein, das dich darstellt. Darum herum zeichnest du ungefähr in der richtigen Richtung das ein, was du hörst.
c) Fertige eine Mindmap oder ein Poster zum Thema „Meine Umwelt" an!

Die Vorräte der Natur liefern auch Rohstoffe für die Herstellung von Gegenständen und Brennstoffe für die Energiegewinnung. Zur Verwendung von Holz als Brennstoff kamen Kohle, Öl und Erdgas hinzu. Wind und Wasser trieben früher Mühlen an, heute werden Wasser- und Windkraft mithilfe von Technik zur Gewinnung von elektrischer Energie verwendet. Viele Menschen nutzen die Solarenergie.

Fahren mit dem Montainbike, ein Ski-Urlaub oder das Baden im Meer – auch für die Erholung wird die Natur vom Menschen genutzt.
Die Menschen nutzen die Natur intensiv und verändern sie dabei sehr stark. Viele Tier- und Pflanzenarten sind bereits ausgestorben, da ihre Lebensgrundlagen vernichtet wurden. Menschliche Tätigkeiten beeinflussen sogar die Atmosphäre und das Klima. Wissenschaftler befassen sich deshalb mit dem Schutz der Natur. Sie erforschen Ursachen für Veränderungen in der Natur und stellen fest, was getan werden kann, um z. B. Tier- und Pflanzenarten vor dem Aussterben zu bewahren.

1 Wind ist eine Energiequelle aus der nicht lebenden Natur, die zunehmend genutzt wird.

Selbst erforscht

Hilfe für die Wildbienen!

Stelle Nisthilfen für Wildbienen her, die du im Garten oder auf dem Balkon aufhängen kannst!

Vorbereitung:
a) Informiere dich über die Lebensweise der Wildbienen!
b) Besorge Bambusstäbe, Klebeband und Schnur!

Durchführung:
a) Schneide die Bambusstäbe in 15 cm lange Stücke!
b) Ordne etwa 12 Bambusstücke zu einem Bündel und klebe sie mit Klebeband zusammen!
c) Binde nun die Schnur so um die Röhrchen, dass sie zusammenhalten und aufgehängt werden können!

d) Hänge die Nisthilfe im Garten oder auf dem Balkon so auf, dass sie nicht im Wind hin und her baumeln kann!

Auswertung:
Beobachte, ob sich Wildbienen in der Nisthilfe ansiedeln!
Vergleiche mit Nisthilfen, die an anderen Standorten hängen!

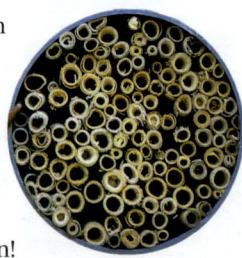

Beziehungen zwischen Mensch, Natur und Technik

Das Fach Mensch–Natur–Technik beschäftigt sich mit Erscheinungen aus
der Chemie, der Physik, der Biologie und der Technik.

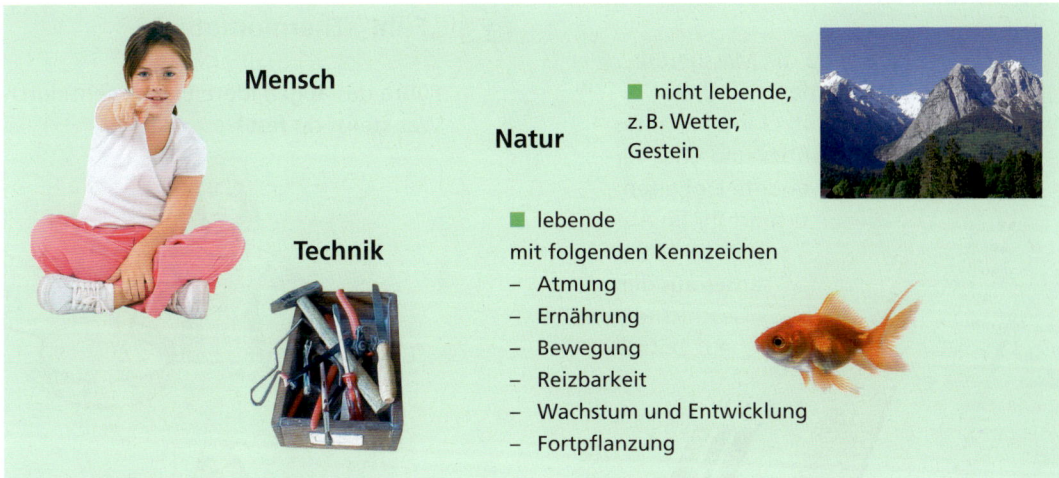

Mensch

Natur

Technik

■ nicht lebende,
z. B. Wetter,
Gestein

■ lebende
mit folgenden Kennzeichen
– Atmung
– Ernährung
– Bewegung
– Reizbarkeit
– Wachstum und Entwicklung
– Fortpflanzung

Die Menschheit nutzt die Natur

als Nahrungs- und
Rohstoffquelle

als Energiequelle

als Erholungsort

als Vorbild für
Technik

Die Menschen beeinflussen die Natur
■ Sie verändern die Landschaft – wo früher Wälder wuchsen, sind heute
Städte oder Felder.
■ Sie entnehmen Pflanzen, Tiere und Bodenschätze.
■ Sie verändern die Atmosphäre und das Klima.

Die Menschen verwenden die Technik,

■ um unabhängiger von Unregelmäßigkeiten der Natur zu sein,
■ um Dinge für das tägliche Leben herzustellen,
■ um das Leben sicherer und angenehmer zu gestalten.

1.2 Wahrnehmen und Messen

1 **Aus dem Alltag**

Sicher kennst du die Messgeräte. Was misst man damit und wo werden sie benutzt? Interessantes darüber und über verwendete Einheiten erfahrt ihr im Abschnitt „Interessantes aus der Geschichte" auf Seite 29.

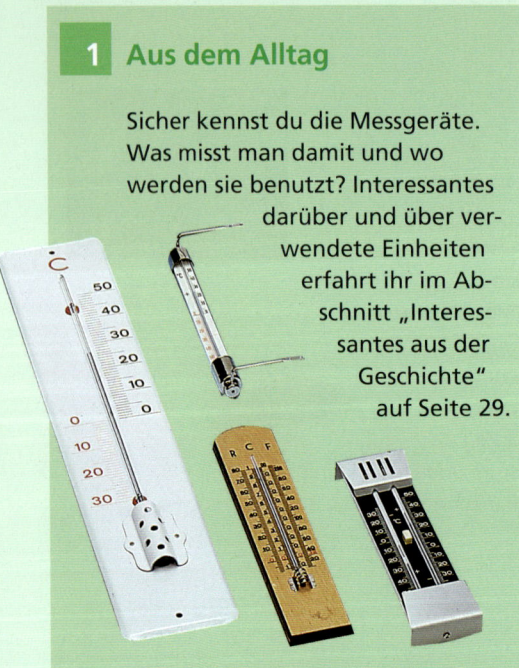

2 **„Fühl"-Thermometer**

Führe das abgebildete Experiment durch! Was stellst du fest?

kalt   heiß

3 **So warm bzw. kalt sind …**

Ordne die Beispiele nach der Höhe der Temperatur! Beginne mit der niedrigsten! Erkunde weitere Temperaturen! Erstelle eine Tabelle! Lass deine Mitschülerinnen und Mitschüler die Temperaturen von Beispielen schätzen, die du ausgesucht hast!

Oberfläche der Sonne, 5500 °C

Waldmaus, 44 °C

Erstarrungstemperatur von Blei, 327 °C

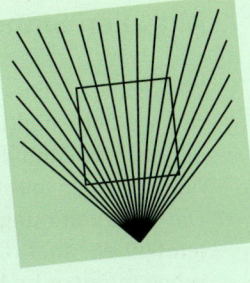

4 Auf die Augen ist Verlass – oder nicht?

Welches Paar ist größer, welcher der beiden inneren Kreise? Überprüfe dein Ergebnis mithilfe eines Lineals! Welche geometrischen Figuren siehst du in den Strichzeichnungen? Überprüfe durch Messen!

Flamme eines Bunsenbrenners, 1700 °C

Siebenschläfer beim Winterschlaf, ???

Schmelztemperatur von Eis, 0 °C

Mit allen Sinnen

Wir sehen, hören, riechen, schmecken. Wir spüren, wo oben und unten ist, fühlen, ob es warm oder kalt ist. Mithilfe unserer **Sinnesorgane** können wir uns in unserer Umwelt gut orientieren.
Die **Wahrnehmung** erfolgt zwar jederzeit mit allen Sinnen, aber das Sehen steht bei uns Menschen meistens im Vordergrund.
Nutze die folgenden Aufgaben, um dich auf die anderen Sinne einzeln zu konzentrieren!

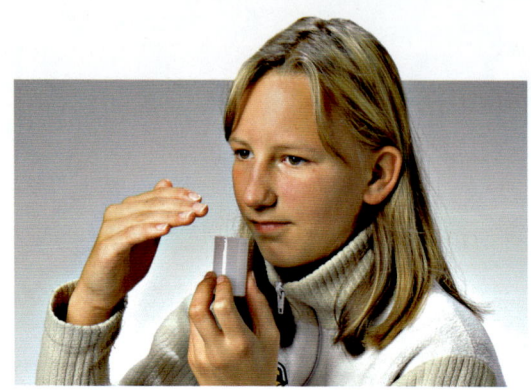

1   Geruchsprobe

1. Hörtest

Lärm kann das Gehör schädigen. Die Ohren nehmen dann, oft unbemerkt, immer weniger Töne und Geräusche wahr. Teste dein Gehör mit einem einfachen Hörtest!
a) Bitte eine Person, dir in 6 m Entfernung mit normaler Stimme etwas vorzulesen!
b) Wenn du es nicht hören kannst, gehe so lange näher, bis du die Person verstehst, und miss die Entfernung!
c) Sieh in der Tabelle nach, wie gut dein Gehör funktioniert!
d) Dieser Test ist sehr ungenau. Erkundige dich, wo man kostenlos einen Hörtest machen lassen kann!

Entfernung	Hörfähigkeit
mehr als 6 m	normal hörend
4–6 m	geringe Hörschädigung
1–4 m	mittlere bis starke Schädigung
unter 1 m	sehr starke Hörschädigung

2. Temperaturempfinden

Aufgabe 2 auf Seite 24 zeigt, dass das Empfinden von Temperatur stark von äußeren Bedingungen abhängt. Jeder Mensch entwickelt aber auch sein eigenes Temperaturgefühl.
Berichte über Situationen, in denen sich das bemerkbar macht!

3. Riechorgel

Prüfe mit einer Riechorgel, wie gut deine Nase Gerüche erkennt!

a) Fülle kleine, nummerierte Dosen jeweils mit einem anderen duftenden Stoff!
b) Öffne die Dose und halte sie dicht unter die Nase einer Testperson!
c) Notiere die Nummer der Probe und den Geruch, den die Testperson zu riechen glaubt!

4. Geschmacksempfinden

Geruchs- und Geschmackssinn ergänzen sich zu einer Vielzahl von Geschmacksempfindungen. Untersuche die Aufgabe der Nase beim Erkennen eines Geschmacks!

Vorbereitung:
a) Material: drei verschiedene Breisorten (z. B. zerdrückte Banane, geriebener Apfel, geriebene Möhre), Tuch, Teelöffel, Trinkwasser, Wäscheklammer
b) Verbinde einer Testperson die Augen und setze ihr die Wäscheklammer auf die Nase, sodass sie nichts mehr riechen kann!

Durchführung:
a) Lass die Testperson eine Probe des ersten Speisebreis kosten und benennen!
b) Nach diesem Versuch spült die Testperson den Mund gut mit Wasser aus.
c) Verwende die beiden anderen Breisorten!
d) Wiederhole die Versuchsreihe, wobei die Nase der Testperson unverschlossen bleibt!

Auswertung:
Vergleicht die Ergebnisse der Versuchsreihen!

Vom Sehen zum Beobachten

Beim Beobachten werden gezielt Erscheinungen mit den Sinnesorganen wahrgenommen. Dabei kann man z. B. feststellen,
- welche Eigenschaften oder Merkmale eine Erscheinung oder ein Vorgang hat,
- welche zeitlichen Abfolgen vor sich gehen,
- welche räumlichen Änderungen zu erkennen sind,
- wie ein technisches Gerät aufgebaut ist,
- wie ein Experiment durchgeführt wird.

Allein durch Wahrnehmung kämen wir zu einem sehr anschaulichen, gefühlsbetonten Bild von unserer Umwelt, so wie sie z. B. Künstler sehen. Um zu wissenschaftlichen Erkenntnissen zu gelangen, müssen wir unsere Wahrnehmungen aber gedanklich durchdringen. Um Sachverhalte und Zusammenhänge erkennen zu können, müssen wir aus der Fülle an Erscheinungen einige wenige auswählen und sie nacheinander genauer beobachten und untersuchen. Das Vorgehen in Arbeitsschritten hat sich beim naturwissenschaftlichen Beobachten bewährt. Welche das sind, kannst du im Kapitel „So kannst du vorgehen" hinten im Buch nachlesen.

Baue dir eine einfache Dosenlupe! Öffne eine Konservendose von beiden Seiten! Verwende einen Dosenöffner, der keine scharfen Kanten hinterlässt! Befestige ein Stück Frischhaltefolie mit einem Gummiring an einer Seite! Tauche die Seite mit der Frischhaltefolie in eine Schüssel mit Wasser und betrachte am Grund der Schüssel liegende Gegenstände!

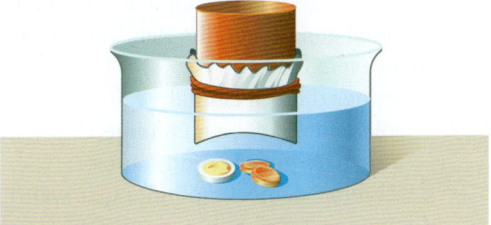

In vielen Fällen reicht das Beobachten nur mit unseren Sinnesorganen aus. In anderen Fällen benötigt man Hilfsmittel, wie Fernrohr, Lupe oder Mikroskop. Lupen und Mikroskope benutzt man, um kleine Gegenstände oder Lebewesen oder sehr feine Einzelheiten erkennen zu können.

Um langfristige Entwicklungen abzuschätzen, sind Langzeitbeobachtungen erforderlich. Hierbei ist es besonders wichtig, genau zu protokollieren und alle wichtigen Dinge aufzuschreiben.

Vom Sehen

Schon lange haben sich Menschen darüber Gedanken gemacht, warum wir ohne Licht nichts sehen, in einem ziemlich dunklen Raum nur Grautöne erkennen können und bei Licht verschiedenfarbige Gegenstände wahrnehmen.
Im Altertum verglich man das Sehen mit dem Fühlen. So nahmen PYTHAGORAS (ca. 570–480 v. Chr.) und andere griechische Philosophen an, dass von unseren Augen Sehstrahlen ausgehen.

Man verglich diese Sehstrahlen mit Händen, die die Gegenstände abtasten und sie dadurch sichtbar machen.
PTOLEMÄUS (ca. 100–160) vermutete zweierlei Arten von Strahlung, die das Sehen ermöglichen: die von den Augen ausgehenden Sehstrahlen und die vom Gegenstand ausgehenden Lichtstrahlen.
Erst viel später setzte sich die Auffassung durch, dass wir einen Gegenstand nur dann sehen, wenn Licht von ihm in unsere Augen gelangt.

Messen

Bei vielen naturwissenschaftlichen Fragestellungen reicht das Beobachten nicht aus oder es ist zu ungenau. Unsere Sinne werden immer auch von der Umgebung und von unseren eigenen Erfahrungen beeinflusst. So kommen optische Täuschungen oder unterschiedliche Temperaturempfindungen zustande.

Bei vielen Experimenten werden deshalb Messgeräte eingesetzt. Gemessen wird immer dann, wenn Mengen oder Größen festgestellt werden sollen. Dabei werden die Fragen „Wie viel?", „Wie groß?", „Wie hoch?" oder „Wie schnell?" beantwortet.

Für jede Größe, die gemessen werden soll, gibt es unterschiedliche Messgeräte:

Größe	Messgerät
Zeit	Uhr, Stoppuhr, Metronom
Länge	Zollstock, Bandmaß, Lineal, Schieblehre
Masse	Waage
Temperatur	Thermometer
Volumen	Messzylinder

Bei der Auswahl des Messgeräts muss man auf den jeweiligen Messbereich achten, den jedes Messgerät besitzt. So beträgt der Messbereich eines Lineals zum Messen einer Länge meist 0 bis 30 cm. Darüber hinaus hat jedes Messgerät eine

1 Messgeräte für die Länge

bestimmte Messgenauigkeit. Mit einem Lineal kann man z. B. bis auf 1 mm genau messen und bis auf einen halben Millimeter genau abschätzen. Möchte man genauer messen, muss man ein anderes Messgerät verwenden, z. B. eine Schieblehre.

Auch Uhren zum Messen der **Zeit** haben sehr unterschiedliche Messbereiche und Messgenauigkeiten. Während eine Uhr ohne Sekundenzeiger das Messen auf eine Minute genau erlaubt, sind bei Sportwettkämpfen Uhren im Einsatz, die Hundertstelsekunden erfassen.

Eine weitere Größe, deren Messung aus dem Alltag bekannt ist, ist die Masse. Ob Körpermasse (Gewicht), Backzutaten oder Postpakete, beinahe täglich gehen wir mit Waagen um. Dabei entscheiden wir uns ganz selbstverständlich jeweils für das Messgerät mit dem am besten geeigneten Messbereich. Für naturwissenschaftliche Experimente müssen häufig sehr kleine Mengen abgewogen werden.

Gewusst · Gekonnt

1. Ordne die folgenden Messgeräte den entsprechenden Sinnesorganen des Menschen zu!

Messgerät	Sinnesorgan
Belichtungsmesser, z. B. im Fotoapparat	…
Schallpegelmessgerät	…
Thermometer	…

2. Untersuche dein Zeitgefühl!
   Lass mithilfe einer Stoppuhr oder Eieruhr zweimal genau dieselbe Zeit, z. B. zwei Minuten, verstreichen!
   Verbringe die Zeit einmal
   – spielend mit deinen Freunden,
   – indem du nur sitzt und wartest.
   Beschreibe deine Empfindungen während der beiden Zeiträume!

Die **Temperatur** wird häufig mit einem Flüssigkeitsthermometer gemessen. Dabei wird genutzt, dass sich Flüssigkeiten beim Erwärmen ausdehnen. Auch Thermometer haben unterschiedliche Messbereiche. Ein Fieberthermometer muss im Bereich der Körpertemperatur um 37 °C möglichst genau anzeigen. Ein Thermometer in der Wetterstation muss auch unterhalb des Gefrierpunkts von Wasser einsetzbar sein.
Bei uns ist die Einheit für die Temperatur üblicherweise 1 °C. Im Internationalen Einheitensystem ist die Einheit der Temperatur das Kelvin (1 K).

Als **Volumen** wird der Rauminhalt, den ein Körper einnimmt, bezeichnet. Bei Quadern lässt er sich berechnen: Länge · Breite · Höhe. Bei Experimenten wird zur Messung des Volumens oft ein Messzylinder genutzt.
Der Messzylinder hat eine geeichte Skala, an der sich das Volumen in der Einheit Milliliter (1 ml) ablesen lässt. Ein Milliliter entspricht einem Kubikzentimeter (1 cm^3). Weitere gebräuchliche Einheiten für das Volumen sind Liter (1 l) und Kubikmeter (1 m^3). Dabei entspricht ein Liter ein-

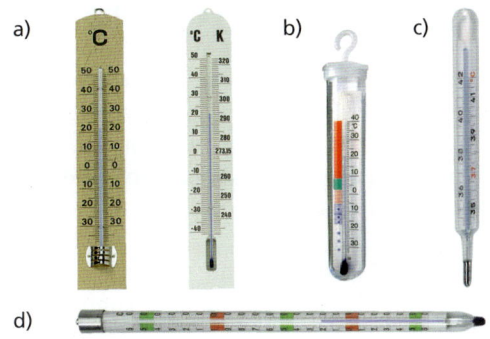

1   Verschiedene Thermometer

tausend Millilitern, ein Kubikmeter eintausend Litern. Messfehler beim Ablesen des Messwerts an einem Messzylinder lassen sich durch sorgfältiges Arbeiten klein halten (↗ S. 32).

Gewusst · Gekonnt

Fertige ein Poster an, auf dem du die im Unterricht verwendeten Größen, ihre Einheiten und Messgeräte einträgst! Ergänze im Laufe des Schuljahrs!

Interessantes aus der Geschichte

Drei Forscher und ihre Ideen

Temperaturangaben müssen für jedermann und überall dasselbe aussagen. Das gelingt mit Bezugspunkten, die überall auf der Welt gleich sind. In der Geschichte der Physik hat es verschiedene Vorschläge gegeben (↗ Abb.).

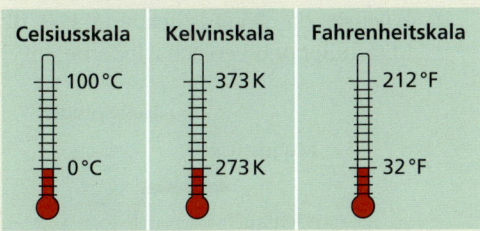

Der schwedische Forscher ANDERS CELSIUS (1701 bis 1744) wählte die Temperaturen von schmelzendem Eis (0 °C) und siedendem Wasser (100 °C) und teilte den Abstand zwischen ihnen in 100 gleiche Teile.

Eis schmilzt im Norden bei derselben Temperatur wie im Süden. Die **Celsiusskala** ist heute in den meisten Ländern verbreitet.
Der Physiker GABRIEL DANIEL FAHRENHEIT (1686–1736) wählte als Nullpunkt der Skala die Temperatur eines Gemischs aus Eis, Salmiak und Wasser: 0 °F (sprich: null Grad Fahrenheit). 0 °F entspricht −32 °C. Der andere Fixpunkt ist unsere Körpertemperatur (100 °F).
Die **Fahrenheitskala** ist noch heute in den USA und Großbritannien verbreitet. Auch auf internationalen Flügen werden die Außentemperaturen häufig sowohl in °C als auch in °F angegeben.

LORD KELVIN (1834–1907), wie sich der berühmte englische Naturwissenschaftler WILLIAM THOMSON seit 1892 nennen durfte, entwickelte die **Kelvinskala**. Die tiefste mögliche Temperatur ist 0 K (sprich: null Kelvin). 0 °C entspricht 273 K.

Wie groß – wie viel – wie schnell

Im Sportunterricht wird gemessen, wie schnell ihr die 50-Meter-Strecke lauft oder wie weit ihr den Schlagball werfen könnt. Führt andere Messungen am eigenen Körper aus und übt dabei den Umgang mit Messgeräten!

Notiert alle Messwerte und fertigt zu einer Messung, die ihr selbst auswählen könnt, eine Zeichnung an!

1. Länge der Arme
a) Wählt ein geeignetes Messgerät, um die Armlänge zu bestimmen!
b) Messt die Länge eines Arms!
c) Bestimmt eure „Spannweite", d.h. den Abstand von der Fingerspitze der rechten Hand zur Fingerspitze der linken Hand bei seitlich ausgestreckten Armen!

2. Körpergröße
a) Lasst eure Körpergröße von verschiedenen Mitschülern messen! Haltet alle Messwerte in einer Tabelle fest!
b) Vergleicht die Werte, die verschiedene Schüler an einer Person ermittelt haben!
c) Die Person ist sicher nicht gewachsen oder „geschrumpft". Diskutiert, wie es zu unterschiedlichen Messwerten kommen kann!
d) Entwickelt ein Messverfahren, bei dem die Messergebnisse nahezu übereinstimmen, unabhängig davon, wer die Messung durchführt!

1 Die Körpergröße der Menschen variiert stark.

3. Brustumfang
Messt mit einem Maßband den Brustumfang eines Mitschülers
a) beim Einatmen!
b) beim Ausatmen!

4. Anzahl der Atemzüge
a) Zähle deine Atemzüge innerhalb einer Minute!
b) Mache 15 Kniebeugen und zähle erneut die Anzahl der Atemzüge in der Minute!

5. Atemvolumen
Die gesamte Menge an Luft, die aufgenommen werden kann, hängt von der Zahl der Atemzüge, aber auch von der Menge der eingeatmeten Luft je Atemzug ab.
Miss das Atemvolumen je Atemzug!

Material:
Messzylinder, Wanne mit Wasser, Schlauch mit auswechselbarem Mundstück (Glasrohr)

Durchführung:
a) Fülle den Messzylinder bis zum Rand mit Wasser und halte ihn mit der Öffnung nach unten in eine mit Wasser gefüllte Wanne!
b) Stecke ein Ende des Schlauchs in den Messzylinder! Atme durch das Mundstück und den Schlauch aus!
c) Lies das Volumen des verdrängten Wassers am Messzylinder ab! Es entspricht dem Volumen der ausgeatmeten Luft.
d) Wechsle das Mundstück und lass deine Mitschüler den Versuch wiederholen!

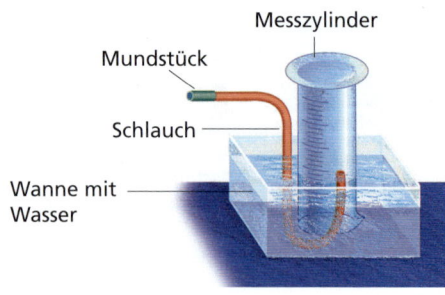

Auswertung:
a) Lege eine Tabelle mit den Messwerten an!
b) Fasse ähnliche Werte zusammen! Stelle die Anzahl der Schüler mit einem ähnlichen Atemvolumen als Säulendiagramm dar!

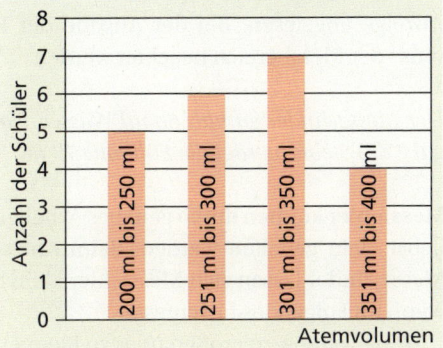

6. Herzfrequenz

Die Anzahl der Herzschläge in der Minute wird auch Herzfrequenz genannt. Sie lässt sich über das Zählen der Pulsschläge an der Halsschlagader oder am Handgelenk ermitteln.

Vorbereitung:
a) Findet euch in Paaren zusammen!
b) Jedes Paar benötigt eine Stoppuhr oder eine Uhr mit Sekundenanzeige.

Durchführung:
a) Setzt euch zu zweit gegenüber ruhig hin! Zählt nacheinander die Pulsschläge eures Partners!

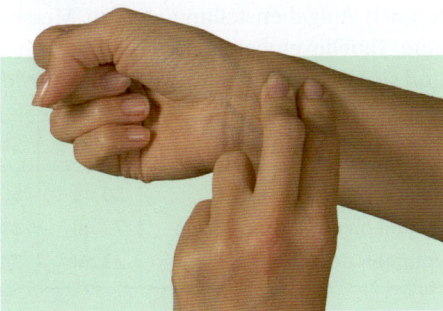

b) Führt die Messung über 15 Sekunden durch und rechnet dann auf die Anzahl der Pulsschläge in 1 Minute um!

c) Führt in Absprache mit eurem Lehrer abwechselnd anstrengende Tätigkeiten aus! Ihr könnt schnell Treppen steigen, eine Runde um die Schule laufen, hüpfen oder Kniebeugen machen.
d) Wiederholt nach jeder Anstrengung die Pulszählung!

Auswertung:
Stellt die Anzahl eurer Pulsschläge im Sitzen und nach den verschiedenen Anstrengungen in einem Säulendiagramm dar!

Messungen können zu unterschiedlichen Ergebnissen führen, wenn Bedingungen nicht übereinstimmen oder Messgeräte nicht genau funktionieren. Auch im Alltag sollte man die Anleitungen der Messgeräte beachten, um zu möglichst genauen Werten zu gelangen.

7. Körpergewicht

Ermittle die Masse deines Körpers, dein Körpergewicht! Nutze verschiedene Personenwaagen! Vergleiche die Ergebnisse!

8. Körpertemperatur

Die Körpertemperatur des Menschen ist normalerweise gleichmäßig und beträgt 36,5 °C. Bei kranken Menschen ist sie oft erhöht, sie haben Fieber. Mit einem Fieberthermometer wird die Temperatur dann kontrolliert.
Schreibe eine Anleitung zum Vorgehen beim Fiebermessen! Nenne die einzelnen Arbeitsschritte!

1 Beim Sport verändern sich Atmung und Puls.

Umgang mit Messgeräten

Wird bei einem Experiment eine Messung durchgeführt, so sollen die Messwerte möglichst genau sein.

Beispiel: Es soll das Volumen verschiedener Steine ermittelt werden.

Schritt 1

Auswählen eines geeigneten Messgeräts!
Wähle ein Messgerät aus, das für die zu messende Größe geeignet ist! Achte auch auf den Messbereich, den jedes Messgerät besitzt (↗ S. 28)!

Das Volumen von Steinen und anderen festen Körpern kann mithilfe von Messzylindern indirekt bestimmt werden (↗ Abb. 1).
Es wird die Menge von Wasser gemessen, die der Stein verdrängt. Es muss also ein Messzylinder ausgewählt werden, in den der Stein hineinpasst und an dessen Skala sich der Unterschied in der Höhe ablesen lässt.

Schritt 2

Aufbau der Versuchsanordnung
Achte darauf, dass das Messgerät gut ablesbar ist! Damit können Ablesefehler gering gehalten werden und man gelangt zu verwertbaren Messergebnissen.

Der Messzylinder wird bis zu einer bestimmten Höhe mit Wasser gefüllt und so aufgestellt, dass sich die Skala auf Augenhöhe ablesen lässt.

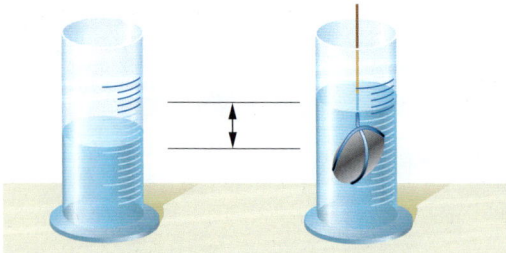

1 Der Unterschied zwischen den beiden Wasserständen entspricht dem Volumen des Steins.

Schritt 3

Durchführung der Messung
Je nach Messgerät wird an einer Skala oder einer Anzeige abgelesen. Bei der Angabe der Einheit muss der Messbereich beachtet werden.

Der Messzylinder enthält 50 ml Wasser. Nach Zugabe des Steins beträgt die Füllhöhe 73 ml.

Messfehler können durch genaues Arbeiten möglichst klein gehalten werden. Beim Ablesen am Messzylinder lassen sich Messfehler klein halten, wenn du Folgendes beachtest:
- Wähle keinen zu großen oder zu kleinen Messzylinder aus!
- Lies stets auf der Höhe des Flüssigkeitspegels ab!
- Lies in der Mitte des Flüssigkeitspegels, am tiefsten Punkt, ab!
- Beachte die Skaleneinteilung!

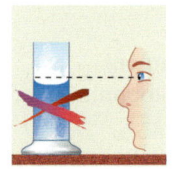 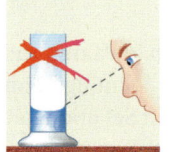 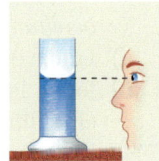

Schritt 4

Anlegen der Messwertetabelle
Je nach Aufgabenstellung werden Messwerte in eine Tabelle eingetragen. Das ist übersichtlich und sie können danach ausgewertet werden.

Objekt	Stein 1	Stein 2
Volumen des Wassers	50 ml	50 ml
Volumen von Wasser + Stein	73 ml	84 ml
Volumen des Steins	23 ml	34 ml

Ausführliche Hinweise zum Darstellen von Messwerten in einem Diagramm und zur Auswertung von Diagrammen findest du im Kapitel „So kannst du vorgehen" am Ende des Buchs.

Das Wichtigste im Überblick

Wahrnehmung mit allen Sinnen

Wir nehmen unsere Umwelt mit unseren Sinnesorganen wahr.

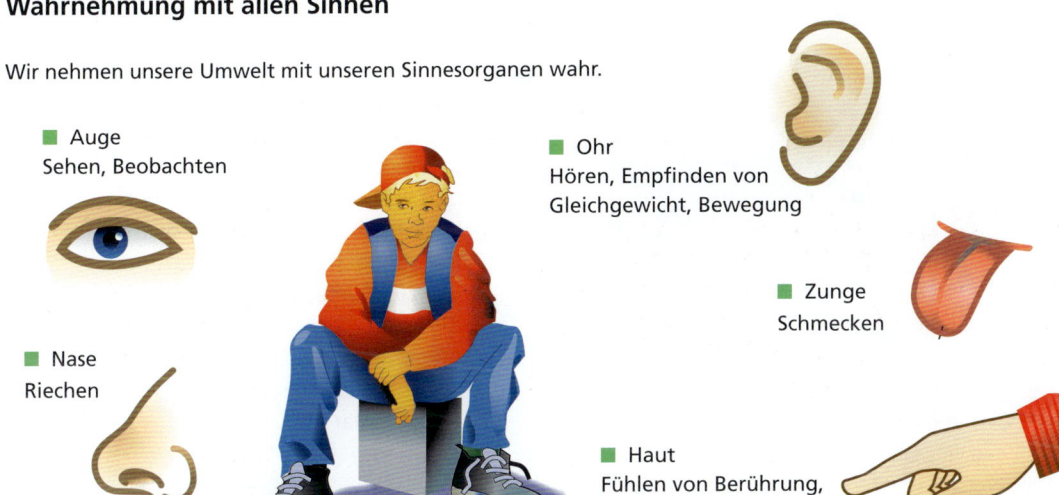

- **Auge**
  Sehen, Beobachten

- **Ohr**
  Hören, Empfinden von Gleichgewicht, Bewegung

- **Zunge**
  Schmecken

- **Nase**
  Riechen

- **Haut**
  Fühlen von Berührung, Temperatur, Schmerz

Messen ist genauer als Wahrnehmen mit den Sinnen

Für das Messen von Größen werden jeweils bestimmte Messgeräte verwendet.

Zeit

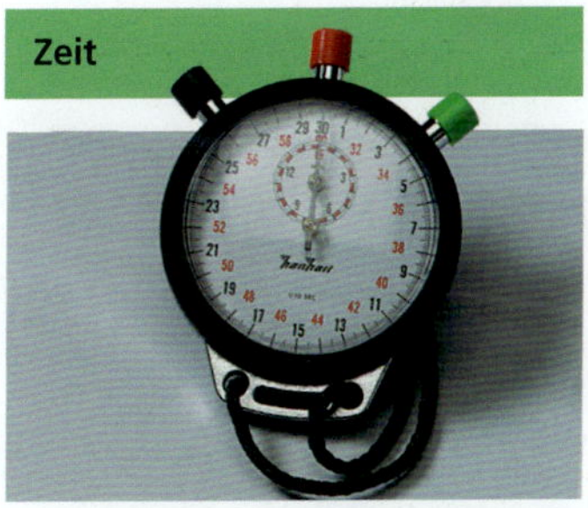

Stoppuhr

Masse

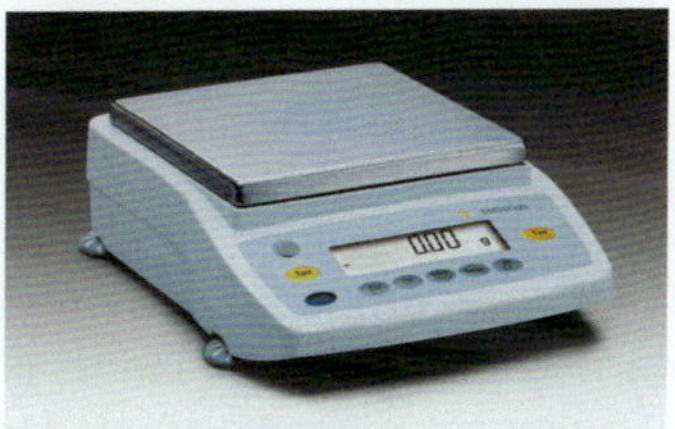

Waage

Länge

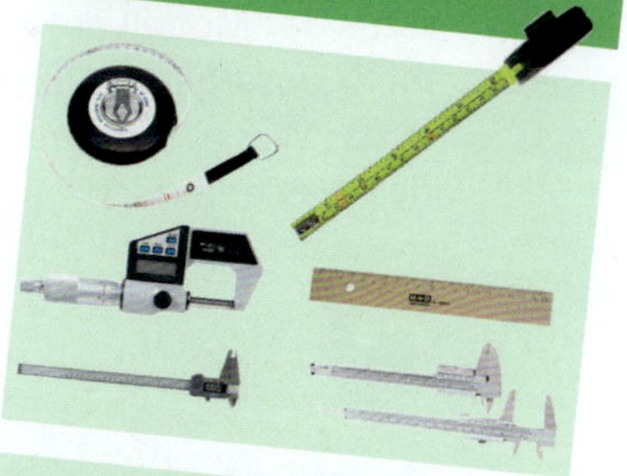

Zollstock, Bandmaß, Lineal, Schiebelehre

Temperatur

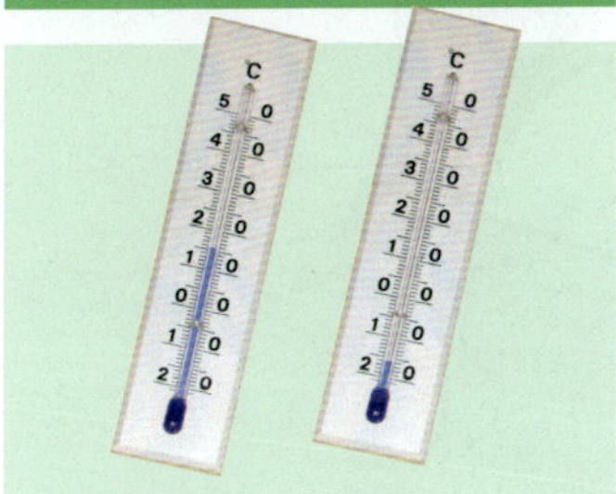

Thermometer

Volumen

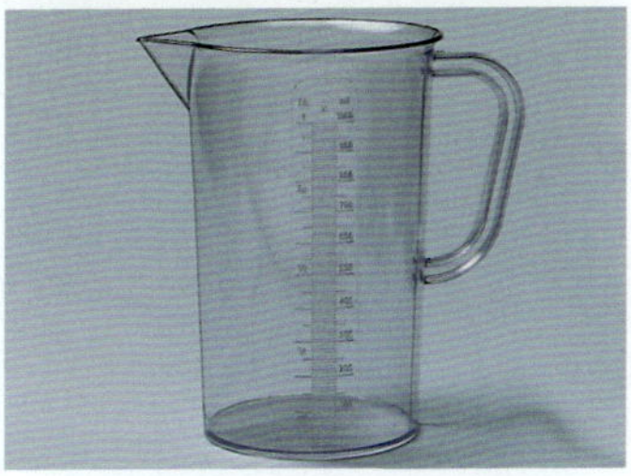

Messbecher, Messzylinder

1.3 So arbeiten Naturwissenschaftler

1 **Reinigungsmittel im Test**

Stelle Lösungen von Essig 🧪
und von einem Badreiniger her!
Verteile diese Lösungen jeweils auf vier
Reagenzgläser!
Gib zu jeweils einer Lösung
ein Stückchen Kreide,
etwas Marmor,
ein Stück Eierschale,
etwas Eiklar!

2

Spannende Flammen

Betrachte die Skizzen!
Vermute, was jeweils passiert!
Probiere es aus!

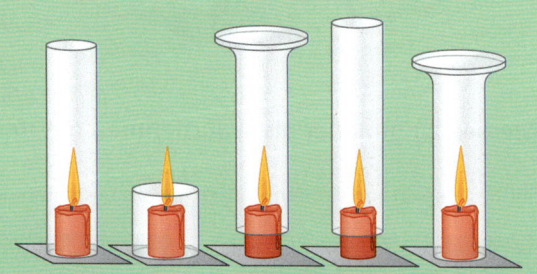

3 **Auf Wasser laufen**

Fertige vom Wasserläufer ein Modell aus Aluminiumfolie an! Teste die
Wirkung von Seifenlösung! Fülle eine große Schüssel mit Wasser und
setze das Modell auf die Oberfläche! Probiere so lange, bis es nicht
mehr untergeht! Gib etwas Spülmittel in der Nähe des Modells
in das Wasser! Informiere dich über die Lebensweise
des Wasserläufers!

4 Rotkohl einmal anders

Stelle Rotkohlsaft durch 5-minütiges Kochen einiger Blätter in etwas Wasser her!
Gib in acht Reagenzgläser jeweils 4 ml
1. Zitronensaft (oder Entkalkerlösung),
2. Haushaltsessig,
3. Leitungswasser,
4. Kernseife in Wasser,
5. gesättigte Kaisernatronlösung,
6. gesättigte Vollwaschmittellösung,
7. Sodalösung.
Füge jeweils gleiche Mengen Rotkohlsaft hinzu!

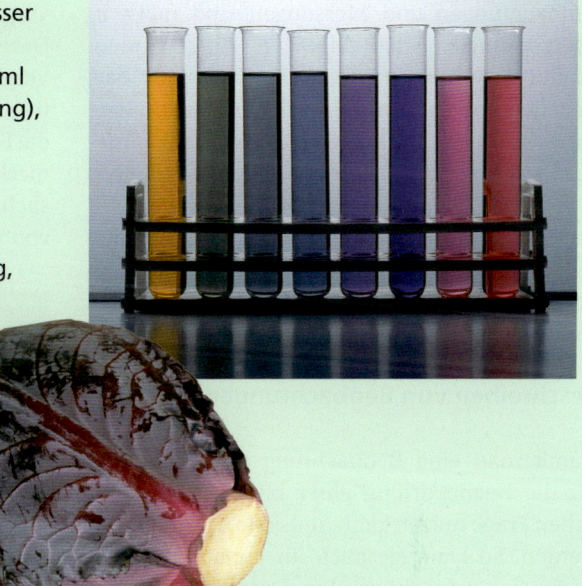

5

Das Glas zu voll genommen?

Läuft das Gefäß über, wenn das Eis schmilzt? Probiere es aus!

6 Wie kann Wasser Steine sprengen?

Was geschieht mit den Ergebnissen von Beobachtungen und Messungen?

Beobachtungen und Messungen sind meist in übergeordnete Fragestellungen eingebunden. Es gibt viele Möglichkeiten, die Ergebnisse darzustellen und auszuwerten. Hier erhältst du eine kurze Übersicht. Im Kapitel „So kannst du vorgehen" am Ende des Buches wird genau erläutert, in welchen Schritten du vorgehen musst. Du kannst dort nachschlagen, wenn in einer Aufgabe z. B. gefordert wird: Beschreibe ..., Vergleiche ..., Erkläre ..., Experimentiere ..., Protokolliere! Untersuche ein Modell! Bewerte ..., Präsentiere ... !

Beschreiben von Beobachtungen

Damit man eine Beobachtung auswerten und für die Beantwortung einer naturwissenschaftlichen Frage nutzen kann, muss sie dokumentiert werden. So kann sie auch für jemand anderen zugänglich gemacht werden. Dazu dient das Beschreiben. Beim Beschreiben wird zusammenhängend und geordnet dargestellt, **wie** ein Gegenstand (↗ Abb. 1) oder eine Erscheinung (↗ Abb. 2) beschaffen ist oder wie ein Vorgang abläuft.

Durch die Verwendung von **Fachbegriffen** wird das Beschreiben genauer und eindeutiger. Häufig entfallen umständliche Umschreibungen.

Beachte, dass eine Beschreibung keine Deutung oder Erklärung enthält!

Vergleichen

Beim Vergleichen geht es darum, Gemeinsamkeiten und Unterschiede zwischen Objekten oder Vorgängen herauszufinden und darzustellen. Dazu werden Vergleichsmerkmale ausgewählt. Vergleichsmerkmale werden auch Kriterien genannt. Das können sichtbare Eigenschaften, wie die Farbe oder die Größe, sein. Andere Vergleichsmerkmale werden erst bei einer genaueren Untersuchung sichtbar. Das trifft z. B. auf das Verhalten von Wasser und Sand beim Abkühlen zu.

Gewusst · Gekonnt

1. Beschreibe ein selbst gewähltes technisches Gerät! Berücksichtige Aufbau und Funktion! Vermeide es, etwas zu erklären!

2. Beschreibe Naturphänomene wie Gewitter, Regenbogen oder Echo!

3. Vergleiche einen Hund mit einer Katze oder ein Rennauto mit einem Kombi! Gehe in folgenden Schritten vor:
   a) Wähle geeignete Merkmale für den Vergleich!
   b) Nenne Gemeinsamkeiten und Unterschiede!
   c) Leite daraus ein zusammenfassendes Ergebnis ab!

1 Ein Locher besteht meist aus Metall. Er setzt sich aus mehreren Teilen zusammen, die aus verschiedenen Materialien bestehen.

2 Ein Gewitter ist eine Naturerscheinung, bei der Blitze und Donner auftreten. Dabei ist zuerst der Blitz am Himmel zu sehen. Der Donner folgt.

Ordnen

Das Ordnen schließt sich an das Vergleichen von Objekten an. Hierbei werden verschiedene Objekte oder Vorgänge nach der Ausprägung eines Merkmals angeordnet. So können z. B. die Schüler einer Klasse nach der Größe vom größten zum kleinsten Schüler geordnet werden.

Oft werden Objekte oder Vorgänge auch aufgrund ihrer Merkmale zusammengefasst. Das nutzt man in den Naturwissenschaften, um sich einen Überblick über die Vielfalt an Lebewesen zu verschaffen. Pflanzen ordnet man aufgrund ihrer Merkmale in Pflanzenfamilien (↗ S. 57) ein.

Erklären

Beim Erklären wird eine Erscheinung oder die Funktion eines technischen Geräts auf das Wirken von Gesetzen zurückgeführt. Das sind Zusammenhänge, die sich unter bestimmten Bedingungen immer wieder einstellen. Auch Modelle (↗ S. 42) können zum Erklären herangezogen werden. Beim Erklären wird geordnet und zusammenhängend dargestellt, **warum** eine Erscheinung in der Natur so und nicht anders auftritt.

Gewusst · Gekonnt

Wende die hier beschriebenen Methoden auf technische Geräte an! Informiere dich im Kapitel „So kannst du vorgehen" am Ende des Buchs über die einzelnen Arbeitsschritte!

a) Beschreibe dein Fahrrad!
b) Vergleiche dein Fahrrad mit dem eines Mitschülers!
c) Ordne verschiedene Typen von Fahrrädern nach selbst gewählten Merkmalen oder ordne verschiedene Werkzeuge nach ihrer Funktion!
d) Definiere den Begriff „Fahrrad"!

So kannst du vorgehen

Definieren

Damit alle Beteiligten wissen, was mit einem Begriff gemeint ist, muss seine Bedeutung festgelegt werden. Das Definieren dient dem Abgrenzen eines Begriffs von anderen, ähnlichen Begriffen. Seine Bedeutung wird unter Angabe eines Oberbegriffs und unveränderlicher Merkmale bestimmt.

Schritt 1

Vorüberlegung
Überlege, was du definieren sollst!

Definiere den Begriff „Raubfische"!

Schritt 2

Oberbegriffe finden
Finde dazu Oberbegriffe!

Der Oberbegriff lautet „Fische".

Schritt 3

Merkmale finden
Sammle typische Merkmale!

Merkmale von Raubfischen sind: Ernährung von Kleinlebewesen, Fischbrut, Fischlarven und Jungfischen.

Schritt 4

Definition formulieren
Formuliere eine kurze und treffende Aussage! Verwende die Zeitform des Präsens und formuliere in Sätzen!

Raubfische sind Fische, die sich von Kleinlebewesen und Fischbrut ernähren.

Auswerten und Darstellen von Messergebnissen

Die Ergebnisse von Beobachtungen und Messungen lassen sich als Tabelle übersichtlicher darstellen als in einem Text. Diagramme veranschaulichen Zusammenhänge und eignen sich zur Darstellung von Verläufen oder von Abhängigkeiten. Am Computer bieten Tabellenkalkulationsprogramme vielfältige Möglichkeiten, Daten in Tabellen zu ordnen und Diagramme ansprechend auszugeben. Sie ermöglichen auch Berechnungen, z. B. des Mittelwerts. Der Mittelwert wird errechnet, indem alle Werte addiert werden und die Summe durch die Anzahl der Werte geteilt wird.

Eine **Tabelle** besteht aus Zeilen und Spalten, die sich jeweils in einem Tabellenfeld schneiden. Die Tabellenfelder heißen auch Zellen. Die Beschriftung der Spalten erfolgt im Tabellenkopf. In einigen Fällen werden die Zeilen in der ersten Spalte ebenfalls beschriftet. Jede Tabelle sollte einen Titel erhalten, der die Inhalte benennt.

Diagramme lassen sich mit dem Diagrammassistenten in einem Tabellenkalkulationsprogramm leicht aus einer vorhandenen Tabelle erstellen. Dabei steht eine Vielzahl von Diagrammtypen und Formatierungsmöglichkeiten zur Verfügung.

Nicht jeder Diagrammtyp ist für jede Art von Daten geeignet.

Kreisdiagramme werden verwendet, um Teile von einem Ganzen darzustellen. Das dreidimensionale Tortendiagramm erzielt optisch eine andere Wirkung, hat aber keine zusätzliche Aussagekraft. Grundsätzlich können mit einem Kreisdiagramm nur Zahlen aus einer Reihe bzw. aus einer Spalte der Tabelle dargestellt werden.

Im **Säulendiagramm** wird jedem Wert eine entsprechend hohe Säule zugeordnet. Die Säulen werden entsprechend den Reihen bzw. Spalten der Tabelle angeordnet. Das Säulendiagramm ist fast immer verwendbar. Allerdings werden im Säulendiagramm nicht alle Zusammenhänge sichtbar und bei sehr vielen Werten wird es schnell unübersichtlich.
Werden die Daten waagerecht dargestellt, spricht man von einem Balkendiagramm.

Liniendiagramme werden vorzugsweise zur Darstellung von Datenreihen mit sehr vielen Daten benutzt. Entwicklungen über einen bestimmten Zeitraum hinweg lassen sich gut mit einem Liniendiagramm darstellen. Liniendiagramme können mit oder ohne Datenpunkte gezeichnet werden. Es können aber auch nur die Datenpunkte erscheinen.

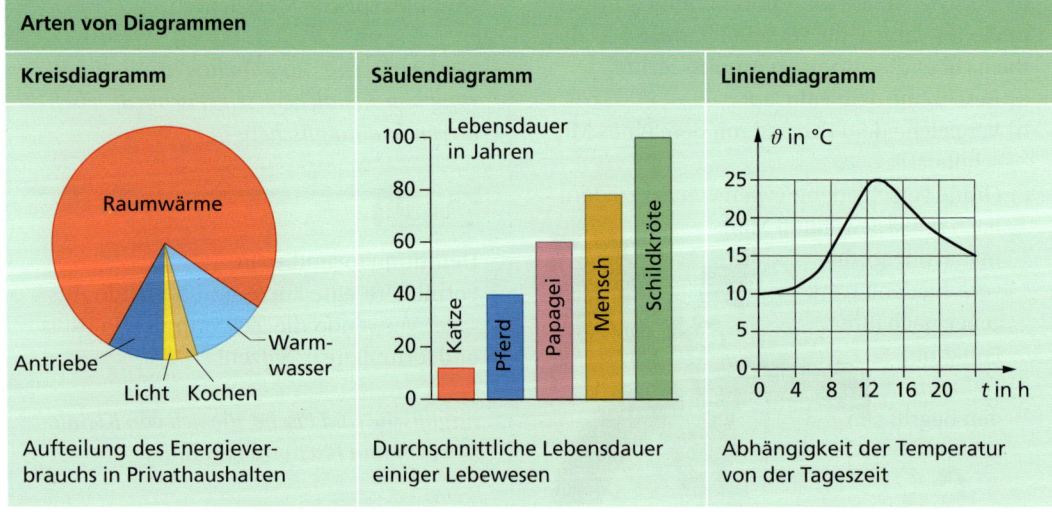

Arten von Diagrammen

Kreisdiagramm

Raumwärme

Antriebe

Licht   Kochen

Warmwasser

Aufteilung des Energieverbrauchs in Privathaushalten

Säulendiagramm

Lebensdauer in Jahren

Katze
Pferd
Papagei
Mensch
Schildkröte

Durchschnittliche Lebensdauer einiger Lebewesen

Liniendiagramm

ϑ in °C

t in h

Abhängigkeit der Temperatur von der Tageszeit

Das haftet ja tierisch – der Klettverschluss

Der Klettverschluss gehört heute ganz selbstverständlich zu unserem Alltag. Sportschuhe, Taschen und Jacken lassen sich damit leicht und fast unendlich oft öffnen und schließen.

Die Erfindung des Klettverschlusses ist einer genauen Bebachtung der Natur zu verdanken: Der Schweizer Ingenieur GEORGE DE MESTRAL (1907–1990) kam mit seinem Hund von der Jagd zurück und beide waren voller Kletten.

DE MESTRAL fiel auf, dass die Kletten sehr fest im Fell hingen, dass sie sich aber entfernen ließen, ohne dabei beschädigt zu werden. Er untersuchte genauer, wie die Klettfrüchte im Fell des Hundes haften, und es gelang ihm, den Mechanismus nachzubauen.

1. Klettfrüchte beobachten

Die Abbildungen zeigen Klettfrüchte von verschiedenen Pflanzenarten.

a) Ordne die richtigen Pflanzennamen zu!
   - Große Klette
   - Schneckenklee
   - Nelkenwurz
   - Waldmeister
   - Hundszunge

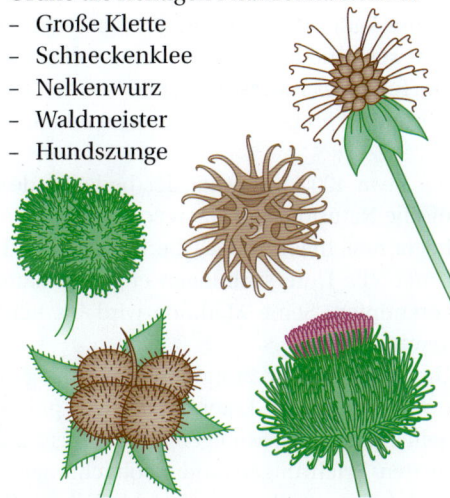

b) Sammle diese oder weitere Klettfrüchte und betrachte sie mit der Lupe!

c) Zeichne einen einzelnen Haken der Samen und vergleiche ihn mit einer Häkelnadel!

2. Eine Vermutung aufstellen

Stelle eine Vermutung auf: Wie kommt die Verbindung zwischen Klettfrucht und Fell oder Stoff zustande?

3. Was hält ein Klettverschluss aus?

Vorbereitung:

a) Betrachte verschiedene Klettbänder mit der Lupe!

b) Vergleiche die beiden Seiten eines Klettbands!

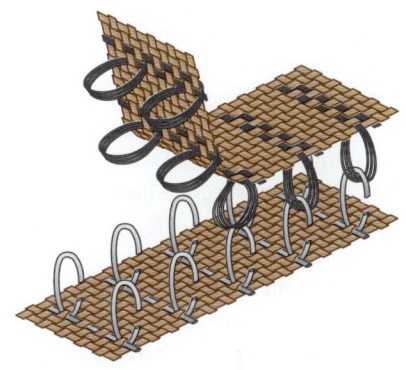

Durchführung:

a) Befestige ein Klettband, z. B. von einem Reflektorfußband, so an einer Stange, dass du ein Gewicht oder einen Gegenstand daranhängen kannst!

b) Hänge verschiedene Gegenstände an das Klettband! Triff jeweils eine Voraussage, ob das Band hält oder nicht!

c) Bestimme die maximale Belastbarkeit!

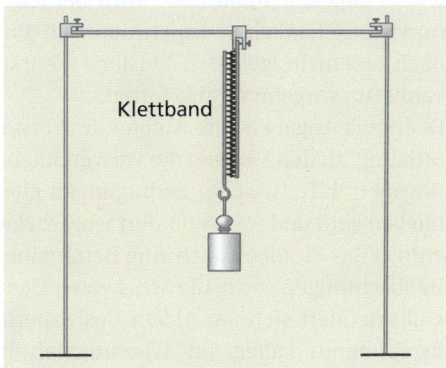

Klettband

Auswertung:

Beschreibe den Mechanismus, der Klettfrüchten und Klettverschluss gemeinsam ist!

Experimente in den Naturwissenschaften

Auf der Grundlage der Ergebnisse von Beobachtungen oder Messungen lassen sich Vermutungen aufstellen. Es sind Vermutungen darüber, welche Zusammenhänge in der Natur wirken und unter welchen Bedingungen sie auftreten. Diese Vermutungen müssen jedoch überprüft werden. Das ist häufig mit einem Experiment möglich.

Beim Experimentieren kommen auch die Sinnesorgane zum Einsatz, denn der Ablauf des Experiments wird beobachtet (↗ S. 27). Um Mengen oder Größen festzustellen, werden meist Messgeräte eingesetzt (↗ S. 28, 32). Fragen wie „Wie viel?", „Wie hoch?", „Wie groß?", „Wie schnell?" werden beantwortet.

Das Experiment ist ein unverzichtbares Mittel, um in den Naturwissenschaften zu neuen Erkenntnissen zu gelangen. Es kann zuvor aufgestellte Vermutungen bestätigen, aber auch widerlegen. Das Ziel eines Experiments besteht darin, eine Frage an die Natur zu beantworten. Dazu wird eine Erscheinung unter ausgewählten, kontrollierten und veränderbaren Bedingungen beobachtet und ausgewertet. Jedes Experiment muss wiederholbar und überprüfbar sein.

Damit das Experiment wiederholbar und überprüfbar ist, muss genau dokumentiert werden, wie es abgelaufen ist. Dazu wird bei jedem naturwissenschaftlichen Experiment ein Protokoll nach einem festgelegten Muster (↗ Kapitel „So kannst du vorgehen") angefertigt.

Es enthält Angaben zum Aufbau der Versuchsanordnung, zu den Mengen der verwendeten Stoffe, Angaben dazu, welche Bedingungen gleich geblieben sind und was verändert wurde. Natürlich enthält das Protokoll auch eine Beschreibung der Beobachtungen sowie die Messwerte. Das Protokoll orientiert sich am Ablauf des Experiments. Experimente laufen im Wesentlichen in drei Schritten ab:

1. Vorbereitung
2. Durchführung
3. Auswertung

1 GALILEO GALILEI (1564–1642) gilt als Begründer der modernen Naturwissenschaft.

Damit kann ein Experiment zwar recht kompliziert sein und lange dauern. Es ist aber auch nur ein Teil eines Prozesses, der dazu dient, die Antworten auf Fragen an die Natur zu erhalten.

Vor etwa 400 Jahren hat der bedeutende italienische Naturforscher GALILEO GALILEI (↗ Abb. 1) begonnen, theoretische Überlegungen und experimentelle Untersuchungen eng miteinander zu verknüpfen. Seine Methode wird bis heute angewendet:

Um zu neuen Erkenntnissen zu gelangen oder um vorhandene Erkenntnisse zu präzisieren, geht man vom jeweiligen Erkenntnisstand aus, in den Erfahrungen und Beobachtungen, aber auch bekannte Theorien und Modelle einfließen. Auf dieser Grundlage stellt man eine begründete **Vermutung** auf. Diese wird auch als **Hypothese** bezeichnet.

Ob eine solche Vermutung wahr oder falsch ist, lässt sich häufig nicht sofort erkennen. Aus einer Vermutung lassen sich aber **experimentell prüfbare Folgerungen** ableiten und damit Vorhersagen treffen.

Wenn du ein Experiment nicht nach einer vorgegebenen Experimentieranleitung durchführst, sondern die Aufgabe lautet: „Plane selbst ein Experiment", ist die Vorbereitung von besonderer Bedeutung. In diesem Fall musst du dir selber die Frage bewusst machen, die das Experiment beantworten soll. Du übernimmst die Planung der Experimentieranordnung und musst entscheiden, welche Bedingungen gleich gehalten werden und welche veränderbar sind. Lege eine Materialliste an und stelle vor Beginn des Experiments Geräte und Materialien vollständig bereit! Beachte, dass Messungen sinnvoll sein können!

> Beim Experimentieren wird eine Erscheinung der Natur unter ausgewählten, kontrollierten und veränderbaren Bedingungen beobachtet und ausgewertet. Die Bedingungen und damit das gesamte Experiment müssen wiederholbar sein.

Gewusst · Gekonnt

Versuche, die experimentelle Methode nachzuvollziehen! Nimm die beschriebene Beobachtung als Anlass für das Aufstellen einer Vermutung und setze den begonnenen Ablauf fort! Gehe schrittweise vor:

1. Beobachtung:
   Du gehst barfuß über den trockenen Sand am Ufer eines Sees. Als du die Füße ins Wasser hältst, stellst du fest, dass sich das Wasser viel kälter anfühlt, obwohl Wasser und Strand gleichermaßen von der Sonne beschienen werden.
2. Eine Vermutung aufstellen.
3. Eine daraus abgeleitete, experimentell überprüfbare Folgerung formulieren.
4. Experiment planen und durchführen.
5. Im Hinblick auf die Vermutung auswerten.

Interessantes aus der Geschichte

Aus der Entwicklung der Fotografie

Heute werden fast nur noch Digitalkameras benutzt, aber bis vor wenigen Jahren mussten alle Bilder auf Papier oder Folie entwickelt werden. Die Kenntnisse, die für diesen chemischen Vorgang erforderlich waren, gehen auf eine etwa 200-jährige Entwicklung zurück.

Man wusste bereits, dass man Bilder auf der Wand einer Kammer erzeugen kann, wenn auf der gegenüberliegenden Seite Licht durch ein kleines Loch dringen kann. Es war auch bekannt, dass verschiedene Salze durch den Einfluss von Licht dunkel werden.

Ausgehend von der Vermutung, dass sich mithilfe dieser Salze die Bilder sichtbar machen lassen, wurden verschiedene Experimente durchgeführt. Es wurde Papier mit den lichtempfindlichen Salzen beschichtet und dem Licht ausgesetzt. Lag ein Gegenstand auf dem Papier, so blieb es an der Stelle hell. So gelang es auch, Bilder auf das Papier zu bringen. Jedoch ließen sie sich zunächst nicht dauerhaft herstellen, da Licht die Farbe weiter veränderte.

Es musste also weiter experimentiert werden, um
– die Bilder haltbar zu machen,
– mehr als einen Abzug herstellen zu können,
– Fotos nach kurzer Belichtungszeit zu erhalten,
– farbige Bilder zu produzieren.
Gleichzeitig erfolgte die Entwicklung von Linsen und Objektiven, um immer schärfere Bilder zu erzielen.

1 Bis vor Kurzem ließen sich die Ergebnisse von Fotografien nur durch die Entwicklung speziell behandelter Folien oder Papiere sichtbar machen.

Einsatz von Modellen in den Naturwissenschaften

Beim Experimentieren vereinfacht man häufig gegenüber der Wirklichkeit und nutzt **Modelle**. Modelle sind häufig größer (Blütenmodell) oder kleiner (Globus) als ihr Vorbild. In wichtigen Eigenschaften stimmen sie mit der Wirklichkeit überein. In anderen Eigenschaften weichen Modelle aber von den wirklichen Gegebenheiten ab und können zu deren Erklärung nicht angewandt werden. Ein Modell ist weder richtig noch falsch, sondern nur für die Erklärung und Voraussage von bestimmten Erscheinungen geeignet oder nicht geeignet. Auch Vorgänge können als Modell nachvollzogen werden. Hier kann es z. B. darum gehen, zeitliche Abläufe zu verkürzen. Mit Modellen lässt sich auf verschiedene Weise arbeiten:

– Modelle dienen zur Veranschaulichung des Aufbaus von Objekten.
– Mit Modellen kann die Wirkungsweise von technischen Geräten erklärt werden.
– Modelle helfen beim Verstehen und Erklären von Erscheinungen und Vorgängen.
– Mithilfe von Modellen lassen sich Vorhersagen treffen.

In der Technik kommen Modelle bei der Konstruktion von Fahrzeugen zum Einsatz. Oft wird die äußere Form am Modell im Wind getestet, da Tests in Originalgröße enorm aufwendig wären.

Präsentieren von Ergebnissen

Die Ergebnisse einzelner Beobachtungen und Experimente, vor allem aber die Ergebnisse aus umfangreichen Projekten sollten für eine Präsentation aufbereitet werden. Damit können sich Mitschüler, Eltern oder andere Interessierte über eure Arbeit informieren.

Wie ein Vortrag vorbereitet wird und was bei der Erstellung von Lernplakaten zu beachten ist, findest du im Kapitel „So kannst du vorgehen" schrittweise erläutert.
Um eine Präsentation anschaulich zu gestalten, solltest du außer Text andere Elemente nutzen:

– Tabellen und Diagramme,
– Skizzen (↗ Abb. 2) und Landkarten,
– Fotos,
– Modelle.

1 Ein Geländewagen in Modell und Wirklichkeit unterscheidet sich nicht nur in der Größe.

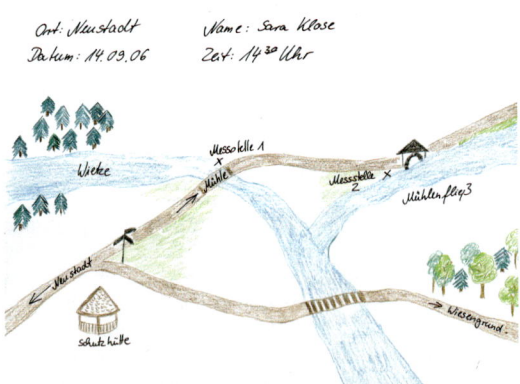

2 Diese Skizze veranschaulicht die Lage der Messstellen bei einer Fließgewässeruntersuchung.

So arbeiten Naturwissenschaftler

Fragen an die Natur

Naturwissenschaftler stellen Fragen an die Natur. Um Antworten zu erhalten, beobachten sie ihre Umgebung, bauen und untersuchen Modelle, führen Messungen und Experimente durch.

Viele Fragen der Naturwissenschaftler sind sehr umfangreich. Es ist deshalb wichtig, eine Abfolge von Schritten aus gedanklicher Vorbereitung, Experimentieren und Auswerten einzuhalten:

- 1. Ein Problem erkennen und formulieren
- 2. Eine Vermutung aufstellen
- 3. Eine Folgerung ableiten, die sich durch ein Experiment prüfen lässt
- 4. Das Experiment planen und durchführen
- 5. Die Ergebnisse auswerten und das Problem lösen

Ergebnisse präsentieren

Ergebnisse lassen sich auf verschiedene Weise darstellen und präsentieren:

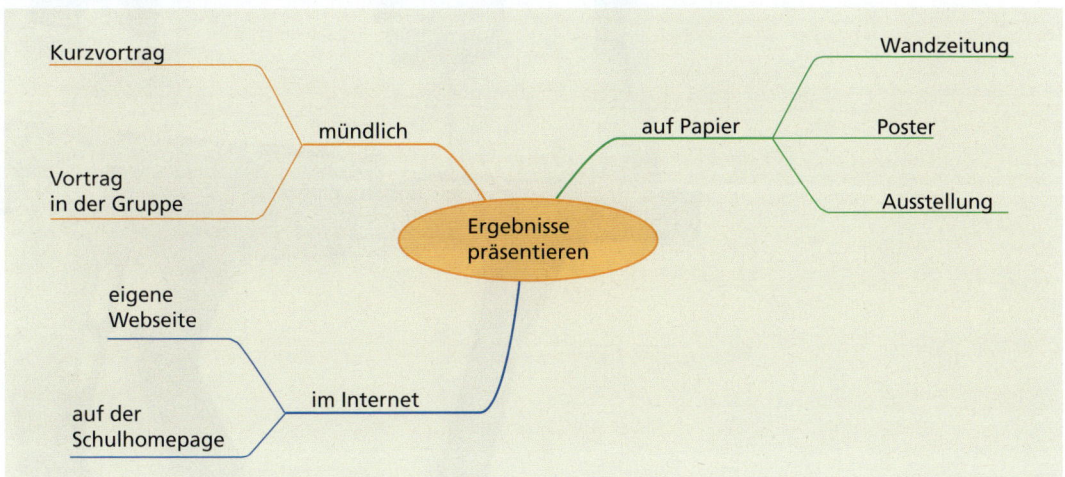

2 Mit Pflanzen leben

Pflanzen und ihre Samen

Die Samen vom Löwenzahn pusten wir gerne durch die Luft, Ahorn-Samen werfen wir hoch, um zu sehen, wie sie langsam zu Boden gleiten. Dabei drehen sie sich wie das Rotorblatt von einem Hubschrauber.

Würden wir die Samen weiter beobachten, könnten wir sehen, wie sich daraus eine neue Pflanze entwickelt.

Was bedeuten Pflanzen für die Menschen?

Ob Baumhaus, Blumenstrauß oder die Blütenpracht im Garten, Pflanzen begleiten uns in unserem Leben. Sie beeinflussen unsere Stimmung und unser Wohlbefinden.

Pflanzen sind auch Nahrung für viele Tiere und für uns Menschen. Sie liefern die Zutaten für das Mittagessen ebenso wie das Getreide, aus dem wir Brot und Nudeln erzeugens. Aus vielen Pflanzen gewinnen wir wichtige Rohstoffe.

2.1 Was wächst und blüht in meiner Nachbarschaft?

1 Pflanzen auf der Spur

Erkunde das Schulgelände, einen Park
oder Vorgärten in der Nachbarschaft!
Welches ist die größte, welches die
kleinste Pflanze?
Suche außerdem die Pflanzen mit
– den größten und den kleinsten
  Blättern,
– den meisten Blütenblättern,
– dem angenehmsten und dem ekel-
  haftesten Geruch,
– den meisten Haaren auf dem
  Stängel,
– den größten Früchten.

Nenne weitere Eigenschaften, die uns
an Pflanzen auffallen könnten!
Zeige die Pflanzen deiner Klasse!
Stelle fest, welche Gemeinsamkeiten die
Pflanzen haben!

2

Laubblätter im Vergleich

Sammle Laubblätter von verschiedenen Pflanzen! Betrachte
sie mit der Lupe! Fertige Abdrü-
cke der Blattadern an!
Vergleiche
– ihre Form,
– ihre Ränder,
– ihre Oberfläche,
– die Blattaderung.

3 Stempelbilder

Stelle Stempelbilder mit Blüten her! Drücke
eine Blüte auf ein Stempelkissen und anschlie-
ßend auf Papier! Die Blütenkörbchen von
Gänseblümchen oder Margeriten eignen sich
besonders gut.
Untersuche die Stängel von verschiedenen
Pflanzen! Fühle, ob sie alle rund sind!
Schneide sie vorsichtig durch! Fertige von den
Querschnitten Stempelbilder an!
Beschreibe die Formen der Stängelquer-
schnitte! Vergleiche!

Bau einer Pflanzenpresse

Material:
2 Holz- oder Spanplatten,
ca. 35 cm x 25 cm und etwa 2 cm dick,
4 lange Schrauben (ca. 10 cm lang) mit
Flügelmuttern, Holzbohrer

- Bohre in die Ecken der beiden Platten
  jeweils ein Loch mit ca. 4 cm Abstand
  zum Rand!
- Bohre mehrere kleine Luftlöcher in die
  Holzplatten!
- Führe die 4 Schrauben von unten
  durch die Löcher in den Ecken der
  Grundplatte!
- Lege nun abwechselnd Zeitungspapier
  und Pflanzen auf die Grundplatte!
- Schließe die Presse mit der zweiten
  Platte ab und schraube beide Platten
  gleichmäßig zusammen!
- Bewahre die Pflanzenpresse an einem
  warmen und trockenen Ort auf und
  lass die Pflanzen etwa eine Woche
  lang in der Presse trocknen!

Pflanzen auf der Fensterbank

Viele unserer Zimmerpflanzen stammen aus entfernten Erdteilen. Pflanzenjäger haben sie vor über 200 Jahren in Steppen, Regenwäldern oder Wüsten gefunden und nach Europa gebracht. In unseren Wohnungen gedeihen sie meist nur, wenn wir ihnen ähnliche Lebensbedingungen bieten, wie die Pflanzen sie an ihren natürlichen Standorten vorfinden.

1. **Lebensbedingungen in der Wüste und im Regenwald**
   Kakteen (↗ Abb. 1) kommen aus der Wüste, z. B. aus Mexiko oder Kalifornien. Usambaraveilchen (↗ Abb. 2) wachsen im tropischen Regenwald.
   a) Finde heraus, unter welchen Bedingungen sie dort leben!
   b) Lege eine Tabelle nach dem angegebenen Muster an! Stelle darin die Lebensbedingungen in einer Wüste und im tropischen Regenwald gegenüber!

Lebensbedingung	Wüste	Tropischer Regenwald
Temperatur am Tag	sehr heiß	warm
...		

2. **Lebensbedingungen im Klassenraum**
   a) Beobachte, zu welchen Tageszeiten Sonnenlicht in den Raum fallen kann!
   b) Miss zu verschiedenen Zeiten die Raumtemperatur!
   c) Bestimme die Luftfeuchtigkeit mit einem Hygrometer!
   d) Überlege, ob die Bedingungen eher für Wüstenpflanzen oder für Pflanzen aus dem tropischen Regenwald geeignet sind!

3. **Einrichten der „grünen Fensterbank"**
   Plane gemeinsam mit deiner Klasse die Einrichtung einer Wüste, eines Dschungels oder einer Steppe auf der Fensterbank!
   a) Informiert euch in Pflanzenratgebern oder in Gärtnereien über Pflanzen und die Lebensbedingungen in ihrer Heimat!
   b) Findet heraus, welche Tiere in dem ausgewählten Lebensraum vorkommen! Malt diese Tiere oder schneidet Bilder davon aus! Klebt die Bilder an das Fenster oder steckt sie in die Blumentöpfe!

Viele Pflanzen lassen sich auch ohne Samen vermehren. Ihr könnt eure Pflanzen für die Fensterbank deshalb selbst heranziehen.

1 Der Goldkugelkaktus ist in den Wüsten Mexikos zu Hause.

2 Das Usambaraveilchen stammt aus dem Regenwald der Usambara-Berge in Tansania.

4. Blattstecklinge

Vermehre Usambaraveilchen durch Blattstecklinge!

Material:

Usambaraveilchenpflanze, scharfes Messer, durchsichtiges Gefäß aus Plastik, Blumenerde, Sand

Durchführung:
a) Bohre in den Boden des Gefäßes ein kleines Loch!
b) Mische die Blumenerde mit Sand im Verhältnis 1 : 1! Fülle die Mischung in das Gefäß und drücke mit einem Stift ein Loch in die Mitte!
c) Trenne mit dem scharfen Messer ein Blatt mit Stiel von der „Mutterpflanze" ab!
d) Schau dir das Blatt genau an! Ordne die Begriffe den einzelnen Teilen zu:
   – Blattspitze,
   – Blattspreite,
   – Blattstiel.
e) Versenke den Stiel im Loch! Drücke Erde an den Blattstiel und den unteren Teil der Blattspreite (↗ Abb.)!

f) Nun musst du gießen. Der Boden soll feucht sein, jedoch auf keinen Fall nass! Halte die Feuchtigkeit des Bodens einige Wochen gleichmäßig!
g) Beobachte die junge Pflanze regelmäßig!

5. Sprossstecklinge

Pflanzen wie Efeutute, Geranie, Dickblatt oder Birkenfeige kannst du durch Sprossstecklinge vermehren.
a) Schneide von einer Pflanze ein Stängelstück mit Blättern und Knospen ab! Entferne die untersten Blätter und stelle das Sprossstück in eine Glasvase!
b) Pflanze die neue Pflanze nach Ausbildung mehrerer Seitenwurzeln in einen Topf mit Blumenerde!
c) Beobachte, was mit der „alten" Pflanze geschieht!

6. Wie viel Wasser brauchen die Pflanzen?

Pflanzen brauchen Wasser. Deshalb gehört das Gießen zu den wichtigsten Tätigkeiten eines Zimmergärtners. Untersuche, wie viel Wasser eine Pflanze pro Tag aufnehmen kann!

Durchführung:
a) Stelle einen Steckling, der schon viele Wurzeln gebildet hat, in einen Messzylinder mit Wasser!
b) Gib einen Tropfen Öl auf die Wasseroberfläche, damit das Wasser nicht aus dem Gefäß verdunsten kann!
c) Lies nach einigen Tagen den Wasserstand im Messzylinder ab!

Auswertung:
a) Berechne, wie viel Wasser deine Pflanze aufgenommen hat!
b) Vergleiche das Ergebnis mit den Ergebnissen deiner Mitschüler! Diskutiert in der Gruppe die Unterschiede!

1 Das Angebot von Zimmerpflanzen in Gärtnereien ist ungeheuer vielfältig.

Fast überall zu entdecken: Pflanzen

Riesig groß und winzig klein

Manche sind riesig groß, andere so winzig, dass sie nur mit einer Lupe richtig zu erkennen sind. Winzige Moose in Pflasterfugen und hohe Bäume im Wald, bunt blühende Geranien im Balkonkasten, unscheinbare Gräser an der Bordsteinkante – überall in unserer Umgebung findet man Pflanzen. Bei vielen von ihnen fällt sofort auf, dass sie ganz oder teilweise grün gefärbt sind.

Pflanzen prägen unsere Landschaft sehr. Erst wenn du sie dir aus deinem Wohnort wegdenkst, bekommst du eine Vorstellung davon.

Die meisten Pflanzen bilden zu bestimmten Zeiten Blüten, aus denen Früchte und Samen entstehen. Diese Pflanzen bezeichnet man als **Samenpflanzen** und unterscheidet sie u. a. von **Moos- und Farnpflanzen**, bei denen wir niemals Blüten, Früchte oder Samen entdecken können (↗ S. 51, Abb. 2).

Samenpflanzen wachsen an ganz unterschiedlichen Standorten, an denen sie ganz verschiedene Lebensbedingungen vorfinden.

Vergleicht man nun die Samenpflanzen, große und kleine, alte und junge, solche, die an feuchten Bachrändern wachsen, und solche, die in trockenen Mauerritzen vorkommen, so stellt man überrascht fest:
Sie stimmen alle in ihrem Grundaufbau überein (↗ S. 51, Abb. 1).

> **Samenpflanzen kommen in großer Vielfalt auf der Erde vor. Ihre Hauptteile sind Wurzel und Spross mit Sprossachse, Laubblättern und Blüten.**

Trotz vieler Unterschiede ähnlich gebaut

Etwa 250 000 Samenpflanzenarten sind heute bekannt, davon wachsen etwa 2 000 als Wildpflanzen in Thüringen. Dazu kommen noch sehr viele Kulturpflanzen in Parks, auf Äckern und in Gärten. Viele findest du sicher auch in deinem Heimatort. Ihre Unterschiede sind erheblich. Auf der Teichoberfläche finden wir eine besonders kleine Samenpflanze: die Wasserlinse (↗ Abb. 1). Sie misst nur wenige Millimeter und kann in ihrer Größe vom Mammutbaum (↗ Abb. 1) um das 30 000-Fache übertroffen werden. Mammutbäume ragen bis zu 100 m in den Himmel.

1 Mammutbäume gelten als die größten Samenpflanzen. Die Wasserlinse gehört zu den kleinsten.

Mammutbäume sind in Kalifornien heimisch und wachsen bei uns nur vereinzelt in Parks, Gärten und wenigen Wäldern. Aber auch der Vergleich eines Gänseblümchens mit den bei uns vorkommenden Bäumen zeigt einen beeindruckenden Größenunterschied.

Auch die **Lebensdauer** ist unterschiedlich. Einige Samenpflanzen leben nur kurze Zeit. Die Sonnenblume z. B. wird nur einige Monate alt. Mit etwa 4 800 Jahren gilt dagegen eine langlebige Kiefer in Kalifornien als die älteste Pflanze der Welt, man nennt sie deshalb Methusalem.

Die **Wuchsformen** der Samenpflanzen und ihrer Organe sind ebenfalls erstaunlich vielgestaltig: Es gibt Bäume mit spitzen Nadeln und Gräser mit lang gestreckten Blättern oder Seerosen, deren große runde Blätter flach auf einer Wasseroberfläche liegen.

2 Moos- und Farnpflanzen bilden weder Blüten noch Samen aus. Sie werden von den Samenpflanzen unterschieden.

Viele **Blüten** (↗ S. 55) sind mit ihren leuchtenden Farben und bizarren Mustern besonders schön, andere sind unscheinbar. Einige sind glockenförmig gestaltet, andere ähneln einem Schuh.

Pflanzen unterscheiden sich auch in ihrer Lebensweise. Uns erscheinen z. B. Pflanzen exotisch, die nicht am Boden, sondern in den Kronen der tropischen Regenwaldbäume wachsen, oder solche, die Einrichtungen haben, mit denen sie Insekten erbeuten. Die Vielfalt der Samenpflanzen lässt sich gar nicht beschreiben und Wissenschaftler gehen davon aus, dass noch lange nicht alle Pflanzenarten entdeckt wurden.

Blüte

Laubblatt

Spross

Spross-achse

Wurzel

Wurzel

1 Grundaufbau der Samenpflanzen

Gewusst · Gekonnt

1. Finde Rekordhalter im Pflanzenreich! Das kann die Pflanze mit der schwersten Frucht, dem größten Blatt, der kleinsten Blüte oder einer anderen besonderen Eigenschaft sein. Schreibe einen Artikel für das „Rekordbuch der Pflanzen"!

2. Stecke in einem Waldstück eine Fläche von 5 x 5 m ab und ordne alle darin enthaltenen Pflanzen den Ordnungsgruppen Kraut, Strauch oder Baum zu! Stelle die Häufigkeit der Gruppen in einem Diagramm dar! Vergleiche die Beschaffenheit der Rinde, der verschiedenen Stängel und Stämme! Kennzeichne auch Rosettenpflanzen!

Untersuchung an jungen Pflänzchen

1. Lasse Kressesamen keimen!

Vorbereitung:
Besorge dir ein durchsichtiges Pflanzgefäß, z. B. eine Obstverpackung aus Plastik, Blumenerde und Kressesamen!

Durchführung:
a) Fülle Blumenerde in das Pflanzgefäß und feuchte sie mit etwas Wasser an!
b) Streue die Kressesamen auf die Blumenerde und stelle das Gefäß an einen hellen, warmen Ort!
c) Halte die Erde gleichmäßig feucht!
d) Beobachte täglich und notiere Veränderungen!

Beobachtung und Auswertung:
Untersuche die Kressepflänzchen!
a) Zupfe einige Kressepflänzchen ab und rieche daran!
Lege Kressepflänzchen auf ein Butterbrot oder mische sie in einen Salat! Probiere ihre Wirkung als Gewürz!
b) Ziehe ein Pflänzchen vorsichtig aus der Erde! Zeichne das Pflänzchen!
Beschrifte die Zeichnung mit folgenden Begriffen:
– Wurzel,
– Stängel,
– Laubblatt.
c) Beobachte die Wurzel mit der Lupe (↗ S. 178) und fertige eine Zeichnung an!

2. Kraut, Baum oder Strauch?

Die jungen Kressepflänzchen werden in der ersten Zeit Keimlinge genannt. Aus ihnen werden schon nach kurzer Zeit Pflanzen, die noch mehr Laubblätter bekommen und zu blühen beginnen. Der Stängel bleibt grün und biegsam. Die Kresse gehört damit zu den Kräutern. Im Gegensatz dazu haben Bäume einen verholzten Stamm und Sträucher haben Äste, die ebenfalls hart und holzig werden. Aber auch ihr Wachstum beginnt mit einem zarten Keimling (↗ Abb. 2).

a) Ordne jeder dieser Gruppen von Samenpflanzen Beispiele zu!

Kräuter	Bäume	Sträucher
...	...	...

b) Zeichne einen Baum! Berücksichtige auch die unterirdischen Teile! Beschrifte die Zeichnung! Vergleiche den Grundaufbau des Baums mit dem der Kressepflanze!

1 Kressekeimlinge

2 Keimling und Baum einer Rotbuche

Wie sind Samenpflanzen gebaut?

Verankern und versorgen – die Wurzeln

Nach einem Sturm versperren im Wald oft umgestürzte Bäume, meist Fichten und auch Buchen, den Weg. Dann bekommt man einen Eindruck von der Zahl und Größe der Wurzeln. Normalerweise ist das nicht so, denn **Wurzeln** sind in der Regel unterirdische Organe. Sie verankern die Pflanzen fest an ihrem Standort. Bei vielen Pflanzen reichen die Wurzeln dazu tief in den Boden, bei einer Sonnenblume etwa 2,70 m und bei einer Kiefer bis zu 10 m. Solche Pflanzen heißen Tiefwurzler. Bei der Buche breiten sich die Wurzeln dagegen ganz flach unter dem Boden aus. Deshalb nennt man sie Flachwurzler.

Die umgestürzte Buche im Wald stirbt nach kurzer Zeit ab, so wie auch Pflanzen, die man mit Wurzeln aus dem Boden herausgerissen hat. Wurzeln müssen demzufolge auch für die Aufnahme von lebenswichtigen Stoffen (Wasser und Mineralstoffe) zuständig sein.
Wenn man Kressekeimlinge heranzieht (↗ S. 52) und die Wurzeln mit einer Lupe betrachtet, kann man erkennen, dass die Wurzeln für diese Aufgaben gut ausgerüstet sind. Von der **Hauptwurzel** gehen viele **Nebenwurzeln** (Seitenwurzeln) ab. Diese verzweigen sich immer weiter, werden feiner und durchdringen den Boden. An ihren Enden befinden sich viele winzig kleine Haare, die man nur mit Lupe oder Mikroskop erkennen kann.

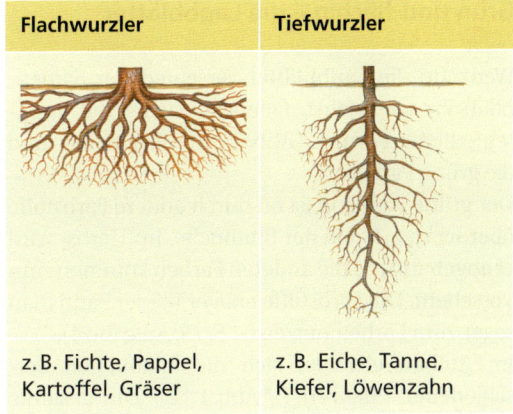

Flachwurzler	Tiefwurzler
z. B. Fichte, Pappel, Kartoffel, Gräser	z. B. Eiche, Tanne, Kiefer, Löwenzahn

Stängel oder Stamm

Der bis zu 30 cm große und relativ schwere Blütenkorb der Sonnenblume sowie eine Vielzahl von Laubblättern sind an ihrem **Stängel** angeordnet. Der Stängel ist grün und stabil. Bei einem Baum hängen Blüten und Laubblätter an holzigen Ästen und Zweigen, die vom **Stamm** ausgehen. Stängel und Stamm werden auch als **Sprossachse** bezeichnet.
Nach der Beschaffenheit der Sprossachse werden Samenpflanzen in Kräuter und Holzgewächse eingeteilt (↗ Abb. 1).

> Die **Sprossachse** verbindet alle Pflanzenteile miteinander und sorgt dafür, dass Wasser und Mineralstoffe von der Wurzel bis in die Blüten und Laubblätter gelangen.

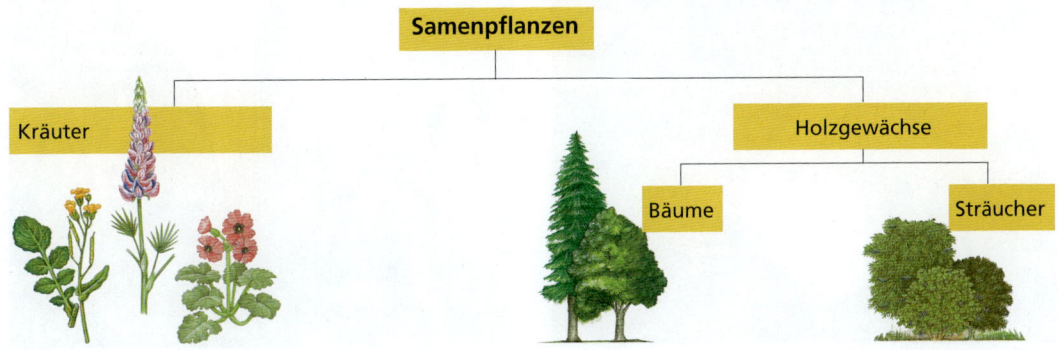

1 Einteilung der Samenpflanzen nach der Beschaffenheit der Sprossachse

Grün und flächig – die Laubblätter

Wenn du die **Laubblätter** verschiedener Samenpflanzen vergleichst, fallen dir sicher die unterschiedliche Form (↗ Abb. 3), die Flächigkeit und die grüne Farbe auf.

Der grüne Farbstoff ist oft durch andere Farbstoffe überdeckt, z. B. bei der Blutbuche. Im Herbst wird er abgebaut und die anderen Farben kommen zum Vorschein. Die Farbstoffe einiger Blätter kann man sogar zum Färben nutzen (↗ S. 75, Aufgabe 4).

Im Aufbau gleichen sich die Laubblätter verschiedener Pflanzen (↗ Abb. 1, 2). Die gesamte Blattfläche wird von **Blattadern** durchzogen, bei den meisten Pflanzenarten erfolgt das netzartig (z. B. Linde). Bei einigen Pflanzenarten verlaufen sie parallel zueinander (z. B. Mais). In diesen Blattadern erfolgt die Leitung von Wasser und den darin gelösten Mineralstoffen.

Durch die Laubblätter werden Wasserdampf und Sauerstoff an die Luft abgegeben. Da sie mithilfe ihres grünen Farbstoffs Traubenzucker bilden können, haben sie darüber hinaus eine wichtige Aufgabe bei der Ernährung der Pflanzen (↗ S. 86).

> Das Laubblatt besteht aus Blattfläche, Blattstiel und Blattgrund.
> Durch die Laubblätter werden Wasserdampf und Sauerstoff abgegeben.

Blattspitze

Blattrand

Blattspreite

Blattadern

Blattstiel

Blattgrund

Blattadern, netzartig angeordnet

Blattadern, parallel zueinander angeordnet

1 Bau der Laubblätter

3 Blattränder und -formen von Laubblättern

2 Netzartig verlaufende Blattadern bei der Linde und parallel verlaufende Blattadern bei Mais

Kurzzeitige Blütenpracht

Während man die Laubblätter der meisten Samenpflanzen vom Frühjahr bis zum Winter sehen kann, ist ihre Blütenpracht nur kurzzeitig zu bewundern (↗ Abb. 1).

Im Frühling überdeckt ein weißer Rasen von Anemonen den Boden eines Laubwaldes, im Sommer erfreuen uns die bunten **Blüten** auf Wiesen und die roten Mohnblüten auf Feldern und an Wegrändern. Die gelben Blüten des Acker-Senfs und der Sonnenblumen sowie die Pelargonien, Petunien und Fuchsien blühen auch noch im Herbst. In dieser relativ kurzen Zeit erfüllen die Blüten ihre Aufgabe, sie dienen nämlich der Fortpflanzung (↗ S. 66 und 67).

Wenn du die Blüten genau betrachtest, wirst du feststellen, dass sie aus mehreren Einzelteilen bestehen. Sie setzen sich meist aus Kelchblättern, Kronblättern, Staubblättern und Fruchtblättern zusammen. Während Kelch- und Kronblätter häufig zum Anlocken von Insekten dienen, stellen Fruchtblätter und Staubblätter die eigentlichen Fortpflanzungseinrichtungen dar.

1 Ein Meer voller Blüten

Die Kelchblätter sind meist grün und unscheinbar, die Kronblätter oft auffällig gefärbt. In der Mitte liegen die Fruchtblätter, die zu einem oder mehreren Stempeln verwachsen sind.
Innerhalb des Fruchtknotens befinden sich die Samenanlagen. Ein Staubblatt besteht aus Staubfaden und Staubbeutel, in dem eine große Menge an Blütenstaub entsteht.

Da die Blüten verschiedener Pflanzen unterschiedlich geformt sind, nutzt man sie auch zur Bestimmung von Pflanzen (↗ S. 185).

Selbst erforscht

Blütenuntersuchung

Materialien: Pinzette, Lupe, Zeichenpapier, Bleistift, Acker-Senf, Klebefolie

Durchführung:
1. Betrachte die Blüte mit einer Lupe und benenne die einzelnen Blütenteile!
2. Fertige ein Legebild an!
   Mit der Pinzette wird die Blüte vorsichtig in ihre Bestandteile zerlegt. Beginne mit den Kelchblättern! Lege die Blütenblätter entsprechend ihrer Anordnung in der Blüte auf eine mit Klebefolie bespannte Unterlage (Klebeseite oben)! So erhältst du ein Legebild (↗ Abb. b).

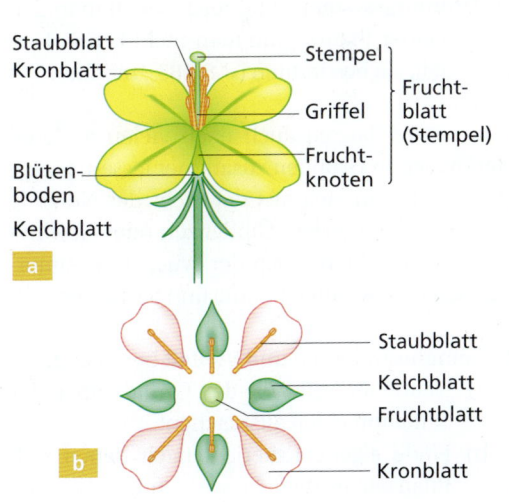

55

Gleich und doch verschieden

Stellt euch vor, ihr steht im Supermarkt vor den Süßigkeitenregalen. Es gibt unglaublich viele verschiedene Sachen und alle liegen durcheinander.

1. Ordnung im Supermarkt
Du bist für die oben beschriebene Abteilung verantwortlich und möchtest deinen Kunden das Angebot übersichtlich präsentieren. Wie würdest du die Regale einteilen?
a) Fertige eine Übersicht an! Beginne mit Überbegriffen und ordne Beispiele zu!
b) Begründe die Zuordnung der Beispiele mit den Gemeinsamkeiten untereinander!

Auch die Pflanzen besitzen einige Gemeinsamkeiten. So haben die Samenpflanzen alle den gleichen **Grundaufbau** (↗ S. 51). Die **Vielfalt** von Formen, Farben und Lebensweisen ist jedoch unüberschaubar groß. Je mehr Merkmale übereinstimmen, desto enger sind die Pflanzen miteinander verwandt. Stimmen alle Merkmale überein, gehören die Pflanzen zu einer Art. Biologen fassen Pflanzenarten mit vielen ähnlichen Merkmalen zu **Pflanzenfamilien** zusammen, um bei dieser Vielfalt den Überblick zu behalten. Die Pflanzenfamilien (↗ S. 57) sind Teil eines Ordnungssystems, in dem die Pflanzen nach ihrer Verwandtschaft geordnet werden. Dieses **Ordnungssystem** ist hilfreich, wenn man den Namen einer Pflanze, die man nicht kennt, herausfinden, sie bestimmen (↗ S. 185), möchte.

Man kann Pflanzen auch nach vielen anderen Merkmalen in Gruppen zusammenfassen. Einige Pflanzen lassen sich aus der Sicht der Nutzung z. B. den Heilpflanzen, Ölpflanzen oder Gewürzpflanzen zuordnen. Nach der Wuchsform unterscheidet man Kräuter, Bäume und Sträucher.

2. Gemeinsamkeiten und Vielfalt bei Pflanzen
a) Nenne die Teile, die den Grundaufbau der Samenpflanzen ausmachen!
b) Finde eigene Kriterien, nach denen sich Pflanzen ordnen lassen, und ordne den Gruppen Beispiele zu!

Bei vielen Dingen und Begriffen des täglichen Lebens und in der Technik werden Ordnungssysteme angewandt. Dinge oder Erscheinungen werden oft aufgrund eines oder mehrerer Merkmale in Gruppen zusammengefasst.
Diese Gruppen können Namen erhalten. So kann man Apfel, Birne und Pflaume zur Gruppe „Obst" oder Blitz, Sturm und Erdbeben zur Gruppe „Naturgewalten" zusammenfassen. Bleistifte, Filz- und Kugelschreiber sind Stifte (↗ Abb.).
Auch wenn uns das gar nicht immer bewusst ist, so erleichtern solche Begriffssysteme oft die Orientierung und die Verständigung. Oberbegriffe wie Fahrzeug, Werkzeug oder Elektrogerät werden verwendet, wenn man verschiedene Dinge meint, die man nicht alle aufzählen möchte, oder wenn man nicht weiß, um welches der Dinge es sich genau handelt.

3. Nicht nur Lebewesen lassen sich ordnen
a) Ordne die folgenden Dinge nach verschiedenen Merkmalen! Fasse jeweils Gruppen zusammen!
Wolf, Basaltstein, Wolle, Limonade, Hund, Uhu, Ei, Flugzeug, Schokolade, Kissen, Eisennagel, Auto, Fahrrad, Wasser, Apfelbaum, Fichte, Pferd, Kaugummi, Tulpe
b) Nenne jeweils das Merkmal, nach dem du die Gruppen gebildet hast!

Stift
stabile Hülle mit Farbträger

├ Bleistift
  Hülle aus Holz, Mine aus Grafit

├ Kugelschreiber
  Hülle aus Kunststoff oder Metall, Mine mit Tinte

└ Filzstift
  Hülle aus Kunststoff, mit Tinte getränkter Filz

Familienkunde

Familie der Kreuzblütengewächse

Sonnenblume, Heidekraut, Acker-Senf und Hirtentäschel gehören zu den Samenpflanzen. Aber beim Betrachten der Blüten fallen Unterschiede auf: Die Blüten der Sonnenblume und des Heidekrauts sind ganz anders gestaltet als die von Raps und Acker-Senf (↗ Abb. 1).

Die Einzelblüten von Acker-Senf, Raps und den anderen Kreuzblütengewächsen weisen folgende gemeinsame Merkmale auf:
– 4 Kelchblätter, kreuzweise gegenüberstehend,
– 4 Kronblätter kreuzweise gegenüberstehend,
– 6 Staubblätter (2 kürzere und 4 längere),
– 2 Fruchtblätter (verwachsen, bilden den Stempel aus Narbe und Fruchtknoten).

Aufgrund dieser Merkmale gehören Raps und Acker-Senf zur **Familie der Kreuzblütengewächse.**

Ein weiteres Merkmal ist die **Frucht.** Sie ist entweder eine lange Schote oder ein kurzes Schötchen. Beide öffnen sich mit zwei Klappen, die den Fruchtblättern entsprechen. Dazwischen bleibt eine Wand stehen, an der die Samen sitzen.

Diese Merkmale kommen nur bei Pflanzen aus der Familie der Kreuzblütengewächse vor.
Die Sonnenblume und das Heidekraut gehören deshalb nicht zu den Kreuzblütengewächsen.
Sie weisen wiederum mit anderen Pflanzenarten gemeinsame Merkmale auf. Das Heidekraut lässt sich so den Heidekrautgewächsen, die Sonnenblume den Korbblütengewächsen (↗ S. 58) zuordnen.

Das Erkennen der Merkmale von Pflanzenfamilien ist beim Bestimmen (↗ S. 185) hilfreich.

Gewusst · Gekonnt

1. Kirsche, Pflaume und Apfel gehören zu den Rosengewächsen. Stelle die Merkmale dieser Pflanzenfamilie zusammen! Zeichne ein Legebild (↗ S. 55, Abb. b)!

2. Baue ein Blütenmodell! Verwende Pappe und Kleber für die Kronblätter und die Kelchblätter! Ergänze Stempel und Staubblätter aus beliebigen Materialien!
Lege eine Tabelle an, die zeigt, welcher Teil des Modells welchem Teil der Blüte entspricht!

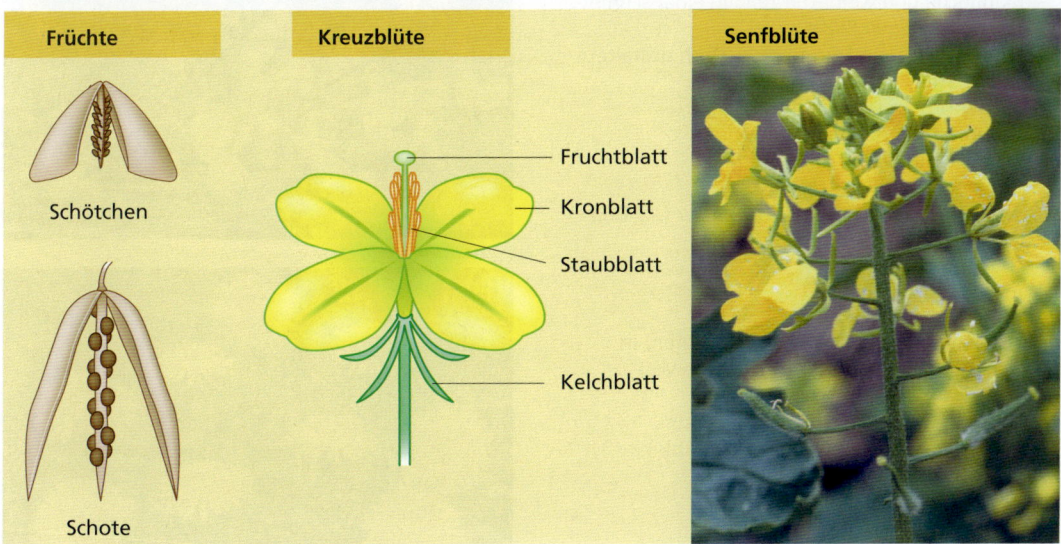

| Früchte | Kreuzblüte | Senfblüte |

Schötchen

Schote

Fruchtblatt
Kronblatt
Staubblatt

Kelchblatt

1 Merkmale der Kreuzblütengewächse

Andere Familien der Samenpflanzen

Wer aufmerksam Samenpflanzen beobachtet, stellt fest, dass es außer den Kreuzblütengewächsen und den Schmetterlingsblütengewächsen noch zahlreiche andere Familien der Samenpflanzen gibt. In Deutschland sind es schon etwa 130!

Hahnenfußgewächse

- männliche und weibliche Teile in einer Blüte
- Blütenhülle einfach oder in Kelch- und Kronblätter gegliedert
- viele Staubbeutel, meist auch viele Fruchtblätter
- Blätter meist geteilt

Rittersporn, Windröschen, Leberblümchen, Anemone (↗Abb.)

Rosengewächse

- männliche und weibliche Teile in einer Blüte
- meist 5 frei stehende Kelchblätter und 5 Kronblätter
- oft viele Staubblätter
- ein oder viele Fruchtblätter
- Früchte: z.B. Nüsse, Steinfrüchte

Hunds-Rose (↗Abb.), Erdbeere, Schlehe, Birne, Apfel

Schmetterlingsblütengewächse

- männliche und weibliche Teile in einer schmetterlingsförmigen Blüte
- meist 5 Kelch- und 5 unterschiedlich gestaltete Kronblätter
- 10 Staubblätter
- Laubblätter zusammengesetzt
- Früchte: Hülsen

Luzerne, Lupinen, Gelber Besenginster (↗Abb.)

Korbblütengewächse

Einzelblüten (Zungen- und Röhrenblüten) in Körben (täuschen oft eine Einzelblüte vor)

Huflattich, Gänseblümchen, Aster, Distel, Schafgarbe, Kamille, Löwenzahn (↗Abb.)

Pflanzen sammeln und trocknen

Ein Herbarium ist eine Sammlung gepresster Pflanzen oder Pflanzenteile. Die Arbeit mit einem Herbar trägt zu einer grundlegenden Artenkenntnis und zum Verständnis der Pflanzenwelt bei. Wissenschaftliche Herbarien dienen darüber hinaus dem Klassifizieren und Katalogisieren von Pflanzenarten aus allen Teilen der Erde.

Gehe beim Anlegen eines Herbariums folgendermaßen vor:

Schritt 1

Pflanzen bestimmen und sammeln
Beim Sammeln der Pflanzen musst du die **Regeln des Natur- und Umweltschutzes** beachten. Bevor du eine Pflanze abschneidest, solltest du sie bestimmen (↗ S. 185). Nur so bist du ganz sicher, dass sie nicht geschützt ist. Außerdem sind bei frischen Pflanzen alle Farben und Teile gut zu erkennen.
Schneide die Pflanze knapp über dem Boden ab! Achte darauf, dass alle Teile der Pflanze (Stängel, Laubblätter und Blüte) vorhanden sind! Stecke die Pflanze vorsichtig in eine feuchte Plastiktüte! Notiere Name, Fundort und Lebensraum!

Schritt 2

Pflanzen vorbereiten und pressen
Zum Trocknen wird jede Pflanze zwischen dünnes saugfähiges Papier (z. B. Seidenpapier) und dann in einen Zeitungsaufschlag gelegt. Die Pflanzenteile dürfen nicht übereinanderliegen und nicht geknickt werden.
Etwa 50 solcher „Lagen" können in einer **Pflanzenpresse** (↗ S. 47) untergebracht werden. Schau alle 2 – 3 Tage nach, ob das Zeitungspapier noch trocken ist!
Am Anfang tritt noch viel Feuchtigkeit aus der Pflanze aus und das Papier sollte gegen trockenes Papier ausgetauscht werden.

Die Pflanze ist vollständig trocken, wenn sie sich nicht mehr biegen lässt.

Schritt 3

Pflanzen auf Herbarbogen befestigen
Lege die getrocknete Pflanze vorsichtig auf den Herbarbogen (Zeichenpapier oder Zeichenkarton, mindestens DIN A 4) und befestige sie mit kleinen Klebestreifen! Achte unbedingt darauf, dass wichtige Merkmale nicht verdeckt werden! Beschrifte den Herbarbogen wie in der Abbildung!

Schritt 4

Herbarbogen aufbewahren
Die fertigen Herbarbögen werden z. B. nach Familien sortiert. Lege für jede Familie ein Deckblatt mit Inhaltsverzeichnis an und lege die Herbarblätter in einen Ordner!
Zum besseren Schutz der Pflanzen können die Bögen auch vorsichtig in Klarsichthüllen gesteckt und darin aufbewahrt werden.

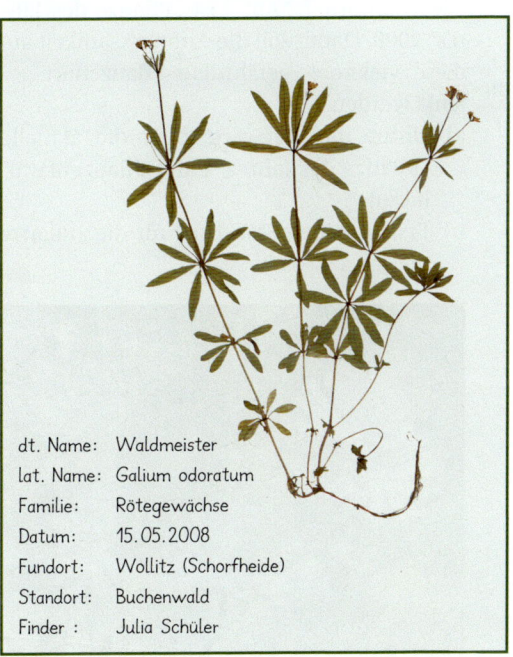

dt. Name:	Waldmeister
lat. Name:	Galium odoratum
Familie:	Rötegewächse
Datum:	15.05.2008
Fundort:	Wollitz (Schorfheide)
Standort:	Buchenwald
Finder :	Julia Schüler

Gewusst · Gekonnt

1. **Merkmale des Lebens**
   Pflanzen sind Lebewesen. Fertige eine Mind-map zu den Merkmalen des Lebens an!

2. **Suche nach Kastanien und Veilchen**
   In vielen Orten werden Straßen und Wege nach Pflanzen benannt. In den Gärten am Veilchenweg konnten wir tatsächlich Frühlingsveilchen finden. Wachsen in der Kastanienallee wohl auch Kastanien?

   a) Suche Straßen mit Pflanzennamen in deiner Umgebung und überprüfe, ob die namensgebenden Pflanzen dort auch vorkommen!
   b) Sammle Laubblätter der Pflanzen und beschreibe diese mit den richtigen Fachbegriffen!

3. **Pflanze des Jahres**
   Die Wegwarte (↗ Abb.) ist „Pflanze des Jahres" 2009. Damit soll die Aufmerksamkeit auf diese vielerorts gefährdete Pflanzenart gelenkt werden.
   a) Ordne die Wegwarte oder die aktuelle „Pflanze des Jahres" einer Pflanzenfamilie zu!
   b) Erstelle einen Steckbrief für die „Pflanze des Jahres"!

4. **Pflanzenwissen**
   Für viele Menschen bedeuten Pflanzen Freude und Entspannung. Ein Spaziergang im Park oder das Laufen auf einer Blumenwiese sind Erholung und Genuss. Einige Menschen üben jedoch ihren Beruf mit Pflanzen aus. Recherchiere, in welchen Berufen – außer bei Gärtnern – Kenntnisse über Pflanzen benötigt werden!

5. **Ratschlag eines Nachbarn**
   „Ich möchte ein immergrünes Nadelgehölz verschönern, indem ich eine Kletterrose davor pflanze. Die soll dann an dem Gehölz hochwachsen.
   Mein Nachbar hat mir geraten, die Rose so einzupflanzen, dass die Wurzeln sich genau unterhalb des Gehölzrandes befinden.
   Ist das ein guter Rat?"
   Beurteile den Rat des Nachbarn! Begründe deine Meinung!

6. **Wandertafel**
   In einem Waldlehrpfad wurden die abgebildeten Ausstellungsstücke gezeigt.

   a) Gestalte eine geeignete Erklärungstafel dazu!
   b) Erläutere dabei auch, welche Vorteile die beiden Bäume jeweils hatten!

7. **Pflanzenfamilien**
   Finde Pflanzen aus drei verschiedenen Pflanzenfamilien!

Was wächst und blüht in meiner Nachbarschaft?

Samenpflanzen sind Lebewesen

Sie
- wachsen,
- pflanzen sich fort,
- haben einen Stoffwechsel,
- reagieren auf Reize,
- können sich bewegen.

Teile der Samenpflanzen

- Alle Pflanzen, die im Verlauf ihres Lebens Blüten und Samen ausbilden, sind Samenpflanzen. Sie sind meist in Wurzel und Spross mit Sprossachse, Laubblätter und Blüten gegliedert.
Die Organe der Samenpflanzen sind sehr vielgestaltig.

Vielfalt bei gleichem Grundaufbau gibt es auch in in der nicht lebenden Natur und in der Technik.

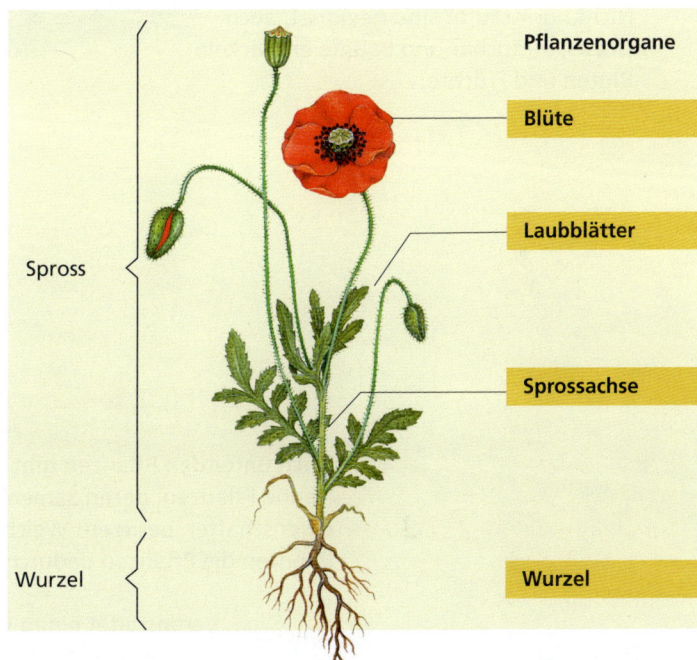

Pflanzenorgane

Spross

Blüte

Laubblätter

Sprossachse

Wurzel

Wurzel

Ordnung in der Vielfalt

Merkmale, die zum Ordnen der Samenpflanzen herangezogen werden, sind unter anderem:

- Blütenform
- Blütenteile
- Blattform
- Stängelform

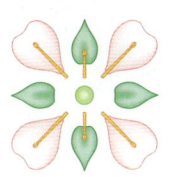

2.2 Pflanzen entwickeln sich und pflanzen sich fort

1 **Tagebuch einer Pflanze**

Beobachte an einer Pflanze die Entwicklung von Blüten und Früchten!
Schreibe ein Blütentagebuch!
Wähle eine Pflanze aus, die du leicht jeden Tag beobachten kannst, z. B. auf dem Schulweg!
Nicht nur Kräuter sind geeignet, auch Gräser, Sträucher und Bäume entwickeln Blüten und Früchte.

2

Fliegende Pflanzensamen

Auch unter den Pflanzen gibt es „Flieger".
Nenne Pflanzen, deren Samen gute Flugeigenschaften besitzen! Welche Vorteile könnten die Pflanzen dadurch haben?

Veranstaltet einen Wettbewerb!
Wer baut das Samenmodell, das am längsten in der Luft bleibt?

Ihr könnt Papier, Kleber, Knete, Büroklammern und andere Materialien verwenden.

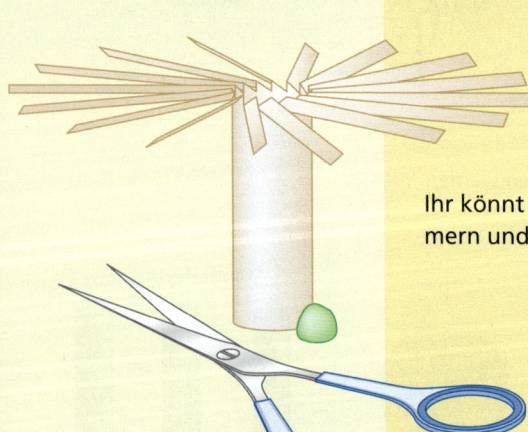

3

Woher kommt die Bohne?

CHRISTOPH COLUMBUS brachte Samen der Bohnenpflanzen aus Süd- und Mittelamerika nach Europa. In ihrer Heimat sind Bohnen die Grundlage vieler traditioneller indianischer Gerichte. Von den Kindern werden sie auch zum Spielen genutzt.

Zutaten für eine Bohnensuppe nach einem indianischen Rezept für 6 Personen

Das musst du besorgen:
500 g Rindfleisch (Suppenfleisch)
100 g weiße Bohnen, einen Tag vorher eingeweicht
100 g Mais aus der Dose
2 kleine Zwiebeln
100 g Butter
2 kleine Knoblauchzehen
125 g Hüttenkäse
Kräuter, Salz, Gewürze (Gemüsebrühe)

Entwickle mithilfe Erwachsener ein Kochrezept und probiere es aus!

Achtung! Roh sind Bohnen giftig. Erst durch das Kochen wird der Giftstoff Phasin zerstört.

4 Wer fliegt am besten?

Untersuche die Flugeigenschaften von Papierfliegern!
Baue einfache Papierflieger nach verschiedenen Bauplänen! Nimm nach den ersten Flugversuchen Veränderungen vor und untersuche die Auswirkungen auf das Flugverhalten!
Du kannst z. B. den Flieger mit einer Büroklammer an verschiedenen Stellen beschweren.

Was brauchen Samen zum Keimen und Keimlinge zum Wachsen?

Im Leben einer Pflanze folgen verschiedene Entwicklungsphasen aufeinander. Zuerst ruht ein Keimling im Inneren eines Samens. Mit Wasser kann seine Entwicklung in Gang gesetzt werden.

1. Untersuche Bohnensamen ganz genau

Vorbereitung:
Lies die ganze Aufgabe durch!
Notiere die Reihenfolge der Arbeitsschritte und fertige einen Zeitplan an!

Durchführung:
a) Lege eine Bohne für 12 Stunden in ein Gefäß mit Wasser! Nimm sie heraus und lege sie für weitere 12 Stunden auf feuchte Watte in ein geschlossenes Marmeladenglas!
b) Lege eine weitere Bohne für etwa 12 Stunden in ein Gefäß mit Wasser!
c) Lege dir außerdem eine trockene Bohne für die Untersuchung zurecht!
d) Vergleiche die drei Bohnen miteinander! Öffne die Bohnen, klappe die Hälften vorsichtig auseinander und betrachte die inneren Teile mit einer Lupe!

Auswertung:
a) Zeichne die drei aufgeklappten Samen!
b) Beschrifte eine der Zeichnungen! Verwende folgende Begriffe: harte Samenschale, dickfleischiges Keimblatt (2 x), Keimling mit Keimwurzel, Keimstängel, erste Laubblätter.

2. Untersuche die Quellung von Samen

Materialien:
Bohnensamen, Becherglas, Filzstift, Wasser

Durchführung:
a) Gib in ein Becherglas eine bestimmte Menge an Bohnensamen (↗Abb. 2)! Markiere die Höhe mit einem Filzstift! Gieße nun so viel Wasser hinein, bis die Bohnensamen bedeckt sind!
b) Lass das Becherglas einige Tage stehen und beobachte!
c) Notiere alle Veränderungen!

Auswertung:
a) Vergleiche den Zustand der Samen zu Beginn des Versuchs und nach einigen Tagen!
b) Erkläre deine Beobachtungen!

Nach der Quellung des Samens setzt das Wachstum des jungen Keimlings ein. Erste grüne Blätter und zarte Wurzeln werden sichtbar.
Die Keimblätter werden dagegen während der Keimung immer kleiner. Sie enthalten wichtige Nährstoffe, von denen sich der wachsende Keimling ernährt.

Den Nährstoff Stärke kann man in Bohnensamen leicht nachweisen. Stärke ist ein Energiespeicher. Sie ist auch in Brot, Nudeln und anderen Nahrungsmitteln enthalten.

1 Keimling einer Gartenbohne

2 Untersuchung der Quellung von Bohnen

3. Wovon ernährt sich der junge Keimling?

Untersuche, ob die Keimblätter von Bohnen und Nahrungsmittel Stärke enthalten!

Materialien:
Uhrgläser oder Petrischalen, gequollene Bohnensamen, Nahrungsmittel (z. B. Kartoffeln, Mais), Iod-Kaliumiodidlösung (Achtung: reizt bei Berührung Haut und Augen!), Pipette, Stärkelösung (aufgekocht), Wasser, Sand, Kreide

Durchführung:
a) Tropfe jeweils 2 Tropfen Iod-Kaliumiodidlösung in die Stärkelösung und das Wasser!
b) Tropfe jeweils 2 Tropfen der Iod-Kaliumiodidlösung auf die aufgeklappten Keimblätter der Bohnensamen, auf die Nahrungsmittel, den Sand und die Kreide!

1 Zugabe der Iod-Kaliumiodidlösung zu den Proben

Auswertung
a) Woran erkennst du, ob eine Probe Stärke enthält?
b) Lege eine Tabelle an! Trage die Proben ein und beschreibe ihre Reaktion!
c) Kennzeichne die Proben, bei denen du Stärke nachweisen konntest!

4. Untersuche den Einfluss verschiedener Lebensbedingungen auf die Keimung

Materialien:
5 durchsichtige Gefäße mit kleinem Loch im Boden, sandige Erde, Karton (soll ein Gefäß lichtdicht abdecken und oben Luftraum bieten), Plastikfolie, etwa 10 Bohnensamen

Durchführung:
a) Fülle die Erde in die Gefäße!
b) Stecke jeweils 2 bis 3 Bohnensamen so in die Erde, dass du sie durch das Gefäß sehen kannst!
c) Behandle die Gefäße unterschiedlich, wie in der Tabelle unten angegeben!
d) Beobachte die Bohnen täglich und protokolliere den Fortschritt der Keimung!

Auswertung:
a) Beschreibe die Keimlinge in den verschiedenen Gefäßen!
b) Fasse zusammen, was ein Bohnensamen zur Keimung benötigt!
c) Beschreibe den Vorgang der Keimung bei Bohnensamen. Du kannst z. B. so beginnen: „Wenn ein Bohnensamen keimt, ...“

Gefäß 1	Gefäß 2	Gefäß 3	Gefäß 4	Gefäß 5
regelmäßig gießen	regelmäßig gießen	regelmäßig gießen	regelmäßig gießen	nicht anfeuchten
an warmen Ort stellen	an warmen Ort stellen	an warmen Ort stellen	in die Kälte stellen	an warmen Ort stellen
auf gute Beleuchtung achten	auf gute Beleuchtung achten	unter den Karton stellen	auf gute Beleuchtung achten	auf gute Beleuchtung achten
auf gute Luftzufuhr achten	mit Plastikfolie abdecken	auf gute Luftzufuhr achten	auf gute Luftzufuhr achten	auf gute Luftzufuhr achten

Von Blüten, Insekten und Früchten

Der Spätsommer ist die Zeit der Heide. Die zarten Blüten des Heidekrauts verwandeln die Landschaft (↗ Abb. 1). Waren die Blütenknospen bis zu diesem Zeitpunkt geschlossen, sind sie jetzt geöffnet.

Beim Betrachten mit einer Lupe kann man die Einzelheiten der Blüten erkennen: Kelchblätter, Kronblätter, Staubblätter und den langen Griffel des Stempels (↗ S. 55).
Mit Glück kann man sogar Bienen bei der Nahrungssuche beobachten. Sie fliegen zu einer Blüte und saugen dort den Nektar. Beim Herumkrabbeln berühren sie auch die Staubbeutel mit dem **Blütenstaub**.
Blütenstaub besteht aus vielen kleinen Körnern, die man als **Pollen** bezeichnet. Bei Berührung bleiben die Pollen am Körper der Biene haften. Fliegt die Biene nun zur nächsten Blüte, so werden einige der Pollen an der Narbe abgestreift. Diesen Vorgang bezeichnet man als **Bestäubung**.

> **Bestäubung ist die Übertragung des Blütenstaubs von den Staubblättern auf die Narbe eines Fruchtblatts.**

Wenn die Bestäubung, mithilfe von Insekten geschieht, spricht man von **Insektenbestäubung** (↗ Abb. 2).

1 Das blühende Heidekraut verwandelt die Landschaft in einen rotvioletten Teppich.

2 Bestäubung einer Salbeiblüte durch eine Hummel

Selbst erforscht

Untersuche Blütenbesucher

Beobachte an einem sonnigen Tag Insekten beim Sammeln von Nektar und Pollen!

1. Wähle eine Pflanzenart aus! Beschreibe Farbe und Form der Blüte!
2. Beobachte Pflanzen dieser Art 10 Minuten! Erfasse die Blütenbesucher in einer Strichliste!
3. Vergleiche mit den Ergebnissen von Mitschülern, die eine andere Pflanzenart beobachtet haben!

Biene   Hummel

Schwebfliege   Käfer

Wenn man Ende September das Heidekraut betrachtet, findet man anstelle der Blüten kleine kugelige Gebilde. Das sind die **Früchte** (↗ Abb. 2). Die ursprüngliche Anordnung der Blüten ist noch zu erkennen, aber was ist mit den Blüten passiert?

Die Bienen transportieren bei der Nahrungssuche die **Pollen** von einer Blüte auf die andere. Diese **Bestäubung** ist die Voraussetzung für die Entwicklung der Früchte und Samen. Sie kann durch Insekten, aber auch durch den Wind erfolgen. Dann wird sie **Windbestäubung** genannt.

Wenn die Pollen auf die Narbe der anderen Blüte gelangen, bilden sie einen langen dünnen Schlauch, den **Pollenschlauch**. Durch diesen Pollenschlauch gelangen die männlichen Samenzellen zu den Samenanlagen im Fruchtknoten und verschmelzen mit einer weiblichen Eizelle (↗ Abb. 1a und b). Die weibliche Eizelle ist damit befruchtet.

> Die Verschmelzung von weiblicher Eizelle und männlicher Samenzelle nennt man Befruchtung.

Nach der **Befruchtung** vertrocknen die Heidekrautblüten. Der Fruchtknoten wächst heran, wird dicker und entwickelt sich zur Frucht.

2 Aus den Blüten des Heidekrauts entwickeln sich Früchte.

Aus der Samenanlage mit der befruchteten Eizelle entsteht der **Samen** mit einem **Keimling**. Gelangt der Samen in den Boden und trifft auf geeignete Bedingungen, kann sich aus dem Keimling eine neue Pflanze entwickeln. Diese ist den Elternpflanzen ähnlich. Verantwortlich dafür ist die Vererbung.

Wenn männliche und weibliche Keimzellen miteinander verschmelzen, spricht man von **geschlechtlicher Fortpflanzung**. Es gibt aber noch eine andere Form der Fortpflanzung bei Pflanzen, die **ungeschlechtliche** (↗ S. 69).

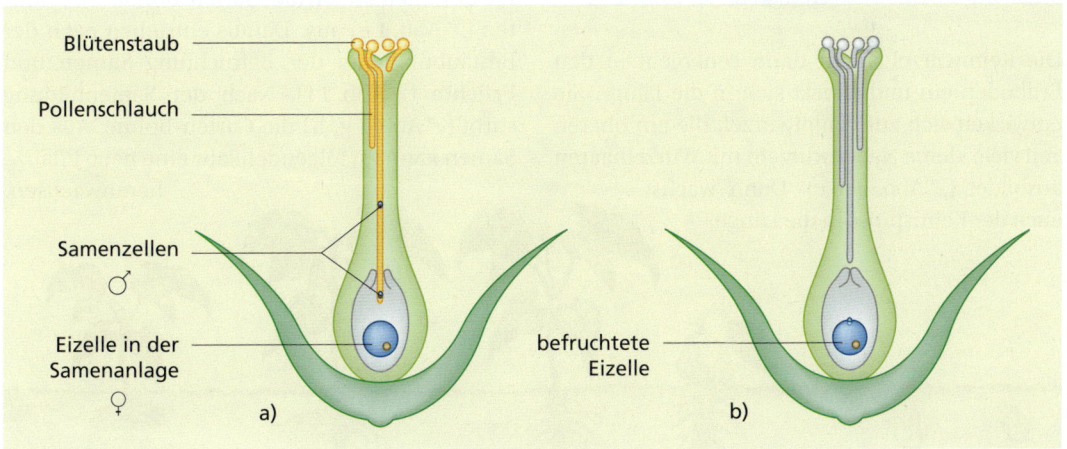

1 Der Pollenschlauch wächst in den Griffel hinein (a). Männliche und weibliche Keimzellen verschmelzen (b) bei der Befruchtung.

Pflanzen entwickeln sich im Laufe des Jahres

Jedes Jahr im Frühjahr ist Gartenarbeit angesagt: Graben, Beete anlegen, Samen aussäen. Im Laufe des Jahres entwickeln sich Pflanzen, die blühen, dann Samen und Früchte bilden und schließlich eingehen.

Verfolgen wir die Entwicklung einer Garten-Bohne einmal genauer.
Werden trockene Samen der Garten-Bohne einige Stunden in feuchten Boden oder ins Wasser gelegt, nehmen sie an Gewicht und Größe zu. Die Samen nehmen dabei sehr viel Wasser auf (↗ Abb.). Dieser Vorgang heißt **Quellung.**

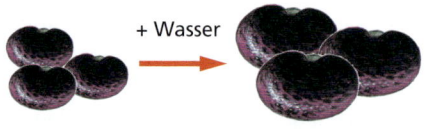

+ Wasser

Bei der Quellung der Samen entsteht ein großer Druck auf die Erde, die sie umgibt. Die Erde wird dabei gelockert.

Nach der Quellung platzt nach einigen Tagen die Samenschale. Durch die Wasseraufnahme ist die Samenschale weich geworden und die Keimblätter haben an Größe zugenommen. Die Keimwurzel bricht durch. Das bezeichnet man als **Keimung.**

Die Keimwurzel dringt dann senkrecht in den Erdboden ein und streckt sich in die Länge. Sie entwickelt sich zur Hauptwurzel, die am oberen Teil viele kleine Nebenwurzeln mit Wurzelhaaren ausbildet (↗ Abb. 1 a–c). Dann wächst auch der Keimspross in die Länge.

Über der Erdoberfläche entfalten sich die ersten Laubblätter. Stängel und Laubblätter werden grün, sobald sie im Licht sind (↗ Abb. 1 c, d).
Samen brauchen bestimmte Bedingungen, damit sie keimen können. Dazu gehören **Wasser,** eine bestimmte **Temperatur** und **Sauerstoff** aus der Luft. Die Samen der Garten-Bohne keimen erst, wenn der Boden mindestens eine Temperatur von 10 °C hat.

> **Die junge Pflanze benötigt für ihr Wachstum Wasser, Mineralstoffe, eine günstige Temperatur und Licht.**

Während der Keimling wächst, schrumpfen die Keimblätter und fallen schließlich ab. Die in ihnen gespeicherten Nährstoffe wurden vom Keimling für das Wachstum verbraucht.
Sobald die neue Pflanze Wurzeln und Laubblätter ausgebildet hat, ernährt sie sich vom Wasser und von den Mineralstoffen aus dem Boden sowie vom Kohlenstoffdioxid aus der Luft.
Zum Wachstum benötigt die junge Pflanze außerdem Licht und eine günstige Temperatur. Bei ungünstigen Wachstumsbedingungen (z. B. Licht- und Wassermangel) verkümmern die Pflanzen. Das Pflanzenwachstum selbst kommt dadurch zustande, dass sich die Zellen teilen und so die Anzahl der Zellen deutlich steigt.

Im Sommer bildet die Garten-Bohne ihre **Blüten** (↗ Abb. 1 e) aus. Daraus entstehen nach der Bestäubung und der Befruchtung **Samen** und **Früchte** (↗ Abb. 1 f). Nach der Samenbildung stirbt (↗ Abb. 1 g, h) die Garten-Bohne. Aus den Samen kann im folgenden Jahr eine neue Pflanze heranwachsen.

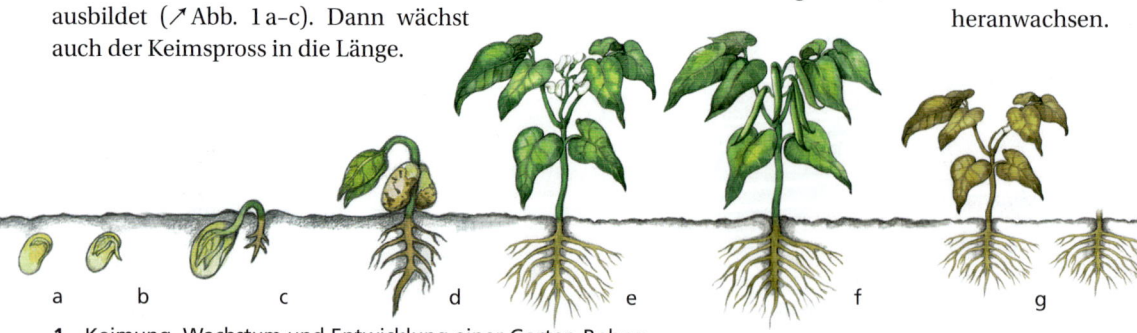

a   b   c   d   e   f   g

1 Keimung, Wachstum und Entwicklung einer Garten-Bohne

Pflanzen pflanzen sich auf unterschiedliche Weise fort

Die Heide blüht nur kurze Zeit. Wenn man Ende September in die Heide kommt und eine Pflanze mit der Lupe betrachtet, findet man anstelle der Blüten kleine kugelige Früchte. Nach der Bestäubung, bei der Bienen unbewusst geholfen haben, konnten sich Früchte entwickeln. Öffnet man eine Frucht, findet man im Inneren einen Samen. Wenn der Samen in den Boden fällt und auf gute Bedingungen stößt, entwickelt sich daraus eine neue Pflanze.

Diese Form der Fortpflanzung nennt man **geschlechtliche Fortpflanzung.**

1. Von der Blüte zur Kirsche
An der Süß-Kirsche kann man gut beobachten, wie aus einer Blüte eine Frucht entsteht (↗ Abb. 1). So ähnlich läuft die Entwicklung bei vielen Pflanzen ab. Beschreibt die einzelnen Stadien!

Es gibt aber noch eine andere Form der Vermehrung von Pflanzen. Dabei sind die Blüten nicht an der Vermehrung beteiligt. Bereits aus kleinen Pflanzenteilen können vollständige Pflanzen heranwachsen (↗ S. 49).

2. Es geht auch ohne
a) Erforscht, wie diese Form der Fortpflanzung genannt wird! Vergleicht sie mit der Fortpflanzung z. B. der Süß-Kirsche!
b) Gärtner nutzen diese Art der Vermehrung aus. Versucht, einige Gründe dafür zu finden!

Wenn man Weidenzweige einige Zeit in Wasser stellt, bilden sich daran Wurzeln. Wenn man diese Zweige nun einpflanzt, entwickelt sich daraus in kurzer Zeit ein schöner Strauch.

3. Über den Winter
Bevor der Winter mit seinen tiefen Temperaturen kommt, nimmt man die Blumen vom Balkon. Von den Pelargonien knipst man kleine Stücke ab und steckt sie in Töpfe mit Erde. Erkundet in einer Gärtnerei, im Blumenfachgeschäft oder bei euren Eltern, warum das gemacht wird und wie man diese kleinen Pflanzen über den Winter bringt! Findet weitere Beispiele für diese Vermehrungsart!

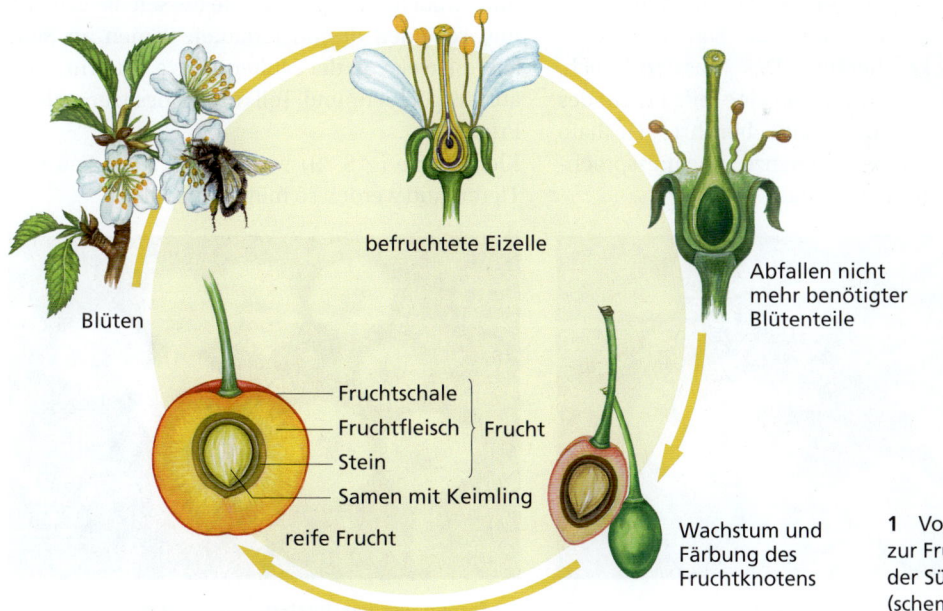

Blüten

befruchtete Eizelle

Abfallen nicht mehr benötigter Blütenteile

Fruchtschale
Fruchtfleisch } Frucht
Stein
Samen mit Keimling

reife Frucht

Wachstum und Färbung des Fruchtknotens

1 Von der Blüte zur Frucht bei der Süß-Kirsche (schematisch)

Verbreitung von Früchten und Samen

Bei einem Besuch bei seinen Großeltern auf dem Land sieht Torben eine kleine Birke auf der Dachrinne des Hauses wachsen. Wie kommt die denn dahin, wundert er sich.

Viele Früchte und Samen haben Einrichtungen entwickelt, die der **Verbreitung** dienen. Dadurch werden sie manchmal weit fortgetragen. Gelangen sie an einen Ort mit guten Bedingungen, wachsen sie zu einer neuen Pflanze heran.

> Früchte und Samen besitzen Verbreitungseinrichtungen. Verbreitung ist der Transport der Früchte und Samen an einen anderen Ort.

Verbreitung aus eigener Kraft

Einige Pflanzen verbreiten ihre Früchte und Samen **ohne fremde Hilfe** (ohne Wind, Tiere, Wasser). Dazu haben sie bestimmte Einrichtungen in den Früchten ausgebildet.

Beim Springkraut gibt es fast eine „Explosion", wenn die Früchte ganz reif sind. Dann nämlich springt die Frucht explosionsartig auseinander und schleudert die Samen ca. 3 m heraus. Das passiert auch, wenn man eine reife Frucht des Springkrauts berührt. Deshalb heißt die Pflanze umgangssprachlich auch „Rührmichnichtan".

Verbreitung mit fremder Hilfe

Andere Pflanzen sind bei der Verbreitung von Samen und Früchten **auf fremde Hilfe** (u. a. Wind, Tiere) angewiesen.

Manche Früchte und Samen haben Flugeinrichtungen, z. B. Flügel oder Haare. Sie werden durch den **Wind** verbreitet.

Die „Pusteblume" des Löwenzahns (↗ Abb. 2) ist jedem bekannt. Die Frucht sieht aus wie ein kleiner Fallschirm. Wenn Wind weht oder auch wenn man pustet, fliegen diese kleinen Fallschirme weit weg, manchmal bis zu 10 Kilometer entfernt vom Standort der Mutterpflanze. Die Frucht der Linde bewegt sich bei Wind wie ein kleiner Propeller durch die Luft.

Auch **Tiere** sind an der Verbreitung von Samen und Früchten beteiligt. Für das Eichhörnchen beispielsweise sind Haselnüsse, Eicheln und Bucheckern (Trockenfrüchte) eine beliebte Nahrung. Es sammelt sie und schleppt sie in seine Vorratskammer. Auf dem Weg dorthin verliert es auch viele Früchte. Diese können dann im nächsten Frühjahr dort keimen, wohin sie gefallen sind.

Viele Vögel (↗ Abb. 1) werden von den auffällig gefärbten Früchten (Lockfrüchten) von Bäumen und Sträuchern angelockt. Sie fressen die Früchte und scheiden die unverdauten Samen an Stellen, die weit von der Mutterpflanze entfernt sind, aus. Vogelbeere und Tollkirsche besitzen solche Früchte.

Klettfrüchte (↗ S. 39) verhaken sich im Fell von Tieren und werden so mitgeschleppt.

1 Vögel verbreiten auch Samen.

2 Samen werden durch den Wind verbreitet.

Flugeinrichtungen bei Pflanzensamen und in der Technik

Flugsamen

Auf alten, hohen Kirchen oder verlassenen Häusern wachsen häufig Birken oder andere kleine Bäume. Menschen haben sie mit Sicherheit dort nicht gepflanzt. Doch wie sind sie dahin gekommen?

Viele Samen und Früchte besitzen Verbreitungseinrichtungen. Mit ihrer Hilfe werden sie oft weit fortgetragen. Finden sie geeignete Keimbedingungen, entwickeln sie sich, manchmal eben auf einem Dach.

1. Fliegen mit Haarkranz
Die Samen des Löwenzahns werden vom Wind davongetragen. Der Flugapparat ist ein winzig gestielter Haarkranz, der als Fallschirm funktioniert.
a) Betrachtet den Samen mithilfe einer Lupe oder eines Mikroskops und zeichnet ihn vergrößert auf ein DIN-A4-Blatt!
b) Nehmt eine durchsichtige Glasröhre (Länge 1 m, Durchmesser 3 bis 5 cm) und stellt sie senkrecht am Stativ befestigt auf den Tisch!
Lasst einen Löwenzahnsamen durch die Röhre nach unten schweben und stoppt die Zeit!
Wie lange braucht der Samen vom Loslassen bis zum Berühren des Bodens?

c) Schweben verschiedene Samen gleich schnell? Wiederholt den Versuch mit Samen anderer Pflanzen (z. B. Birke, Ahorn, Linde)! Findet die Rekordzeit des langsamsten Sinkfluges heraus!

Fluggeräte

Menschen können sich von steilen Bergen oder aus einem Flugzeug stürzen und langsam durch die Luft zu Boden gleiten. Damit das gelingt, benötigen sie allerdings Hilfsmittel wie Drachen oder Fallschirme (↗ Abb. 1).

2. Fliegen ohne Motor
Die Natur dient oft als Vorbild für technische Geräte. Ein einfaches Nachbauen gelingt meistens nicht, aber Prinzipien können der Natur abgeschaut werden.
a) Nenne Gemeinsamkeiten der unten abgebildeten Fluggeräte!
b) Vergleiche ihren Bau mit dem von Samen, die durch den Wind verbreitet werden (↗ Aufgabe 1)!
c) Leite ab, welche Teile bei den Samen und bei den technischen Geräten jeweils als Flugeinrichtungen dienen! Begründe deine Aussagen!
d) Nenne weitere Fluggeräte! Suche Abbildungen dieser Fluggeräte in Zeitungen oder im Internet und finde heraus, welche Teile ihnen das Fliegen ermöglichen!

1 Menschen gleiten mithilfe von Fallschirmen oder Drachen in der Luft.

Gewusst · Gekonnt

1. Beschreibung einer Blüte

Die Linde hat interessante Blüten und Früchte. Zur Blütezeit strömt sie einen süßen Duft aus und es summt und brummt in ihrer Baumkrone.

Beschreibe eine Lindenblüte anhand der folgenden Abbildung und erläutere, wie daraus die Früchte werden!

2. So kommen die Pollen zum Fruchtknoten

a) Nenne zwei Arten der Bestäubung!

b) Fertige zu einer Bestäubungsart ein Schema an und erläutere die Vorgänge!

*3. Schlechte Samen?

Im Frühjahr wird der Garten bestellt. Der Boden wird umgegraben und Beete werden angelegt. Dann wird ausgesät. Jonas sät im März Rettich- und Blumenkohlsamen aus. Die Rettichsamen keimen, die Blumenkohlsamen nicht.

Recherchiere, welche Ursachen es dafür gibt. Begründe deine Aussage!

4. Wie kommt die Birke auf das Dach?

a) Samen werden auf unterschiedliche Weise verbreitet. Fertige eine Übersicht über die Möglichkeiten der Verbreitung von Samen und Früchten an!

b) Samen können auch durch das Wasser verbreitet werden. Erkunde, welche Samen durch Wasser verbreitet werden! Recherchiere dazu im Internet!

5. Blüten beschreiben

Die Form der Bohnenblüte erinnert ein wenig an einen Schmetterling. Andere Blüten sind rund oder aus vielen kleinen Blüten zusammengesetzt.

Stelle dir verschiedene Blüten vor und finde möglichst viele Eigenschaftswörter, um sie zu beschreiben!

Zum Beispiel: schmetterlingsförmig, rund ...

6. Arten der Fortpflanzung im Vergleich

Vergleiche die geschlechtliche Fortpflanzung mit der ungeschlechtlichen Fortpflanzung, die z. B. bei der Vermehrung durch Stecklinge stattfindet! Lege eine Tabelle an!

Geschlechtliche Fortpflanzung	Ungeschlechtliche Fortpflanzung
...	...

7. Früchtevielfalt

So vielfältig wie die Pflanzen sind, so vielfältig sind auch die Farben und Formen der Samen und Früchte. Winzig klein und trocken sind die Samen der Birke, dick und fleischig die Bananen usw.

a) Nenne Samen und Früchte, die du bereits kennst! Denke dabei nicht nur an essbare Früchte!

b) Durch den Transport der Samen und Früchte schaffen es die Pflanzen, an andere Orte zu gelangen. Ordne den in a) genannten Samen und Früchten die Art ihrer Verbreitung zu!
   – Verbreitung ohne fremde Hilfe
   – Verbreitung mithilfe des Windes
   – Verbreitung durch Tiere
   Begründe jeweils die Zuordnung!

c) Vergleiche den Bau der Samen und Früchte!

Pflanzen entwickeln sich und pflanzen sich fort

Von der Blüte zur Frucht

■ **Bestäubung:** Übertragung des Blütenstaubs von den Staubblättern auf die Narbe eines Fruchtblatts (z. B. Insekten- oder Windbestäubung)

■ **Befruchtung:** Verschmelzung von Samenzelle und Eizelle (geschlechtliche Fortpflanzung)

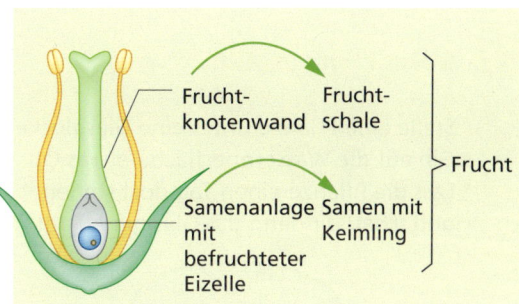

Frucht-knotenwand → Frucht-schale

Samenanlage mit befruchteter Eizelle → Samen mit Keimling

} Frucht

Arten der Fortpflanzung

Neue Pflanzen entstehen nicht nur durch geschlechtliche Fortpflanzung aus Samen. Bei vielen Pflanzen können sich durch ungeschlechtliche Fortpflanzung aus einzelnen Teilen komplette neue Pflanzen bilden.

Ungeschlechtliche Fortpflanzung	Geschlechtliche Fortpflanzung
Nachkommen entstehen aus Teilen der Mutterpflanze.	Nachkommen entwickeln sich aus einer befruchteten Eizelle.
Es erfolgt keine Neukombination des Erbmaterials.	Es erfolgt Neukombination des Erbmaterials.
Sie kann durch Blattstecklinge oder Sprossstecklinge erfolgen.	Das Leben einer neuen Pflanze beginnt mit der Keimung.

Lebensbedingungen für Keimung und Wachstum

Samen brauchen zum Keimen und Wachsen
■ Wasser,
■ ausreichend hohe Temperatur,
■ Luft,
■ Licht.

2.3 Pflanzen – ohne sie geht nichts

1 **Mikroklima im Glas**

Stelle eine Pflanze unter eine Glasglocke!
Gib auf die Wasseroberfläche etwas Öl!
Lass die Pflanze einen Tag dort stehen
und schau dir dann das Glas genau an!

2

Ohne Pflanzen – kein Leben

Überprüfe folgende Aussage: Ohne
Pflanzen würden alle anderen Lebewesen nicht existieren können.
Schreibe dazu einen Tag lang genau
auf, was du isst. Stelle dann in einer
Tabelle gegenüber, woher die Nahrung
ursprünglich stammt, die du gegessen
hast.

3 **Woraus die Dinge bestehen**

Im alltäglichen Leben benutzen wir eine
Vielzahl von Stoffen. Einige davon wurden von Pflanzen produziert. Wo sind in
den Abbildungen Pflanzenteile oder von
Pflanzen produzierte Stoffe versteckt?

4 Mit Blättern färben

Sammle Blätter von Birken! Stelle einen Tee daraus
her und färbe ein Stück Stoff damit!

5 Ohne Energie läuft nichts

Einschalten und los geht's – das schätzen
wir am MP3-Player, dem Handy und an
anderen elektrischen Geräten. Im Auto
tritt der Fahrer auf das Gaspedal und
es bewegt sich vorwärts. All das funktioniert, weil Geräte und Fahrzeuge
mit Energie versorgt werden: durch
elektrische Energie aus dem Akku oder
durch den Treibstoff im Tank. Auch
Lebewesen benötigen Energie. Tiere und
wir Menschen nehmen sie mit der Nahrung auf. Bei Nahrungsmitteln wird der
Gehalt an Energie auf der Verpackung
als „Brennwert" angegeben. Finde besonders energiereiche Nahrungsmittel!

Aufnahme und Abgabe von Wasser durch Pflanzen

Pflanzen benötigen Wasser zum Leben. Es darf aber nicht zu viel und nicht zu wenig sein.

1. Wasseraufnahme

Untersuche, wie viel Wasser eine Pflanze pro Tag aufnehmen kann!

Materialien:
Sprosssteckling mit vielen Wurzeln, Messzylinder mit Wasser, einige Tropfen Öl

Durchführung:
a) Stelle den Steckling in den Messzylinder mit Wasser!
b) Gib einen Tropfen Öl auf die Wasseroberfläche, damit das Wasser nicht verdunsten kann!
c) Lies nach einigen Tagen den Wasserstand ab!
d) Wiederhole den Versuch mit anderen Pflanzen!

Auswertung:
a) Berechne, wie viel Wasser deine Pflanze aufgenommen hat!
b) Vergleiche die Ergebnisse!
c) Diskutiert in der Gruppe die Unterschiede!

2. Wasser in Röhren

Untersuche, wie sich Wasser in Röhren mit unterschiedlichen Durchmessern verhält!
Bei einem Demonstrationsexperiment wird gefärbtes Wasser in ein Gefäß mit folgendem Aufbau gefüllt.
a) Triff eine Vorhersage, wie sich das Wasser in den unterschiedlich dicken Röhren, die miteinander verbunden sind, verhält!
b) Zeichne das Gefäß ab und ergänze die Flüssigkeit!
c) Vergleiche das Ergebnis mit deiner Vorhersage!

3. Abgabe von Wasser durch Blätter

Untersuche die Abgabe von Wasser unter verschiedenen Bedingungen!

Vorbereitung:
a) Überlege, wie du verschiedene Bedingungen zur Untersuchung der Wasserabgabe schaffen kannst!
b) Material: gleich große beblätterte Zweige, Bechergläser, Speiseöl, Wasser

Durchführung:
a) Fülle in alle Bechergläser gleich viel Wasser und gib einige Tropfen Öl hinzu!
b) Stelle die Zweige ins Wasser und markiere die Wasserhöhe!
c) Stelle für jeden Zweig eine andere Bedingung her!
   Du kannst den Zweig in den Wind stellen, auf die Heizung oder unter Glas!

Kontrollversuch

Öl-schicht

Wind

Heizung

Auswertung:
a) Vergleiche nach einiger Zeit die Wasserhöhe in den Bechergläsern!
b) Erkläre das Ergebnis!
c) Erläutere, warum Öl auf das Wasser gegeben wird!
d) Erkläre, warum man in den Weihnachtsbaumständer immer Wasser einfüllen sollte!

Aufnahme von Stoffen und Transport in der Pflanze

Aufnahme durch die Wurzeln

Wenn Zimmerpflanzen nicht genug gegossen werden, gehen sie ein. Zum Überleben müssen alle Pflanzen Wasser und andere Stoffe aufnehmen. Wissenschaftler konnten nachweisen, dass ausgewachsene Buchen im Sommer an einem Tag mehrere Hundert Liter Wasser aus dem Boden aufnehmen. Das meiste davon geben sie über die Blätter aber wieder an ihre Umgebung ab.

Mit dem Wasser nehmen die Pflanzen darin gelöste Mineralstoffe auf. Sie können die Mineralstoffe nur auf diese Weise aufnehmen. Mineralstoffe benötigen die Pflanzen für den reibungslosen Ablauf der Lebensvorgänge.

Bei der Aufnahme von Wasser durch die Wurzel kommt den **Wurzelhaaren** eine besondere Bedeutung zu. Sie haben eine durchlässige Wand, durch die das Wasser in die Wurzel gelangt. Dies kann es in den verholzten Bereichen der Wurzel nicht. Die Wurzelhaare sind sehr feine Ausstülpungen (↗ Abb. 1, 2). Damit hat die Wurzel eine größere Oberfläche als ein Zylinder mit gleichem Querschnitt. Diese Oberflächenvergrößerung begünstigt die Aufnahme von Wasser aus dem Boden. Außerdem können die Wurzelhaare in kleine Hohlräume im Boden eindringen, in denen sich Wasser befindet.

Von den Wurzeln wird das Wasser in die Blätter transportiert. Dabei legt es manchmal sehr große Strecken zurück. In einem Baum muss es etwa 30 m in die Höhe steigen. An den Blättern verdunstet Wasser und zieht dadurch immer neues Wasser nach. Begünstigt wird der **Wassertransport in der Sprossachse** dadurch, dass das Wasser durch sehr enge Gefäße fließt.

In der Sprossachse werden auch Stoffe von den Laubblättern zu den Wurzeln und zu anderen Pflanzenteilen transportiert. Pflanzen können nur in den oberirdischen Teilen, vor allem in den Laubblättern, körpereigene Stoffe bilden, denn dazu benötigen sie Licht (↗ S. 86). Speicherorgane und Wurzeln müssen mit den körpereigenen Stoffen von dort aus versorgt werden.

Aufnahme durch die Laubblätter

Pflanzen benötigen außer Wasser und Mineralstoffen **Kohlenstoffdioxid.** Dieses geruchlose und unsichtbare Gas ist in der Luft vorhanden. Die Pflanzen nehmen es über die Laubblätter auf.

Gewusst · Gekonnt

Die Möhre ist eine Wurzel, die als Speicherorgan (↗ S. 88) dient.
Untersuche eine Möhre!
a) Schneide eine Möhre in dicke Scheiben und betrachte einen Querschnitt!
b) Schneide eine Möhre der Länge nach durch und betrachte den Längsschnitt!

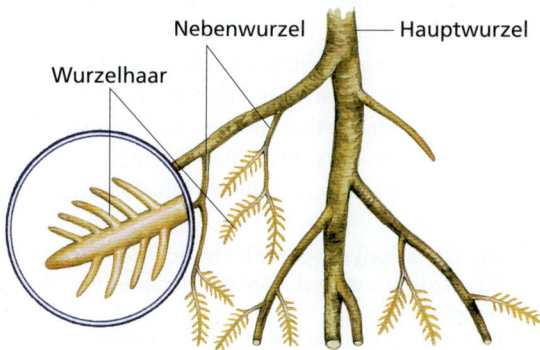

1 Bau der Wurzel (schematisch und stark vergrößert)

Wurzelhaar · Nebenwurzel · Hauptwurzel

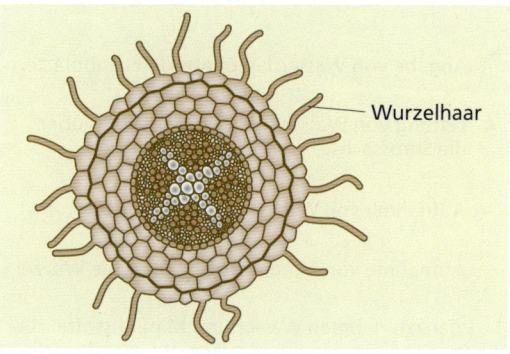

2 Querschnitt durch eine Wurzel

Wurzelhaar

Warum gerade Wasser?

Abgabe von Wasser

Aus den Laubblättern geben die Pflanzen Wasser in Form von Wasserdampf ab. Dieser Vorgang ist nicht direkt sichtbar. Er kann aber durch Beobachtungen belegt werden (↗ S. 74, Aufgabe 1).

↘ Abgabe von Wasserdampf aus den Laubblättern

↑ Leitung von Wasser und Mineralstoffen über die Sprossachse

→ Aufnahme von Wasser über die Wurzel

→ Aufnahme von Mineralstoffen über die Wurzel

1 Pflanzen nehmen Wasser und Mineralstoffe über die Wurzeln auf. Sie geben Wasserdampf über die Blätter ab.

Fest - flüssig - gasförmig

Pflanzen können Wasser nur aufnehmen, wenn es flüssig im Boden vorliegt. Im Winter, wenn das Wasser im Boden gefroren ist, geht das nicht. Viele Pflanzen verbringen den Winter deshalb in einem Ruhezustand unter der Erde, z. B. als Zwiebel, oder sie sterben im Herbst ab und ihre Nachkommen keimen im Frühjahr aus den Samen. Die Laubbäume schützen sich, indem sie ihr Laub abwerfen. Sie senken damit die Abgabe von Wasser sehr stark, die ja sonst über die Blattoberfläche erfolgt.

Fest, flüssig und **gasförmig,** das sind die Zustandsformen, in denen uns Wasser begegnet. In den Naturwissenschaften werden sie **Aggregatzustände** genannt. Wasser kann relativ einfach seinen Aggregatzustand ändern (↗ S. 79, Abb. 1). Andere Stoffe liegen meist in nur einem bestimmten Zustand vor. So muss Eisen erst in einem Hochofen erhitzt werden, ehe es flüssig wird. Um aus Luft eine Flüssigkeit zu machen, bedarf es extrem starker Kühlanlagen.

> Wasser und andere Stoffe können ihre Zustandsform ändern. Je nach Temperatur liegen sie fest, flüssig oder gasförmig vor.

Löslichkeit

Gibst du einen Löffel Zucker in ein Glas Tee, so sind die Zuckerkristalle bald nicht mehr sichtbar. Doch beim Trinken schmeckst du den Zucker, er ist noch vorhanden. Der Zucker hat sich mit dem Tee zu einer einheitlichen Flüssigkeit vermischt, er ist im Tee gelöst. Das Gleiche geschieht mit Mineralstoffen aus dem Boden. Sie lösen sich im Wasser des Bodens. Die Pflanzen nehmen also kein reines Wasser auf, sondern eine **Lösung.**

> Die Löslichkeit eines Stoffs ist von der Art des Lösungsmittels und von der Temperatur abhängig.
> Löst sich ein Stoff in einer Flüssigkeit, dem Lösungsmittel, so entsteht eine Lösung.

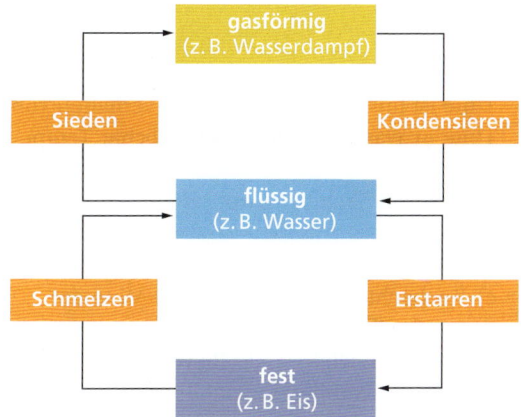

1 Stoffe können ihren Aggregatzustand ändern.

Eigenschaften von Stoffen

Der Aggregatzustand, die Löslichkeit, aber auch Geruch und Geschmack, Härte, Verformbarkeit oder Brennbarkeit sind **Eigenschaften von Stoffen.** Eigenschaften kennzeichnen Stoffe. Sie bleiben gleich, egal in welcher Form die Stoffe vorliegen. Zucker schmeckt süß, egal ob als Kristallzucker oder als Würfel (↗ Abb. 2), als Puderzucker oder als Zuckerguss auf dem Kuchen.

> **Stoffe sind Materialien, aus denen Gegenstände bestehen.**

Ob ein Stoff magnetisch ist oder nicht, ist eine Stoffeigenschaft. Stoffe werden auch durch ihre Leitfähigkeit für den elektrischen Strom und die Wärmeleitfähigkeit gekennzeichnet.

2 Verschiedene Formen – ein Stoff: Zucker

Gewusst · Gekonnt

1. Stoffe ändern ihre Zustandsform in Abhängigkeit von der Temperatur. Bei den üblichen Temperaturen nehmen sie jedoch meist einen bestimmten Aggregatzustand ein. Ordne den Aggregatzuständen jeweils fünf Stoffe zu!

fest	flüssig	gasförmig
...	...	...

2. Wasserdampf ist gasförmig und nicht sichtbar. Wenn er kondensiert, bilden sich winzige Tröpfchen, die man sehen kann. Bedenke, unter welchen Bedingungen Wasserdampf zu flüssigem Wasser kondensiert, und entwickle eine einfache Anordnung, um den Wasserdampf aus der Atemluft sichtbar zu machen!

3. Prüfe die Eignung von Stoffen als Lösungsmittel!
   a) Gib bei Zimmertemperatur je einen Teelöffel Kochsalz in Bechergläser mit 100 ml Wasser und 100 ml Speiseöl und rühre mit einem Glasstab um!
   Beurteile die beiden Lösungsmittel!
   b) Bringe einen Fleck von einer Kugelschreibermine auf einen Stoffrest (hier ist Kleiderstoff gemeint)! Versuche, ihn erst mit Wasser, dann mit Speiseöl zu beseitigen! Beurteile die beiden Lösungsmittel!

4. Wasser wird wegen seiner Eigenschaften außer zum Trinken für viele andere Zwecke verwendet.
   a) Finde Beispiele dafür, dass Wasser zum Einsatz kommt, weil es ein gutes Lösungsmittel ist!
   b) Beschreibe ein Erlebnis mit Wasser in einem selbst gewählten Aggregatzustand!

5. Schreibe einen Zeitungsartikel mit der Überschrift „Wasser – ein besonderer Stoff"!

Kleine Teilchen

Die Aggregatzustände, die Lösung von Zucker im Tee und viele andere Erscheinungen kann man erklären, wenn man sich vorstellt, dass alle Stoffe aus winzig kleinen **Teilchen** bestehen. Diese Teilchen sind so klein, dass sie nicht einmal mit dem Mikroskop sichtbar sind. Wir können sie uns nur vorstellen. Diese Vorstellung wird **Teilchenmodell** genannt. Sie hilft dabei, Erscheinungen in Natur und Technik zu erklären.

Dabei gehen die Naturwissenschaftler von drei Annahmen aus:

1. Alle Stoffe bestehen aus Teilchen, zwischen denen sich leerer Raum befindet.
2. Die Teilchen befinden sich in ständiger Bewegung.
3. Zwischen den Teilchen wirken Kräfte.

Die Teilchen sind in den verschiedenen Aggregatzuständen unterschiedlich angeordnet (↗ Tabelle).

Die Bewegung der Teilchen wird stärker, wenn ihnen Energie, z. B. durch Erwärmen, zugeführt wird. Sie können sich dann voneinander lösen. So wird aus Wasser Wasserdampf. Beim Abkühlen nimmt die Bewegung der Teilchen ab. So wird aus Wasser Eis.

Gewusst · Gekonnt

Tinte ist flüssig. Untersuche das Verhalten von Tinte in Wasser mit unterschiedlicher Temperatur!

a) Fülle ein Becherglas mit kaltem, ein anderes mit heißem Wasser!
b) Tropfe in beide Bechergläser etwas Tinte!
c) Beobachte beide Gläser einige Minuten!
d) Beschreibe deine Beobachtungen!
e) Erkläre, inwiefern die Bewegung der Tinte von der Temperatur abhängt! Beziehe die Annahmen der Naturwissenschaftler in die Erklärung ein!

Aggregatzustände

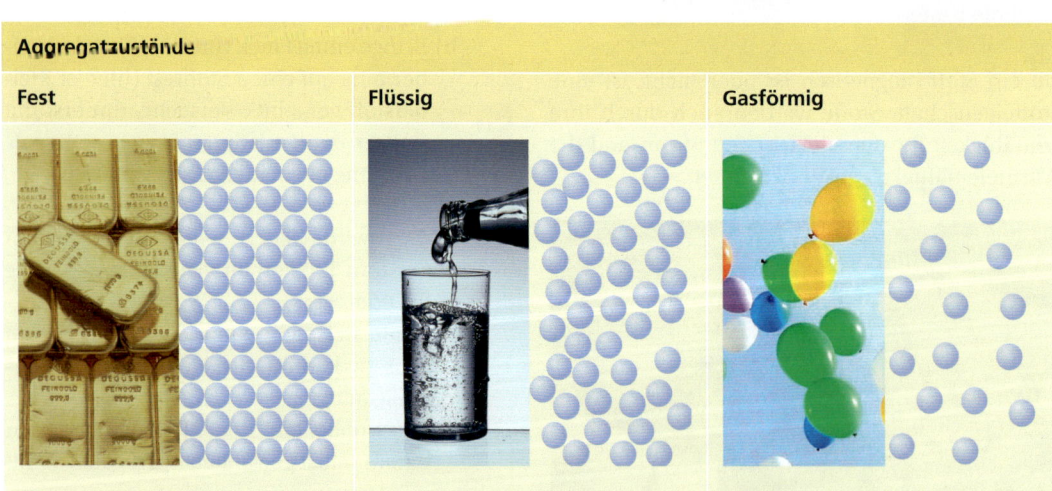

Fest	Flüssig	Gasförmig
Teilchen liegen geordnet vor. Sie bewegen sich nur wenig.	Teilchen können sich leicht bewegen.	Teilchen bewegen sich frei.

Teilchen in Bewegung

Gibt man einige Tropfen von einem Aromaöl in heißes Wasser, ist der Duft bald auch in einiger Entfernung wahrnehmbar. Untersuche zusammen mit deiner Klasse, wie lange Gerüche brauchen, bis sie deine Nase erreichen!

Vorbereitung:
a) Material: unbekanntes Aromaöl, Becherglas mit sehr heißem Wasser (Vorsicht!), Stoppuhr
b) Bestimmt zwei Mitschülerinnen oder Mitschüler, die die Zeit nehmen und notieren!

Durchführung:
a) Stelle das Becherglas mit dem heißen Wasser in die Mitte des Raums!
b) Bilde zusammen mit allen Mitschülern einen Kreis um das Glas!
c) Die Lehrperson tropft einige Tropfen des Aromaöls in das heiße Wasser.
d) Melde dich, wenn du den Geruch wahrnimmst! Benenne den Geruch dabei nicht!
   Die beiden Schüler oder Schülerinnen mit den Stoppuhren notieren die Zeit bis zur Wahrnehmung für jede Schülerin und jeden Schüler.

Auswertung:
a) Vergleicht die Zeiten miteinander, die jeweils bis zur Wahrnehmung vergangen sind!
b) Stellt Vermutungen über die Ursachen für die Unterschiede auf!
*c) Erkläre mithilfe der Vorstellung, dass alle Stoffe aus kleinsten Teilchen bestehen! Wie ist es möglich, dass man den Geruch auch in größerer Entfernung noch wahrnehmen kann?

Stoffgemische

Zucker besteht aus einer einzigen Art von Teilchen, er ist ein Reinstoff, das Wachs einer Kerze ebenso. Allerdings unterscheiden sich die Teilchen des Zuckers von den Wachsteilchen. Unterschiedliche Stoffe sind aus unterschiedlichen Teilchen aufgebaut.

Die Stoffe liegen häufig nicht als reine Stoffe vor, sondern mehrere reine Stoffe sind gemischt. Sie bilden **Stoffgemische.** Diese enthalten Teilchen verschiedener reiner Stoffe. So besteht der Stoff Luft u. a. aus den Reinstoffen „Stickstoff", „Sauerstoff" und „Kohlenstoffdioxid". Im gesüßten Tee befinden sich Wasserteilchen, Zuckerteilchen und Teilchen der Farb- und Aromastoffe aus den Teeblättern.

> Ein Reinstoff besteht nur aus einer Art von Teilchen.
> Ein Stoffgemisch enthält mehrere Arten von Teilchen.

Auch die Unterscheidung zwischen Reinstoff und Stoffgemisch lässt sich gut mithilfe des Teilchenmodells darstellen (↗ Abb. 1).

Die **Eigenschaften** der reinen Stoffe bleiben in Stoffgemischen erhalten. Wenn sich die Eigenschaften deutlich unterscheiden, kann man die Gemische daher einfach wieder trennen und in ihre Bestandteile zerlegen. Die unterschiedlichen Möglichkeiten, mit denen man die Gemische trennt, nennt man Trennverfahren (↗ S. 83). Zu den Trennverfahren gehören Sieben, Dekantieren, Filtrieren, Pressen, Eindampfen, Destillieren und Chromatografieren.

1 Reinstoff und Stoffgemisch im Teilchenmodell

Stoffe und ihre Eigenschaften

Mineralstoffe, Nährstoffe, körpereigene Stoffe – in diesen und in vielen anderen Wortkombinationen kommt der Begriff „Stoff" im Zusammenhang mit Erscheinungen und Vorgängen in der Natur vor. Auch im Alltag begegnen wir dem Begriff sehr häufig. Es gibt Kleiderstoff, Baustoff, Brennstoff, Treibstoff, Kunststoff und viele mehr. In den Naturwissenschaften werden alle Materialien, aus denen **Gegenstände** bestehen, als **Stoffe** bezeichnet. Auch die Gegenstände, deren Namen das Wort „Stoff" nicht enthalten, bestehen aus Stoffen.

1. Bunte Stifte
   Welche Stoffe lassen sich in der Abbildung erkennen?

Stoffe lassen sich nach verschiedenen Gesichtspunkten einteilen, z. B. nach ihrer Verwendung, ihrer Entstehung oder ihrer Wirkung auf den Menschen, aber auch nach ihren Eigenschaften. Aufgrund ihrer jeweiligen Eigenschaften erfüllen verschiedene Stoffe verschiedene Zwecke in der Natur. Aufgrund ihrer Eigenschaften werden sie auch vom Menschen für verschiedene Zwecke z. B. in der Technik eingesetzt.

2. Woraus besteht ein Fahrrad?
   Die Teile eines Fahrrads bestehen aus verschiedenen Stoffen. Nenne fünf verschiedene Stoffe, die man an einem Fahrrad findet! Begründe anhand ihrer Eigenschaften, warum gerade diese Stoffe verwendet wurden!

Für Lebewesen ist von besonderer Bedeutung, dass Wasser ein gutes Lösungsmittel ist. Sie können so mit dem Wasser verschiedene lebenswichtige Mineralstoffe aufnehmen.

3. Löslichkeit von Stoffen
   Untersuche die Löslichkeit von Stoffen, indem du prüfst, ob eine Lösung entsteht!
   a) Du brauchst Stoffproben, z. B. einige Körnchen von Kochsalz, Eisenpulver, Aluminiumpulver, Zucker, Mehl, Sand, Schwefel, Gummi, Kerzenwachs, Holzkohle oder Gips, eine kleine Menge Speiseöl, einen Spatel, Wasser von ca. 20 °C und Reagenzgläser mit Stopfen!
   b) Gib jeweils eine Spatelspitze oder 1 ml der Stoffproben in ein Reagenzglas, füge etwa 5 ml Wasser hinzu! Verschließe das Glas und schüttle es kräftig!
   c) Prüfe, ob sich eine einheitliche Flüssigkeit, eine Lösung, gebildet hat! Ordne die Stoffe den Gruppen „gut löslich", „schwer löslich" und „nicht löslich" zu!

4. Gefährliche Stoffe
   Weitere wichtige Stoffeigenschaften sind die Wärmeleitfähigkeit, die Brennbarkeit und die Giftigkeit.
   Von einigen Stoffen gehen Gefahren für Mensch und Umwelt aus. Auf der Verpackung dieser Stoffe sind **Gefahrstoffsymbole** angebracht. Informiere dich über die Bedeutung der einzelnen Symbole! Erkundige dich, welche Schutzmaßnahmen beim Umgang mit den Stoffen zu treffen sind!

gesundheits-   ätzend   giftig
schädlich

5. Stoffsteckbrief
   Wähle einen Stoff aus! Gestalte einen „Steckbrief"! Stelle darauf die charakteristischen Eigenschaften des Stoffs dar!

Wie lassen sich Stoffgemische trennen?

Stoffgemische lassen sich trennen, weil die Reinstoffe ihre Eigenschaften behalten. Die Trennverfahren nutzen verschiedene Eigenschaften.

1. Die Farbe
Eine Packung farbiger Schokodragees ist ein Gemisch aus Teilen, die sich in einer Eigenschaft unterscheiden.
a) Sortiere eine Schale mit Schokodragees!
b) Erläutere, warum das Sortieren von Schokodragees als Modell für die Stofftrennung dienen kann!

2. Ein Haufen Sand
Auf einer Baustelle kippt eine Schubkarre mit Kies in einen Sandberg. Es werden aber beide Materialien in reiner Form benötigt.
a) Trenne durch Handarbeit Sand von Kies! Welche Eigenschaften kannst du nutzen?
b) Überlege, mit welchem Verfahren das Sortieren schneller gehen könnte!

3. Fest und flüssig
Trenne ein Gemisch aus Sand und Wasser! Gehe in zwei Schritten vor:
a) Gieße das Wasser vorsichtig ab!
b) Gieße das Gemisch durch ein feines Sieb oder einen Filter!
c) Nenne Fachbegriffe für beide Verfahren!

4. Eine Lösung
Ein Stoffgemisch aus Wasser und Salz ist eine Lösung.
a) Gib je einen Tropfen Salzlösung auf zwei Objektträger!
b) Halte einen der Objektträger mit der Tiegelzange in die Flamme des Gasbrenners!
c) Lege den anderen Objektträger bis zur nächsten Stunde an einen warmen Ort!
d) Betrachte die Objektträger!
e) Informiere dich über die Gewinnung von Salz aus Meerwasser!

5. Jetzt wird's knifflig
Experimentiere mit Kies, Sand, Zucker, Kohlepulver und Eisenspänen!
a) Mische diese Stoffe!
b) Beschreibe und begründe, wie man diese Stoffe wieder trennen kann!
c) Führe die Stofftrennungen selbst durch!

6. Pflanzenfarbstoffe
Farbgemische lassen sich mit einem Verfahren trennen, das Chromatografie genannt wird.
a) Zerkleinere grüne Blätter zusammen mit Sand und etwas Alkohol mithilfe von Mörser und Pistill!
b) Filtriere die Flüssigkeit ab!
c) Stelle ein Stück weiße Kreide in das Filtrat!

7. Frisch gepresst
Frisch gepresster Orangensaft enthält Fruchtfleisch. Entwickle ein Verfahren, mit dem das Fruchtfleisch aus dem Saft entfernt werden kann!
a) Zeichne deinen Versuchsaufbau und beschrifte die Zeichnung!
b) Führe den Versuch durch! Benutze nur saubere Küchengeräte!
c) Koste den Saft vorher und nachher!
d) Kannst du Veränderungen schmecken? Wenn ja, suche eine Erklärung!
e) Vergleiche dein Vorgehen mit den Versuchen deiner Mitschüler!

8. Übersicht
Stelle die Verfahren zur Trennung von Stoffgemischen übersichtlich dar! Lege eine Tabelle an und ordne die zugrunde liegenden Stoffeigenschaften den Verfahren zu!

Trennverfahren	Eigenschaften
Sortieren	z. B. Farbe
...	...

Stoffumwandlungen

In Stoffgemischen behalten die einzelnen Stoffe ihre ursprünglichen Eigenschaften. Sie lassen sich deshalb wieder voneinander trennen, wie beim Pressen von Orangensaft, beim Sieben oder beim Filtrieren.

Erhitzt man Wasser, entsteht Wasserdampf. Das Wasser wird gasförmig. Es handelt sich jedoch noch um denselben Stoff. Das Wasser hat nur seinen Aggregatzustand verändert. Hält man eine kalte Glasplatte in den Wasserdampf kondensiert es und wird als Tropfen sichtbar. Nach dem Abkühlen erkennt man, dass der Stoff mit seinen typischen Eigenschaften weiterhin vorliegt.

Bei anderen Vorgängen verändern sich Stoffe so, dass sie ihre ursprünglichen Eigenschaften nachher nicht mehr besitzen. Sie wurden in andere Stoffe umgewandelt. Das passiert beim Backen von Kuchen (↗ Abb. 1) oder beim Verbrennen einer Kerze (↗ Selbst erforscht, Aufgabe 1). Bei diesen Vorgängen findet eine chemische Reaktion statt.

Der **Stoffwechsel** gehört zu den Merkmalen des Lebens. Damit ist nichts anderes gemeint, als dass alle Lebewesen Stoffe aufnehmen, verändern und andere Stoffe wieder abgeben. Pflanzen, Tiere und wir Menschen haben einen Stoffwechsel, aber auch Pilze (↗ Selbst erforscht, Aufgabe 2).

1 Das ursprüngliche Stoffgemisch aus Mehl, Eiern, Zucker, Butter und andere Zutaten kann nach dem Backen nicht mehr getrennt werden.

Alles eine Frage der Energie

Beim Backen muss der Teig erhitzt werden, damit daraus ein Kuchen wird. Beim Verbrennen von Kerzenwachs entstehen Wärme und Licht. Wärme und Licht sind Formen von **Energie.**

> Energie ist die Fähigkeit, etwas zu bewirken (z. B. Licht aussenden, Wärme abgeben). Energie tritt in verschiedenen Energieformen auf, die sich ineinander umwandeln können.

Direkt sichtbar ist Energie nicht. Aber immer, wenn sich etwas bewegt, wächst oder Licht aussendet, wird Energie benötigt. Oft ist dieser Zusammenhang leicht zu erkennen (↗ Abb. 1 und 2). Im Treibstoff des Autos ist Energie in Form **chemischer Energie** gespeichert. Durch die Verbrennung im Motor kann diese freigesetzt und in **Bewegungsenergie** umgewandelt werden. Der Treibstoff ist der **Energieträger** für den Antrieb des Motors.

1 Die Energie zum Autofahren kommt aus dem Treibstoff.

2 Das Fahrrad wird durch Muskelkraft bewegt. Die Energie dazu bekommt der Sportler aus seiner Nahrung.

Oft ist es jedoch nicht so offensichtlich, woher die Energie kommt, die für einen Vorgang benötigt wird. So brauchen die Pflanzen Energie zum Wachsen, zur Ausbildung von Laubblättern und Blüten und zum Ansetzen der Samen. Sie nehmen aber keine energiereiche Nahrung auf.

Selbst erforscht

Wozu brauchen Pflanzen die Sonne?

In den grünen Blättern der Pflanzen finden Stoffumwandlungen unter dem Einfluss von Sonnenlicht statt. Untersuche, welcher Stoff entsteht!

Vorbereitung:
a) Material: Pflanzen, Holzzange, Bechergläser, ca. 100 ml Spiritus, Heizplatte, Töpfe, Wasser, Petrischalen, Iod-Kaliumiodidlösung, Pipette, Schutzbrille
b) Bewahre eine Pflanze 12–24 Stunden an einem dunklen Ort auf!
c) Stelle eine andere Pflanze an einen möglichst hellen Ort!

Durchführung:
a) Setze die Schutzbrille auf! Erhitze den Spiritus im Wasserbad auf 40 °C! Bringe im zweiten Topf Wasser zum Sieden!
b) Pflücke je ein Blatt ab und lege es zum Entfärben in den heißen Spiritus (Vorsicht!)! Tauche es danach in siedendes Wasser (Vorsicht!)!
c) Lege die Blätter in die Petrischalen! Gib Iod-Kaliumiodidlösung darauf!

Auswertung:
a) Beschreibe deine Beobachtungen!
b) Benenne die Energieumwandlung bei der Bildung von Stärke!

Ernährung der Pflanzen und Bildung von Traubenzucker

Lange schon war bekannt, wie sich der Mensch und die Tiere ernähren. Sie nehmen z. B. außer Wasser und Vitaminen vor allem Kohlenhydrate, Fette und Eiweiße mit der Nahrung auf. Das sind körperfremde organische Stoffe. Daraus bauen sie ihre körpereigenen Stoffe auf.

Man wusste aber nicht, wie sich Pflanzen **ernähren**. Zunächst glaubte man, die Pflanzen nehmen benötigte Stoffe als „zubereitete Nahrung" aus dem Boden auf. Erst durch viele Beobachtungen und Experimente hat man herausgefunden, wie Pflanzen sich ernähren.

Pflanzen nehmen **Wasser** und **Mineralstoffe** mit den Wurzeln aus dem Boden auf. Allein davon können sie sich nicht ernähren. Sie benötigen außerdem **Kohlenstoffdioxid**, ein farbloses, geruchloses Gas, das in der Luft enthalten ist. Über die Spaltöffnungen an der Unterseite in den Blättern nehmen die Pflanzen das Kohlenstoffdioxid auf. Wasser, Mineralstoffe und Kohlenstoffdioxid sind körperfremde anorganische Stoffe.

> **Blütenpflanzen nehmen zur Ernährung Wasser und Mineralstoffe aus dem Boden sowie Kohlenstoffdioxid aus der Luft auf.**

Aus Wasser und Kohlenstoffdioxid baut die Pflanze in den Blättern **Traubenzucker**, einen organischen Stoff, auf. Als Nebenprodukt entsteht **Sauerstoff**, der über die Spaltöffnungen nach außen abgegeben wird.

Viele Beobachtungen und Experimente waren notwendig, bis die Wissenschaftler herausfanden, dass die Pflanze nur im **Licht** und mithilfe des **grünen Blattfarbstoffes (Chlorophyll)** Traubenzucker und Sauerstoff produzieren kann (↗Abb. 1). Dieser Vorgang wird als **Fotosynthese** bezeichnet.

> **Aus Kohlenstoffdioxid und Wasser werden mithilfe von Chlorophyll und unter Nutzung von Licht Traubenzucker und Sauerstoff gebildet.**

Traubenzucker wird in **Stärke** umgewandelt und verbleibt in der Pflanze. Aus Traubenzucker und Mineralstoffen baut die Pflanze andere organische Stoffe auf, z. B. Eiweiße, Fette. Diese benötigen die Pflanzen für Wachstum und Entwicklung.

Gewusst · Gekonnt

1. Beschreibe die Ernährung der Pflanzen! Berücksichtige, wie sie Stoffe aufnehmen!

2. Vergleiche die Ernährung von Menschen und Tieren mit der von Pflanzen!

1 Bildung von Traubenzucker im Laubblatt

2 Gase werden in Laubblättern ausgetauscht.

Interessantes aus der Geschichte

Entdeckungsgeschichte der Lebensweise von Pflanzen

Jahrelang beschäftigten sich Wissenschaftler mit der Ernährung der Pflanzen.

Der belgische Arzt und Chemiker Johan Baptist van Helmont (1577–1644) setzte zum ersten Mal ein Experiment ein, um dieses Problem zu lösen. Sein **Weidenversuch** war zum einen von langer Dauer und wurde außerdem sehr sorgfältig und exakt vorbereitet und durchgeführt.

Helmont ging bei seinem Versuch ganz systematisch vor. Noch heute gehen Wissenschaftler bei der Lösung von Problemen nach dieser Schrittfolge vor.

Schrittfolge		
1. Schritt	Erkennen und Formulieren des Problems	Wie ernähren sich Pflanzen?
2. Schritt	Formulieren von Vermutungen für die Lösung des Problems	Pflanzen ernähren sich nur von Wasser. (Helmont)
3. Schritt	Planen des Lösungswegs a) Ableiten einer experimentell überprüfbaren Formulierung b) Planung eines Experimentes (Versuchsaufbau, Beobachtungsaufgaben, Protokoll)	Wenn sich Pflanzen nur von Wasser ernähren, dann nehmen sie auch nur Wasser auf. Helmont pflanzte eine Weide von 2,5 kg in ein Gefäß mit 100 kg trockener Erde. Er legte über die Erde ein verzinntes Blech mit Löchlein, stellte sie ins Licht und goss sie täglich. Nach fünf Jahren wog er die Weide und die getrocknete Erde wieder.
4. Schritt	Durchführen des Experiments Beginn — 100 kg — Dauer 5 Jahre → Ende — 99,40 kg	
5. Schritt	Registrieren der beobachteten Ergebnisse	Versuchsbeginn: Weide 2,50 kg / Erde 100,00 kg Versuchsende: Weide 84,50 kg / Erde 99,40 kg
6. Schritt	Auswerten der ermittelten Ergebnisse – Vergleichen der experimentell ermittelten Ergebnisse mit der abgeleiteten experimentell zu überprüfenden Folgerung – Schließen auf den Wahrheitsgehalt der Vermutung (wahr/falsch)	– Das Trockengewicht der Erde hat sich nur um 60 g verringert, aber das Gewicht der Weide hat um 82 kg zugenommen. – Helmont zog den Schluss, dass sich Pflanzen nur von Wasser ernähren.

Speicherung von Stoffen

Durch die Bildung der verschiedenen Stoffe wächst die Pflanze. Diese Stoffe sind auch für das Heranreifen der Früchte notwendig. Reife Äpfel enthalten z. B. Traubenzucker.

Manchmal bilden die Pflanzen mehr Stoffe, als sie für ihre Lebensvorgänge (z. B. das Wachstum) benötigen. Diese Stoffe kann die Pflanze speichern.

Die **Speicherung** der Stoffe erfolgt in **Samen** oder in anderen **Speicherorganen**. Zu den Speicherorganen gehören Zwiebeln (z. B. die Küchen-Zwiebel), Knollen (z. B. Kartoffelknollen, Radieschen) und Wurzeln (z. B. die Mohrrübe).

Einige Pflanzen speichern ganz bestimmte Stoffe in größerer Menge. Die Garten-Erbse speichert in den Samen besonders viel Eiweiß. Die Samen der Sonnenblume enthalten viel Fett (Öl). In den Sprossknollen der Kartoffel ist Stärke gespeichert. Darum nutzt der Mensch Pflanzen oder Pflanzenteile als Nahrungsmittel oder stellt aus ihnen Nahrungsmittel her.

Mithilfe von Chemikalien (z. B. mit Iod-Kaliumiodidlösung für den Nachweis von Stärke) kann man in einfachen Untersuchungen überprüfen, welche Nährstoffe in verschiedenen Pflanzenteilen enthalten sind.

Selbst erforscht

Speicherorgane der Samenpflanzen

Pflanzen bilden unterschiedliche Organe zu Speicherorganen aus. Darin lagern sie Eiweiß, Stärke oder auch Fette ein.

1 Narzisse   2 Möhren   3 Kartoffeln

1. **Welche Pflanzenteile können Stoffe speichern?**
   Ordne die Speicherorgane aus den Abbildungen 1–3 den Organen zu, die du vom Grundaufbau der Samenpflanzen (↗ S. 51) kennst!

2. **Pflanzen als Nahrungsmittel**
   Begründe die folgende Aussage: Die Speicherorgane vieler Pflanzen eignen sich besonders gut als Nahrungsmittel.

3. **Speicherorgane nutzen**
   a) Finde weitere Beispiele für Speicherorgane von Pflanzen, die direkt als Nahrungsmittel verwendet werden!
   b) Haushaltszucker wird auch aus Speicherorganen von Pflanzen gewonnen! Finde heraus, welche beiden Pflanzenarten für die Zuckergewinnung angebaut werden! Informiere dich über eine dieser Pflanzenarten ganz genau und erstelle einen Steckbrief!

Folie vom Acker

Das Papier, auf dem du schreibst, der Saft, der deinen Husten lindert – täglich bist du von Dingen umgeben, die aus Pflanzen hergestellt wurden.

1. Pflanzen als Rohstoffquelle

Plant gemeinsam eine Ausstellung von Gegenständen, bei deren Herstellung Pflanzen verwendet wurden!

a) Recherchiert in der Bibliothek oder im Internet. Verwendet bei der Suche Stichworte wie „Rohstoffe", „Industriepflanzen" und „Nutzpflanzen"!

b) Stellt eine Sammlung von Gegenständen, Informationen und Bildern zusammen!

Folien dienen als schützende Hüllen für Gegenstände und Materialien. Dass auch sie zum Teil aus pflanzlichen Rohstoffen hergestellt werden, können wir uns kaum vorstellen. Dennoch ist dies aus stärkehaltigen Pflanzen möglich.

2. Stärkefolie

Stellt aus Kartoffeln selber eine Folie her!

Material:
eine große Kartoffel (etwa 100 g), Küchenreibe, Leinentuch, mehrere Bechergläser (250 ml) mit passender Abdeckung (z. B. Uhrglas), Wasserbad (400 ml), Kochplatte, Glasstab, Glycerinlösung (50 %), Iod-Kaliumiodidlösung, Waage, stabile Kunststofffolie, Pipette

Durchführung:
a) Schält die Kartoffel und zerreibt sie zu einem Brei, den ihr im Becherglas mit 150 ml Leitungswasser unter Rühren aufschlämmt!

b) Filtriert nun durch ein Leinentuch! Presst den Rückstand im Tuch durch Drücken des Tuchs möglichst weitgehend aus! Rührt den Rückstand noch zweimal in je 100 ml Leitungswasser ein und wiederholt die Filtration! Der danach verbleibende Rückstand kann nun auf den Kompost gegeben werden.

c) Beobachtet, wie sich in dem Filtrat (Kartoffelpresssaft) ein weißer Feststoff absetzt!

d) Gießt den überstehenden Saft vorsichtig von dem abgesetzten festen Stoff ab!

e) Verrührt den weißen Feststoff noch einmal mit 100 ml Wasser! Gebt ihm etwas Zeit, sich erneut am Boden abzusetzen, und gießt den flüssigen Überstand wiederum ab!

f) Gebt eine kleine Probe des weißen Feststoffs auf einen Objektträger und träufelt mit der Pipette etwas Iod-Kaliumiodidlösung darauf! Dies zeigt, dass es sich bei dem weißen Feststoff um Stärke handelt.

g) Wägt etwa 4 g der feuchten Stärke ab und vermischt sie in einem Becherglas mit einer Mischung aus 20 ml Wasser und 2 ml Glycerinlösung!

h) Deckt die Mischung mit einem Uhrglas ab und kocht sie im Wasserbad mindestens 15 Minuten! Rührt dabei ab und zu um! Danach sollte das heiße Gel noch so flüssig sein, dass es aus dem Becherglas fließt. Wenn nicht, könnt ihr auch etwas Wasser zugeben!

i) Gießt das heiße Gel auf die Kunststofffolie und lasst sie über Nacht bei Raumtemperatur trocknen.

j) Plant einen Versuch, mit dem ihr nachweisen könnt, ob eine Folie Stärke enthält!

Interessantes aus der Geschichte

Menschen nutzen Pflanzen

Dampfende Pellkartoffeln mit frischem Kräuterquark isst fast jeder gern. Bei Halsschmerzen lutschst du Salbeibonbons. Dein T-Shirt besteht aus Baumwollfasern. Wir nutzen viele Pflanzen für uns, sei es, um unseren Hunger zu stillen, Schmerzen zu lindern oder Kleidung herzustellen.

Die Menschen haben im Laufe ihrer jahrtausendlangen Entwicklung herausgefunden, welche Pflanzen ihnen nützen bzw. schaden. Als sie sich von Sammlern und Jägern zu Ackerbauern und Viehzüchtern entwickelten und schließlich sesshaft wurden, begannen sie, wild wachsende Pflanzen zur Ernährung anzubauen. Das Anbauen von Pflanzen nennt man auch Kultivieren, die Pflanzen **Kulturpflanzen. Zierpflanzen** (Tulpen, Rosen) werden zu Verschönerungszwecken angebaut. Aus Färberpflanzen gewinnt man Farbstoffe.

Alle Pflanzen, die der Mensch für seine Zwecke nutzt, nennt man auch **Nutzpflanzen.** Von diesen Pflanzen werden Blätter, Wurzeln, Sprossachsen, Samen oder Blüten verwendet. Der Mensch nutzt aber auch einige Wildpflanzen, z.B. Blaubeere und viele Heilkräuter.

Pflanzen, die bei uns wachsen

Zu den einheimischen Kulturpflanzen gehören **Getreidearten** wie Roggen, Weizen, Gerste und Hafer (↗ Tab.). Sie werden schon lange von Menschen genutzt. Aus dem 6. bis 9. Jahrtausend v. Chr. gibt es z.B. erste Funde von Kulturgerste in Ägypten und Vorderasien. Sie wurde aus Wildgerste gezüchtet. Im Getreidekorn werden die Nährstoffe Stärke und Eiweiß gespeichert. Getreideprodukte sind wichtig für die menschliche Ernährung und auch als Futtergetreide für die Haus- und Nutztiere.

Die **Kartoffelpflanze** ist eine unserer wichtigsten Kulturpflanzen. Ihre Heimat ist Südamerika. Seefahrer brachten sie nach Europa, wo sie seit dem 17. Jahrhundert angebaut wird.
Am Ende der unterirdischen Ausläufer bilden sich die Kartoffelknollen. Es sind Sprossknollen, die auch der ungeschlechtlichen Fortpflanzung dienen. Die Kartoffelknolle enthält vor allem Stärke, Mineralstoffe, Eiweiß und Vitamin C. Deshalb ist sie sowohl eines unserer wichtigsten Nahrungsmittel als auch ein notwendiges Futtermittel.

Heimische Getreidearten und deren Nutzung

Roggen	Weizen	Gerste	Hafer
Ähre	Ähre	Ähre	Rispe
Frucht länglich, walzenförmig	Frucht oval bis rundlich	Frucht länglich oval	Frucht länglich zugespitzt
Roggenbrot, Roggenmehl, Roggenbrötchen	Weizenbrot, Backwaren, Teigwaren, Grieß	Graupen, Grütze, zum Bierbrauen, Futtergetreide für Schweine	Haferflocken, Hafermehl, Futtergetreide für Pferde

Heimische Kulturpflanzen sind auch verschiedene Gemüse- und Obstpflanzen.

Gemüse hat einen hohen Gehalt an Vitaminen und Mineralstoffen. Es bildet einen wichtigen Bestandteil unserer Ernährung.

Obst ist zur Gesunderhaltung des Menschen unerlässlich. Es enthält u. a. Vitamine, Mineralstoffe und Zucker.

Für unsere Ernährung spielen Pflanzenöle eine bedeutende Rolle. Sie werden u. a. aus **Ölpflanzen** gewonnen. Einheimische Ölpflanzen sind beispielsweise die Sonnenblume und der Raps, aber auch der Lein und der Schlaf-Mohn. Die Früchte bzw. Samen dieser Pflanzen sind sehr fetthaltig. Ölpflanzen werden inzwischen auch angebaut, um Treibstoff zu gewinnen. Aus den Samen der Rapspflanze wird Rapsdiesel hergestellt.

> **Wichtige Kulturpflanzen sind unter anderem die Getreidearten, Kartoffeln und viele Obst- und Gemüsepflanzen. Auch Ölpflanzen werden angebaut.**

Ausländische Kulturpflanzen

Viele Kulturpflanzen können in unserem Klima nicht gedeihen. Sie benötigen für Wachstum und Entwicklung Bedingungen, die sie nur in ihren Heimatländern vorfinden.

Zu den ausländischen Kulturpflanzen gehören u. a. **Obstpflanzen** wie Ananas, Banane (↗ Abb. 4), Apfelsine, Zitrone, Melone und **Gemüsepflanzen** wie Paprika, Aubergine und Brokkoli. Diese werden inzwischen auch bei uns in Gewächshäusern angebaut. **Getreidepflanzen** wie Reis und Hirse (↗ Abb. 3) sowie **Ölpflanzen** wie Sojabohne, Erdnuss und Kokospalme (↗ Abb. 1) gedeihen in wärmeren Regionen besonders gut.

Exotische Früchte bereichern unseren „Speiseplan" das ganze Jahr. Viele dieser Pflanzen werden schon seit Jahrhunderten kultiviert. So war ein Getränk aus den Samen der Kakaopflanze (↗ Abb. 3) bereits bei den Ureinwohnern Mittelamerikas beliebt. Sie bereiteten es mit Wasser und verschiedenen Gewürzen zu.

1   Kokospalmen gedeihen an tropischen Küsten.

3   Hirse dient in Afrika als Nahrungsgrundlage.

2   Die Kakaopflanze kommt aus Südamerika.

4   Bananen wachsen an hohen Stauden.

Gewusst · Gekonnt

1. Blütenzauber

Irene schenkt Daria zum Geburtstag eine interessante Blüte. „Selbst gemacht", sagt sie stolz. Erläutere, was Irene getan hat, um diese Blütenfärbung zu erhalten.

2. Speicherorte

Samenpflanzen können z. B. Stärke speichern. Nenne einige Speicherorgane und den hauptsächlichen Speicherstoff!

*3. Helmonts berühmter Versuch

HELMONT versuchte herauszufinden, wie Pflanzen sich ernähren. Dazu führte er seinen berühmten Weidenversuch (↗ S. 87) durch.
Bewerte die aus den Ergebnissen abgeleitete Schlussfolgerung von HELMONT mit deinem Wissen über die Ernährung der Pflanzen (↗ S. 86).
Welche Bedingungen zur Ernährung der Pflanzen hat HELMONT nicht berücksichtigt?

4. Pflanzen für Tee gesucht

Finde heraus, welche Pflanzenarten als Heilpflanzen für verschiedene Teesorten genutzt werden! Welche Teile werden jeweils genutzt?
Beschreibe eine der Pflanzen in einem Steckbrief!

*5. Erforschte Geschichte

a) Informiere dich über die Geschichte des Weizens, Roggens und Hafers! Aus welchen Wildformen sind diese Pflanzenarten gezüchtet worden?

b) Welche Eigenschaften hat der Mensch herausgezüchtet?

6. Nützliche Pflanzenteile

Viele Kulturpflanzen werden als Nahrungspflanzen angebaut. Oftmals nutzen wir die Früchte, in vielen anderen Fällen aber auch andere Pflanzenteile (z. B. die Sprossachse beim Zuckerrohr).

a) Stelle in einer Übersicht zusammen, bei welchen Pflanzen die Früchte zur Nahrung dienen und bei welchen andere Pflanzenteile!

b) Nenne Stoffe, die in Nahrungspflanzen enthalten und für die Ernährung wichtig sind!

7. Das Wort „Stoff"

Kleiderstoff, Klebstoff, Treibstoff, Baustoff, Nährstoff – der Begriff „Stoff" begegnet uns häufig. Nenne weitere Begriffe, die das Wort „Stoff" enthalten! Wähle einen Begriff aus, definiere ihn und zähle Beispiele auf!

8. Gegenstand oder Stoff

a) Du kennst den Gegenstand „Kugel". Nenne fünf verschiedene Stoffe, aus denen man Kugeln herstellen kann!

b) Du kennst den Stoff „Glas". Nenne fünf Gegenstände, die aus Glas hergestellt werden können!

9. Lasst es sprudeln

Mineralstoffe und Vitamine werden in Form von Brausetabletten angeboten. Wirft man eine solche Tablette in ein Glas Wasser, sprudelt es einige Zeit sehr heftig.
Diskutiere mit deinen Mitschülern, ob eine Stoffumwandlung stattfindet, wenn sich eine Brausetablette in Wasser löst! Begründe deinen Standpunkt!

Pflanzen nehmen Stoffe auf und geben Stoffe ab

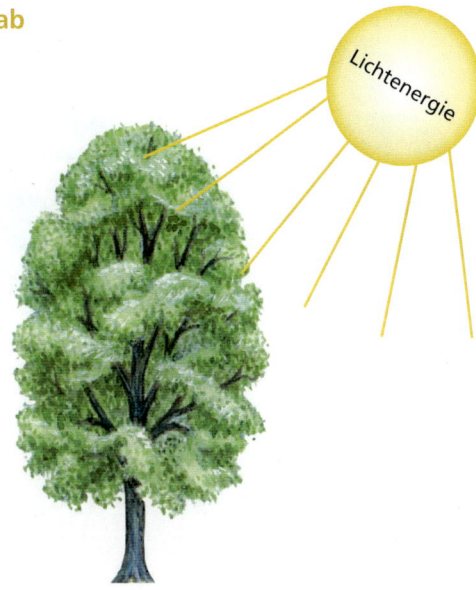

Ohne Sonne kein Leben

■ Die Sonne ist die Energiequelle für das Leben auf der Erde. Die Sonnenenergie kann von Lebewesen nicht direkt genutzt werden, sie muss umgewandelt werden.

■ Pflanzen sind in der Lage, die Sonnenenergie direkt zu nutzen.

■ In einem komplizierten Vorgang, den man **Fotosynthese** nennt, wird die Energie der Sonne mithilfe des grünen Farbstoffs in chemische Energie umgewandelt. Diese wird im Traubenzucker gespeichert, der bei diesem Vorgang aus Kohlenstoffdioxid und Wasser gebildet wird.

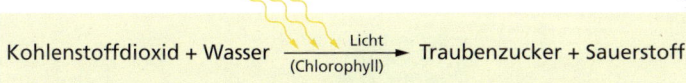

$$\text{Kohlenstoffdioxid + Wasser} \xrightarrow[\text{(Chlorophyll)}]{\text{Licht}} \text{Traubenzucker + Sauerstoff}$$

Ohne Stoffe keine Gegenstände und keine Lebewesen

Alle Materialien, aus denen Gegenstände bestehen, werden als Stoffe bezeichnet. Sie besitzen unterschiedliche Eigenschaften. Stoffgemische lassen sich mithilfe der unterschiedlichen Stoffeigenschaften trennen.

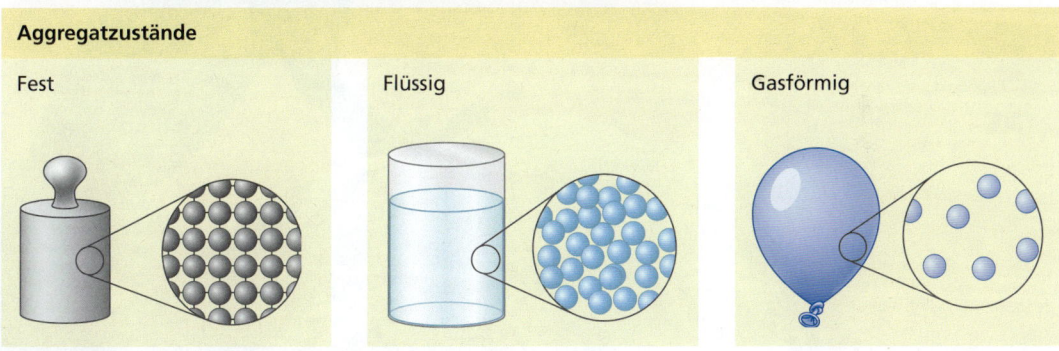

Aggregatzustände

Fest   Flüssig   Gasförmig

Ohne Wasser kein Leben

Wasser ist ein besonderer Stoff.
■ Es kommt in der Natur fest, flüssig und gasförmig vor.
■ Es ist für viele Stoffe ein gutes Lösungsmittel.
■ Es wird von allen Lebewesen benötigt.

3

Wirbeltiere –
Tiere mit Rückgrat

Wild lebende Tiere

Eichhörnchen, Igel und Meisen sind gern gesehene Gäste in unseren Gärten. Kranichschwärme begrüßen wir als erste Frühlingsboten. Am Waldrand beobachten wir in der Dämmerung Rehe und über dem Teich tanzen Mücken.

Wild lebende Tiere begegnen uns an vielen Stellen unserer näheren Umgebung.

Haus- und Nutztiere

Wir halten Tiere im Haus und in den Ställen. Sie sind Gefährten und Helfer. Fleisch und Milch sind wichtige Nahrungsgrundlagen.

Unsere Haustiere und Tiere im Zoo können wir gut beobachten. Wir können sehen, wie sie sich bewegen und wie sie fressen. Wenn die Zootiere Nachwuchs haben, finden viele Leute das besonders niedlich.

3.1 Wirbeltiere bewegen sich

1 Spurensuche

Wenn Tiere sich bewegen, hinterlassen sie Spuren.

Untersuche Spuren von Lebewesen!

– Erstelle eine Liste der Arten von Spuren, die du erwartest!
– Suche nach Fußspuren! An einem Wintertag, wenn es frisch geschneit hat, geht das besonders gut.
– Miss Länge und Breite der Spuren mit einem Lineal!
– Zeichne die Spuren genau ab!
– Spüre auch andere Arten von Spuren auf!
– Finde heraus, welche Lebewesen die Spuren hinterlassen haben! Informiere dich über ihre Lebensweise!

2 Rekorde im Tierreich

Tiere bewegen sich im Wasser, an Land und in der Luft. Sie bewegen sich unterschiedlich schnell. Ordne die abgebildeten Tiere den genannten Höchstgeschwindigkeiten zu!

Gepard

Wanderfalke

280 km/h

96 km/h

120 km/h

Schwertfisch

3 Fortbewegungsarten in Natur und Technik

Erstelle eine Liste mit möglichst vielen verschiedenen Fortbewegungsarten!
Ordne jeweils Tiere und technische Geräte zu, die diese Fortbewegungsarten ausführen können!
Zum Beispiel:

4

Ausruhen = Ruhe?

Was bedeuten Ruhe und Bewegung im Alltag? Diskutiert Beispiele und bezieht Tiere, Pflanzen und Fahrzeuge mit ein!

5

So ein Wirbel

Finde zusammengesetzte Wörter, die das Wort „Wirbel" enthalten!
Welche Bedeutungen hat der Begriff „Wirbel"?

Tiere aus aller Welt

1. Tiere erraten
Stelle ein Tier durch seine typischen Bewegungen dar – ohne Geräusche! Lass deine Mitschüler erraten, welches Tier du darstellst!

2. Wildtiere bei uns
Es gibt bei uns viel mehr Wildtiere, als man denkt. Erstelle eine Liste einheimischer Wildtiere!
a) Schreibe zu allen Buchstaben des Alphabets Wildtiere auf, z. B. zu A: Amsel!
b) Tragt das Klassenergebnis zusammen, indem ihr alle Tiere zu einem Buchstaben an die Tafel oder auf Karteikarten schreibt!
c) Wertet aus, wie viele Tiere die Klasse gefunden hat!
d) Sucht zu jedem Tier ein Bild, z. B. aus dem Internet, und klebt es auf!
e) Findet Merkmale, nach denen man die Tiere sortieren könnte!

3. Tiere bewegen sich unterschiedlich
Tiere lassen sich auch nach der Art ihrer Bewegung einteilen.

a) Ordne folgende Tiere nach der Art ihrer Bewegung in drei Gruppen: Karpfen, Grasfrosch, Elefant, Delfin, Hund, Krokodil, Rotkehlchen, Kuh, Buckelwal, Seeadler, Zauneidechse, Hai, Eichhörnchen, Schimpanse, Taube, Fledermaus!
b) Finde weitere Merkmale, nach denen sich diese und andere Tiere einteilen lassen!
*c) Betrachte zwei Merkmale gleichzeitig und ordne einige der Tiere zu! Z. B. kann fliegen und legt zur Fortpflanzung Eier: Taube, ...

4. Gemeinsamkeiten
Tierarten unterscheiden sich in vielen Merkmalen, haben aber auch Gemeinsamkeiten.
a) Welches der hier abgebildeten Tiere (↗ Abb. 1–6) gehört nicht zur selben Tiergruppe? Finde bei den anderen fünf Tieren Gemeinsamkeiten bei der äußeren Gliederung des Körpers!
b) Stelle eine Vermutung auf, welches Merkmal im Körperinneren dafür verantwortlich ist, dass die Tiere zu einer Gruppe zusammengefasst werden!

Baummarder | Feuersalamander | Möwe

Gecko | Regenwurm | Goldfisch

Vielfalt und Ordnung

Wir sind immer von einer unüberschaubaren Menge von Gegenständen umgeben. Da ist es wichtig, sie genau benennen zu können. Stell dir vor, das wäre nicht so: Du gehst mit deinen Eltern in ein Autohaus, weil ihr ein neues Auto kaufen möchtet. Es gibt aber nur ein einziges Wort für Fahrzeuge. Dann müsst ihr dem Händler mühsam erklären, was ihr braucht, wenn ihr nicht in Zukunft mit einem Traktor zum Familienausflug fahren wollt.

> Das Klassifizieren und Benennen von Gegenständen hilft den Überblick zu bewahren und erleichtert die Verständigung.

In allen anderen Bereichen des Alltags werden ebenfalls Gegenstände klassifiziert. Dabei können verschiedene **Merkmale** herangezogen werden. Manche Gruppen können weiter unterteilt werden. Ein Tisch gehört zu den Möbeln. Tische lassen sich aber wiederum einteilen: nach Verwendung, z.B. in Esstisch, Schreibtisch usw., nach Material in Holztisch, Metalltisch usw.

Vielfalt der Wirbeltiere

Auch die Vielfalt der Natur lässt sich mithilfe der Untersuchung von Unterschieden und Gemeinsamkeiten leichter überblicken. Verschiedene Tierarten kannst du aufgrund gemeinsamer Merkmale ordnen und in Gruppen einteilen. So gehören Pferde, Rinder, Schweine, Schafe und andere zu den Nutztieren. Nach ihrer Ernährung unterscheidet man Pflanzenfresser, Fleischfresser und Allesfresser.

Ein anderes, aber ganz wichtiges Merkmal, das zum Ordnen herangezogen wird, ist die Wirbelsäule. Sie durchzieht bei vielen Tieren den Körper und stützt ihn. Wenn du einen Fisch oder ein Hähnchen isst, kannst du sie sehen. Tiere, die so eine **Wirbelsäule** besitzen, bezeichnet man als **Wirbeltiere.**

> Wirbeltiere sind Tiere,
> – die eine Wirbelsäule haben,
> – die im Inneren des Körpers ein Skelett aus Knochen besitzen,
> – deren Körper sich aus Kopf, Rumpf und Schwanz sowie vier Gliedmaßen zusammensetzt.

Gewusst · Gekonnt

1. Nenne Gemeinsamkeiten und Unterschiede der beiden unten abgebildeten Fahrzeuge!

2. Das Einteilen in Gruppen mit gemeinsamen Merkmalen wird in der Wissenschaft als Klassifizieren bezeichnet. Teile beliebige Fahrzeuge in Gruppen ein! Nenne die Merkmale, nach denen du die Fahrzeugtypen klassifizierst!

1 Auto und Traktor besitzen den gleichen Grundaufbau aus vier Rädern und einer Karosserie. Sie unterscheiden sich aber in anderen Merkmalen und gehören zu einer Vielfalt an verschiedenen Fahrzeugen.

Auf der Erde gibt es etwa 46 500 verschiedene Wirbeltierarten. Um einen Überblick darüber zu erhalten, ziehen Biologen bestimmte Merkmale des Körperbaus zur Einteilung heran. Diese Merkmale weisen auf die Verwandtschaft der Tiere untereinander hin. Die **Wirbeltiere** werden nach ihrer Verwandtschaft in fünf **Wirbeltierklassen** eingeteilt.

Die Wirbeltierklassen unterscheiden sich hinsichtlich vieler Merkmale (↗ S. 135). Sie haben verschiedene Anpassungen an die Fortbewegung, unterschiedliche Atmungsorgane und pflanzen sich auf unterschiedliche Weise fort. Als Körperbedeckungen treten die schuppige Haut der Fische, die dünne Haut der Lurche, die trockene Haut der Kriechtiere, die Federn der Vögel und das Fell der Säugetiere auf.

Gewusst · Gekonnt

1. Richtig oder falsch?
   a) Die Wirbelsäule ist das gemeinsame Erkennungsmerkmal aller Vögel gegenüber anderen Tiergruppen.
   b) Federn sind das gemeinsame Erkennungsmerkmal der Vögel gegenüber anderen Tiergruppen.
   c) Federn und Flügel sind das gemeinsame Erkennungsmerkmal der Vögel gegenüber anderen Tiergruppen.

2. Informiere dich über die unterschiedlichen Körperbedeckungen bei den Wirbeltierklassen!

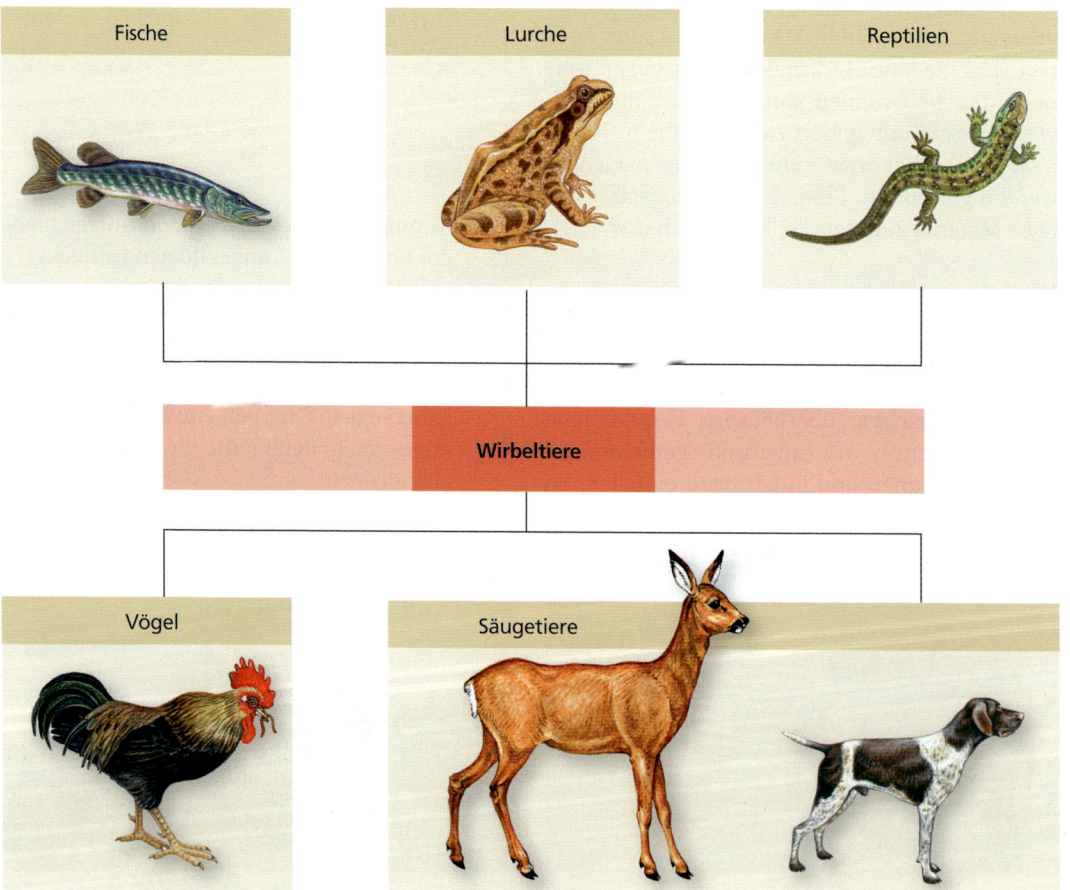

1 Die fünf Klassen der Wirbeltiere

Stütze des Körpers – das Skelett

Wenn du einen Vogel und einen Fisch vergleichst, fallen dir sofort viele **Unterschiede** auf: das Federkleid und die Schuppen, die Flügel und Flossen, der Schnabel und das Maul.

Beim genaueren Hinschauen kann man aber auch **Gemeinsamkeiten** entdecken: Beide besitzen einen Kopf, einen Rumpf und einen Schwanz sowie Gliedmaßen. Diese Abschnitte sind nur unterschiedlich gestaltet (↗ Abb. 1).

Auch die Körper von Hund, Eidechse, Frosch, Gorilla oder Delfin kann man in diese Abschnitte einteilen.

> **Der Körper der Wirbeltiere gliedert sich in Kopf, Rumpf, Schwanz und Vorder- und Hintergliedmaßen bzw. Flossen.**

Eine wichtige Gemeinsamkeit findet man im Innern: Der Körper der Tiere ist durch ein **Knochenskelett** gestützt.

Das **Skelett** des Karpfens besteht aus dem Schädel, der Wirbelsäule, den Rippen und den knöchernen Flossenstrahlen (↗ Abb. 3). Es ist die Stütze des Fischkörpers. Die **Wirbelsäule** besteht aus vielen beweglich miteinander verbundenen Wirbeln. Sie verläuft vom Schädel bis zum Schwanz und trägt die Rippen. Mit dem Schädel ist sie fest verwachsen. Die Wirbelsäule gibt dem Körper Halt, die Rippen schützen die inneren Organe der Fische.

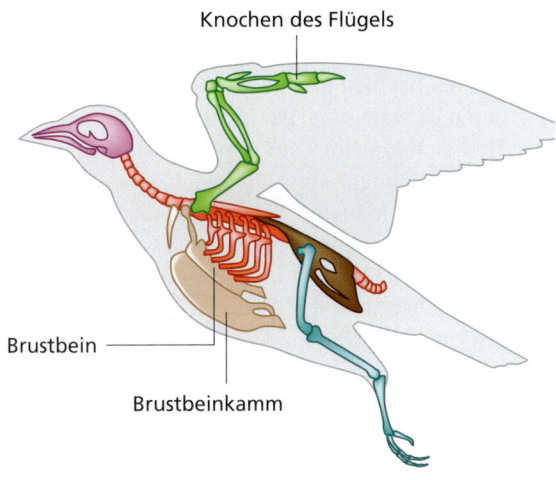

2 Skelett eines Vogels

Am Skelett der Taube (↗ Abb. 2) findest du die gleichen Körperabschnitte wie bei den Fischen. Unterschiedlich ist ihre Form und Größe. Zusätzlich bilden die Rippen mit dem Brustbein einen geschlossenen Brustkorb, der die inneren Organe der Vögel schützt.

Bei den Vögeln sitzt am Brustbein noch ein großer Brustbeinkamm und die Vordergliedmaßen sind zu Flügeln umgebildet. Beide Merkmale sind Angepasstheiten an das Fliegen.

> **Wirbeltiere besitzen im Innern ein Skelett aus Knochen. Es stützt den Körper und ermöglicht die Fortbewegung.**

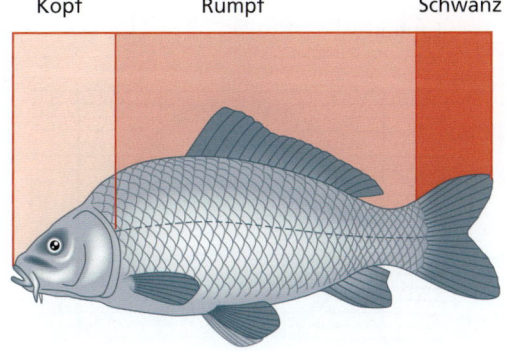

1 Körpergliederung des Karpfens

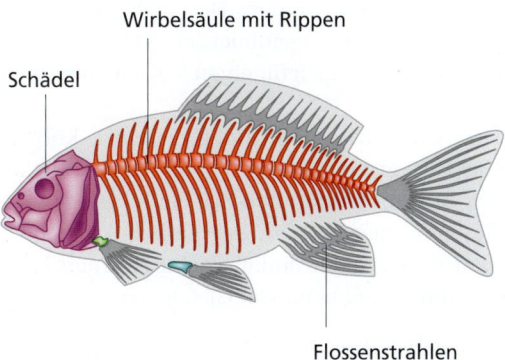

3 Skelett des Karpfens

Alles in Bewegung

Das Beobachten und das Fotografieren von Wildtieren ist manchmal gar nicht so einfach, weil die Tiere sich so schnell aus unserem Blickfeld fortbewegen. Gelingt es uns aber doch, eine Forelle im Bach, eine Maus im Schuppen oder eine Taube im Park zu beobachten, so stellen wir viele Unterschiede fest: Je nach Lebensraum ist der Körper so gestaltet, dass das Tier sich in ihm gut bewegen kann. Die Gliedmaßen sind für die Bewegung besonders bedeutsam: Die Flossen zum Schwimmen, die Flügel zum Fliegen und die Beine zum Laufen.

Bewegung und Ruhe sind Alltagsbegriffe. In den Naturwissenschaften sind sie aber eindeutig festgelegt:

- Die **Bewegung** eines Körpers ist seine Ortsveränderung gegenüber einem anderen Körper, dem Bezugskörper.
- Ein Körper ist in **Ruhe,** wenn er seine Lage gegenüber einem Bezugskörper nicht verändert.

Häufig wird als Bezugskörper die Erdoberfläche genommen. Es kann aber auch ein beliebiger anderer Bezugskörper gewählt werden. Der gewählte Bezugskörper muss dann angegeben werden.

Aus der Frage, wie schnell sich z. B. ein Läufer, ein Tier oder ein Fahrzeug bewegt, ergibt sich die Frage nach der **Geschwindigkeit**. Die Geschwindigkeit eines Fahrzeugs kann mit einem Tachometer gemessen werden. Der Tachometer zeigt die momentane (augenblickliche) Geschwindigkeit an. Das gilt auch für einen Fahrradcomputer.

Man kann die Geschwindigkeit eines Körpers ebenfalls ermitteln, wenn man weiß, welcher Weg in einer bestimmten Zeit zurückgelegt wird. Sie wird angegeben in der Einheit 1 m/s oder 1 km/h. Die Geschwindigkeit eines Körpers kann berechnet werden mit der Gleichung:

$$\text{Geschwindigkeit} = \frac{\text{zurückgelegter Weg}}{\text{benötigte Zeit}}$$

Überall wirken Kräfte

Bewegungen kommen durch die **Wirkungen von Kräften** zustande. Es gibt unterschiedliche Arten von Kräften. Mithilfe von Windkraft werden Rotoren von Windrädern in Bewegung versetzt. Mit Muskelkräften bewegen sich die Tiere und treten wir in die Pedale eines Fahrrads.

Bei diesen und anderen Vorgängen wirken Körper aufeinander ein, wobei sich ihre Bewegung oder ihre Form ändert. Oft trifft auch beides zu. So wird ein Fußball beim Abschuss sowohl beschleunigt als auch verformt.

> **Körper können Kräfte aufeinander ausüben. Die Kräfte sind an ihren Wirkungen zu erkennen: Sie bewirken eine Änderung der Bewegung oder eine Änderung der Form oder beides.**

Die Wirkungen der Kräfte können unterschiedlich groß sein. Dies wird durch die physikalische Größe Kraft beschrieben. Die Kraft gibt an, wie stark ein Körper auf einen anderen einwirkt. Das Formelzeichen für die Kraft ist F. Die Einheit ist **1 Newton** (1 N). 1 N ist die Kraft, mit der auf der Erdoberfläche ein Körper mit der Masse von etwa 100 g von der Erde angezogen wird. Die Einheit wurde nach dem englischen Physiker ISAAK NEWTON (1643–1727) benannt.

Selbst erforscht

Wie lassen sich Kräfte messen?

1. **Vergleicht eure Muskelkräfte!**
   Vorbereitung:
   a) Material: Expander, Fahrradschlauch
   b) Legt eine Messvorschrift fest, wie ihr mit Expander und Fahrradschlauch Kräfte vergleichen könnt!

   Durchführung:
   Achtung! Sowohl der Expander als auch der Fahrradschlauch müssen gut an einem Ende befestigt werden!

   Auswertung:
   Eigentlich habt ihr im Versuch Längen gemessen. Beurteilt die Eignung dieses Messverfahrens!

2. **Messungen mit dem Federkraftmesser**
   Die Einheit für die Kraft ist 1 Newton. 1 Newton ist etwa die Gewichtskraft einer Tafel Schokolade von 100 g. Überprüft die Gewichtskraft einer Tafel Schokolade mithilfe verschiedener Federkraftmesser!

Beispiele für Arten von Kräften

Muskelkraft	Gewichtskraft	Reibungskraft

Die Muskeln beschleunigen den Körper beim Sprint und halten den Körper in Bewegung.	Jeder Körper wird von der Erde angezogen und übt auf seine Unterlage eine Kraft aus, die man Gewichtskraft nennt.	Beim Fahren mit dem Fahrrad wirken immer auch Kräfte, die die Bewegung hemmen. Sie heißen Reibungskräfte.

Das Messgerät für die Kraft ist ein **Federkraftmesser.** Es werden Federkraftmesser für verschiedene Messbereiche eingesetzt.

Eine wichtige Kraft ist die **Gewichtskraft.** Hält man einen Körper, z. B. dieses Schulbuch, in der Hand, so spürt man eine Kraft, die nach unten zieht. Legt man das Schulbuch auf einen Tisch, so drückt es mit derselben Kraft auf diese Unterlage. Hängen wir es an einen Federkraftmesser, so zieht es mit derselben Kraft an der Aufhängung.

Fortbewegung im Wasser

Auch bei der Fortbewegung im Wasser spielen Kräfte eine Rolle. Das Wasser wirkt auf den Körper im Wasser ein und umgekehrt. Diese Erfahrung kann man z. B. beim Schwimmenlernen machen.
Als Tims Bruder schwimmen lernte, konnte Tim ihn bequem auf einer Hand waagerecht im Wasser halten. Außerhalb des Wassers gelang es ihm natürlich nicht. Warum ist das so?

Körper unter Wasser erscheinen leichter. Der Federkraftmesser in der Abbildung 1 zeigt eine kleinere Kraft an, wenn der Stein ganz in das Wasser eingetaucht ist.
Es muss also durch das Wasser eine Kraft entgegengesetzt zur Gewichtskraft des Körpers wirken. Diese Kraft nennt man **Auftriebskraft,** die Erscheinung **Auftrieb.** Die Auftriebskraft auf einen Körper ist umso größer, je mehr er ins Wasser

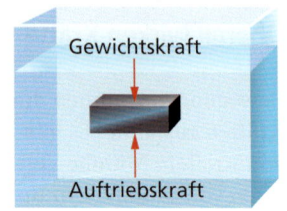

eintaucht. Ist der Körper ganz eingetaucht, dann verändert sich die Auftriebskraft nicht mehr.

Die auf einen Körper wirkende Auftriebskraft ist gleich der Gewichtskraft der verdrängten Flüssigkeit. Dieses Gesetz wurde von ARCHIMEDES (287–212 v. Chr.) entdeckt. Ein Fisch oder ein U-Boot können in einer beliebigen Wassertiefe schweben, wenn Auftriebskraft und Gewichtskraft gleich sind.

Selbst erforscht

Kräfte im Wasser

1. **Ball im Wasser**
   Drücke einen kleinen Ball unter Wasser und lasse ihn dann los! Beobachte und beschreibe deine Beobachtung!

2. **Ein Containerschiff beladen**
   Bei Schiffen ist die Eintauchtiefe von der Masse der Zuladung abhängig. Untersuche den Zusammenhang zwischen dem Volumen des verdrängten Wassers und der Masse der „Zuladung" zu einem schwimmenden Körper!

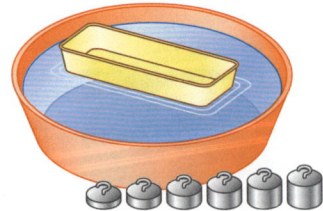

3. **Alles wird leichter**
   Bestimme mit einem Federkraftmesser, um wie viel sich die Gewichtskraft eines Steins beim Eintauchen in Wasser scheinbar verringert! Wiederhole die Messung mit einem größeren Stein!

1 Taucht ein Körper in Wasser ein, dann verringert sich scheinbar seine Gewichtskraft.

Tauchen und Schwimmen in Natur und Technik

1. Verschieden geformte Körper im Wasser

Materialien:

großer, schlanker Messzylinder, Stoppuhr, Knete, Messer, Waage

Durchführung:

a) Forme die Knete zu einer Rolle und schneide 4 Stückchen von 4 cm Länge ab! Forme aus diesen Stücken verschieden geformte Körper mit gleicher Masse!

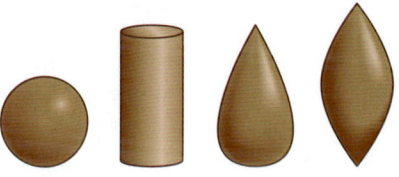

| kugel-
förmig | zylin-
drisch | tropfen-
förmig | spindel-
förmig |

b) Lass die verschieden geformten Körper im Wasser sinken! Miss die Zeit vom Eintauchen bis zum Absinken auf den Boden! Notiere die jeweilige Sinkzeit!

c) Bestreiche den spindelförmigen Körper mit Öl und wiederhole den Versuch!

Auswertung:

a) Vergleiche die Messergebnisse und begründe die Unterschiede!

b) Ziehe Schlussfolgerungen, warum viele Fische stromlinienförmige Körper haben!

c) Vergleiche die Messergebnisse des spindelförmigen Körpers vor und nach dem Einölen! Erläutere deine Beobachtung!

*d) Welche Eigenschaft der Fische wird mithilfe des Öls nachgeahmt?

2. Die optimale Form

Konstruiere ein Modell für ein Wasserfahrzeug, das sich mit möglichst geringem Aufwand im Wasser fortbewegt! Nutze die Ergebnisse des Versuchs aus Aufgabe 1! Vergleiche mit den Formen von Booten, Yachten und Schiffen!

3. U-Boot auf großer Fahrt

Unterseeboote nutzen den Auftrieb in Wasser. Wenn sich ein U-Boot auf Tieftauchfahrt befindet, dann schwebt es. Bei einer Überwasserfahrt schwimmt es.

Ordne die folgenden Aussagen den jeweiligen Fahrten zu:

a) Wasser dringt in die Tauchzellen.

b) Wasser wird mit Druckluft aus den Tauchzellen herausgepresst.

c) Tauchzellen sind ganz mit Luft gefüllt.

d) Tauchzellen sind teilweise mit Wasser gefüllt, es besteht Gleichgewicht zwischen Gewichtskraft und Auftriebskraft.

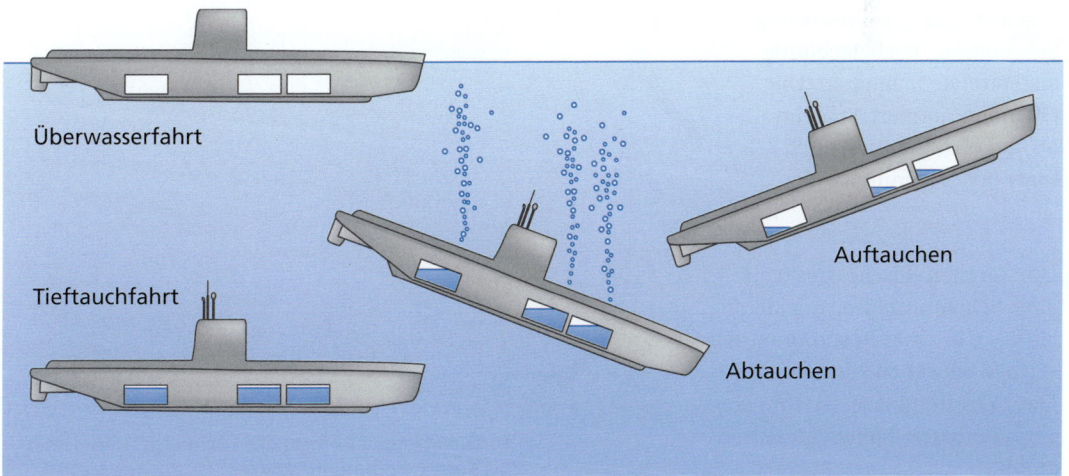

Überwasserfahrt

Tieftauchfahrt

Auftauchen

Abtauchen

Fische bewegen sich im Wasser

Körperbau der Fische

Aufgrund ihres Körperbaus sind die Fische sehr gut an die Fortbewegung im Wasser angepasst. Der Körper ist seitlich abgeflacht und zum Kopf- und Schwanzende hin etwas zugespitzt. Diese Körpergestalt bezeichnet man als **stromlinienförmig**. Fische können damit ohne großen Kraftaufwand durch das Wasser gleiten.

Mithilfe der **Flossen** bewegen sich Fische fort. Der Schwanzflosse kommt dabei die Hauptaufgabe zu. Starke Muskelpakete, die rechts und links der Wirbelsäule liegen, können sich abwechselnd zusammenziehen. Schwanz und Schwanzflosse werden auf diese Weise kräftig hin und her geschlagen und treiben den Fisch dabei voran (↗ Abb.). Die Rücken- und die Afterflosse halten den Fisch aufrecht im Wasser. Mit den Brust- und Bauchflossen, die jeweils paarweise vorhanden sind, steuert der Fisch die Richtung oder bremst ab.

Auch die **Haut** der Fische unterstützt die Fortbewegung. Sie enthält dachziegelartig angeordnete Schuppen. Die Oberhaut sondert Schleim ab und vermindert so nochmals den Strömungswiderstand.

Die meisten Fische besitzen eine **Schwimmblase,** mit deren Hilfe sie in einer bestimmten Wassertiefe schweben können. Die Schwimmblase ist mit einer veränderbaren Menge an Gasen gefüllt.

Strömungen

Die Körperform der Fische ist deshalb so günstig, weil sie das Wasser ohne Verwirbelungen am Körper entlangströmen lässt. Die Strömung ist die Bewegung des Wassers gegenüber dem Fisch. Dabei ist es egal, ob sich das Wasser bewegt wie in einem Flussbett oder ob sich der Fisch gegenüber dem Wasser bewegt.

> **Strömung ist die gerichtete Bewegung einer Flüssigkeit oder eines Gases gegenüber einem Körper.**

Bewegt sich ein Fisch gegenüber dem Wasser, so wirken beide wechselseitig aufeinander ein. Diese Wechselwirkung führt zu einer **Kraft**, die der Bewegung einen Widerstand entgegensetzt. Man nennt diesen Widerstand Strömungswiderstand.

Fließt Wasser mit geringer Geschwindigkeit am Fischkörper entlang, so kann es der Körperkontur folgen. Die Stromlinien laufen geordnet nebeneinander und beeinflussen sich nicht gegenseitig (↗ Abb. 1). Diese Art der Strömung wird als laminare Strömung bezeichnet. Sie hat den Vorteil, dass sie nur geringen Widerstand durch Reibung verursacht. Strömt das Wasser schneller, kommt es zur Bildung von Wirbeln. Die Wirbel erhöhen die Reibungskräfte und machen dadurch das Schwimmen schwerer. Strömung mit Verwirbelungen wird turbulente Strömung genannt.

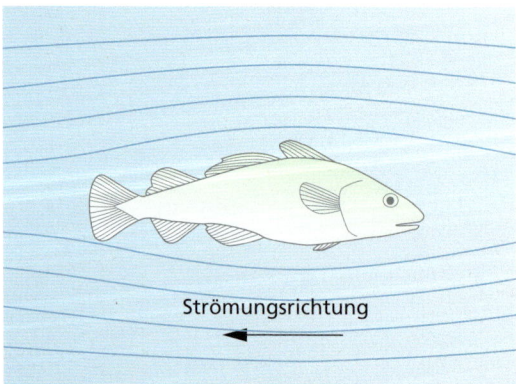

Strömungsrichtung

1 Die Stromlinienform des Fischkörpers erleichtert die Fortbewegung im Wasser.

Fliegen in Natur und Technik

Bei der Bewegung durch Luft treten ebenfalls Kräfte und Strömungen auf. Solche **Strömungen** lassen sich mithilfe von Stromlinienbildern als Modell darstellen (↗ Abb. 1). Dass bei einer Bewegung durch die Luft Strömungen zustande kommen und Kräfte wirken, macht sich bereits bemerkbar, wenn du deinen Arm ganz schnell durch die Luft bewegst. Du spürst einen Luftzug und kannst sogar ein leises Rauschen hören. Hier wirken zwei Körper aufeinander ein: deine Hand und die umgebende Luft.

Während man sich bei einem Ballon noch gut vorstellen kann, dass er sich in die Luft erhebt, wirkt das bei den heutigen riesigen Flugzeugen wie ein Wunder. Auch auf Flugzeuge und Vögel wirkt die Gewichtskraft (↗ S. 103). Damit sie fliegen können, muss eine Auftriebskraft erzeugt werden, die größer als diese Gewichtskraft ist.

Der Auftrieb wird bei Flugzeugen durch die sehr schnelle Bewegung durch die Luft erzeugt. Die Tragflächen sind so geformt, dass die strömende Luft über der Tragfläche eine größere Geschwindigkeit hat.
Beim Start eines modernen Passagierflugzeugs ist daher eine Geschwindigkeit von etwa 300 km/h erforderlich. Damit das Flugzeug in der Luft bleibt, darf die Strömung am Flügel nicht verwirbeln oder gar abreißen.

Fliegen wie die Vögel

Fliegen wie Vögel, davon träumen die Menschen wohl schon lange. Bereits die griechische Sage berichtet, dass DÄDALUS und sein Sohn IKARUS sich Flügel aus Vogelfedern bauten und damit flogen.

Im 15. Jahrhundert beschäftigte sich der geniale Maler, Mathematiker und Techniker LEONARDO DA VINCI (1452–1519) eingehend mit dem Fliegen. Er studierte den Flug der Vögel und entwarf Zeichnungen von künstlichen Flügeln, aber auch von Drehflüglern und Fallschirmen. Die Ideen von LEONARDO gerieten zunächst in Vergessenheit, der Traum vom Fliegen aber blieb.

Einen wesentlichen Schritt zur Entwicklung der Luftfahrt vollbrachten die Brüder GUSTAV und OTTO LILIENTHAL. Sie untersuchten insbesondere den Gleitflug mit Tragflügeln und verglichen ihre Erkenntnisse immer wieder mit dem Gleitflug von großen Vögeln. Dabei wurde nicht versucht, den Vogelflug nachzumachen. Es wurden aber die Prinzipien erkannt und in die Technik übertragen. So führte z. B die vom Naturvorbild abgeleitete Erklärung zu der Einsicht, dass ein im Luftstrom befindlicher gewölbter Flügel die notwendige Auftriebskraft erfährt. So konstruierten sie Gleitflugapparate mit entsprechenden Flügeln (↗ Abb. 2). 1891 führte OTTO LILIENTHAL (1848–1896) erstmals erfolgreich Gleitflüge in Derwitz bei Werder an der Havel aus.

1 Ein solches Stromlinienbild kann im Windkanal ermittelt werden.

2 OTTO LILIENTHAL in einem seiner Gleitflugapparate (1891)

Kräfte und Strömungen in der Luft

1. Kräfte werden sichtbar

Untersuche die Kräfte, die beim Fliegen von Vögeln und von Flugzeugen wirken!

Material:
2 Blätter Papier, 1 Buch

Durchführung:
a) Formuliere vor jedem Versuch zuerst eine Vermutung!
b) Halte 2 Blätter Papier vor dein Gesicht (↗ Abb. links)! Puste in den Spalt zwischen den Blättern! Notiere deine Beobachtung!
c) Klemme ein Blatt Papier in ein Buch! Puste über das Blatt hinweg (↗ Abb. rechts)! Notiere deine Beobachtung!

Auswertung:
a) Beschreibe die Wirkung der Luftströmung im Versuch b und c!
*b) Erläutere, warum diese Versuche als Modell für die Vorgänge beim Fliegen dienen können!

Wenn sich ein Flugzeug bewegt, strömt Luft an den Tragflächen vorbei. Sie strömt dabei an der Oberseite und der Unterseite unterschiedlich schnell. Die Luftströmungen erzeugen einen unterschiedlichen Luftdruck an beiden Seiten. Der Druck der Luft sinkt an der Seite, an der die Luft schneller strömt. Er steigt an der Seite mit der langsameren Strömung. Insgesamt wird dadurch eine Auftriebskraft bewirkt, die größer ist als die Gewichtskraft des Flugzeugs und es abheben lässt.

2. Strömungen werden sichtbar

Mache Luftströmungen mit einer Fadensonde sichtbar! Untersuche, warum die Tragflächen eines Flugzeugs einseitig gewölbt sind!

Vorbereitung:
a) Material: Styroporplatte (50 mm), Messer, Klebeband, Holzstab, Leim, Wolle, 2 x Stativ-Material, Föhn
b) Schneide ein mind. 10 cm breites Tragflächenmodell aus Styropor aus! Es muss von der Seite aussehen wie in der Abbildung. Glätte die Schneidekanten mit Klebeband!
c) Befestige das Modell mit einem Holzstab an einem Stativ!
d) Baue eine Fadensonde, indem du gleich lange Fäden mit gleichem Abstand an das zweite Stativ bindest!

Durchführung:
a) Lass Luft aus dem Föhn waagerecht über das Tragflächenmodell strömen!
b) Halte die Fadensonde an verschiedene Stellen des Strömungsbereiches!
c) Beobachte den Abstand der Fäden!
d) Wiederhole den Versuch bei unterschiedlich geneigtem Modell!

Auswertung:
a) Auf welcher Seite bewegt sich die Luft schneller am Tragflächenmodell vorbei?
b) Stelle einen Zusammenhang zur Flugfähigkeit von Flugzeugen her!

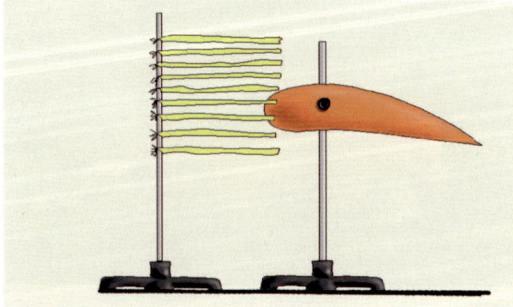

1 Tragflächenmodell Seitenansicht

Warum können Vögel fliegen?

1. Federn unter der Lupe

Untersuche den Feinbau von Federn!

Material:
Daunen-, Schwung- und Deckfedern, Lupe, und Mikroskop

Durchführung:
a) Betrachte die Federn mit bloßem Auge und betaste sie!
b) Zeichne eine Schwungfeder und beschrifte ihre Teile mit den Begriffen „Bogenstrahl", „Federast", „Schaft" und „Hakenstrahl"!

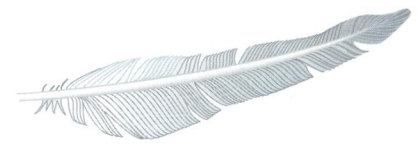

c) Reiße vorsichtig die Fahne einer Deck- oder Schwungfeder auseinander!
d) Betrachte die Stelle mit der Lupe und mithilfe des Mikroskops!

Auswertung:
a) Vergleiche den Bau von Daunen-, Deck- und Schwungfedern und ziehe Rückschlüsse auf die Funktion!
b) Wie nutzt der Mensch Vogelfedern?

2. Federn und Luft

Untersuche die Luftdurchlässigkeit von Deck- und Schwungfedern!

Materialien:
Deckfedern, Schwungfedern, Kerze oder Teelicht

Durchführung:
a) Halte eine brennende Kerze hinter die Fahne der jeweiligen Feder (↗ Abb.)!
b) Versuche, die Kerze durch die Feder hindurch auszublasen (↗ Abb.)!
c) Reiße die Fahnen an mehreren Stellen vorsichtig auseinander!
d) Versuche erneut, die Kerze auszublasen!

Auswertung:
a) Unter welchen Bedingungen konntest du die Kerze ausblasen?
b) Beschreibe mithilfe des Versuchs 1, wie die geschlossene Fläche der Fahne zustande kommt!
c) Ziehe Rückschlüsse zur Funktion der Federn!

3. Fliegen alle gleich?

Beobachte den Flug verschiedener Vögel!
Vergleiche den Flug kleiner Vögel (z. B. Meise oder Spatz) mit dem Flug großer Vögel (z. B. Greifvögel, Reiher oder Storch)!
Beschreibe die Unterschiede! Ordne die Flugarten den Begriffen „Ruderflug" und „Segelflug" zu!

4. Perfekt angepasst

Lies den Text über die Anpassungen der Vögel auf der folgenden Seite aufmerksam durch! Betrachte auch die Abbildungen genau!
a) Stelle die Angepasstheiten der Vögel an das Fliegen in einer Tabelle nach folgendem Muster zusammen:

Merkmal des Vogels	Angepasstheit an das Fliegen
Gliedmaßen	Vordergliedmaßen als Flügel ausgebildet

*b) Stelle die Merkmale des Vogels den Eigenschaften technischer Fluggeräte gegenüber!

Warum Vögel fliegen können

Die Küstenseeschwalbe ist ein Zugvogel. Sie fliegt im Frühjahr von ihrem Winterquartier am Rande der Südpolarregion bis zu den Brutplätzen an den arktischen Küsten oder an der Nordsee. Der etwa 35 cm lange Vogel legt dabei die gewaltige Strecke von 17 000 km zurück. Der Gedanke liegt nahe, dass die Küstenseeschwalbe und andere Zugvögel wie Wildgänse oder Störche so energiesparend fliegen können, dass sich diese langen Reisen lohnen.

Vögel zeigen in ihrem Körperbau zahlreiche Anpassungen, die ihnen das Fliegen überhaupt möglich machen.

Körperform

Vögel haben einen **spindelförmigen Körper** (↗ Abb. 2). Diese Form des Vogelkörpers verringert den Luftwiderstand beim Fliegen.

Gliedmaßen und Skelett

Die Vordergliedmaßen der Vögel sind zu **Flügeln** umgebildet (↗ Abb. 1). Der innere Aufbau der Flügel entspricht dem der Vordergliedmaßen anderer Wirbeltiere (↗ S. 111, Abb. 1). Die Tragfläche der Flügel wird von den großen, kräftigen **Schwungfedern** gebildet. Die Lücken zwischen ihnen sind mit den kleinen **Deckfedern** ausgefüllt. Beim Ausbreiten der Flügel entsteht so eine dichte, fächerartige Fläche, die die Luft nicht hindurchlässt, sondern beim Flügelschlag verdrängt.

Zum Fliegen benötigen Vögel – wie auch Flugzeuge – viel Energie. Je schwerer ein Vogel ist, umso mehr Energie benötigt er zum Fliegen. Als Anpassung an das Leben in der Luft sind Vögel im Vergleich zu gleich großen Säugetieren daher viel leichter (↗ Abb. 3). Das **Skelett** der Vögel besteht aus Knochen (↗ S. 101, Abb. 2). Im Vergleich zu den Säugetieren sind die länglichen Röhrenknochen der Gliedmaßen jedoch dünn, hohl und mit Luft gefüllt. Ihre Stabilität erhalten sie durch knöcherne Verstrebungen. Die Masse des Vogelkörpers wird so verringert und das Fliegen erleichtert.

Die Wirbel der **Wirbelsäule** sind von der Brust an **starr** miteinander verwachsen. Dies ermöglicht es den Vögeln, während des Fluges die richtige Körperhaltung zu bewahren. Im Rumpfbereich bilden Knochen den Brustkorb mit den Rippen. Am Brustbein sind große Muskeln befestigt, die die schnelle und ausdauernde Flügelbewegung ermöglichen.

Atemorgane

Vögel besitzen **Luftsäcke** (sackartige Fortsätze der Lunge). Die Luftsäcke liegen zwischen den Organen und reichen bis in die Knochen hinein. Dadurch können Vögel doppelt so viel Luft aufnehmen wie Säugetiere, die vergleichbar groß sind. Durch die Luftsäcke wird die Masse des Vogels herabgesetzt und das Fliegen erleichtert.

> **Vögel sind durch ihren Körperbau an das Fliegen angepasst.**

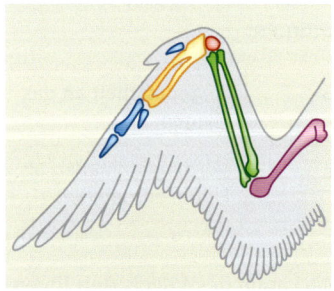

1 Vordergliedmaßen sind als Flügel ausgebildet.

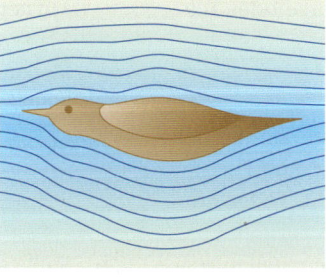

2 Stromlinienform des Körpers verringert den Luftwiderstand.

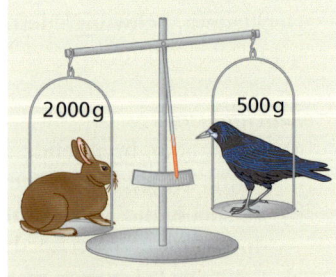

2000 g   500 g

3 Masse ist kleiner als bei gleich großen Säugetieren.

Läufer in Aktion

Säugetiere bewegen sich auf unterschiedliche Art und Weise fort: Sie springen, fliegen, hüpfen oder laufen. Das ist nicht der einzige Unterschied. Auch die **Fortbewegungsgeschwindigkeit** unterscheidet sich oftmals sogar erheblich.
Ein Pferd erreicht im Galopp eine Geschwindigkeit von 65 km/h. Eine Katze läuft bis zu 40 km/h, um ihre Beute zu ergreifen oder zu fliehen. Ein Mensch schafft im 100-m-Sprint eine Höchstgeschwindigkeit von durchschnittlich 30 km/h.

Unterschiedliche Geschwindigkeiten

Die Tiere und der Mensch bewegen sich unterschiedlich schnell. Um herauszufinden, warum das so ist, muss man zunächst den Körperbau dieser Tiere und des Menschen vergleichen. Neben den deutlichen Gemeinsamkeiten wie Körpergliederung in Kopf, Rumpf, Gliedmaßen, Innenskelett mit Wirbelsäule kann man im Bau der Gliedmaßen von Säugetieren deutliche Unterschiede erkennen (↗ Abb. 1).

Sohlengänger

Interessant ist z. B., dass Menschen, Kaninchen oder Eichhörnchen beim Laufen den ganzen Fuß aufsetzen. Sie treten mit der Ferse auf und rollen dann über Mittelfuß- und Zehenknochen ab. Sie sind Sohlengänger (↗ Abb. 1).

Kaninchen und Eichhörnchen fällt es leicht, sich auf ihren Hinterbeinen aufzurichten. Dadurch können sie ihre Vorderbeine zum Greifen oder Festhalten benutzen.
Beim Menschen wurden die Vordergliedmaßen durch die Entwicklung des aufrechten Ganges frei und können so zum Arbeiten benutzt werden.

Zehengänger

Katzen und Hunde berühren den Boden nur mit ihren Zehen. Ihre Mittelfußknochen und Fußwurzelknochen sind senkrecht gestellt. Sie sind Zehengänger (↗ Abb. 1). Ihre Krallen am Ende der Zehen verhindern das Wegrutschen auf weichem Untergrund. Die Ballen unter den Zehen federn den Körper ab.

Zehenspitzengänger

Pferde, Kühe oder Schweine treten nur mit einer oder mehreren großen, starken Zehenspitzen auf, die von festem Horn umkleidet sind (Hufe, Klauen). Sie sind Zehenspitzengänger (↗ Abb. 1).

Bau und Funktion

Der Bau der Füße hat also Auswirkungen auf die Fortbewegungsgeschwindigkeit.
Meist können Tiere umso schneller laufen, je kleiner die Fläche ist, mit der ihre Füße den Boden berühren. Je weniger Fläche, je weniger Haftung am Boden, umso geringer die Reibungsfläche und damit der Energieverlust, umso höher die Geschwindigkeit!

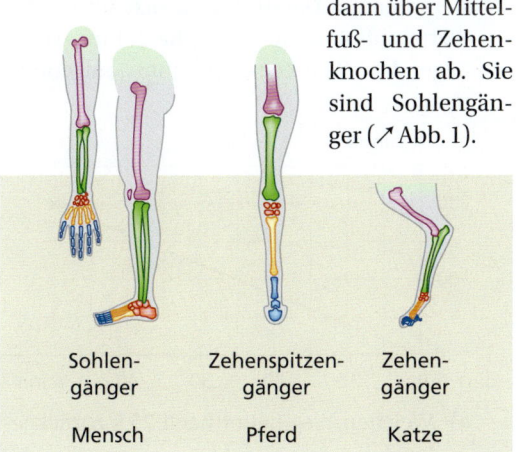

Sohlen-gänger	Zehenspitzen-gänger	Zehen-gänger
Mensch	Pferd	Katze

1 Verschiedene Gliedmaßenskelette zeigen denselben Grundaufbau der Knochen.

2 Ein Reh auf der Flucht läuft sehr schnell. Es berührt den Boden kaum.

Gewusst · Gekonnt

1. Ordnung muss sein
Du hast alle fünf Wirbeltierklassen kennengelernt: Fische, Lurche, Kriechtiere, Vögel und Säugetiere.
Ordne nun die auf den Seiten 94 und 95 abgebildeten Tiere den Klassen zu!

2. Merkmale einer Tiergruppe
Maus und Elefant, Kolibri und Albatros unterscheiden sich in Größe und Gewicht. Beim Stichling und beim Wal ist es ähnlich. Trotzdem zählen sie alle zu einer großen Gruppe von Tieren.
a) Nenne die Tiergruppe, zu der sie alle gehören!
b) Nenne die typischen Kennzeichen dieser Gruppe!
c) Diese große Gruppe wird in einzelne Klassen eingeteilt. Nenne sie und gib für jede Klasse ein Beispiel an!

3. Vielzahl von Wirbeltieren
Es gibt etwa 46 500 verschiedene Wirbeltierarten auf der Erde. Davon sind ca. 20 600 Fische, 3 300 Lurche, 6 300 Kriechtiere, 8 600 Vögel und 3 700 Säugetiere. Fertige mithilfe dieser Zahlen ein Diagramm an!

4. Geschwindigkeiten in Natur und Technik
Erarbeitet ein Lernplakat zum Thema „So schnell sind Tiere, Menschen und Raketen"! Bildet Gruppen und recherchiert die Höchstgeschwindigkeiten einiger Tiere beim Fliegen, beim Kriechen oder Laufen und beim Schwimmen!
Geht auch auf Geschwindigkeiten des Menschen bei verschiedenen Sportarten ein! Vergleicht mit Geschwindigkeiten, die mit technischen Hilfsmitteln erreicht werden können und mit denen sich Himmelskörper bewegen!

5. Im Vergleich
Susi benötigt zum Durchfahren einer Strecke mit dem Fahrrad die doppelte Zeit wie Lina. Vergleiche ihre Geschwindigkeiten! Begründe deine Antwort!

6. Leben im Wasser
Vergleiche den Körperbau von Fischen mit dem von Walen und Delfinen! Ziehe Schlussfolgerungen, welche Merkmale als Anpassung an das Leben im Wasser betrachtet werden können!

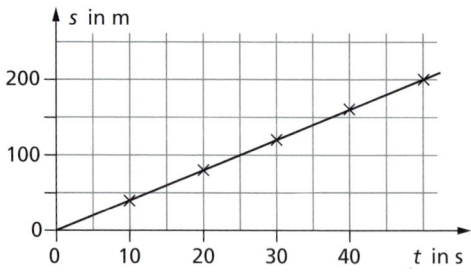

7. Radfahrer relativ langsam unterwegs
Bekannte Zeiten und zurückgelegte Wege können in einem Weg-Zeit-Diagramm dargestellt werden. Daraus lassen sich gut weitere Werte ablesen. Für einen Radfahrer wurde folgendes Weg-Zeit-Diagramm aufgenommen:

a) Welchen Weg hat er nach 25 s zurückgelegt?
b) Welche Zeit braucht er für 150 m?
*c) Wie groß ist seine Geschwindigkeit?

Vielfalt in Natur und Technik

Wirbeltiere

Wirbeltiere haben gemeinsame Merkmale. Sie
- besitzen eine Wirbelsäule,
- besitzen ein Innenskelett, das ihrem Körper Stabilität gibt,
- haben einen Körper mit Kopf, Rumpf, Schwanz und vier Gliedmaßen.

Fische, Lurche, Kriechtiere, Vögel und Säugetiere bilden die fünf Klassen der Wirbeltiere.

- Bewegung

Wirbeltiere bewegen sich unterschiedlich fort. Einige schwimmen, andere laufen oder fliegen. Die Art der Fortbewegung hängt ab vom Lebensraum und vom Körperbau.

Bau und Funktion

Bei Tieren und in der Technik gibt es einen Zusammenhang zwischen Bau und Funktion.

Merkmal	Fahrzeug	Wirbeltier, z. B. Gorilla
Stabilität	Karosserie + Gerüst	Skelett
Fortbewegung	Räder	Beine
angepasst an Verwendung bzw. Lebensraum und Lebensweise	äußere Form (z. B. Sportwagen oder Transporter)	Körperform

3.2 Wirbeltiere ernähren sich und atmen

1

Gesucht wird …

Sammle aus Büchern Informationen zu deinem Lieblingstier! Erstelle einen Steckbrief!

Gesucht
wird ein Wildtier

- Beschreibung
  …

- Ernährung
  …

■ **STECKBRIEF** ■

2

Speiseplan aus dem Gewölle?

Eulen speien ihre Gewölle aus.
Erbitte auf einem Bauernhof oder in einem Greifvogelgehege Eulengewölle!
Untersuche sie!
Von welchen Tieren können die Knochen stammen? Informiere
dich über die
Lebensweise und
die Ernährung
von Eulen!

3 **Brauchen Fische keine Luft zum Atmen?**

Beobachte Fische in einem Aquarium!
Achte besonders auf das Maul!

Es ist so lang
wie Opas Stock,
es hat ein Muster
wie Omas Rock,

die Tante schreit,
wenn sie es sieht,
der Onkel lacht,
wenn sie entflieht;

es anzufassen
wäre nicht recht,
denn seine Verwandten
beißen nicht schlecht;

doch dieses Tier
ist harmlos nur,
frisst Kröten und Mäuse
und kriecht seine Spur.

(Marie Winkel)

4 **Tierarten erkennen**

Jede Tierart hat ihre Eigenarten und unterscheidet sich in Aussehen und Lebensweise von anderen Tierarten. Welches Tier wird wohl in dem Gedicht beschrieben?

5

Eine Tierreportage

Es ist schwierig, ein Wildtier zu beobachten. Ein Tierfilmer braucht eine gute Ausrüstung und sehr viel Geduld. Sieh dir einen Film über das Leben des Eichhörnchens oder eines anderen heimischen Wildtiers an!
– Protokolliere die wichtigsten Informationen über Körperbau, Nahrung, Lebensweise, Feinde und Fortpflanzung!
– Stelle eine Vermutung auf, über welchen Zeitraum der Tierfilmer das Tier beobachtet hat! Begründe deine Meinung!
– Hättest du dir noch weitere Informationen gewünscht, die im Film nicht vorkamen?
– Überlege, welche Schwierigkeiten bei den Dreharbeiten aufgetreten sein können und wie man sie gelöst hat!

Vogelbeobachtung am winterlichen Futterhaus

Im Winter kann man das Verhalten der Vögel bei der Nahrungsaufnahme besonders gut beobachten. An einem Futterhäuschen tummelt sich in der kalten Jahreszeit eine Reihe von Vögeln, die nicht wegziehen und sich im Futterhäuschen ihre Nahrung suchen.

An einer schön gelegenen Stelle finden sich u. a. ein Kleiber, verschiedene Meisenarten, Rotkehlchen, Kernbeißer oder Spechte.

1. Aufstellen eines Futterhauses

Stellt ein Futterhaus an einer geschützten Stelle auf oder hängt Futterknödel an einen Zweig! Um Stress für die Vögel zu vermeiden, wählt einen überschaubaren Platz für das Futterhaus. Das erleichtert außerdem das Beobachten.

2. Das richtige Futter auswählen

Informiert euch, welches Futter zur Winterfütterung geeignet ist! Achtet darauf, dass
– das Futter regelmäßig nachgefüllt wird,

– das Futter vor Nässe und Schmutz geschützt ist,
– nur geeignetes Futter verwendet wird (niemals Küchenabfälle, Brot oder frostempfindliche Nahrung verfüttern!),
– bei jeder Fütterung das Häuschen gereinigt wird.

3. Beobachtung

Beobachtet das Häuschen täglich zu festgelegten Zeiten!
a) Bestimmt die Vogelarten, die das Futterhaus besuchen, mithilfe eines Bestimmungsbuchs! Schreibt auf, woran ihr die Vögel erkennen könnt!
b) Notiert, wie die Vögel die Nahrung aufnehmen und wie sie sich dabei verhalten!

4. Präsentation

Schneidet aus Zeitschriften Bilder von „euren" Vögeln aus und klebt sie auf ein Plakat!

Grünfink

Rotkehlchen

Kernbeißer

Kleiber

Buntspecht

Kohlmeise

Tiere ernähren sich auf unterschiedliche Weise

Tiere bewegen sich. Dazu benötigen sie Energie, ebenso zur Aufrechterhaltung der Körpertemperatur und der weiteren Lebensvorgänge. Die Energie nehmen die Tiere mit der Nahrung auf. Sie ernähren sich aber auf unterschiedliche Weise und von ganz unterschiedlichen Dingen. Bei genauerer Betrachtung können wir sie aber in die Gruppen der **Pflanzen-, Fleisch- und Allesfresser** einteilen.

Rehe, Hausrinder, Pferde und Hausmäuse ernähren sich vorwiegend von pflanzlicher Nahrung, beispielsweise von Gräsern oder Körnern.
Katzen, Hunde und Füchse gehen auf die Jagd nach Mäusen oder Vögeln. Sie bevorzugen tierische Nahrung. Schweine und Affen sind nicht so wählerisch, sie fressen pflanzliche und tierische Nahrung.

Gebisse verraten, was Tiere fressen

Viele Tiere zerkleinern die aufgenommene Nahrung vor dem Schlucken. Dabei hilft das Gebiss mit unterschiedlichen Zahntypen. Bei **Säugetieren** z. B. kann man das gut erkennen. Tiere, die ähnliche Nahrung zu sich nehmen, besitzen auch ein ähnliches Gebiss.

Insektenfresser wie Igel und Spitzmaus besitzen spitze Zähne, mit denen sie Insektenpanzer knacken können.

Bei **Grasfressern** wie Pferden (↗ Abb. 1), Rehen und Kühen sind die Backenzähne stumpf und breit. Damit wird die derbe pflanzliche Nahrung zermahlen (↗ S. 119).

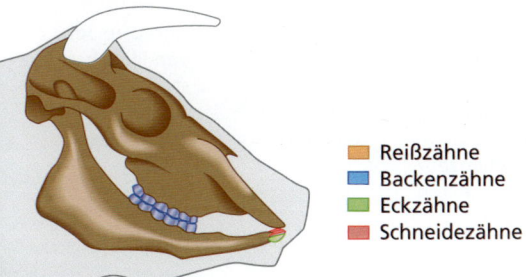

   🟧 Reißzähne
   🟦 Backenzähne
   🟩 Eckzähne
   🟥 Schneidezähne

Mit **Nagezähnen** zernagen Hamster und Eichhörnchen ihre Nahrung (z. B. Nüsse und Zapfen).

Allesfresser besitzen spitze **Eckzähne** zum Erfassen und scharfe **Schneidezähne** zum Abschneiden der Nahrung. Die **Backenzähne** sind breit und flach wie die der Pflanzenfresser. Sie zermahlen die Nahrung. Solch ein Gebiss besitzen z. B. Schweine und Affen.

Hund und Luchs zerreißen mit dem **Reißzahn**, das ist der größte Backenzahn, ihre Nahrung. Mit meißelförmigen Schneidezähnen und dolchartigen, etwas gebogenen Eckzähnen wird die Beute erfasst, festgehalten und getötet. Die scharfen Backenzähne zerschneiden und zerquetschen das Fleisch und zerbrechen die Knochen. Beide gehören zu den **Raubtieren**.

1   Pferde lieben Hafer.

Was Schnabelformen verraten

Wenn du eine Zeit lang verschiedene Vögel beobachtest, kannst du feststellen, dass sie unterschiedliche Nahrung suchen.

Die Meisen hüpfen von Ast zu Ast und suchen an Zweigen und Blättern nach Insekten und deren Larven. Enten und Gänse durchseihen kopfüber im Wasser schwimmend den Bodengrund der Gewässer und erbeuten so kleine Krebse, Wasserschnecken, Fische oder Insektenlarven. Man sagt, sie gründeln.
Mit ihren bekrallten Zehen ergreift die Schleiereule Mäuse. Der kräftige gebogene Schnabel ermöglicht ihr das Zerkleinern der Beute. Sie reißt sie in Stücke und verschlingt diese.
Buchfink, Sperling, Kernbeißer und Stieglitz hingegen ernähren sich u.a. von Samen, Blättchen und jungen Trieben.

Vögel nutzen ihren **Schnabel** wie ein Werkzeug zum Zerkleinern, Öffnen oder Festhalten der Nahrung. Für die unterschiedliche Art und Weise der Nahrungsaufnahme haben verschiedene Vogelarten unterschiedliche **Schnabelformen** (↗ Tab.). Die Form des Schnabels gibt daher Auskunft über die Art der Nahrung.

Untersucht man einen Vogelschnabel, dann stellt man fest, dass Zähne fehlen. Vögel können daher ihre Nahrung auch nicht zerkauen.
Die Zerkleinerung der Nahrung übernimmt ein **Muskelmagen**. Oft findet man im Magen der Vögel kleine Steinchen, die den Vorgang unterstützen.

Bei den **Körnerfressern** werden die Samen im Kropf vorher aufgeweicht. Deshalb haben beispielsweise Tauben und Hühner nach dem Fressen einen dicken Hals. Die Nahrung wird von den Vögeln schnell verdaut und die Reste werden ausgeschieden. Die Vögel werden dadurch von zusätzlicher Masse entlastet, die das Fliegen erschweren würde.

Die Vögel ernähren sich von unterschiedlicher Nahrung. Danach kann man sie – wie die Säugetiere – in **Pflanzen-, Fleisch- und Allesfresser** einteilen.
Die Schnäbel von Allesfressern, z.B. Kohlmeisen und Krähen, sind nicht an eine bestimmte Nahrung angepasst.

> Zwischen der Art der Nahrung und der Schnabelform besteht eine enge Beziehung.

Vögel	Specht	Buchfink	Ente	Weißstorch	Bussard
Schnabel-formen	lang und spitz, kräftig	kurz und spitz, kräftig	breit, vorne rund, mit kräftigen Hornleisten	lang und spitz	Oberschnabel hakig gebogen
Nahrung und Ernährungs-weise	Hacken von Löchern in den Baum, Herausholen z.B. der Insektenlarven	Zerbeißen harter Fruchtschalen, Ernährung von Samen	„Ergründeln" der Nahrung aus Wasser und Schlamm mit Hornleisten, z.B. Pflanzenteile, Insektenlarven	Ergreifen der Beute, z.B. Frösche, in feuchten Gebieten	Herausreißen von Fleischstücken aus Beutetieren, z.B. Mäusen

Pferdestärke

Senner Pferde (↗ Abb.) lebten jahrhundertelang halbwild am Fuße des Teutoburger Waldes. Später wurden sie nur noch als Haustiere gehalten. Seit einigen Jahren wird ihnen wieder das Leben in der Wildbahn ermöglicht.

1. Wildpferde in Europa
Informiert euch darüber, wo in Europa halbwilde Pferde in Wildbahnen gehalten werden!

2. Die Sprache der Pferde
Beobachtet Pferde und sammelt Informationen über die „Sprache der Pferde"! Beachtet, dass sich die Pferde vor allem durch ihre Körperhaltung und Gebärden verständigen! Ergänzt die Tabelle mit Fotos, Beschreibungen, Zeichnungen oder Ausschnitten aus Zeitschriften!

Menschensprache (deutsch)	Pferdesprache (international)
Du bist mir zu nahe gekommen. Hau ab!	

3. Zahnmodelle
Stellt Modelle der Mahlzähne eines Pferdes aus Teelichtern her und untersucht ihre Wirkungsweise!

Materialien:
Teelichter in Metallbechern, spitze Schere, kleines Messer, Becherglas, Heizplatte, Blätter, Gras

Durchführung:
a) Schneidet **vorsichtig** den Rand eines Metallbechers ab! Füllt flüssiges Wachs und einen zerschnittenen Metallrand in zwei Metallbecher, wie in der Abbildung 1 a dargestellt!
Lasst es abkühlen! Gießt nach dem Erhärten eine dünne Schicht Wachs auf die Oberfläche! Lasst alles gut aushärten! Entfernt vorsichtig die Metallhalter!
b) Versucht nun, mit den beiden Modellzähnen Blätter und Gräser zu zerkleinern!
c) Legt dann mit dem Küchenmesser an der Oberfläche die eingelegten Metallringe frei (↗ Abb. 1 b). Versucht erneut, das Pflanzenmaterial zu zerkleinern!

Auswertung:
a) Beschreibt, unter welchen Bedingungen und bei welchen Bewegungen die Zerkleinerung gelingt!
b) Vergleicht die Modelle mit echten Zähnen aus der Biologiesammlung!
c) Informiert euch über Zahnpflege bei Pferden!
d) Erläutert, warum Pferde ihre Nahrung gut zerkleinern müssen!

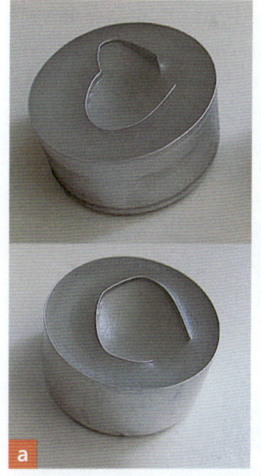

1 Zahnmodell aus Wachs und Metall a) nach dem Erkalten, b) fertiges Modell

Ernährung wozu?

Alle Tiere nehmen Nahrung auf. Sie machen dies auf sehr unterschiedliche Weise, aber immer aus demselben Grund:
Sie benötigen die **Nährstoffe,** um ihre Lebensfunktionen aufrecht zu erhalten. Nur dann können sie sich bewegen, sich fortpflanzen, sich entwickeln und wachsen.
Um an die in den Nährstoffen gespeicherte Energie zu gelangen, müssen diese im Körper verbrannt werden.

Die in der Nahrung enthaltenen Stoffe werden aus zwei Gründen benötigt:
1. Als Baustoffe dienen sie dem Aufbau körpereigener Stoffe.
2. Als Energieträger liefern sie die Energie für alle Lebensprozesse.
Um diese Aufgaben erfüllen zu können, müssen die Stoffe aus der Nahrung in den Körper gelangen und dort verteilt werden. Der Transport innerhalb des Körpers, von den Verdauungsorganen (↗ S. 152) zu den Muskeln und Organen, erfolgt durch das Blut (↗ S. 125). Blut ist eine wässrige Lösung. Stoffe, die darin transportiert werden sollen, müssen sich darin lösen.

Die in der Nahrung enthaltenen Nährstoffe sind aber nur schwer in Wasser und damit auch im Blut löslich. Während der Verdauung werden sie deshalb in leichter lösliche Stoffe zerlegt. So wird durch die Einwirkung von Mundspeichel Stärke zerlegt. Es entsteht Traubenzucker (↗ Abb. 1).

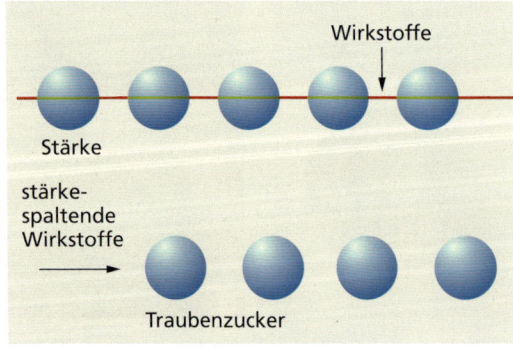

1 Zerlegung von Stärke in Traubenzucker

↗ S. 152 ↗ S. 125

Selbst erforscht

Aufnahme von Nährstoffen

1. Löslichkeit von Stärke und von Traubenzucker

Material:
2 Reagenzgläser, Wasserflasche, Spatel, Stärke, Traubenzucker

Durchführung:
Gib in ein Reagenzglas eine Spatelspitze Stärke, in das andere eine Spatelspitze Traubenzucker. Gib nun 5 ml Wasser hinzu und schüttle kräftig.

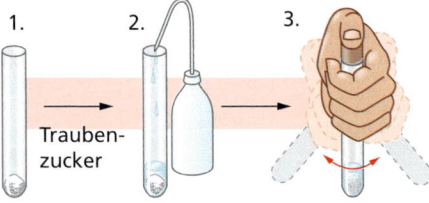

Auswertung:
a) Vergleiche die Löslichkeit von Stärke und Traubenzucker im Wasser.
b) Erkläre, warum Stärke nicht im Blut transportiert werden kann.

2. Modell für die Zerlegung von Nährstoffen
Vollziehe die Zerlegung von Nährstoffen in einem Modell nach.
a) Fädele mindestens 40 Kunststoffperlen auf einen Faden und wickle die Kette um einen Bleistift!
b) Vergleiche dein Modell mit der Abbildung und erläutere die Bestandteile.
c) Nimm eine Schere und zerschneide den Faden an mehreren Stellen.
d) Beschreibe die Wirkung z. B. des Mundspeichels und vergleiche die Vorgänge mit dem Modell.

Was ist in der Atemluft?

Beim Menschen läuft die Atmung wie bei den übrigen Säugetieren ab. Untersuche deine Atemluft! Weise nach, dass sich die Luft, die du ausatmest, von der Luft unterscheidet, die du einatmest!

1. Enthält die Atemluft Wasser?
Plane einen einfachen Versuch, mit dem du nachweisen kannst, dass Wasser mit der Atemluft abgegeben wird!

2. Untersuche Ein- und Ausatemluft auf den Gehalt an Kohlenstoffdioxid!
Kalkwasser ist eine Lösung, mit der Kohlenstoffdioxid nachgewiesen werden kann. Gelangt dieser Stoff in das Kalkwasser, wird die zuvor klare Lösung milchig.

Materialien:
1 Becherglas, 2 Waschflaschen, Gummischläuche, Handblasebalg, Kalkwasser 🖼

Durchführung:

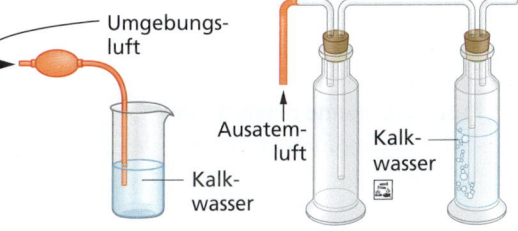

a) Führe diesen Versuch durch!
b) Beobachte die Veränderungen in den Behältern mit Kalkwasser! Notiere genau den Zeitpunkt der Veränderung!
c) Wie hat sich die ausgeatmete Luft gegenüber der Umgebungsluft verändert? Ziehe eine Schlussfolgerung!

3. Eine Kerze löschen
a) Wiederhole Aufgabe 2 von Seite 34! Decke eine brennende Kerze vorsichtig mit verschiedenen Glasgefäßen ab!
b) Finde eine Erklärung mithilfe der Aussage, dass zu einer Verbrennung Sauerstoff benötigt wird!

4. Verbrennung mit offener Flamme
Halte einen Glasstab mit einem Tropfen Kalkwasser über eine brennende Kerze! Weise damit Kohlenstoffdioxid nach!

5. Atmung und körperliche Betätigung
a) Begründe, warum ein Mensch oder Tier bei Anstrengung häufiger ein- und ausatmet!
b) Beschreibe den Vorgang „Von der Nahrungsaufnahme zur Bewegung"!
*c) Formuliere drei Aussagen, die sowohl für die Vorgänge im Körper als auch für die Verbrennung mit offener Flamme zutreffen!

Die Versuche zeigen, dass für die Bereitstellung von Energie im Körper ebenso Sauerstoff erforderlich ist wie für die Verbrennung, z.B. in einer Kerzenflamme. Bei beiden Vorgängen entsteht Kohlenstoffdioxid. Dieses Gas ist schädlich und muss aus dem Körper entfernt werden.
Den Sauerstoff nehmen Menschen und Tiere durch die Atmung auf. In der Alltagssprache meinen wir mit dem Begriff „Atmung" den Gasaustausch in der Lunge: Sauerstoff wird aufgenommen, Kohlenstoffdioxid wird abgegeben. In der Fachsprache schließt der Begriff den Vorgang im Körper ein, der der Verbrennung in der Kerze entspricht. Dabei werden Nährstoffbausteine umgewandelt und die gespeicherte Energie wird nutzbar. Dank verschiedener Wirkstoffe kann diese Umwandlung ohne offene Flamme ablaufen.

1 Auch offene Flammen benötigen Sauerstoff.

Tiere atmen auf unterschiedliche Weise

Wirbeltiere leben in ganz unterschiedlicher Umgebung. Sie benötigen aber alle Sauerstoff, um die in der Nahrung gespeicherte Energie (↗ S. 86) für ihre Lebensprozesse nutzen zu können (↗ S. 120). Und sie müssen das bei der Energiegewinnung entstandene Kohlenstoffdioxid abgeben. Zur Aufnahme von Sauerstoff und zur Abgabe von Kohlenstoffdioxid haben die Tiere ganz unterschiedliche Atmungsorgane. Fische atmen mit Kiemen, Kriechtiere, Vögel und Säugetiere mit Lungen und Lurche bewältigen einen großen Teil ihres Gasaustauschs über die Haut.

Wie atmen Tiere im Wasser?

Fische leben immer im Wasser. Sie müssen nicht auftauchen, um „Luft zu holen". Im Wasser ist Sauerstoff enthalten. Ein Mensch kann diesen aber nicht nutzen.
Fische haben spezielle **Atmungsorgane,** mit denen es möglich ist, Sauerstoff aus dem Wasser aufzunehmen. Sie atmen mithilfe von **Kiemen.**
Beobachtet man einen Fisch, so kann man sehen, dass er sein Maul in regelmäßigen Abständen öffnet und schließt. Er lässt so Wasser hineinströmen. Im gleichen Rhythmus bewegen sich seitlich am Kopf kleine Deckel. An dieser Stelle strömt das Wasser wieder aus dem Fisch-

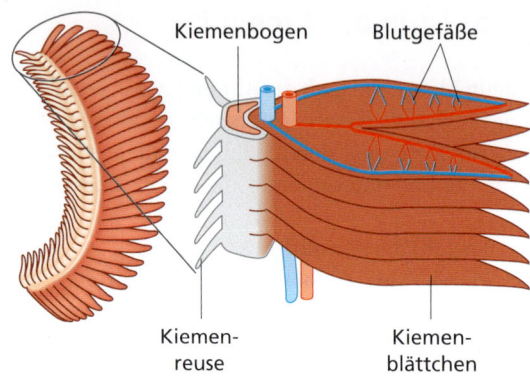

1 Delfine können lange tauchen. Zum Atmen müssen sie aber an die Wasseroberfläche kommen.

2 Kiemenbogen und Einzelkieme einer Forelle

körper hinaus. Hinter diesen Kiemendeckeln liegen gut geschützt die Kiemen.

Selbst erforscht

Enthält Wasser „Luft"?

Fische nehmen beim Atmen Sauerstoff aus dem Wasser auf. Du kannst beobachten, dass in Wasser Gase enthalten sind.

Stelle ein Glas mit Leitungswasser auf die Heizung oder in die Sonne!
Beschreibe deine Beobachtung!
Ziehe Schlussfolgerungen für das Leben der Fische!

3 Fische dagegen ersticken, wenn sie das Wasser verlassen.

Die Kiemen bestehen aus vier knöchernen Kiemenbögen. An jedem Kiemenbogen befinden sich sehr viele hauchdünne Kiemenblättchen (↗ S. 122, Abb. 2). Diese Kiemenblättchen sind gut durchblutet.

Beim Öffnen des Mauls saugt der Fisch frisches Wasser in die Mund- und Kiemenhöhle. Die Kiemendeckel sind dabei geschlossen. Wenn der Fisch das Maul schließt, öffnet sich der Kiemendeckel. Das Wasser wird dabei nach außen gedrückt. Diese Atembewegung sorgt dafür, dass die Kiemen im Inneren ständig von frischem, sauerstoffreichem Wasser umspült werden.
Im Wasser gelöster Sauerstoff kann die stark durchblutete und zarte Haut der Kiemenblättchen durchdringen. Er gelangt aus dem Wasser in die dicht unter der Hautoberfläche liegenden feinen Blutgefäße (↗ S. 125). Mit dem Blut wird er im Körper verteilt. Gleichzeitig wird Kohlenstoffdioxid aus dem Blut an das Wasser abgegeben. Es findet ein **Gasaustausch** statt.

> **Fische atmen durch Kiemen. In den Kiemen findet der Gasaustausch statt.**

Wie atmen Tiere an Land?

Wie wir Menschen besitzen die an Land lebenden Wirbeltiere **Lungen** zum Atmen. Aber auch die Meeressäuger atmen mit Lungen.

Die Lungen liegen innerhalb des Körpers. Dort sind sie geschützt und ihre innere Oberfläche kann nicht austrocknen. Der Gasaustausch ist nur an einer feuchten Oberfläche möglich.

Die Lungen der verschiedenen Landwirbeltiere sind unterschiedlich gebaut und daher unterschiedlich leistungsfähig. Die **Säugetiere** besitzen eine Lunge, die wie ein Schwamm aufgebaut ist und aus vielen kleinen Lungenbläschen besteht (↗ Abb. 1). Ein Lungenbläschen hat einen Durchmesser von 0,1 bis 0,3 mm. Das ist so klein wie der Punkt hinter diesem Satz.
Die menschliche Lunge enthält etwa 300 bis 500 Millionen dieser luftgefüllten Lungenbläschen. Dies führt zu einer enormen Vergrößerung der inneren Oberfläche: Wenn man alle Lungenbläschen ausbreiten und nebeneinanderlegen würde, so bekäme man eine Fläche von ca. 8 m Breite und 10 m Länge. Wäre die Lunge ein einfacher Sack, hätte sie ausgebreitet eine Fläche von 1 m Breite und 1 m Länge. Diese große Oberfläche ist von Bedeutung, denn nur an der Oberfläche kann der Gasaustausch stattfinden. Es wird Sauerstoff aus der Luft aufgenommen und an das Blut abgegeben. Aus dem Blut wird Kohlenstoffdioxid an die Luft abgegeben. Das ist möglich, weil die Lungenbläschen von feinen Blutgefäßen umgeben sind.

> **Landwirbeltiere und Meeressäuger atmen mithilfe von Lungen.**

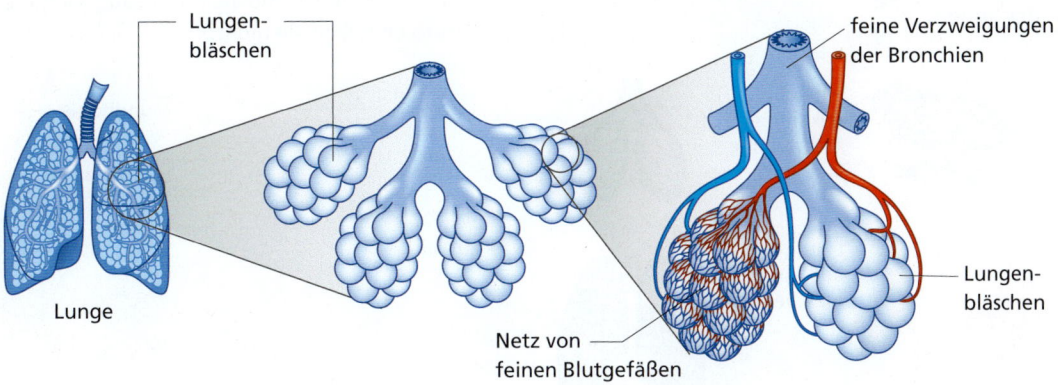

1 Die feinsten Verzweigungen der Bronchien enden in Lungenbläschen. Die Lungenbläschen sind von haarfeinen Blutgefäßen umsponnen.

Atmung der Vögel

Die Lunge der Vögel ist besonders leistungsfähig. Vögel benötigen zum Fliegen nämlich viel Energie. Die Energie wird aus den Nährstoffen gewonnen. Für diesen Vorgang wird sehr viel Sauerstoff benötigt. Die Vogellunge ist durch ihren Bau an diesen hohen Sauerstoffbedarf sehr gut angepasst.

Die Lunge der Vögel ist im Inneren sehr fein verästelt, sodass eine große innere Oberfläche entsteht. Sie ist im Verhältnis zur Oberfläche der Lunge eines Menschen größer. Dadurch kann besonders viel Sauerstoff aufgenommen und mit dem Blut in alle Teile des Körpers transportiert werden.

Eine Besonderheit bei den Vögeln sind die **Luftsäcke.** Das sind sackartige Fortsätze der Lunge, die zwischen den anderen Organen des Vogels liegen. Sie reichen sogar bis in die Knochen hinein. Die Luftsäcke nehmen zusätzlich zur Lunge Luft auf. Durch ihren besonderen Bau und ihre Anordnung sorgen sie dafür, dass sowohl beim Einatmen als auch beim Ausatmen frische Luft in die Lunge gelangt. Durch die Luftsäcke wird außerdem die Masse des Vogels verringert und so das Fliegen erleichtert.

> **Vögel atmen durch leistungsfähige Lungen. Luftsäcke (Ausstülpungen der Lunge) unterstützen die Atmung und verringern die Masse des Vogels.**

Atmen am Übergang vom Land zum Wasser

Frösche, Kröten und Molche gehören auch zu den Wirbeltieren. Sie werden einer Gruppe zugeordnet, die man **Lurche** nennt. Eine andere Bezeichnung für diese Gruppe ist „Amphibien". Das Wort kommt aus dem Griechischen und bedeutet so viel wie „doppeltes Leben". Dieser Name ist sehr passend, denn die meisten Amphibien verbringen einen Teil ihres Lebens im Wasser und einen Teil an Land. Dabei wechseln sie ihre Gestalt von der Kaulquappe zum Frosch, zur Kröte oder zum Salamander, je nachdem, zu welcher Art sie gehören. Mit dem Wechsel vom Leben im Wasser zum Leben an Land ändert sich auch die Art und Weise der Atmung. Kaulquappen besitzen Kiemen, mit denen sie Sauerstoff aus dem Wasser aufnehmen können. Bei ganz jungen Tieren liegen diese außerhalb des Körpers und sind als kleine Büschel zu erkennen. Erst im Laufe der Entwicklung wächst eine Hautfalte darüber. Mit der Umwandlung zum an Land lebenden erwachsenen Tier bildet sich eine einfache, sackkförmige Lunge aus. Diese ist nicht sehr leistungsfähig. Bis zur Hälfte des Sauerstoffbedarfs können die Lurche aber über ihre dünne, feuchte Haut decken.

Gewusst · Gekonnt

* Frösche können am Grund eines zugefrorenen Sees überwintern. Sie haben keine Kiemen. Warum ersticken sie nicht?

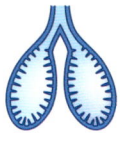

einfach gekammerte, sackförmige Lunge

Lurche

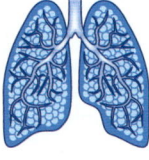

Lunge mit Lungenbläschen

Säugetiere

1 Lungen bei verschiedenen Wirbeltieren

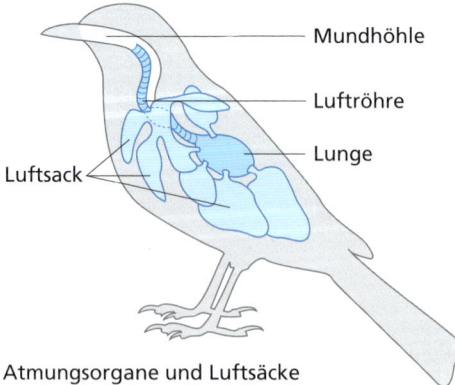

Mundhöhle

Luftröhre

Lunge

Luftsack

2 Atmungsorgane und Luftsäcke

Blut – Transportmittel im Körper

Die Nährstoffbausteine müssen von den Verdauungsorganen zu den Organen und Muskeln transportiert werden. Der Sauerstoff muss von der Lunge bzw. den Kiemen dorthin gelangen. Das gebildete Kohlenstoffdioxid muss zur Lunge transportiert werden, damit es ausgeatmet werden kann. Der Transport dieser Stoffe im Körper wird durch das Blut ermöglicht.

Im Körper eines erwachsenen Menschen fließen etwa 5 bis 6 Liter Blut, in dem eines Pferdes sind es etwa 40 Liter.

Das **Blut** durchfließt den Körper in Blutgefäßen. Das sind Arterien, Kapillaren und Venen. Diese Blutgefäße bilden ein geschlossenes Röhrensystem. Die Gesamtheit aller Blutgefäße wird als **Blutgefäßsystem** bezeichnet.

In diesem Röhrensystem kreist das Blut durch den Körper und erreicht alle Organe und Muskeln. Dieser ständige Blutstrom vom Herzen und zurück zum Herzen wird **Blutkreislauf** genannt. Man unterscheidet Körper- und Lungenkreislauf.

Blutgefäße

Arterien sind die Blutgefäße, die vom Herzen wegführen. Sie besitzen eine dicke und elastische Muskelschicht in ihrer Wand. Das ist wichtig, weil das Herz das Blut mit großem Druck in die Arterien pumpt. Dabei wird die Muskelwand gedehnt. Danach zieht sie sich wieder zusammen und das Blut wird ein Stück weiter transportiert.

Dieses Zusammenziehen und Erschlaffen der Arterienwand erfolgt im Rhythmus des Herzschlags. Man kann das als Puls fühlen. Je nach körperlicher Anstrengung, z.B. Kniebeugen, ist die Zahl der Herzschläge und damit auch die Zahl der „Pulsschläge" unterschiedlich.

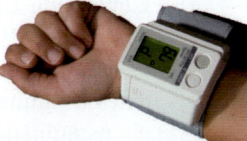

Arterien besitzen eine sehr dicke elastische Muskelschicht. Sie führen das Blut vom Herzen in alle Körperteile bzw. zur Lunge.

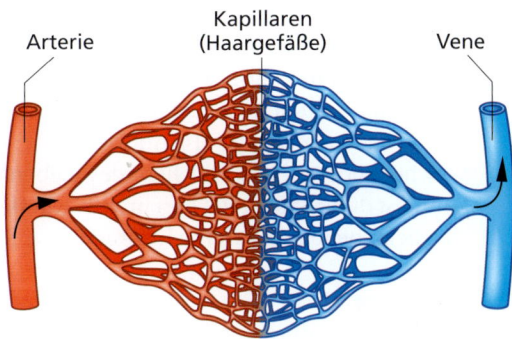

1 Kapillaren ermöglichen den Stoffaustausch.

Die Arterien verzweigen sich nach dem Abgang aus dem Herzen und werden im Querschnitt immer kleiner, bis sie in haarfeine Blutgefäße, die **Kapillaren**, übergehen. Die Kapillaren bilden ein dichtes Kapillarnetz (↗ Abb. 1). Die Wand der Kapillaren besteht nur aus einer Zellschicht.

Die im Blut gelösten Stoffe gelangen im Körper aus den Kapillaren in die Körperzellen. Aus den Körperzellen wandern die Stoffwechselendprodukte (z. B. Kohlenstoffdioxid) in die Kapillaren.

Die Kapillaren gehen über in **Venen**, die im Querschnitt immer größer werden. Ihre Wände sind dünn, aber sehr dehnbar. Sie können sich nicht aktiv zusammenziehen. Im Innern enthalten sie Venenklappen, die ein Zurückfließen des Bluts verhindern. Venen transportieren das Blut aus dem Körper bzw. aus der Lunge zum Herzen hin.

Venen führen das Blut aus dem Körper bzw. aus der Lunge zum Herzen. Venenklappen verhindern das Zurückfließen des Blutes in den Körper.

Herz

Das **Herz** wirkt im Blutkreislauf als Pumpe. Da das Herz ein großer Hohlmuskel ist, kann es sich abschnittsweise zusammenziehen und wieder erschlaffen. Dabei wird das Blut angesaugt (zum Herzen hin) bzw. aus dem Herzen in die Arterien gedrückt.

Gewusst · Gekonnt

1. Kennzeichen des Lebens

Zu Beginn des Kapitels hast du Fische beim Atmen beobachtet (↗ S. 114, Aufgabe 3). Welche anderen Kennzeichen des Lebens konntest du beobachten? Beschreibe, wie sie sich beim beobachteten Fisch äußern!

2. Was fresse ich?

a) Die Abbildung zeigt den Schädel eines Igels. Beschreibe das Gebiss! Was kannst du daraus im Hinblick auf die Ernährung des Igels folgern?

b) Ordne die folgenden Tiere den Gebisstypen zu: Reh, Hund, Maulwurf, Rind, Hausschwein, Hausmaus, Hamster, Fuchs, Mensch! Schließe aus der Ernährungsweise oder sieh dir Abbildungen der Gebisse an!

c) Manche dieser Tiere sind Haustiere. Welche Schlüsse kannst du daraus über die Gebisse der Wildtiere ziehen, von denen sie abstammen?

3. Stoffeigenschaften

Bei der Atmung sind zwei Stoffe von Bedeutung: Sauerstoff und Kohlenstoffdioxid. Informiere dich in einem Lexikon oder im Internet über je eine Eigenschaft der beiden Stoffe!

4. Ausatemluft

Der Anteil an Kohlenstoffdioxid ist in der Ausatemluft höher als in der Einatemluft. Erkläre, wie es dazu kommt!

5. Atmen unter Wasser

Menschen würden ohne Tauchausrüstung unter Wasser ersticken. Wale und Delfine müssen zum Atmen auftauchen. Erläutere, warum ein Fisch keine Luft zum Atmen braucht!

*6. Feuchtigkeit für Frösche

Frösche sind auch an Land auf feuchte Gebiete angewiesen. Begründe, warum das so ist!

7. Text über die Atmung

Übernimm den Lückentext in dein Heft! Vervollständige den Lückentext!

Der Austausch der Atemgase ... ① ... und ... ② ... findet zwischen den ... ③ ... und dem ... ④ ... statt. Die Lungenbläschen haben eine dünne Wand und sind von einem Netz feiner ... ⑤ ... umgeben. Der ... ⑥ ... gelangt aus den Lungenbläschen in das ...⑦ ... und wird mit dem Blut in alle Teile des ... ⑧ ... transportiert. Auf dem gleichen Weg gelangt das ... ⑨ ...aus allen Teilen des Körpers mit dem ... ⑩ ... in die Lungenbläschen und wird ausgeatmet.

8. Atmen beim Wandern und beim Schlafen

Beim Wandern werden 17 Liter Luft je Minute eingeatmet, beim Schlafen nur 5 Liter. Begründe den Unterschied!

9. Atmungsorgane

Tiere haben ganz unterschiedliche Atmungsorgane.

a) Erstelle eine Übersicht, aus der hervorgeht, welche Atmungsorgane die Tiere der fünf Wirbeltierklassen besitzen!

b) Stelle Zusammenhänge zu den jeweiligen Lebensräumen her!

Wirbeltierklassen	Atmungsorgan
...	...

Wirbeltiere ernähren sich und atmen

Ernährungsweise

Unter den Wirbeltieren gibt es Fleischfresser, Pflanzenfresser und Allesfresser. Am Gebiss oder an der Schnabelform lässt sich erkennen, wie sich ein Tier ernährt, z. B.:

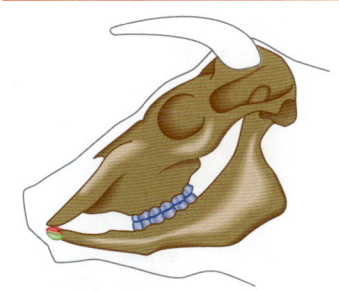 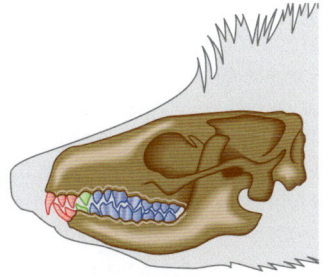 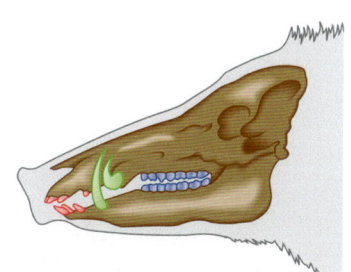

Grasfressergebiss
große, stumpfe Backenzähne zum Zerkleinern von hartem Gras

Insektenfressergebiss
spitze Zähne zum Knacken von Insektenpanzern

Allesfressergebiss
spitze Eckzähne und breite Backenzähne zum Zerkleinern verschiedenartiger Nahrung

Atmen in unterschiedlichen Lebensräumen

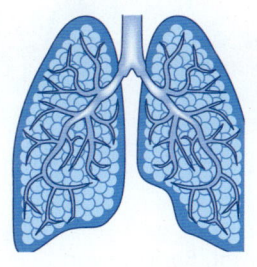

■ Wirbeltiere, die Sauerstoff aus der Luft aufnehmen, atmen mit Lungen.

■ Fische nehmen mit Kiemen Sauerstoff aus dem Wasser auf.

■ **Atmung** – ein Begriff wird für zwei verschiedene Abläufe verwendet:

Atmung

Gasaustausch

innere Verbrennung

Aufnahme von Sauerstoff und Abgabe von Kohlenstoffdioxid über die Atmungsorgane

Verbrennung der Nährstoffe im Körper und Umwandlung in Energie

3.3 Wirbeltiere pflanzen sich fort und entwickeln sich

1 Frisch oder alt? Roh oder gekocht?

Ein Ei gleicht dem anderen. Frische und alte oder rohe und gekochte Hühnereier lassen sich aber dennoch unterscheiden!
- Lege ein frisches Hühnerei in ein Glas mit Wasser! Verfahre genauso mit einem mehrere Wochen alten Ei!
- Lege je ein gekochtes und ein rohes Ei vorsichtig auf den Tisch! Versetze sie wie einen Kreisel in eine Drehung!

Konntest du Unterschiede feststellen?

2 Wer hat sich im Nistkasten versteckt?

Luna und Max haben im Herbst einen Nistkasten gebaut und im alten Birnbaum aufgehängt. Im Frühling lebte eine Meisenfamilie darin, die aber wieder ausgeflogen ist, als der Sommer kam.
Trotzdem hören Luna und Max Geräusche im Nistkasten.
Als sie nachschauen, blicken sie in zwei pechschwarze Knopfaugen. Darunter wachsen lange Schnurrbarthaare und das Tier zeigt zwei spitze gelbliche Nagezähne. Welches Tier hat sich wohl im Nistkasten versteckt?

3 1, 2, 3, ganz viele

Verschiedene Tiere bringen ganz unterschiedlich viele Jungtiere zur Welt. Berichte von deinen Erfahrungen mit dem Nachwuchs bei Haustieren oder bei Zootieren!

Elefant
1 Jungtier

Höckerschwan
5-8 Küken

Grasfrosch
mehrere Hundert
Kaulquappen

Rund um das Hühnerei

In den Eierstöcken des Weibchens werden ständig Eizellen gebildet. Diese wachsen heran und verlassen den Eierstock als Dotterkugeln. Im weiteren Verlauf entwickeln sich daraus Eier. Sie enthalten außer dem Dotter Eiklar und sind von der harten Eierschale umgeben. Die Eier verlassen den Körper über die Kloake (↗ Abb. 1).

1. Untersuche den Aufbau eines Hühnereis

Material:
1 rohes und 1 hart gekochtes Hühnerei, Petrischale, Küchenkrepp, spitze Pinzette, Bratpfanne, Messer, 2 Reagenzgläser mit Essig, Kalkpulver, Kochplatte, Speiseöl

Durchführung:
a) Schäle das hart gekochte Ei und teile es längs durch!
b) Lege das rohe Ei in die Petrischale! Stich mit der Pinzette vorsichtig in die Mitte der Schale und entferne sie Stück für Stück, bis du in das Ei schauen kannst!
c) Halte ein Stück Schale gegen das Licht und wirf es dann in eines der Reagenzgläser! Gib in das zweite Reagenzglas etwas Kalkpulver! Beobachte beides!
d) Entferne auch die Schalenhäute und vergrößere das Loch! Vergleiche den Inhalt des Eis mit den harten Eihälften!

e) Versuche, den Dotter vorsichtig zu drehen!
f) Gib nun in die Bratpfanne etwas Speiseöl und lass den Inhalt des Eis daraufgleiten! Erwärme das „Spiegelei" und beobachte die Veränderungen!

Auswertung:
Fertige eine Schemazeichnung von einem Hühnerei an! Nutze dazu die Informationen, die du aus deinen Untersuchungen gewonnen hast! Vergleiche deine Zeichnung mit der Schemazeichnung auf dieser Seite und beschrifte sie!

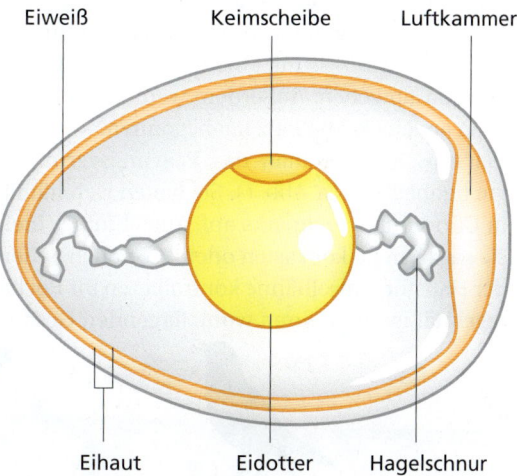

2 Bau eines Hühnereis (schematisch)

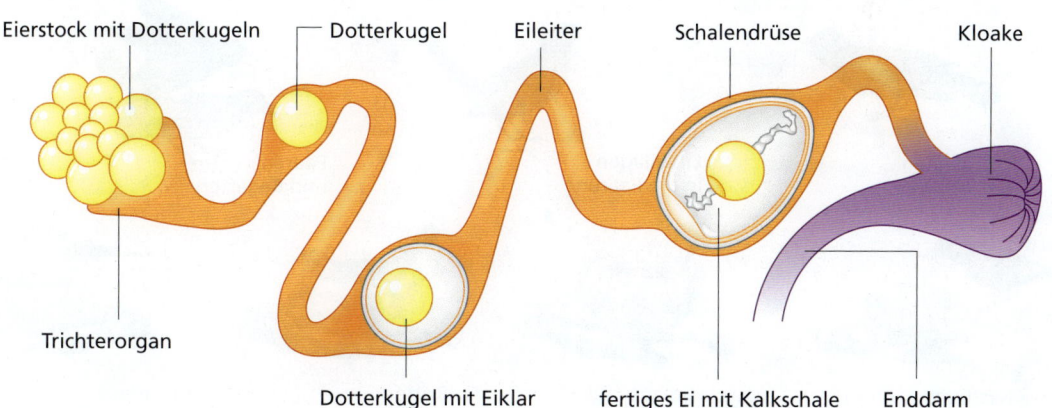

1 Entwicklung des Eis im Vogelkörper

Die Fortpflanzung der Vögel

Die **Paarung** und **Begattung,** also die **Fortpflanzung,** ist bei Tieren abhängig von der Jahreszeit. Das kann man bei **Vögeln** sehr gut beobachten. Haben sie den Winter überstanden oder sind aus den Überwinterungsgebieten zurückgekehrt, beginnt im Frühling ein reges Treiben.

Das Gezwitscher der Singvögel beginnt früh am Morgen, und zwar je nach Vogelart zu verschiedenen Zeiten. Meist werden jedoch die frühen Morgenstunden und die Zeit vor Sonnenuntergang bevorzugt. Typische Morgensänger sind z.B. Lerche, Rotkehlchen und Buchfink. Amseln singen morgens und abends.

Mit dem Gesang grenzen die Männchen ihr **Revier** ab. Es wird wie mit einem unsichtbaren Gartenzaun umgeben. Außerdem werden die Weibchen angelockt, die **Balz** hat begonnen.

Bei Amseln kann man das **Paarungsverhalten** gut beobachten (↗ Abb. 1). Sie halten sich häufig in Gärten und Stadtparks auf. Manchmal brüten sie sogar im Balkonkasten oder im Strauch neben der Haustür. Amselhähne kontrollieren ihr Revier regelmäßig durch ihren wohlklingenden Gesang und verteidigen es gegen eindringende fremde Männchen.

Gegenüber Weibchen verhält sich das Männchen ganz anders, es balzt um sie. Bleibt das Weibchen schließlich im Revier, so kann der **Nestbau** beginnen und die Begattung erfolgen.

> **Bei der Begattung überträgt das Männchen Spermien in den Körper des Weibchens. Vögel pflanzen sich geschlechtlich fort.**

Die Vögel legen in ihre Nester Eier (↗ S. 129, Abb. 2), die von den Altvögeln bebrütet werden. Während der Brut wird die Körperwärme der Elternvögel auf die Eier übertragen. Diese Wärme ist notwendig, damit sich im Ei ein Küken entwickeln kann.

Während des Brütens entwickelt sich aus der Keimscheibe des Eis ein **Embryo,** ein Keimling. Der Embryo verbraucht für sein Wachstum und seine Entwicklung die im Eiweiß enthaltenen Nährstoffe. Nach etwa 20 Tagen ist seine Entwicklung abgeschlossen und das junge Vogelküken schlüpft. Nun beginnt die Entwicklung des jungen Vogels. Er ähnelt aufgrund von Vererbungsvorgängen seinen Eltern.

Reviereingrenzen durch Gesang

Drohen einem Eindringling

Imponieren dem Weibchen

♂

♀

Werben um das Weibchen

Einwilligen in die Paarung

Paaren und Begatten

Nestbau

Gelege

Brüten

Brutpflege

1 Fortpflanzungsverhalten der Amseln (♂ Männchen; ♀ Weibchen)

Fortpflanzung von Lurchen und Kriechtieren

Ohne Wasser geht es nicht

Im Frühjahr kann man an Gewässern das Quaken der Wasserfrösche hören. Das Quaken der Männchen dient dazu, die Weibchen anzulocken (↗ Abb. 1). Bei der Paarung umklammert das Männchen das größere Weibchen von hinten. Das Weibchen trägt das Männchen auf dem Rücken ins Wasser. Dort legt das Weibchen die Eier ab. Das Männchen entlässt daraufhin seine Samenzellen ebenfalls ins Wasser. Die Samenzellen gelangen durch das Wasser zu den Eiern.

> Die Befruchtung der Eier findet bei den Fröschen außerhalb des Körpers statt. Man nennt sie deshalb äußere Befruchtung.

Die Eier des Wasserfroschs bilden große Laichklumpen, die auf der Wasseroberfläche schwimmen. Kröten legen ihre Eier in Laichschnüren ab. Nach etwa einer Woche schlüpfen Larven aus den Froscheiern. Die Larven nennt man Kaulquappen. Sie haben einen langen, seitlich abgeplatteten Schwanz und keine Gliedmaßen. Sie leben nur im Wasser und atmen über Kiemen. Kaulquappen ernähren sich von Algen und kleinen Wasserpflanzen.

1 Frösche paaren sich an Gewässern.

Während der weiteren Entwicklung verändert sich die äußere Gestalt der Kaulquappen. Aus der fischähnlichen, durch Kiemen atmenden  Kaulquappe entwickelt sich ein lungenatmender kleiner Jungfrosch. Nun kann der Frosch auf dem Land leben. Eine solche körperliche Umwandlung nennt man **Metamorphose** (Gestaltwandel).

Von der Sonne ausgebrütet

Die Fortpflanzung und Entwicklung der Kriechtiere erfolgt auf dem Land. Auch die Wasserschildkröten kommen zur Eiablage an Land. In der Fortpflanzungszeit paaren sich Männchen und Weibchen. Das Männchen gibt die Samenzellen in den Körper des Weibchens. Dort verschmilzt eine der Samenzellen mit einer Eizelle.

> Bei den Kriechtieren verschmilzt die Samenzelle im Körper des Weibchens mit der Eizelle. Es findet eine innere Befruchtung statt.

Nach der Befruchtung bildet sich bei Eidechsen und Schlangen um die Eier eine pergamentartige Hülle (↗ Abb.). Bei den Krokodilen und Schildkröten erhalten die Eier eine Kalkschale. Die Weibchen legen die befruchteten Eier auf dem Land ab. Eidechsen legen sie z. B. in Erdlöcher. Die Eier werden zugedeckt und sich selbst überlassen. Sie werden von der Sonnenwärme ausgebrütet, bis nach einigen Wochen die Jungen ausschlüpfen.
Die jungen Eidechsen sind dann zwar noch sehr klein, sehen aber schon wie die erwachsenen Tiere aus und sind sofort selbstständig.

Bei einigen Kriechtieren entwickeln sich die Eier im Körper der Mutter. Sie bringen Jungtiere zur Welt.

Fortpflanzung und Entwicklung bei Säugetieren

Wenn nach der kalten Jahreszeit im Frühjahr überall in der Natur das Leben erwacht, beginnt auch bei den meisten **Säugetieren** die **Paarungszeit.**

Bei den Katzen beispielsweise setzt dann der große „Katzenjammer" ein. Mehrere Kater werben mit eigenartigem Gesang um eine Katze. Manchmal klingt das so, als würde ein kleines Kind weinen. Die Katze selbst führt mit ihrem Körper rollende Bewegungen aus. Haben sich Kater und Katze gefunden, paaren sie sich. Bei Katzen ist übrigens zwei- bis dreimal im Jahr Paarungszeit.

Geschlechtsorgane

Kater und Katze unterscheiden sich, wie alle Männchen und Weibchen bei Säugetieren, in den Geschlechtsorganen (↗ Abb. 1).

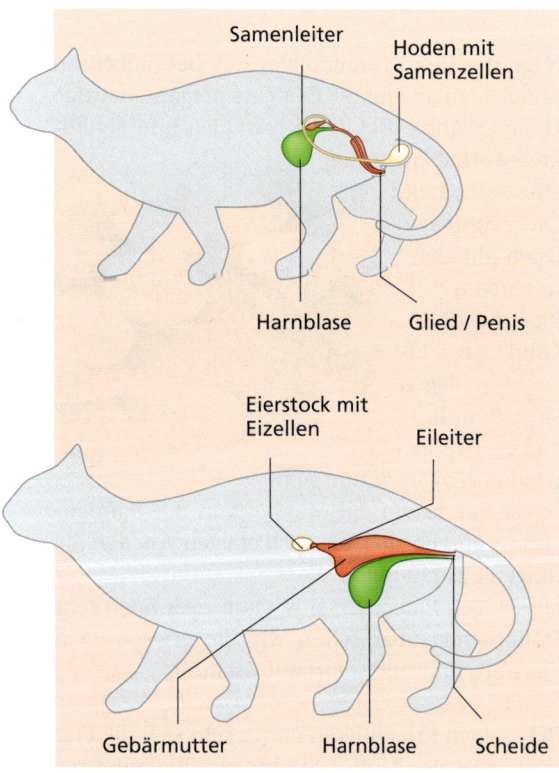

Samenleiter

Hoden mit Samenzellen

Harnblase   Glied / Penis

Eierstock mit Eizellen

Eileiter

Gebärmutter   Harnblase   Scheide

1 Männliche und weibliche Geschlechtsorgane

Die **männlichen Geschlechtsorgane** sind Hoden, Nebenhoden und Samenleiter, außerdem Drüsen und das Glied (Penis). In den Hoden werden die männlichen Geschlechtszellen (Samenzellen) gebildet.

Die **weiblichen Geschlechtsorgane** sind zwei Eierstöcke, zwei Eileiter, die Gebärmutter und die Scheide. In den Eierstöcken werden Eizellen gebildet, die in die Eileiter wandern.

Paarung und Befruchtung

Wenn sich Katze und Kater **paaren (Begattung),** werden männliche Samenzellen über das Glied in die Scheide des Weibchens übertragen. Von dort wandern die Samenzellen über die Gebärmutter in die Eileiter. Befinden sich zu der Zeit Eizellen im Eileiter, verschmelzen Samenzelle und Eizelle. Die Eizellen werden befruchtet **(innere Befruchtung).** Säugetiere pflanzen sich also geschlechtlich fort.

Die befruchteten Eizellen wandern nun in die Gebärmutter und nisten sich dort in der Schleimhaut ein. Aus jeder befruchteten Eizelle entwickelt sich ein **Embryo.**

Entwicklung

Die Embryonen sind über die Nabelschnur und Gebärmutterschleimhaut mit dem Muttertier verbunden und erhalten von ihm Sauerstoff und Nährstoffe. Sie wachsen und entwickeln sich. Dabei liegen sie **geschützt im Mutterleib** und die gesamte Entwicklung erfolgt unabhängiger von äußeren Einflüssen, z. B. der Temperatur.

Die Entwicklung der Jungen im Mutterleib verläuft bei allen Säugetieren in ähnlicher Weise. Unterschiedlich ist die **Entwicklungszeit** im Mutterleib. Bei der Katze beträgt sie etwa 9 Wochen, beim Goldhamster ca. 16 Tage (↗ S. 133, Tab.). Die Entwicklungszeit wird auch Tragzeit genannt.

Wenn alle Organe entwickelt sind und der Embryo eine bestimmte Größe hat, setzt die **Geburt** ein. Die Muskulatur der Gebärmutter presst die Jungen über die Scheide nach außen. Die Jungen werden **lebend geboren.**

> **Die Entwicklung der Jungen erfolgt geschützt im Mutterleib. Die Säugetiere bringen ihre Jungen lebend zur Welt.**

Die Katze bringt etwa zwei bis acht Junge zur Welt. Sie sind blind und hilflos. Sie sind noch für eine längere Zeit auf die Hilfe der Katzenmutter angewiesen. Deshalb nennt man sie **Nesthocker**.

Mit ihrer rauen Zunge leckt die Katze ihre Jungen sauber und trocken. Schon nach wenigen Minuten finden die Katzenjungen die Zitzen der Mutter und beginnen, die Milch zu saugen (↗ Abb. 1). Diese Milch ist in den ersten Wochen die Nahrung der neugeborenen Katzen.

Nach etwa einer Woche öffnen sich die Augen der Katzenjungen. Sie können nun ihre Umwelt wahrnehmen. Nach ca. 15 Tagen beginnen die Jungen, mit allem, was sich bewegt, zu spielen. Dabei lernen sie wichtige Verhaltensweisen, wie Anschleichen, Springen und Fangen. Das müssen sie können, um auf die Jagd zu gehen.

Bei Gefahr fasst die Katze einzelne Jungen mit den Zähnen im Genick und trägt sie zu einem sicheren Ort (↗ Abb. 2). Die Katzenmutter betreibt **Brutpflege**.

Von der **Entwicklungszeit** im Mutterleib hängt auch der Entwicklungszustand der Jungen nach der Geburt ab. Bei Katzen ist die Entwicklungszeit relativ kurz. Die Katzenjungen kommen hilflos zur Welt. Das ist auch beim Igel und Kaninchen der Fall.

Die Elterntiere bauen schon vor der Geburt an einem sicheren Ort ein Nest, z. B. in Höhlen. Dort können sich die Jungtiere geschützt vor Feinden entwickeln.

Bei Pferd, Rind oder Elefant ist die Entwicklungszeit im Mutterleib dagegen relativ lang. Die Jungen können bereits wenige Augenblicke nach der Geburt laufen und sich in ihrer Umgebung orientieren. Ihr Fell ist voll entwickelt. Sie sind **Nestflüchter.**

Sie finden ohne Probleme die Zitzen der Mutter und beginnen zu saugen. Wenn die Bewegungen der Jungen auch zu Anfang etwas holprig aussehen, so sind sie aber bald schon in der Lage, ihren Müttern über große Strecken zu folgen.

Tragzeit einiger Säugetiere		
Säugetier	**Tragzeit in Monaten**	**Anzahl der Jungen**
Orang-Utan	bis 8,5	1
Elefant	22	1
Feldhase	etwa 1,5	2–4 (3–4 Würfe pro Jahr)
Igel	etwa 1,4	2–10
Maus	etwa 20 Tage	3–6 (2–4 Würfe pro Jahr)
Mensch	9	1

1 Die Katzenmutter säugt ihre Jungen.

2 Bei Gefahr bringt sie die Jungen in Sicherheit.

Gewusst · Gekonnt

1. Äußere Befruchtung

Erkläre, was man unter äußerer Befruchtung versteht! Nenne Beispiele für Tiere, bei denen äußere Befruchtung erfolgt!

2. Fortpflanzung der Frösche

Lies folgenden Text und stelle die Fortpflanzung der Frösche in einem Schema dar!

Im Frühjahr kann man an den Ufern von Gewässern das Quaken der Frösche hören. Männliche Frösche erzeugen dieses Geräusch mithilfe von Schallblasen, um die Weibchen auf sich aufmerksam zu machen. Haben sich Männchen und Weibchen gefunden, findet die **Paarung** statt. Das Weibchen trägt das Männchen auf dem Rücken ins Wasser. Dabei gibt das Weibchen seine Eier in das Wasser ab. Das Männchen gibt seine Samenzellen ebenfalls ins Wasser. Die Befruchtung der Eier findet als **äußere Befruchtung** außerhalb des Froschkörpers statt. Zahlreiche Eier bilden zusammen große **Laichklumpen.**

Nach etwa einer Woche schlüpfen aus dem Laich Larven, die man **Kaulquappen** nennt. Sie haben einen langen Schwanz und zunächst keine Gliedmaßen. Sie leben nur im Wasser und atmen durch Kiemen.

Während der weiteren Entwicklung verändert sich die äußere Gestalt der Kaulquappen. Es bilden sich zunächst Hinter- und dann Vorderbeine. Der Schwanz bildet sich langsam zurück. Anstelle der Kiemen entwickelt sich eine einfache sackförmige Lunge. Einen solchen Gestaltwandel nennt man **Metamorphose.** Der **Jungfrosch** verlässt das Wasser und kann nun auf dem Land leben. Er wächst und entwickelt sich zum **erwachsenen Frosch,** der im nächsten Frühjahr zu Paarung an das Gewässer zurückkehrt.

3. Kaulquappe und Frosch

Erläutere den Zusammenhang zwischen Körperbau, Lebensraum und Fortbewegung am Beispiel der verschiedenen Entwicklungsstadien der Frösche!

4. Metamorphose

Definiere den Begriff „Metamorphose"!

5. Nesthocker und Nestflüchter

a) Beschreibe das Verhalten von Jungtieren nach der Geburt an Beispielen! Gehe auf die Unterschiede zwischen Nesthockern und Nestflüchtern ein!

b) Ordne die folgenden Tierarten jeweils den Nesthockern oder den Nestflüchtern zu:
   – Maus,
   – Wal,
   – Eichhörnchen,
   – Hase,
   – Kaninchen,
   – Katze,
   – Pferd!

6. Mein Lieblingstier

Informiere dich ausführlich über die Fortpflanzung eines ausgewählten Wirbeltiers! Erstelle ein Lernplakat mit Informationen zur Art der Befruchtung, zur Tragzeit, zur Anzahl der Eier oder Jungtiere und nenne Besonderheiten!

7. Ein Besuch im Zoo

Achte bei deinem nächsten Besuch in einem zoologischen Garten oder Tierpark besonders auf den Nachwuchs! Was tun Zoos für die Fortpflanzung ihrer Tiere und das gesunde Aufwachsen von Jungtieren?

Wirbeltiere lassen sich ordnen

Wirbeltiere pflanzen sich unterschiedlich fort

- Fische legen im Wasser Eier ab.
- Lurche legen im Wasser Eier ab.
- Kriechtiere legen an Land Eier ab.
- Vögel legen an Land Eier ab.
- Säugetiere gebären lebende Junge.

Leben mit Rückgrat

Die Klassen der Wirbeltiere und ihre Merkmale hinsichtlich

- Lebensraum
- Atmung
- Körperbedeckung
- Anpassungen an die Fortbewegung
- Fortpflanzung und Entwicklung

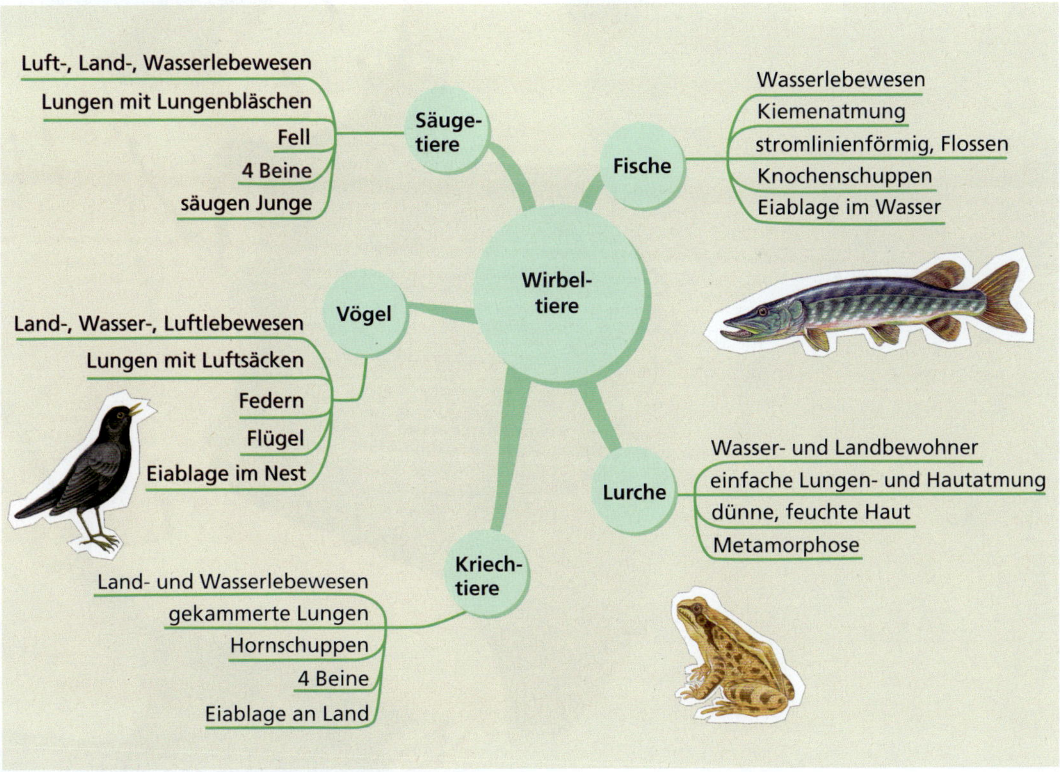

Luft-, Land-, Wasserlebewesen
Lungen mit Lungenbläschen
Fell
4 Beine
säugen Junge

Säugetiere

Wasserlebewesen
Kiemenatmung
stromlinienförmig, Flossen
Knochenschuppen
Eiablage im Wasser

Fische

Wirbeltiere

Land-, Wasser-, Luftlebewesen
Lungen mit Luftsäcken
Federn
Flügel
Eiablage im Nest

Vögel

Wasser- und Landbewohner
einfache Lungen- und Hautatmung
dünne, feuchte Haut
Metamorphose

Lurche

Land- und Wasserlebewesen
gekammerte Lungen
Hornschuppen
4 Beine
Eiablage an Land

Kriechtiere

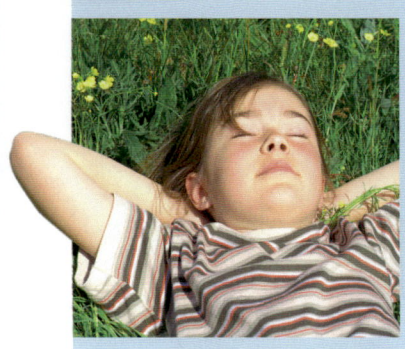  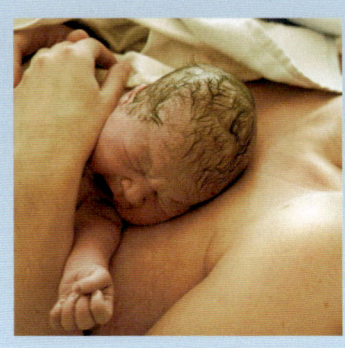

4 Der menschliche Körper

Etwas für die Gesundheit tun

Sören spielt jeden Tag nach der Schule Fußball. Jenny geht zum Ballett. Ohne Bewegung fühlen die beiden sich überhaupt nicht wohl. Gergi dagegen isst für sein Leben gern. Von Bewegung hält er überhaupt nichts. Er ist der Meinung, der Sport macht ihn krank.

Jeder fühlt sich mit einem anderen Lebensstil wohl. Es gibt aber einige allgemeine Regeln zum Erhalt der Gesundheit.

Zeit der Veränderung

Während der Pubertät verändert sich nicht nur der Körper von Mädchen und Jungen.

Ihr Verhalten, ihre Einstellungen und Gefühle ändern sich ebenfalls. Das andere Geschlecht und sexuelle Fragen werden immer interessanter.

Zwischen Jungen und Mädchen bilden sich erste Partnerbeziehungen von verschiedener Art und Dauer heraus. Man ist zum ersten Mal verliebt und hat sogar den ersten Liebeskummer.

4.1 Aktiv für ein gesundes Leben

1

Tagesprotokoll

Schreibe einen Tag
lang genau auf, was du isst!

Zum Beispiel:

Frühstück	Mittag	Abendbrot
1 Tasse Tee 1 Brötchen mit Marme-lade, Milchschnitte	. . . .	. . . .

Erforsche, welche Bestandteile diese Nah-rungsmittel enthalten!

Welche dieser Nahrungsmittel enthal-ten Stärke? Führe dazu Untersuchungen durch!

Werte deine Aufzeichnung dann hinsicht-lich einer gesunden Ernährung aus!

2 Kraft sparen

Nutze unterschiedliche Scheren, um ein Stück Pappe durchzuschneiden!
Schiebe die Pappe jeweils unterschiedlich weit in die Scheren!
Bei welcher Schere musstest du besonders viel (wenig) Kraft aufwenden?

3 Kreuzworträtsel

Wenn du die folgenden Tätigkeiten richtig einsetzt, erhältst du eine wichtige Maßnahme, durch die du deinen Körper gesund erhalten kannst: Schwimmen, Gymnastik, Bootfahren, Rudern, Seil-springen, Jogging, Wandern, Laufen.

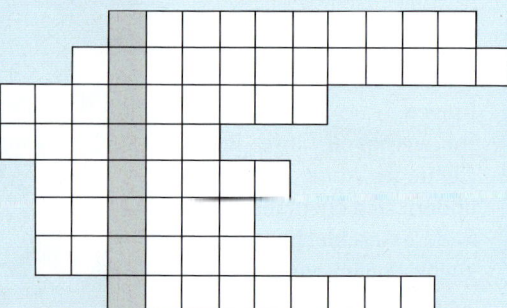

4

Nicht ganz wörtlich nehmen – „Kraftausdrücke" gefragt

Das Wort „Kraft" kommt in vielen Wortverbindungen und Redewen-dungen vor. Sucht Beispiele und diskutiert, welche Bedeutung sie haben!
– In der Ruhe liegt die Kraft.
– Das Gesetz ist außer Kraft.
– Die Waschkraft ist unübertroffen.
– Dorian ist ein echter Kraftprotz.

5 Teste die Beweglichkeit deines Körpers

Mit dieser Übung kannst du testen, wie beweglich deine
Gelenke und wie dehnbar Muskeln und Sehnen sind.
Tipp: Vorher Muskeln und Gelenke warm machen!

Durchführung:
Stelle dich – so wie die Skizze zeigt – rücklings zur
Wand (Abstand zur Wand ca. zwei Fußlängen)!
Beuge dich nach vorn und strecke beide Arme durch die
Beine nach hinten!
Berühre mit beiden Händen (Mittelfingerkuppen) die Wand in Bodenhöhe!

Auswertung:
Der Abstand zwischen Ferse und Wand gibt Aufschluss über die Beweglichkeit. Je weiter
man von der Wand wegsteht und die Wand in Bodenhöhe berühren kann, desto beweg-
licher ist man.

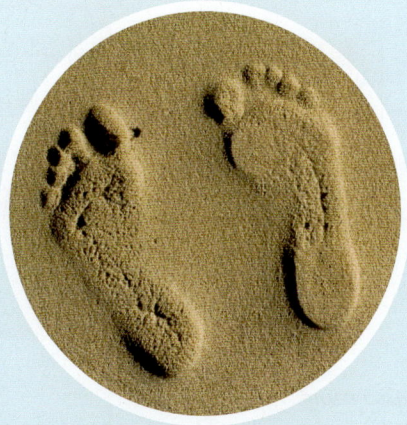

7

Körpergröße am Morgen und am Abend

Material:
Bandmaß, Bleistift

Durchführung:
Miss nach dem Aufstehen
deine Körpergröße!
Lass dir dabei von
deinen Eltern oder
Geschwistern helfen!

Bevor du schlafen
gehst, miss deine
Körpergröße noch
einmal!

Was stellst du fest?
Versuche eine
Erklärung zu finden!

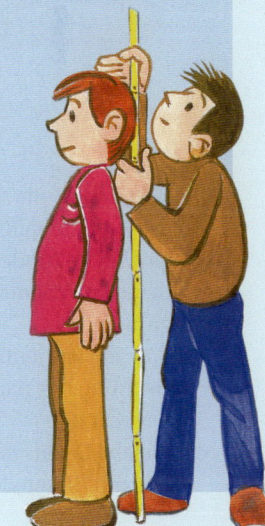

6

Fußabdrücke

Fülle eine große Schüssel mit sauberem
Sand! Streiche den Sand glatt und tritt
barfuß hinein!
Normalfuß, Plattfuß, Spreizfuß oder
Knickfuß? Vergleiche deine Fußabdrücke
mit den Abbildungen auf Seite 143!

Was gibt unserem Körper Halt?

Wir Menschen gehören auch zu den Wirbeltieren, denn wir besitzen eine Wirbelsäule. Sie gibt unserem Körper Stabilität und ermöglicht gleichzeitig eine große Beweglichkeit.

1. Untersuche die Elastizität und Stabilität der menschlichen Wirbelsäule

Materialien:
einfach gebogener Draht, doppelt-S-förmig gebogener Draht, gerader Draht, Holzbrett mit vorgebohrten Löchern

Durchführung:
a) Baue entsprechend der Abbildung drei Modelle!
b) Befestige am oberen Ende je ein kleines Gewicht und beobachte!

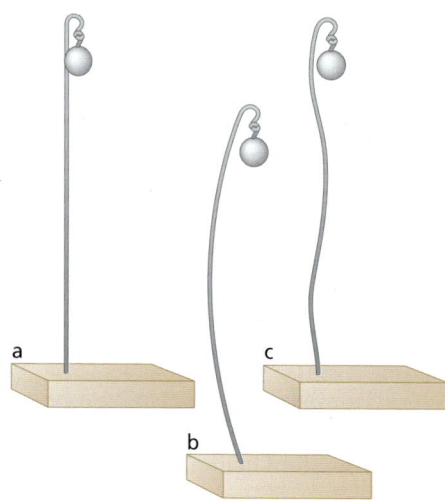

Auswertung:
a) Beschreibe die unterschiedliche Wirkung der Belastung für alle drei Modelle!
b) Ordne die Modelle hinsichtlich ihrer Elastizität und Stabilität vom niedrigsten zum größten!
c) Welche Reihenfolge ergibt sich bei einer Ordnung nur nach Stabilität oder nur nach Elastizität?
d) Welche Eigenschaften der Wirbelsäule werden mit diesem Modell nicht abgebildet?

2. Untersuche die Funktion der Bandscheiben
Die Bandscheiben werden auch Zwischenwirbelscheiben genannt.

Materialien:
4 Holzbausteine, 2 Radiergummis, 2 Gummiringe

Durchführung:
a) Baue ein Modell eines Wirbelsäulenabschnitts entsprechend der Abbildung b!
b) Baue ein weiteres Modell ohne Radiergummi. Achte darauf, dass die Gummiringe jetzt kürzer sein müssen, um die gleiche Spannung zu erhalten wie beim Modell b!

Probiere für jedes Modell die Bewegungsmöglichkeiten, indem du die Bauklötze nach links, rechts, vor- und zurückkippst!

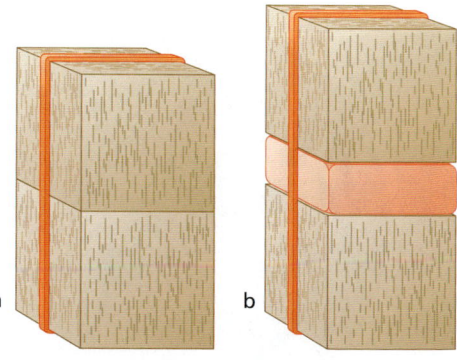

Auswertung:
a) Übernimm die Skizze von Modell b in deinen Hefter! Beschrifte die Teile des Modells analog dem Wirbelsäulenaufbau!
b) Welches der beiden Modelle konnte besser bewegt werden? Begründe dein Ergebnis!
c) Ein anderes Modell sieht so aus. Probiere auch hier die Bewegungsmöglichkeiten aus.

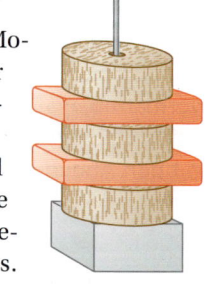

Die Wirbelsäule des Menschen

Du kennst sicher das Sprichwort „Der hat kein Rückgrat". Es meint sinngemäß, dass derjenige keine Haltung, keine eigene Meinung hat, sich „krumm macht". Betrachtet man das Skelett, hat jeder von uns ein Rückgrat. Es ist die **Wirbelsäule,** die Hauptstütze unseres Körpers.

Bei seitlicher Betrachtung der Wirbelsäule eines Erwachsenen erkennt man eine leichte **doppelt-S-förmige Krümmung** (↗ Abb. 1). Diese Gestalt erhält sie beim Wachstum. Ein Säugling besitzt zunächst eine nicht gekrümmte Wirbelsäule. In der Phase des „Sitzenlernens" und „Laufenlernens" krümmt sich die Wirbelsäule. Mit ungefähr 15 Jahren ist die Form der Wirbelsäule endgültig festgelegt.

Insgesamt sind über 30 knöcherne **Wirbel** von unterschiedlicher Größe und Beweglichkeit am Aufbau der Wirbelsäule beteiligt. Die Halswirbel sind die kleinsten Wirbel. Es sind wie bei allen Säugetieren sieben Stück. Die Lendenwirbel tragen die Hauptlast des Körpers, sie sind am größten. Die Wirbel sind gegeneinander beweglich.

Zwischen den Wirbeln liegen **Zwischenwirbelscheiben (Bandscheiben).** Wenn man zwei Kreidestücke aneinanderreibt, verändern sich deren Oberflächen. Das würde auch bei den Wirbelkörpern geschehen, wenn nicht die Bandscheiben dazwischenliegen würden. Sie bestehen aus Knorpel und verhindern das Aneinanderreiben der Wirbelkörper.

Außerdem wirken die Zwischenwirbelscheiben wie Stoßdämpfer: Die vielfältigen Bewegungen unseres Körpers werden elastisch abgefedert.

Durch das Körpergewicht wird im Laufe des Tages Flüssigkeit aus den Bandscheiben (und auch Gelenken) gepresst und wir „schrumpfen". Der Unterschied in der Körpergröße kann zwischen morgens und abends bis zu 2 cm betragen.

Die Wirbel bestehen aus einem stabilen runden Wirbelkörper mit knöchernen Fortsätzen an der Rückseite. Diese bilden den Wirbelkanal, in dem das Rückenmark, unser Hauptnervenstrang, verläuft (↗ Abb. 2).

Die Elastizität der Bandscheiben und die Krümmung der Wirbelsäule ermöglichen ein federndes Abfangen von Stößen. Im Alter schrumpfen die Bandscheiben. Bei Überbelastung und bei Unfällen können sie sich verschieben und heftige Schmerzen verursachen.

> **Hauptstütze des Skeletts ist die Wirbelsäule. Sie ist doppelt-S-förmig gekrümmt.**

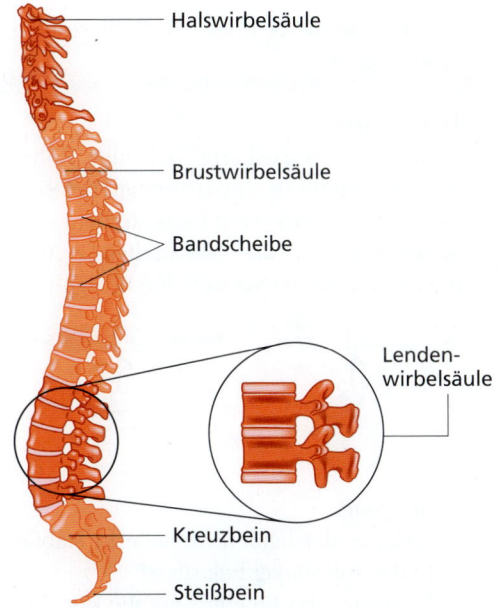

1 Wirbelsäule des Menschen (seitlich)

Halswirbelsäule

Brustwirbelsäule

Bandscheibe

Lenden-wirbelsäule

Kreuzbein

Steißbein

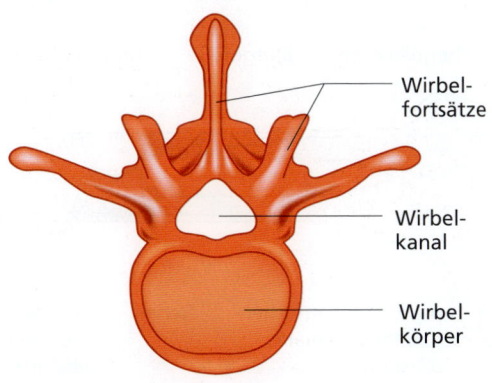

2 Einzelner Wirbel von oben gesehen

Wirbel-fortsätze

Wirbel-kanal

Wirbel-körper

Knochen halten was aus

Im Sportunterricht ist Weitsprung angesagt. Der Aufprall im Sand ist ganz schön heftig. Aber nichts ist gebrochen. Wie kommt das?

Die Wirbelsäule kann aufgrund ihres Baus Stöße federnd abfangen. Aber auch unsere **Knochen** haben ähnliche Eigenschaften, sie sind druckfest und elastisch zugleich. Zwei verschiedene Bestandteile in den Knochen sind dafür verantwortlich: Eiweißstoffe und Mineralstoffe, vor allem Calcium.

Für die Entwicklung und Festigkeit der Knochen ist es deshalb wichtig, **Calcium** und **Vitamine** mit der Nahrung aufzunehmen.

> **Knochen bestehen aus einer elastischen Grundmasse, in die Kalksalze eingelagert sind. Hierauf beruht die hohe Druck-, Zug- und Biegefestigkeit der Knochen.**

Die über 200 Knochen unseres Skeletts haben nach ihrer Funktion eine unterschiedliche Größe und Form.

Wir unterscheiden die lang gestreckten **Röhrenknochen,** wie Oberarm- und Oberschenkelknochen. Sie funktionieren als bewegliche Stützpfeiler, insbesondere für Arme und Beine.
Dagegen sind die **Plattenknochen** fest miteinander verwachsen und funktionieren als Schutzkapseln, z. B. die Schädelknochen für das Gehirn.

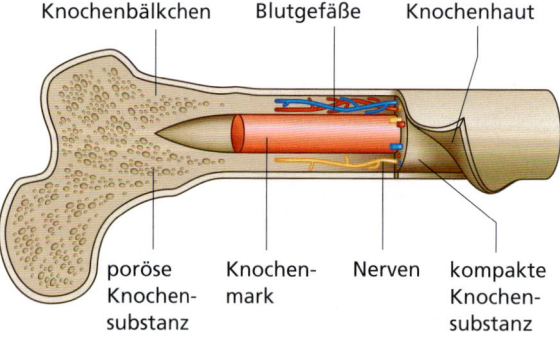

Knochenbälkchen   Blutgefäße   Knochenhaut

poröse   Knochen-   Nerven   kompakte
Knochen-   mark   Knochen-
substanz   substanz

1 Knochen sind lebende Gebilde.

2 Feine Verstrebungen sorgen im Knochen und im Kran für Stabilität.

Kurze Knochen sind z. B. Handwurzel- und Fußwurzelknochen.

Gewusst · Gekonnt

1. Nenne Stoffe, die für die Entwicklung und Festigkeit der Knochen in unserer Nahrung enthalten sein müssen!

2. Ermittle die Belastbarkeit von Knochen im Modellversuch!

   Materialien:
   2 Karteikarten A4 oder A5, Klebestreifen, Gewichte

   Durchführung.
   Forme eine Karteikarte zu einer Röhre, falte die andere zu einem Streifen! Befestige beide an den Enden mit Klebestreifen!
   Belaste die Röhre und den Streifen (↗ Abb.) mit Gewichten, bis sie sich durchbiegen.

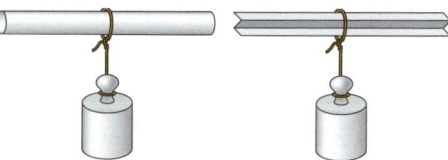

   Auswertung:
   a) Welches der beiden Modelle ist stabiler und damit stärker belastbar?
   b) Übertrage das Ergebnis auf die Knochen des Skeletts.

Körperhaltung und Haltungsschäden

Skelett und Muskulatur bestimmen durch ihr Zusammenwirken unsere aufrechte Körperhaltung. Bei dieser „**Normalhaltung**" ist die Wirbelsäule in der Hals- und Lendenregion etwas nach vorn, in der Brust- und Kreuzbeinregion etwas nach hinten gekrümmt („doppelt-S-förmig").

Eine der **Ursachen** für das Entstehen von Haltungsschäden ist bei Kindern und Jugendlichen u. a. langes Sitzen am Computer. Vor allem, wenn dabei eine falsche Sitzhaltung eingenommen wird (↗ Abb. 1 a). Ungünstig ist auch das einseitige Tragen zu schwerer Schultaschen oder anderer Lasten. Das kann zu Fehlhaltungen und zu Verformungen der Wirbelsäule führen, z. B. zu **Hohl-, Rund- bzw. Schiefrücken** (↗ Abb. 2) .

Haltungsschäden entstehen bei Jugendlichen auch deshalb häufiger, weil ihre Knochen noch weich und biegsam sind.
Solche **Haltungsfehler** und Verformungen der Wirbelsäule lassen sich anfangs noch durch Verändern der Haltungsgewohnheiten und durch gymnastische Übungen wieder rückgängig machen. Außerdem kräftigen Sporttreiben und Fitnesstraining die Muskeln und fördern damit auch eine gute Körperhaltung.

Ist die Wirbelsäule aber in der abweichenden Form schon verknöchert, dann ist daraus ein **Haltungsschaden** geworden, der sich nicht mehr

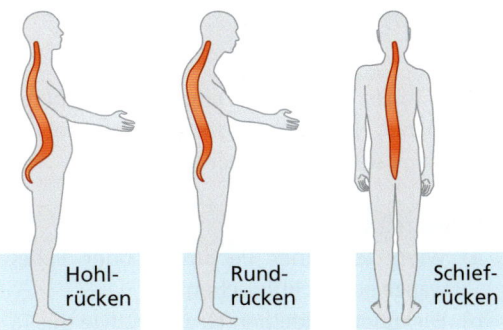

Hohl-
rücken | Rund-
rücken | Schief-
rücken

2 Fehlhaltungen der Wirbelsäule können zu schmerzhaften Beschwerden führen.

vollständig beseitigen lässt. Über 50 % der 8- bis 18-jährigen Schüler weisen derzeit Haltungsschäden verschiedener Art und Schwere auf. Um diese zu erkennen und schnell Behandlungsmaßnahmen einzuleiten, finden **schulärztliche Vorsorgeuntersuchungen** statt.

Besondere Beachtung verdienen unsere **Füße.** Sie werden beim Stehen, Laufen, Springen, bei Arbeit und Sport stark belastet. Bei einem **gesunden Fuß** bilden die Fußknochen ein Fußgewölbe, das durch Muskeln und Sehnen gefestigt wird. Durch Muskelschwäche, Überbelastung, Tragen von „modischen" Schuhen, die den Fuß einengen oder zu hohe Absätze haben, kann es zu **Fehlstellungen und Verformungen** der Füße wie Plattfuß (Senkfuß), Spreizfuß oder Knickfuß kommen.

> Bewegungsmangel, Überbelastung oder falsche Haltungsgewohnheiten können zu Haltungsfehlern oder Verformungen des Skeletts führen.

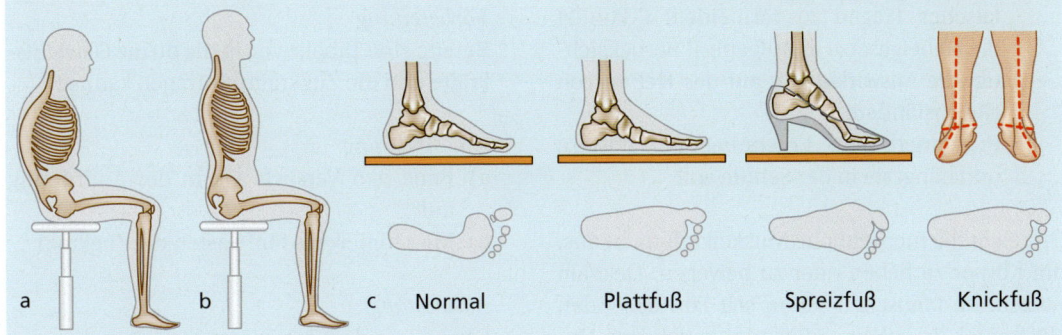

a | b | c | Normal | Plattfuß | Spreizfuß | Knickfuß

1 Haltungsschäden sowie Fußschäden haben unterschiedliche Ursachen.

So geht's leichter

Täglich musst du viele Dinge transportieren. Schulbücher, Hefte, Schreibzeug, Pausenbrot und ein Getränk stecken in deiner Schultasche.

1. Schwere Last I
a) Wiegt mit einer Personen- oder Federwaage eure Schultaschen!
b) Diskutiert in kleinen Gruppen, wie die Taschen leichter werden könnten!
c) Hebe eine Tasche einmal mit dem Arm nah am Körper und einmal am ausgestreckten Arm!

2. Schwere Last II
Führt ein „Schultaschen-Projekt" für die ganze Schule durch!

Vorbereitung:
Bereitet vor Schulbeginn einen Platz auf dem Schulhof für das Wiegen der Schultaschen eurer Mitschüler vor! Stellt für jeweils eine Zweier- oder Dreiergruppe Stifte, Schreibpapier und eine Personen- oder Federwaage bereit!

Durchführung:
a) Sprecht Schüler der anderen Klassen an!
b) Wiegt die Schultaschen und protokolliert Alter, Klasse und Gewicht der Schultasche!

Auswertung:
a) Tragt die Ergebnisse zusammen!
b) Erarbeitet Vorschläge, um Haltungsschäden durch zu schwere Schultaschen oder falsches Tragen zu vermeiden! Erkundet die Hebelgesetze in Aufgabe 4! Berücksichtigt die Auswirkungen auf das Heben von Gegenständen!
c) Präsentiert eure Ergebnisse auf Postern und hängt sie in der Schule auf!

Oft reicht die menschliche Muskelkraft nicht aus, um Körper zu heben oder zu bewegen. Deshalb nutzen die Menschen schon seit Jahrtausenden Hilfsmittel. Zu solchen Hilfsmitteln gehören Hebel, Rollen, Flaschenzüge und schiefe Ebenen.

3. Am längeren Hebel
Zu welcher der Aufgaben auf den Seiten 138 und 139 passt diese Überschrift?

4. Hebel im Gleichgewicht
Befindet sich ein Hebel im Gleichgewicht, dann gilt: Je länger der gewählte Kraftarm ist, desto kleiner ist die Kraft, die aufgewendet werden muss (Abb. unten).
Überprüfe diese Aussage beim Festziehen einer Fahrradmutter mithilfe eines Schraubenschlüssels und beim Anheben einer schweren Kiste mit einer Brechstange!

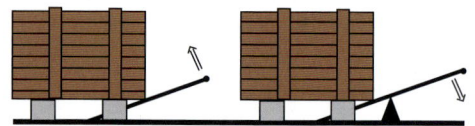

5. Lose Rollen
Rollen werden bei Kränen und Flaschenzügen zum Anheben von Lasten genutzt.
Eine lose Rolle hängt an zwei Seilen. Die Kraft der Last verteilt sich auf diese beiden Seile. Weil es zweckmäßig ist, kombiniert man meist eine lose Rolle mit einer festen Rolle (Abb. rechts). Untersuche, wie bei einer losen Rolle die Zugkraft und die Gewichtskraft der Last zusammenhängen!

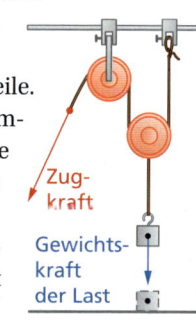

Vorbereitung:
Bereite eine Tabelle vor, in die du die Gewichtskräfte und die Zugkräfte eintragen kannst!

Durchführung:
a) Baue den Versuch wie in der Anordnung auf!
b) Miss für jeweils fünf Lasten die Zugkraft!

Auswertung:
Formuliere den Zusammenhang zwischen der Gewichtskraft und der Zugkraft!

Man ist, was man isst

Die Zusammensetzung der Nahrung kann die Gesundheit beeinflussen. Deshalb ist es wichtig zu wissen, was in den Nahrungsmitteln steckt.

1. Wie viel Zucker steckt in der Cola?

Vorbereitung:
a) Cola ist ein Stoffgemisch. Nenne Stoffe, die in der Cola enthalten sein könnten!
b) Materialien: Schutzbrille, Messzylinder, Gasbrenner (↗ S. 13), Eindampfschale, Tiegelzange, Dreifuß und Keramikdrahtnetz, Waage

Durchführung:
a) Wiege die leere Eindampfschale! Fülle 5 ml Cola hinein! Wiege beides zusammen!
b) Lege das Keramikdrahtnetz auf den Dreifuß und stelle die Eindampfschale darauf!
c) Erhitze mit mittlerer Flamme, bis die Flüssigkeit verdampft ist! Lösche den Brenner! Stelle die Schale mithilfe der Tiegelzange auf eine hitzebeständige Unterlage und lass sie abkühlen!
d) Wiege erneut!

Auswertung:
a) Berechne, wie viel Zucker in der eingedampften Menge Cola war!
b) Rechne um auf 1 Glas mit 200 ml!

2. Fettgehalt

Untersuche mithilfe der Fettfleckprobe, welche Nahrungsmittel Fett enthalten!
a) Zeichne mit Bleistift ein Kreuz auf Filterpapier, sodass 4 Felder entstehen!
b) Tropfe Nahrungsmittelproben (Speiseöl, Wurst, Honig, Wasser, Vollmilch, Butter, Sonnenblumenkerne, Speck) auf die Felder des Filterpapiers oder zerdrücke sie!
c) Halte das Filterpapier gegen das Licht und prüfe, ob ein Fleck zu erkennen ist!
d) Überprüfe nach etwa 10 Minuten!
e) Liste die fetthaltigen Nahrungsmittel auf!
f) Nenne die Bedeutung dieses Nährstoffs für die Ernährung!

3. Vitamin C

Es ist bekannt, dass Vitamin C für die körpereigene Abwehr von Krankheiten benötigt wird. Fehlt es in der Nahrung, kann dies zu weiteren Gesundheitsschäden führen. Untersuche Nahrungsmittel auf ihren Gehalt an Vitamin C!

Materialien:
4 Becher, Spatel, Pipette, Zitronenpresse, schwarzer Tee, Vitamin-C-Pulver, Zitrone, Orange oder Apfel, Sauerkrautsaft

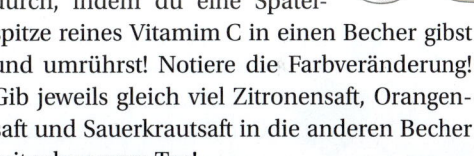

Durchführung:
Fülle in die Becher gleich viel schwarzen Tee!
Führe erst einen Kontrollversuch durch, indem du eine Spatelspitze reines Vitamim C in einen Becher gibst und umrührst! Notiere die Farbveränderung! Gib jeweils gleich viel Zitronensaft, Orangensaft und Sauerkrautsaft in die anderen Becher mit schwarzem Tee!
Führe zu jedem Versuch einen Kontrollversuch mit reinem Wasser durch und beobachte!
Der Nachweis kann auch mit Vitamin-C-Teststäbchen durchgeführt werden!

Beobachtungsaufgabe:
a) In welchem Becher fand nach Zugabe von Saft eine Farbveränderung statt?
b) Notiere die Beobachtungen in einer Tabelle!

Auswertung:
a) Bei dem Kontrollversuch wurde Vitamin C durch eine Farbveränderung des Tees nachgewiesen. Benenne die Farbveränderung!
b) In welchen Nahrungsmitteln konnte Vitamin C nachgewiesen werden?
c) Die berühmten Seefahrer COLUMBUS und JAMES COOK nahmen auf ihren monatelangen Reisen Sauerkraut in Fässern mit. Warum machten sie das wohl?

Bestandteile unserer Nahrung

Sicher habt ihr von euren Großeltern und Eltern auch schon Ratschläge gehört wie: „Trink mehr Milch, Kind, das ist gut für deine Knochen!", „Iss nicht nur Pommes, du brauchst auch Vitamine!", „Iss mehr Obst und Gemüse".
Obwohl das manchmal ganz schön nervt, recht haben sie schon. Unser Körper benötigt 60 verschiedene Stoffe, um seine Lebensfunktionen aufrechtzuerhalten. Diese Stoffe sind nicht in allen Nahrungsmitteln enthalten. Einige Nahrungsmittel enthalten Stoffe, die **Energie** liefern, die wir z. B. zum Aufbau neuer Stoffe, zum Laufen u. a. benötigen. Andere wiederum enthalten Stoffe, die zur Festigkeit der Knochen beitragen.
Da unser Körper nicht in der Lage ist, solche wichtigen Stoffe selbst herzustellen, müssen wir sie täglich mit der Nahrung aufnehmen.

Zu unserer täglichen Nahrung gehören u. a. Brot, Fleisch, Kuchen, Eis, Pommes, Obst, Gemüse, Getränke und vieles andere mehr. So unterschiedlich die einzelnen Nahrungsmittel auch sind, wenn man sie genauer untersucht, findet man oftmals die gleichen **Bestandteile** (↗ Abb.).

Ein wichtiger Bestandteil unserer Nahrung sind die **Nährstoffe**. Zu ihnen gehören die Kohlenhydrate, Fette und Eiweiße.

In Nahrungsmitteln sind auch Vitamine, Mineralstoffe, Ballaststoffe und Wasser enthalten. Diese Nahrungsbestandteile werden als **Ergänzungsstoffe** zusammengefasst.

Jeder dieser Bestandteile ist wichtig für unseren Körper und deshalb müssen wir diese Stoffe regelmäßig und in ausreichender Menge mit unserer Nahrung aufnehmen.

> **Bestandteile unserer Nahrung sind Nährstoffe und Ergänzungsstoffe.**

Gewusst · Gekonnt

1. Übernimm die Übersicht unten in dein Heft! Notiere zu jedem Nahrungsbestandteil ein Nahrungsmittel, das diesen besonders reichhaltig enthält!

2. Finde heraus, welche Bestandteile in der Milch und im Apfel enthalten sind! Was stellst du fest, wenn du diese Inhaltsstoffe vergleichst?

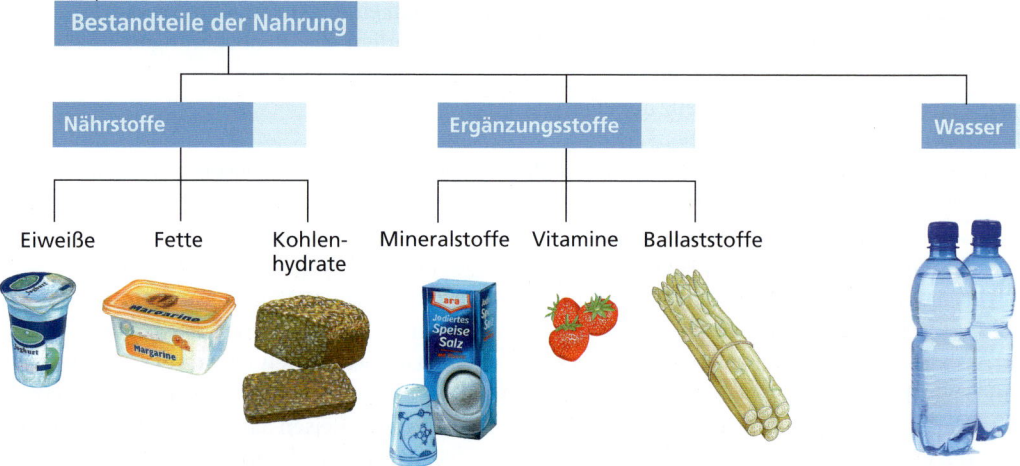

Bestandteile der Nahrung

Nährstoffe — Ergänzungsstoffe — Wasser

Eiweiße — Fette — Kohlenhydrate — Mineralstoffe — Vitamine — Ballaststoffe

Nährstoffe und ihre Bedeutung

Zu den **Kohlenhydraten** gehören verschiedene Zucker (Trauben-, Rohr- und Fruchtzucker) und Stärke (Kartoffel- und Weizenstärke). In Kartoffeln, Getreide und Obst sind sehr viel Kohlenhydrate enthalten. Diese pflanzlichen Produkte sind Grundlagen für andere Nahrungsmittel, z. B. Mehl, Teigwaren, Brot.

Kohlenhydrate sind die **Energielieferanten** für unseren Körper. Sie werden in den Zellen abgebaut. Dabei wird die in den Stoffen enthaltene Energie so umgewandelt, dass sie für Lebensprozesse genutzt werden kann, z. B. für die Arbeit der Muskeln und der Nerven, zum Aufbau eigener Stoffe. Ein anderer Teil wird als Wärme an die Umgebung abgegeben.
Ein Teil der Kohlenhydrate wird vom Körper als Energiereserve in der Leber und in der Muskulatur gespeichert. Nimmt man mehr Kohlenhydrate zu sich, als der Körper verarbeiten und speichern kann, werden diese überschüssigen Stoffe in Fett umgewandelt und im Körper abgelagert und gespeichert. Das führt dann zum **Übergewicht**.

Eiweiße sind für den Körper ebenfalls lebenswichtig und müssen deshalb täglich mit der Nahrung aufgenommen werden.
Eiweiß kommt vor allem in Kartoffeln, Nüssen, Bohnen und Getreideprodukten vor (pflanzliches Eiweiß). Auch in Fleisch, Fisch, Eiern und Milch findet man Eiweiß (tierisches Eiweiß).
Eiweiß wird für den **Aufbau** und die **Erhaltung** von Muskeln, Organen und Blut benötigt. Für Kinder und Jugendliche ist eine ausreichende Eiweißzufuhr besonders wichtig. Wachstum ist nämlich immer mit einer Vergrößerung des Eiweißgehaltes verbunden. Ein 12-jähriges Kind benötigt täglich ca. 1,8 g Eiweiß pro Kilogramm Körpergewicht.

Fette sind die energiereichsten Nährstoffe, die du zu dir nimmst. Sie werden wie die Kohlenhydrate zur Energieversorgung unseres Körpers genutzt.
Fette sind in Lebensmitteln wie Butter, Margarine, Schmalz, Speck und Öl sichtbar enthalten. Auch

1   Kartoffeln, Getreideprodukte und zuckerhaltige Nahrungsmittel haben einen hohen Gehalt an Kohlenhydraten.

in Fleisch, Wurst, Käse, Schokolade und Milch sind Fette vorhanden, aber in verdeckter Form.
Wenn man mehr Fett isst, als man an Energie für Bewegungen und Tätigkeiten benötigt, wird das überschüssige Fett im Körper gespeichert. Übergewicht ist die Folge.

Sehr viele Erwachsene sind übergewichtig, auch Kinder und Jugendliche. Übergewicht wiederum begünstigt viele Krankheiten, z. B. Bluthochdruck, Arterienverkalkung, die Zuckerkrankheit und Knochenveränderungen.

> Kohlenhydrate, Eiweiße und Fette sind Nährstoffe, die wir mit der Nahrung aufnehmen. Die Nährstoffe dienen dem Aufbau unseres Körpers und liefern Energie zum Ausführen von Lebensprozessen.

Gewusst · Gekonnt

1. Definiere den Begriff „Nährstoff"! Welche Bedeutung haben Nährstoffe für uns Menschen?

2. Nenne Nahrungsmittel, die besonders viel Stärke, Zucker, Eiweiß und Fett enthalten! Fertige dazu eine Tabelle an!

Ergänzungsstoffe und ihre Bedeutung

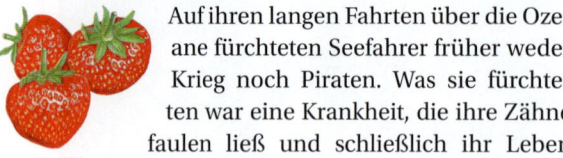

Auf ihren langen Fahrten über die Ozeane fürchteten Seefahrer früher weder Krieg noch Piraten. Was sie fürchteten war eine Krankheit, die ihre Zähne faulen ließ und schließlich ihr Leben kostete. Doch erst im 18. Jahrhundert fand man heraus, dass **Skorbut**, so nannte man diese rätselhafte Krankheit, ernährungsbedingt war. Auf den langen Überfahrten nahmen die Seefahrer zu wenig bzw. gar keine Vitamine zu sich.

Vitamine müssen täglich mit der Nahrung aufgenommen werden, da unser Körper sie nicht selbst bilden kann. Sie wirken schon in kleinsten Mengen und regeln den Ablauf aller lebenswichtigen Prozesse im Körper.
Über 20 Vitamine sind heute bekannt. Sie werden mit Großbuchstaben bezeichnet: A, B, C, D, E, K. Einige Vitamine sind wasserlöslich, z. B. Vitamin B und C. Die Vitamine A, D, E und K dagegen sind nur in Fett löslich.

Jedes Vitamin erfüllt im Körper ganz bestimmte Aufgaben. Fehlen Vitamine, kann es zu Krankheiten oder Störungen im Ablauf von Körperfunktionen kommen.
Vitamine sind empfindlich gegen Umwelteinflüsse. Sie werden durch Licht und Wärme leicht zerstört. Das muss bei der Lagerung und Zubereitung von Nahrungsmitteln beachtet werden. Da eine lange Lagerung den Vitamingehalt von Nahrungsmitteln beeinträchtigt, müssen so oft wie möglich frisches Obst und Salate gegessen werden.

Mineralstoffe müssen mit der Nahrung regelmäßig aufgenommen werden. Sie enthalten Elemente, die der Körper in unterschiedlichen Mengen benötigt.
Von den Elementen Calcium, Phosphor, Kalium, Natrium und Magnesium benötigen wir mehr als ein Gramm pro Tag. Sie werden deshalb **Mengenelemente** genannt. Calcium und Phosphor sind Hauptbestandteile der Knochen und Zähne. Kalium und Natrium regulieren den Wasserhaushalt des Körpers und Magnesium wird für die Tätigkeiten von Nerven und Muskeln benötigt.
Andere Elemente, wie Eisen, Iod und Fluor, werden nur in geringen Mengen benötigt. Man bezeichnet sie deshalb als **Spurenelemente. Trotzdem sind sie lebensnotwendig.**

Ballaststoffe sind weder überflüssig noch wertlos, obwohl ihr Name so klingt. Sie sind die Bestandteile der Nahrung, die der menschliche Körper nicht verwerten kann und deshalb wieder ausscheidet, z. B. Holz- und Cellulosefasern. Sie sorgen für eine ausreichende Füllung des Darms, fördern damit die Darmbewegungen und beugen der Darmträgheit vor.

Wasser ist lebensnotwendig. Über die Hälfte der Körpermasse des Menschen besteht aus Wasser. Fast alle biochemischen Reaktionen des Körpers finden in wässriger Lösung statt. Für einige von ihnen ist Wasser ein Ausgangsstoff. Außerdem dient Wasser als Löse- und Transportmittel. Bei normaler Belastung und Zimmertemperatur beträgt unser Wasserbedarf ca. 2,5 Liter. Die Wasserabgabe erfolgt hauptsächlich über die Nieren, z. T. über die Haut und mit der Ausatemluft.

> **Ergänzungsstoffe und Wasser sind wichtige Bestandteile unserer Nahrung. Zu den Ergänzungsstoffen gehören Vitamine, Mineralstoffe und Ballaststoffe.**

Tägliche Zufuhr von Wasser (gesamt) 2,5 l

– über Getränke 1,4 l
– über Lebensmittel 1,1 l

Tägliche Ausscheidung von Wasser (gesamt) 2,5 l

– über Lunge 0,5 l
– über Haut 0,5 l
– als Urin 1,4 l
– als Kot 0,1 l

1 Tägliche Zufuhr und Ausscheidung von Wasser

Der Mensch – auch eine Wärmequelle

Energie aus der Nahrung ist auch erforderlich, um unsere Körpertemperatur von etwa 37 °C aufrechtzuerhalten. Über die Körperoberfläche geben wir aber ständig Wärme nach außen ab, da die Umgebungsluft normalerweise kälter ist. Unser Körper ist eine Wärmequelle (↗ Abb. 1).

> **Wärme ist das Maß für die zugeführte oder abgegebene Energie.**

Die Körpertemperatur ist für alle Lebensprozesse von Bedeutung. Wenn sie sich nur um wenige Grad Celsius verändert, kann das lebensbedrohliche Folgen haben. Wir schützen uns daher bei niedrigen Temperaturen durch angemessene Kleidung und heizen im Winter unsere Häuser.

Wärme gelangt auf sehr unterschiedliche Weise von einem warmen Köper zu einem kälteren Körper (↗ Abb. 1).
Durch **Wärmeleitung** kann Wärme innerhalb eines Körpers von einer Stelle höherer Temperatur zu einer Stelle niedrigerer Temperatur übertragen werden. Das lässt sich auch mit dem Teilchenmodell (↗ S. 80) erklären: Eine höhere Temperatur bedeutet, dass sich die Teilchen in dem Körper

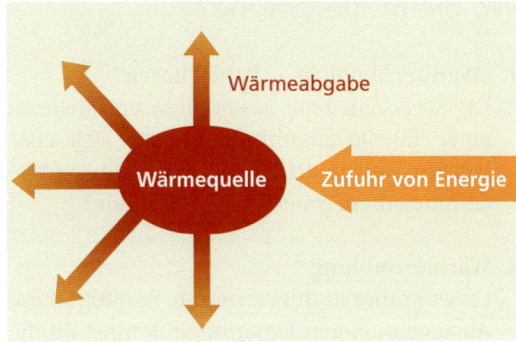

1 Energieumwandlungen in einer Wärmequelle

heftiger bewegen. Bei der Wärmeleitung stoßen die sehr schnellen Teilchen an die benachbarten an und übertragen so die Wärme durch den Körper.

Bei der **Wärmeströmung** wird die **Wärme** zusammen mit einem Stoff, z. B. Luft oder Wasser, transportiert. So wie in den Rohren einer Warmwasserheizung.

An der Wärmeübertragung durch **Wärmestrahlung** ist kein Stoff beteiligt. Auf diese Weise gelangt die Wärme der Sonnenstrahlung durch das leere Weltall zur Erde. Auch die Wärmeübertragung von einer Rotlichtlampe erfolgt über Wärmestrahlung.

Wärmeleitung	Wärmeströmung	Wärmestrahlung
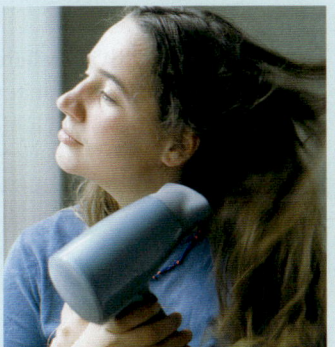		
Wärme gelangt durch Wärmeleitung vom heißen Tee bis zum Ende des metallischen Löffels.	Wärme wird durch die strömende Luft vom Föhn zu den Haaren transportiert.	Wärme gelangt durch Strahlung von der Sonne zur Erde. Daran ist kein Stoff beteiligt.

Wo bleibt die Wärme?

1. „Warmer Teppich" – „kalte Fliesen"
Fasse verschiedene Materialien an! Stelle in einer Tabelle zusammen, welche sich eher kalt und welche sich eher warm anfühlen! Wie kommen diese Unterschiede zustande?

2. Wärmestrahlung
Unser Körper strahlt Wärme ab. Bestätige diese Aussage in einem Experiment! Kannst du die Wärme spüren, die deine Hand und dein Gesicht abstrahlen?

Vorbereitung:
Material: 1 Stück Pappe, Aluminiumfolie

Durchführung:
a) Beklebe ein Stück Pappe mit Aluminiumfolie!
b) Lege die Pappe auf den Tisch und halte deine Hand kurze Zeit dicht darüber!
c) Halte nun die Pappe dicht vor die Wange!

Beobachtung und Auswertung:
a) Beschreibe deine Beobachtungen!
b) Welche Schlüsse kannst du aus den Beobachtungen ziehen? Wende sie auf die Nutzung von Rettungsdecken an (Abb. 1)! Diese sind in jedem Verbandskasten von Kraftfahrzeugen vorgeschrieben.

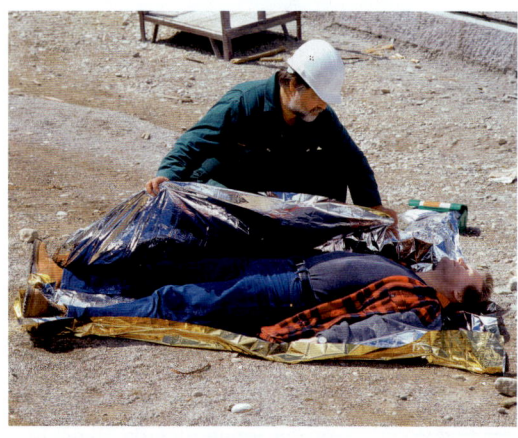

1 Um Verletzte zu schützen, wickelt man sie in eine Folie mit einer gold- und silberfarbenen Metallschicht.

3. Ein süßes Experiment
a) Lege fünf Stücke Schokolade auf den Tisch!
b) Wickle ein Stück in Alufolie, ein anderes in schwarzes Papier! Ein weiteres Stück wird in weißes Papier gewickelt und über das vierte wird ein Becherglas gestülpt.
c) Welches Schokoladenstück wird am weichsten, wenn du alle Stücke gleichmäßig etwa fünf Minuten mit einer Lampe beleuchtest?
d) Stelle eine Vermutung auf und prüfe sie!

4. Temperatur setzt in Bewegung
Untersuche, wie sich Tee im Wasser verteilt!

Durchführung:
Hänge jeweils einen Teebeutel in ein Glas mit kaltem bzw. warmem Wasser! Beobachte, wie sich der Tee im Wasser verteilt!

Auswertung:
Ziehe eine Schlussfolgerung über Zusammenhang von Temperatur und Bewegung der Teilchen im Wasser!

5. Wärmeleitung in verschiedenen Stoffen
Stoffe leiten Wärme unterschiedlich gut. Die Wärmeleitfähigkeit ist eine Stoffeigenschaft.
a) Überlege dir Alltagssituationen, in denen Stoffe aufgrund ihrer Eigenschaft, gute oder weniger gute Wärmeleiter zu sein, eingesetzt werden!
b) Plane einen einfachen Versuch, mit dem du die Wärmeleitfähigkeit verschiedener Materialien untersuchen kannst!
c) Luft ist ein sehr schlechter Wärmeleiter. Stelle eine Vermutung auf, warum es trotzdem im Winter drinnen warm wird, wenn die Heizung eingeschaltet ist!

6. Bewegung durch Wärmeströmung

Werden die Kerzen einer Weihnachtspyramide angezündet, dreht sie sich wie von selbst (Abb. 1). Untersuche diese Bewegung mithilfe einer Papierspirale!

Material: festes Papier, Schere, Faden, Teelicht

Durchführung:

a) Schneide aus Papier einen Kreis mit ca. 15 cm Durchmesser aus!

b) Schneide den Kreis von außen schräg ca. 1 cm tief ein und schneide immer etwa 1 cm am Rand entlang, bis du in der Mitte angekommen bist!

c) Hänge deine Spirale auf und entzünde darunter ein Teelicht (↗ Abb.)!
   Vorsicht: Brandgefahr!

Beobachtung:

Beschreibe deine Beobachtung!

Auswertung:

a) Vergleiche die Spirale mit einer Weihnachtspyramide!

b) Wie kann man erreichen, dass sich die Pyramide in Abbildung 1 in eine andere Richtung dreht?

7. Empfohlene Raumtemperaturen

Welche Temperaturen werden für die unterschiedlichen Räume in einem Haus empfohlen und warum?

Vergleicht die Temperaturen, bei denen ihr euch wohlfühlt!

8. Untersuchung am Modellhaus

Untersucht an einem Modellhaus, welche Materialien die Wärme besonders gut dämmen!

Baut dieses Modellhaus aus Pappe! Das Dach soll abzunehmen sein! Wählt die Größe des Modellhauses so, dass ein Becherglas oder eine große Tasse mit Wasser gut hineinpasst!

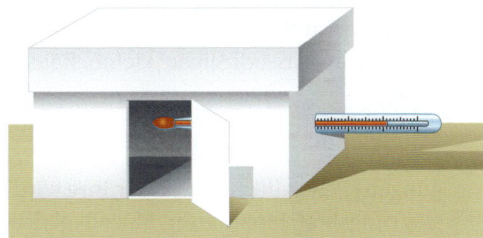

Tipp: Stellt ein Becherglas mit heißem Wasser in das Modellhaus und messt in Abständen von fünf Minuten die Temperatur!

Kleidet das Modellhaus mit unterschiedlichen Dämmstoffen aus!

Welche Folgerungen ergeben sich aus diesen Untersuchungen für die Verwendung von Materialien beim Hausbau?

1 Weihnachtspyramiden gehören zum Weihnachtsfest. Wodurch geraten sie in Bewegung?

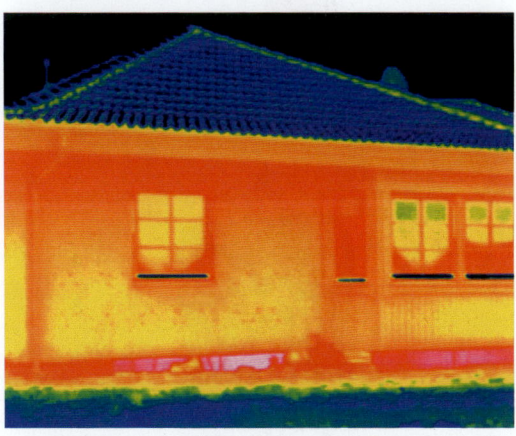

2 Die Wärmeabgabe ist an den roten Stellen besonders groß, an den blauen Stellen gering.

Weg der Nahrung im Körper

Die aufgenommene Nahrung durchwandert in unserem Körper mehrere Organe des **Verdauungssystems**. Jedes **Verdauungsorgan** erfüllt dabei eine bestimmte Funktion und ist durch seine Struktur dafür bestens gerüstet. Mit der Abbildung kannst du den Weg der Nahrung verfolgen.

1   In der **Mundhöhle** wird die Nahrung durch die Zähne zerkleinert. Die Zunge bewegt die Nahrungsbrocken dabei hin und her.

2   Die **Speicheldrüsen** sondern Mundspeichel ab. Die Nahrungsbrocken werden so aufgeweicht und gleitfähig gemacht. Im Speichel ist ein Wirkstoff enthalten, der Kohlenhydrate (Stärke) in wasserlösliche kleine Bausteine zerlegt.

3   Durch die wellenförmigen Muskelbewegungen (Peristaltik) der **Speiseröhre** wird der Nahrungsbrei hinab zum Magen gedrückt. Deshalb kann man entgegen der Schwerkraft trinken und essen.

4   Die Innenwand des **Magens** ist stark gefaltet und von vielen Drüsen durchsetzt, die Ma-

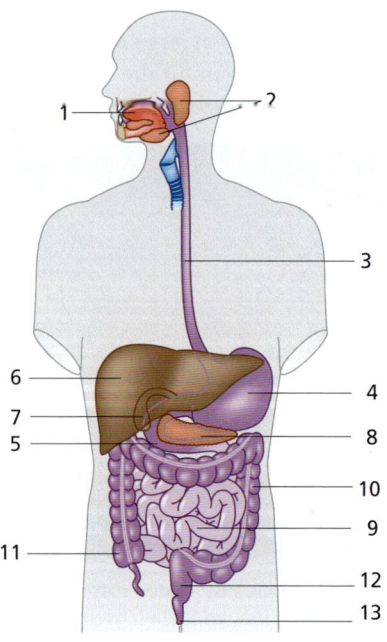

gensaft absondern. Magensaft enthält Eiweiß verdauende Wirkstoffe, Salzsäure und Magenschleim.
Jeder der drei Bestandteile hat eine Funktion: Magenschleim schützt die Magenwand vor der Selbstverdauung. Salzsäure tötet Krankheitserreger ab, beendet die Kohlenhydratverdauung und säuert den Nahrungsbrei an. Dadurch können die Eiweiß abbauenden Wirkstoffe besser wirken.
Durch die Muskelbewegung der Magenwand wird der Nahrungsbrei durchmischt und in den Zwölffingerdarm gedrückt.

5   Der Speisebrei wird in kleineren Portionen zum **Zwölffingerdarm** (erster Abschnitt des Dünndarms) weitergeleitet.

6/7 Die **Leber** (6) produziert täglich 0,5 Liter Gallensaft, der in der Gallenblase (7) gesammelt wird. Gallensaft verteilt Fett in kleinste Fetttröpfchen. Die Fett abbauenden Wirkstoffe können dadurch besser wirken.

8   Diese Stoffe werden in der **Bauchspeicheldrüse** gebildet. Der Bauchspeichel (täglich 1,5 Liter) enthält Wirkstoffe für den Abbau von Fetten, Kohlenhydraten und Eiweißen.

9   Im **Dünndarm** werden alle Nährstoffe in ihre kleinsten wasserlöslichen Bestandteile, die Grundbausteine, zerlegt. Danach treten diese durch die Darmwand in das Blut über. Auf dem gleichen Weg gelangen Mineralstoffe und Vitamine ins Blut.

10 Im **Dickdarm** wird dem nährstoffarmen, dünnflüssigen Nahrungsbrei das Wasser entzogen (ca. 5 l pro Tag). Er wird eingedickt.

11 Der **Blinddarm** spielt wahrscheinlich eine wichtige Rolle im Abwehrsystem des Körpers.

12/13 Die unverdaulichen Reste werden im **Mastdarm** gesammelt und als Kot abgegeben. Der Schließmuskel des **Afters** reguliert die Entleerung des Darms.

Gesunde Lebensweise

Rund um die Ernährung

Der Mensch muss wie jedes andere Lebewesen auch ständig **Nahrung** aufnehmen, um seine Lebensprozesse aufrechterhalten zu können.
Aber für den Menschen ist Essen nicht nur eine biologische Notwendigkeit.

Jeder hat sicher schon einmal erlebt, dass Angst vor einer Klassenarbeit oder das Zeigen einer schlechten Note ganz schön „auf den Magen schlagen" oder auch zum „Frustessen" verleiten können. Andererseits sagt man: „Liebe geht durch den Magen."
Mit Freunden gemeinsam ein Essen zuzubereiten, macht Spaß und es schmeckt auch besser, als wenn man ganz allein vor sich hin „mampft".

1. Gemeinsam essen
Organisiert eine gemeinsame kalte Zwischenmahlzeit im Klassenzimmer!

Durchführung:
a) Es bilden 3–5 Mädchen und Jungen eine Tischgemeinschaft.
b) Trefft eine Absprache, welche Salate mit Obst oder Gemüse nach Rezept oder kreativ zubereitet werden und wer was mitbringt (z. B. Apfel, Tomate, Gurke, Dressing, Knäckebrot, Quark, Gewürze, Salatbesteck, Schüssel, Schälmesser, Schneidebrett, Küchenwaage usw.)!
c) Jeder bringt außerdem zwei Probierschälchen und Löffel zur vergleichenden Verkostung mit.
d) Obst und Gemüse werden frisch geschält bzw. geschnitten und gemixt.
e) Eine Jury, bestehend aus zwei bis drei Schülern, könnte mit geschlossenen Augen Salate verkosten und Anerkennungen für besonders gut zubereitete und schmackhafte Angebote vergeben.
f) Beurteilt die Zusammenstellung der Mahlzeit mit dem Ernährungskreis. Er ist im hinteren Buchumschlag abgebildet.

Rund um die Zähne

Niemand möchte gerne unter Zahnschmerzen leiden. Die meisten Menschen wünschen sich weiße, gesunde Zähne.

2. Zahnpflege
Um Zahnfäule (Karies) und Zahnfleischentzündungen zu vermeiden, musst du mindestens zweimal täglich zwei Minuten lang die Zähne putzen. Erkundige dich, was du noch für ein gesundes Gebiss tun kannst!
a) Wozu wird Zahnseide genutzt?
b) Was ist eine Zahnzwischenraumbürste?
c) Welche Zusammenhänge bestehen zwischen Ernährung und Zahngesundheit?

Rund um die Körperhaltung

Bewegung und Sport erhalten und fördern die Gesundheit. Denn dadurch werden
- Muskeln und Gelenke beweglich gehalten,
- Atmung, Herz und Kreislauf gefördert,
- Übergewicht vermieden.

Für Fitness- und Konditionstraining eignen sich besonders **Radfahren, Schwimmen, Laufen** und auch verschiedene gymnastische Übungen. Hierbei werden unsere Muskeln und Gelenke gedehnt und gekräftigt, ohne dass man dazu spezielle Geräte oder Sportstätten benötigt.

Wichtige Regeln für spezielles Training und Leistungssport sind:
- eine für Geschlecht, Alter und Körperbau passende Sportart auswählen,
- regelmäßig üben,
- Belastung und Dauer der sportlichen Übung langsam steigern,
- vor Beginn der sportlichen Übung die Muskeln lockern und „aufwärmen",
- Überanstrengungen vermeiden,
- keinen Extremsport betreiben, keine unerlaubten Dopingmittel einnehmen,
- wenn nötig, Sicherheitskleidung tragen.

3. Kleine Übungen zur Stärkung der Muskulatur beim Sitzen

Hinweis: Wiederhole alle Übungen mehrmals! Spanne bei jeder Übung die Muskeln jeweils zehn Sekunden an und lege danach eine Ruhepause von fünf Sekunden ein!

a) Übung: Stärkung der Rückenmuskeln
Verhake die Hände vor dem Körper (ungefähr Brusthöhe) und versuche, die Ellenbogen auseinanderzuziehen!

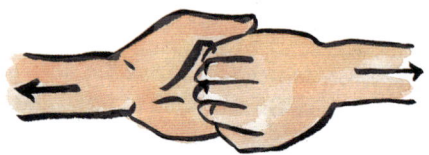

b) Übung: Stärkung der Halsmuskeln
- Lege die linke Hand gegen die linke Schläfe und drücke mit dem Kopf etwa zehn Sekunden lang dagegen!
- Wiederhole die Übung mit der rechten Hand!
- Lege danach eine Pause von fünf Sekunden ein!

Die Grundlagen für Haltungsschäden werden meist im **Kleinkindalter** gelegt. Oftmals ist eine schlechte Sitzhaltung beim Essen und auf Sport- und Spielgeräten Ursache dafür. Aber auch einseitiges Sitzliegen im Sportwagen oder Gehen und Laufen mit hängendem oder schaukelndem Kopf wirken sich negativ auf die Körperhaltung aus.

4. Bewegung von kleinen Kindern
Beobachtet Kleinkinder in einer Kita bzw. auf einem öffentlichen Spielplatz!
Protokolliert auffällige Fehlhaltungen!

Hinweis: Wollt ihr diese Beobachtung in einer Kita durchführen, müsst ihr euch vorher in der Kita anmelden!

Durchführung:
Jeder von der Gruppe beobachtet ein bis zwei Kinder (ca. 30 Minuten).
Notiert Zeit und Tätigkeiten in einer Tabelle!

Uhrzeit	Tätigkeit
10.00 bis 10.10	Beschäftigen mit der Natur; Marie sitzt mit hängenden Schultern, reicht mit den Füßen nicht auf den Boden
10.15 bis …	…

Auswertung:
Zusammenstellen der häufigsten Tätigkeiten, Analysieren der Fehlhaltungen und Vorschläge für Lösungen anbieten.

Auch im **Schulalter** wirken sich viele Dinge schädigend auf deine Knochen und Gelenke aus. Dazu gehört z. B. das einseitige Tragen von Schultaschen. Auch Bänke und Stühle, die nicht den Körpermaßen der Schüler angepasst sind, können Schäden hervorrufen.

5. Schüler bewegen sich
Beobachtet im Schuleingangsbereich vor dem Unterrichtsbeginn eure Mitschüler!
Notiert, wie oft sie die Tasche falsch tragen!

Nur 2 % der Fußschäden sind angeboren. Aber nur noch die Hälfte der Erwachsenen hat gesunde Füße. Ursachen dafür sind u. a. zu enge oder zu weite Schuhe, zu hohe Absätze, zu langes Stehen. Durch gezielte Fußübungen kann man Fußschäden vorbeugen bzw. mildern.
An eurem Fußabdruck (↗ S. 139) könnt ihr erkennen, wie es euren Füßen geht.

6. **Barfuß gehen**

Legt eine Barfußstrecke zum Trainieren der Fußmuskulatur und der Tastsinneszellen an!

Material:
Kork, Flusssteine, Zapfen, Holzstiel, Mulch, Sand/Kies, Tennisbälle, Holzleisten für die Kästen
Baut für jedes Material einen Kasten in der Größe von ca. 50 x 50 cm und einer Höhe von 5 cm! Füllt die Kästen jeweils mit einem der oben genannten Materialien!

Durchführung:
Die Schüler werden mit verbundenen Augen durch die Kästen geführt und sollen den Belag ertasten.
Tipp: Damit sich die anderen Schüler die Reihenfolge nicht merken, könnt ihr die Kästen jedes Mal umstellen.

Auswertung:
Das Barfußgehen über verschiedene Materialien trägt zur Stabilisierung der Fußmuskulatur und speziell der Gewölbebildung bei. Außerdem werden innere Organe durch die Durchblutung der Füße gestärkt und die Tastsinneszellen im Fuß trainiert.

7. **Arten der Fortbewegung**

Untersucht, wie ihr euch am besten fortbewegen könnt!
a) Geht langsam einige Schritte durch den Raum! Beobachtet euch gegenseitig! Achtet auf die Bewegungen eurer Arme, Beine und Füße sowie eures Oberkörpers!
Nehmt eure eigenen Bewegungen beim Gehen bewusst wahr!

Auswertung:
– Beschreibt die Bewegung eurer Arme, eures Oberkörpers und eurer Beine!
– Zeichnet den Bewegungsablauf mit Strichmännchenfiguren nach!
– Welche Muskeln und Gelenke müsst ihr beim Gehen bewegen?

b) Stellt euch auf eure Zehen! Versucht, langsam und schnell zu gehen! Beobachtet euch gegenseitig und achtet auf die eigene Bewegung!

Auswertung:
– Könnt ihr langsam oder schnell leichter gehen?
– Welche eurer Muskeln werden so besonders angespannt?
– Gibt es zwischen Gehen und Laufen einen Unterschied?

c) Versucht nun, auf euren Zehenspitzen zu laufen!
Lauft mit Zehen- und Fingerspitzen gleichzeitig! Dazu müsst ihr natürlich in den Vierfüßlerstand.

Auswertung:
– Könnt ihr auf Zehenspitzen laufen?
– Warum können Ballerinas auf ihren Zehenspitzen tanzen?
– Vergleicht den Ballerinaschuh mit den Füßen eines Zehenspitzengängers!

Süchte – Ursachen und Hilfe

Die Nachrichten in Rundfunk und Fernsehen sind voll davon: Kinder und Jugendliche essen immer mehr, werden dick und dicker oder sie hungern sich fast zu Tode. Die Kinder und Jugendlichen haben Essstörungen, sie sind **magersüchtig** oder **esssüchtig.**

14-Jährige landen mit Alkoholvergiftung im Krankenhaus, einige haben den übermäßigen Alkoholkonsum nicht überlebt. Viele dieser Kinder sind schon **alkoholsüchtig** (alkoholkrank).

Kinder und Jugendliche verbringen jede freie Minute vor dem Computer. Sie sind isoliert, haben keine Freunde, nur den Computer. Auch sie sind **süchtig**. Es ließen sich unzählige andere Süchte aufzählen: Kaufsucht, Rauchen, Drogen, Medikamente usw.

Was versteht man eigentlich unter dem Begriff „Sucht"?

Unter dem Begriff „**Sucht**" werden Verhaltensweisen von Menschen zusammengefasst, die darauf gerichtet sind, Lustgefühle herbeizuführen oder Unlustgefühle, z. B. Unruhe, Trauer, Wut, zu vermeiden. Mithilfe von Essen, Nichtessen, Alkohol, Drogen oder Computerspielen versucht der Betroffene, diesen Gefühlszustand zu erreichen.

Nicht jeder, der mal einen Nachmittag am Computer verbringt oder mal einen Tag lang versucht, durch weniger Essen ein Pfund loszuwerden, ist gleich süchtig.

Von Sucht spricht man erst, wenn alles, was ein Mensch macht, **zwanghaft** auf dieses eine Ziel gerichtet ist, z. B. Abnehmen, Computerspielen. Er isst also **wiederholt** nichts, sitzt tagelang am Computer, ...

Das Verhalten von Süchtigen verändert sich. Meist haben sie kaum noch Kontakt zu Freunden, kapseln sich von der Familie ab und sprechen mit niemandem über ihre Probleme.

Wie entstehen Süchte?

In der Zeit des Erwachsenwerdens haben Kinder und Jugendliche viel mit sich selbst zu tun. Ihr Körper verändert sich, ihre Gefühle und Einstellungen fahren Achterbahn. Und genau in dieser Zeit erwarten die Familie, die Schule und die Freunde die Bewältigung zahlreicher Aufgaben. Es werden von ihnen eigene Anstrengungen und Entscheidungen gefordert und Verantwortungsgefühl abverlangt.

Die Jugendlichen bauen neue Beziehungen zu gleichaltrigen Jungen und Mädchen auf, sie möchten in der Clique eine bestimmte „Position" erringen und diese auch behaupten, sie müssen sich für ein Berufsziel entscheiden, sie sollen lernen, Verantwortungsgefühl zu entwickeln und Verantwortung zu tragen.

Deshalb ist es ziemlich schwer, **eine Ursache** für das Entstehen einer Sucht zu nennen. Meist kommen viele Dinge zusammen, die Jugendliche süchtig werden lassen.

1   Es gibt die unterschiedlichsten Süchte: Rauchen, Alkohol, Computerspiele, ...

Dazu gehört u. a. das nähere Umfeld des Menschen – Stress mit den Eltern (↗ Abb. 1), keine Freunde, Unzufriedenheit mit dem Aussehen, kinderunfreundliches Wohngebiet, Arbeitslosigkeit oder Trennung der Eltern, ... Zusätzlich kommen von außen noch Einflüsse hinzu, z. B. aus der Clique, dem Freundeskreis, der Schulklasse, auch durch Zeitschriften, Fernsehen. Andere Jugendliche fühlen sich von den vielen Leistungen überfordert, die von ihnen verlangt werden. Um dieser Belastung zu entfliehen, suchen sie anfangs unbewusst und dann bewusst nach Möglichkeiten, den Problemen aus dem Weg zu gehen.

Wer hilft bei Suchtproblemen?

Das Allerwichtigste für Kinder und Jugendliche ist ein „intaktes" Familienleben. In der Kindheit ist die Familie oft der „Schutzhafen". Die Kinder fühlen sich geborgen (↗ Abb. 2).
Auch Jugendliche brauchen die Familie als „Heimathafen". Dieser gibt ihnen immer wieder Kraft, um Schwierigkeiten, z. B. in Schule und Beruf, zu meistern, sowie Trost und Halt, wenn sie Enttäuschungen, z. B. mit dem Freund oder der Freundin, erleben.

Die Jugendlichen brauchen die Eltern als Weggefährten und als Gesprächspartner. Wenn sie wissen, dass sie zu Hause verständnisvolle, auch manchmal kritische Partner haben, kommen sie gern von selbst immer wieder ins Elternhaus zurück. Solche Jugendlichen, die eigene Konflikte auf diese Weise partnerschaftlich lösen, brauchen nicht auf Suchtmittel oder auf Gewalttaten zurückzugreifen. Ein „intaktes" Familienleben kann Kinder und Jugendliche vor Drogenmissbrauch und Sucht bewahren.

Die Chance, „erfolgreich" gegen eine Suchtgefährdung vorzugehen, ist umso größer, je früher und gezielter die Hilfe einsetzt.

Hilfe für Menschen mit Suchtproblemen geben Beratungsstellen. Dort arbeiten ausgebildete und erfahrene Berater, z. B. Ärzte, Sozialarbeiter, Psychologen, Therapeuten.
In der Regel wird mit den Eltern erst ein persönliches Beratungsgespräch geführt. Dann kommt der Suchtgefährdete oder Suchtabhängige entweder allein, mit Freunden oder in Begleitung der Eltern zum Gespräch.

Gewusst · Gekonnt

1. Finde mindestens zwei Anlaufstellen, die Süchtige und deren Angehörige beraten!

2. Marie hat Angst, dass ihre Freundin magersüchtig werden könnte. Sie schreibt an eine Beratungsstelle. Formuliere einen Antwortbrief!

3. Finde im vorhergehenden Text die Definition von Sucht!

1　Streit mit der Mutter

2　Gemeinsame Unternehmungen tun gut.

Gewusst · Gekonnt

1. Zu viel oder zu wenig ist ungesund
Es ist gar nicht so einfach, die richtige Menge an Nahrung zu sich zu nehmen.
a) Weshalb darfst du weder weniger noch mehr Nahrung zu dir nehmen, als dein Körper benötigt?
b) Begründe, in welchem Lebensalter der Eiweißanteil in der Nahrung besonders hoch sein muss!

2. Ist doch egal …
„Ohne Sonne gäbe es kein Leben auf der Erde, da Pflanzen nur wachsen können, wenn sie Sonnenlicht bekommen." „Ist doch egal", sagt Max, „dann esse ich eben Fleisch."
Was meinst du dazu?

3. Selbst erforscht
a) Überprüfe, ob Fruchtsaft, Honig, Mondamin, weiße Bohnen und Mineralwasser Stärke enthalten (↗ S. 65)!
b) Überprüfe, ob Kartoffeln, Weißbrot, Würfelzucker, Blutwurst, gekochtes Hühnerei, Schweinefleisch, Käse und Margarine Fett enthalten! Gehe dabei entsprechend der Experimentieranordnung auf Seite 145 vor!

4. Das menschliche Skelett
Nenne und beschreibe die Hauptabschnitte des menschlichen Skeletts!
Suche einige Skelettteile und Knochen an deinem eigenen Körper auf und benenne sie!

5. Doppeltes S mit Bandscheibe
a) Beschreibe den Bau und erläutere die Funktion der Wirbelsäule!
b) Benenne die Abschnitte der Wirbelsäule!
c) Beschreibe den Bau eines Wirbels und erläutere die Funktion der Bandscheiben (Zwischenwirbelscheiben)!

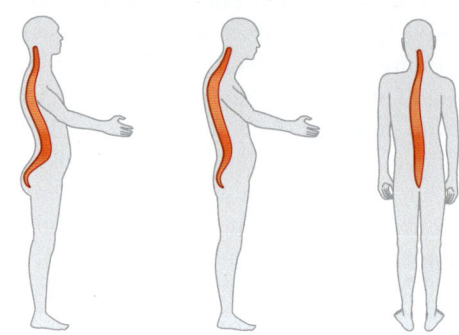

Hohlrücken   Rundrücken   Schiefrücken

6. Ursachen für Haltungsfehler
a) Wodurch entstehen Haltungsfehler und andere Schäden am Stütz- und Bewegungssystem?
b) Erläutere, wie man Haltungsfehlern vorbeugen kann!

7. Wohin gehört der Mensch?
Zur besseren Übersicht und Ordnung sind alle Lebewesen in bestimmte Gruppen geordnet.
In welche Gruppe wird der Mensch geordnet? Informiere dich im Lehrbuch und im Internet!
Begründe deine Meinung in der Diskussion mit deinen Mitschülern!

8. Bewegung braucht Energie
Für jede Bewegung, sei es Laufen, Springen, Greifen, Kugelstoßen oder Schwimmen, benötigen wir Energie. An der Energiebeschaffung und -freisetzung sind mehrere Organe beteiligt.
Stelle das in einem Fließschema dar!

9. Klima und Lebensgefühl
Es gibt Länder, in denen die Sonne nur für wenige Zeit im Jahr scheint, in anderen Regionen ist es fast immer sonnig und warm.
a) Suche Beispiele für solche Länder im Atlas!
b) Diskutiert über das Lebensgefühl der Menschen in diesen Regionen!

Bewusst gesund leben

Energie zum Leben

■ Für alle Lebensvorgänge benötigen Lebewesen Energie: zum Gehen, Wachsen, Denken …

Bestandteile der Nahrung

■ Menschen und Tiere nehmen die benötigte Energie mit tierischer und pflanzlicher Nahrung auf. Die Nahrung liefert auch die Baustoffe. Körperfremde Stoffe werden im Körper in körpereigene Stoffe umgebaut.

Bewegung und Sport halten fit und gesund

■ Maßnahmen zur Gesunderhaltung des Stütz- und Bewegungssystems sind Bewegung, sportliche Betätigung, rückengerechtes Sitzen, Heben und Tragen.

■ Falsche Körperhaltung kann Haltungsfehler und Körperschäden verursachen.

■ Zu wenig Bewegung und zu wenig körperliche Tätigkeiten fördern Übergewicht.

159

4.2 Vom Erwachsenwerden

1 Wie entsteht ein Kind?

Maximilian freut sich, denn seine Mama ist schwanger, sie erwartet ein Kind. Der Bauch wird immer dicker und Maximilian würde gern hineinschauen, um zu sehen, wie das Baby da so geschützt im Bauch liegt.
Informiere dich, wann und wie sich ein Kind im Mutterleib entwickelt!

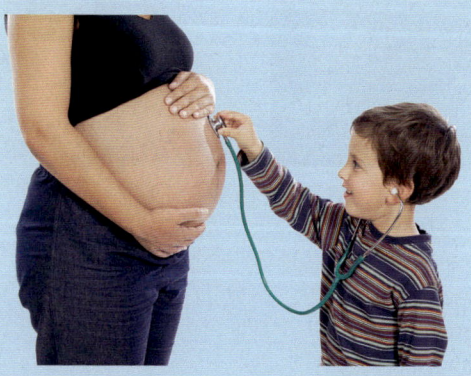

3 Wieso ist das Baby im Bauch so gut geschützt?

Fülle einen Plastikbeutel mit Wasser und lege ein ungekochtes Ei hinein! Verschließe den Beutel wasserdicht und stelle ihn in ein Becherglas!
Schüttle nun das Becherglas erst vorsichtig, dann kräftiger hin und her!

Lege das Ei nun so in ein Becherglas und schüttle erneut! Notiere deine Beobachtungen und versuche, die Unterschiede zu begründen!

2 Wenn die Haut verrückt spielt

Paul soll einen Vortrag in Biologie halten. Er hat sich toll vorbereitet. Mitten im Redefluss verändert sich seine Stimme plötzlich und bleibt fast weg. So ähnlich geht es vielen Jungen in der Pubertät. Das ist nicht die einzige Veränderung. Auf der Haut bilden sich viele unangenehme Pickel. Was verbirgt sich hinter dem Begriff „Pubertät"? Finde heraus, was sich bei Jungen und Mädchen noch verändert!

Junge oder Mädchen?

Eltern hören diese Frage von Fremden nach einem Blick auf ihr Kind recht oft (↗Abb. oben). Es ist ja auch wirklich schwer, Babys und Kleinkinder nur vom Gesicht her nach dem Geschlecht zu unterscheiden.

Beim Baden der Babys ist diese Frage ganz schnell geklärt. Denn an den **äußeren Geschlechtsorganen** kann man sofort erkennen, ob es sich um ein Mädchen oder einen Jungen handelt. Diese Geschlechtsmerkmale sind von Geburt an vorhanden, man nennt sie deshalb auch **primäre Geschlechtsmerkmale.**

Beim **Jungen** gehören zu diesen primären Geschlechtsmerkmalen
– das männliche Glied (Penis) und
– der Hodensack, in dem sich die beiden Hoden befinden.
Beim **Mädchen** gehören zu den primären Geschlechtsmerkmalen
– die großen und kleinen Schamlippen,
– der Scheideneingang und der Kitzler.
Im Alter von 10 bis 13 Jahren verändert sich der Körper beider Geschlechter sehr stark. Man nennt diese Zeit Reifezeit oder Pubertät (↗S. 168).

In dieser Zeit bilden sich bei beiden Geschlechtern weitere Unterscheidungsmerkmale zwischen Mädchen und Jungen aus. Diese Merkmale bezeichnet man auch als **sekundäre Geschlechtsmerkmale,** weil sie sich erst im Laufe der Reifeentwicklung ausprägen.

Beim Mädchen sind das: Abrundung der Körperformen; Verbreiterung des Beckens (↗Abb. 1); Entwicklung der Brüste; Achsel- und Schambehaarung; Bildung erster reifer Eizellen, Einsetzen der Menstruation.
Beim Jungen sind das: Ausprägung des männlichen Körperbautyps (kräftigere Muskeln, breite Schultern, ↗Abb. 1), Stimmbruch, Bartwuchs; Achsel- und Schambehaarung; stärkere Körperbehaarung; Vergrößerung der Hoden, Bildung erster reifer Samenzellen.
Gesteuert werden diese Reifungsprozesse durch **Hormone.**

1 Sogar von hinten eindeutig: Mann und Frau

Bau und Funktionen der männlichen Geschlechtsorgane

Die **äußeren Geschlechtsorgane** des Mannes sind Penis und Hodensack, in dem sich die beiden Hoden befinden (↗ Abb. 1).
Der **Penis** (auch Glied genannt) besteht aus einem Schaft mit Schwellkörpern und der Eichel. Die Eichel wird von einer verschiebbaren Vorhaut bedeckt. Durch den Penis verläuft die Harn-Samen-Röhre. Penis und Hodensack verändern sich im Laufe der Entwicklung. Der Penis wird länger und der Hodensack größer.

Neben den äußeren Geschlechtsorganen gibt es noch die inneren. Zu den **inneren Geschlechtsorganen** des Mannes gehören je zwei **Hoden**, Nebenhoden und Samenleiter, mehrere Drüsen und die Harn-Samen-Röhre.

Hauptaufgabe der inneren Geschlechtsorgane ist die **Bildung der Keimzellen**. Die männlichen Keimzellen, **Samenzellen** oder **Spermien** genannt, werden in den Hoden gebildet. Es sind winzig kleine (nur 0,06 mm lange) Gebilde. Sie bestehen aus einem Kopfstück und einem Schwanzfaden, mit dem sie sich fortbewegen können (↗ Abb. 2).

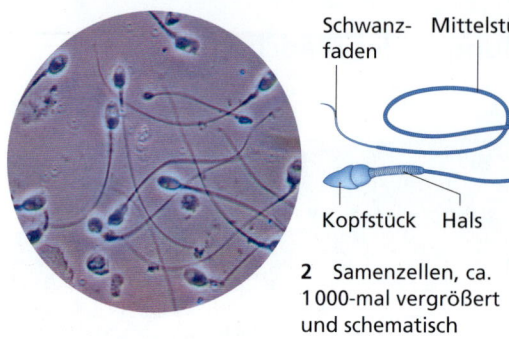

2 Samenzellen, ca. 1 000-mal vergrößert und schematisch

Die Spermien werden nach der Geschlechtsreife ständig in großer Anzahl gebildet und in den Nebenhoden gespeichert. Zusammen mit Stoffen aus Drüsen entsteht die **Samenflüssigkeit**. Die Abgabe der Samenflüssigkeit, der **Samenerguss**, erfolgt beim Geschlechtsverkehr durch unwillkürliche Entleerung (Pollution), z. B. im Schlaf, oder durch Selbstbefriedigung (Masturbation).

Mit der Bildung der Spermien und der Abgabe der Samenflüssigkeit ist der Junge geschlechtsreif und kann Kinder zeugen. Er hat damit eine große Verantwortung in einer Partnerschaft.

> Zu den männlichen Geschlechtsorganen gehören Penis, Hoden, Samenleiter. Männliche Geschlechtszellen bilden sich in den Hoden.

Hygiene der männlichen Geschlechtsorgane

Zur täglichen Körperpflege gehört auch das Sauberhalten der „Intimregion", also das gründliche Waschen des Penis. Dort können sich sonst Urinreste und Drüsensekrete ansammeln, was zu unangenehmem Körpergeruch oder zu Entzündungen führen kann. Unter der Vorhaut liegen Talgdrüsen, die fettende Stoffe absondern und die sich am Rand der Eichel sammeln. Deshalb sollten die Jungen/Männer die Vorhaut ihres Gliedes zurückschieben und gründlich reinigen.

Gewusst · Gekonnt

Nenne die männlichen Geschlechtsorgane und beschreibe ihre Funktion!

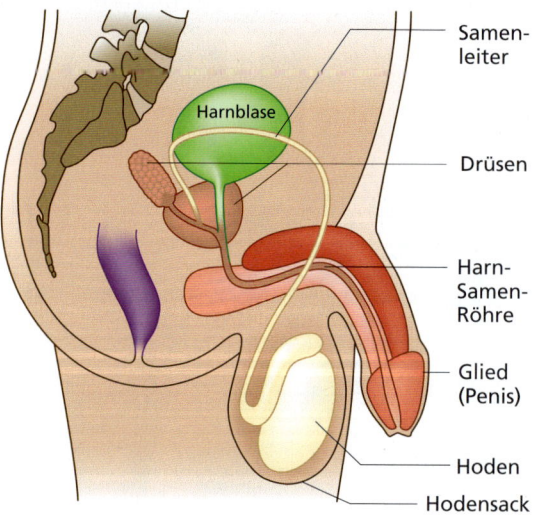

1 Geschlechtsorgane des Mannes

Bau und Funktionen der weiblichen Geschlechtsorgane

Bei den Mädchen liegen im Gegensatz zu den Jungen die meisten Geschlechtsorgane im Innern des Körpers (↗ Abb. 1).

Geschützt in der Bauchhöhle liegen die zwei **Eierstöcke.** Zwei dünne Schläuche, die Eileiter, führen zur **Gebärmutter.** Die Gebärmutter ist ein etwa faustgroßer Hohlmuskel, der sehr dehnbar ist. In ihm wächst und entwickelt sich das Kind während der Schwangerschaft.

Daran schließt sich eine etwa 10 cm lange elastische Röhre an, die **Scheide.** Sie ist mit einer Schleimhaut ausgekleidet.
Die Scheidenöffnung wird verdeckt von den kleinen und großen Schamlippen. Dazwischen liegt der sehr berührungsempfindliche **Kitzler.**
Bei jungen Mädchen ist die Scheidenöffnung durch ein dünnes Häutchen fast verschlossen. Man nennt es das Jungfernhäutchen.

In den Eierstöcken werden die weiblichen **Keimzellen,** die **Eizellen,** gebildet.

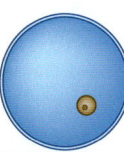

> **Weibliche Geschlechtsorgane sind Eierstöcke, Eileiter, Gebärmutter und Scheide.**
> **Die weiblichen Geschlechtszellen (Eizellen) werden in den Eierstöcken gebildet.**

Schon in den Eierstöcken von neugeborenen Mädchen sind mehrere Hunderttausend Eizellen angelegt. Mit Eintritt der Geschlechtsreife (11. bis 14. Lebensjahr) wächst hier alle vier Wochen ein Ei zu einem Eibläschen heran, das beim Platzen, dem sogenannten **Eisprung,** die reife Eizelle freigibt. Diese wird von einem aktiv beweglichen Trichter eines Eileiters aufgefangen und von dessen Flimmerhärchen in die Gebärmutter transportiert.
Ab jetzt kann das Mädchen bei ungeschütztem Geschlechtsverkehr schwanger werden und ein Kind bekommen.

Alle vier Wochen bereitet sich die Gebärmutter darauf vor, eine befruchtete Eizelle aufzunehmen. Ihre Schleimhaut verdickt sich und wird gut durchblutet. Wird die Eizelle nicht befruchtet, stirbt sie ab. Die verdickte Gebärmutterschleimhaut wird nicht benötigt. Sie löst sich ab und wird unter Blutungen über die Scheide ausgeschieden.

Diese **Menstruations-** oder **Monatsblutung** dauert 4 bis 5 Tage. Da sie regelmäßig abläuft, wird sie auch Regel oder Periode genannt. Die Gesamtheit der periodisch ablaufenden Vorgänge in den Geschlechtsorganen der Frau nennt man **Menstruationszyklus** (↗ S. 164, Abb. 1).
Bei Mädchen in der Pubertät braucht der einsetzende Menstruationszyklus eine gewisse Zeit, bis er regelmäßig abläuft.

Durch Erkrankungen, Aufregungen und Ortswechsel kann die regelmäßige Monatsblutung durcheinandergebracht werden. Deshalb ist es am besten, wenn jedes Mädchen ab der ersten Blutung einen **Regelkalender** führt.

Eileiter
(Eizellen-
transport)

Eierstock
(Eizellen-
bildung)

Gebärmutter
(Einnistung
der
befruchteten
Eizelle/
Entwicklung
des Embryos)

Harnblase

Kitzler

Scheide

kleine
Schamlippen

große
Schamlippen

1 Geschlechtsorgane der Frau

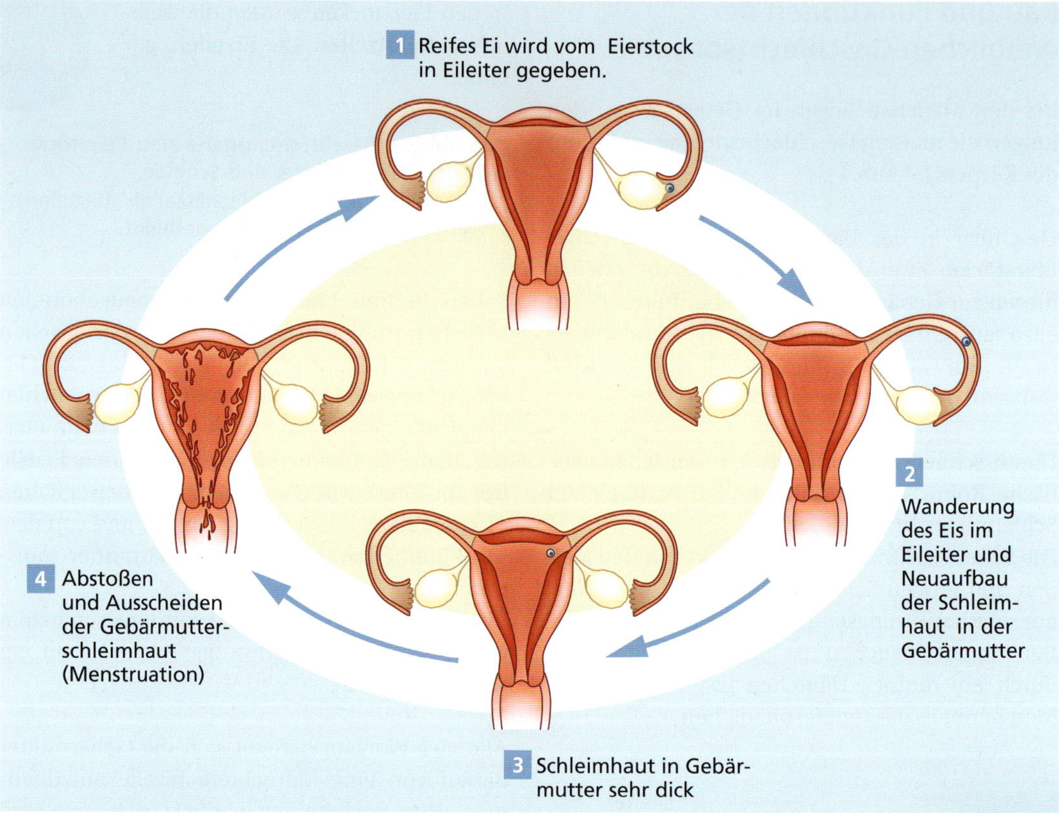

1 Reifes Ei wird vom Eierstock in Eileiter gegeben.

2 Wanderung des Eis im Eileiter und Neuaufbau der Schleim- haut in der Gebärmutter

3 Schleimhaut in Gebär- mutter sehr dick

4 Abstoßen und Ausscheiden der Gebärmutter- schleimhaut (Menstruation)

1 Menstruationszyklus (Gesamtschema)

Im **Regelkalender** wird jeden Tag vermerkt, wie stark die Blutung war. Damit hat man auch eine gute Übersicht, ob alles normal verläuft oder ob der Regelzyklus unterbrochen ist. Treten über lange Zeit größere Unregelmäßigkeiten, Schmer- zen im Unterleib oder andere Beschwerden auf, sollte man unbedingt den Frauenarzt aufsuchen. Der Regelkalender sollte dann immer vorgelegt werden.

Hygiene der weiblichen Geschlechtsorgane

Mädchen und Frauen müssen bei der täglichen Körperpflege die äußeren Geschlechtsorgane gründlich waschen. Hier sammeln sich sonst Urinreste und andere Absonderungen aus der Scheide an und können zu Körpergeruch und Hautreizungen führen. Dazu benutzt man milde, neutrale Waschlotionen.

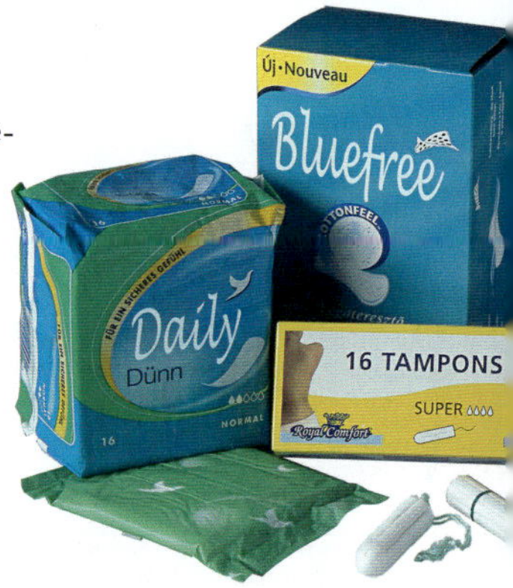

Besondere Hygiene- maßnahmen sind während der Monatsblutung erforderlich. Zum Auffangen des Menstruations- bluts können Slip- einlagen (Monats- binden) vor die Scheidenöffnung gelegt oder Tampons in die Scheide eingeführt werden.

Gewusst · Gekonnt

Beschreibe Bau und Funktion der weiblichen Geschlechtsorgane!

Befruchtung und Schwangerschaft

Wenn Mann und Frau sich sehr lieben, möchten sie auch sexuell zusammen sein, d. h., sie „schlafen" miteinander, sie haben **Geschlechtsverkehr**. Durch Streicheln und Liebkosen wird das männliche Glied dabei steif und kann in die Scheide der Frau eingeführt werden. Auf dem Höhepunkt dieser zärtlichen Kontakte kommt es beim Mann zum Samenerguss.

Dabei wird die Samenflüssigkeit in die Scheide der Frau abgegeben. Bei jedem Samenerguss werden viele Millionen Spermien ausgestoßen. Die Samenzellen schwimmen mithilfe ihrer Schwanzfäden durch die Gebärmutter bis in die Eileiter. Wenn sich dort gerade eine reife Eizelle befindet, kann es zum Eindringen einer Samenzelle in die Eizelle kommen. Von den vielen Millionen Spermien gelingt es nur einer einzigen, in die reife Eizelle einzudringen. Diesen Vorgang nennt man **Befruchtung** (↗ Abb.). Da sie im Inneren des Körpers stattfindet, bezeichnet man sie als **innere Befruchtung**. Mit der Befruchtung beginnt die Entwicklung eines neuen Lebewesens; die Frau ist „schwanger".

> **Befruchtung ist die Verschmelzung von Samenzelle und Eizelle.**

Bereits auf dem Weg vom Eileiter in die Gebärmutter beginnt die befruchtete Eizelle sich zu teilen; zunächst in zwei, dann vier, acht Zellen

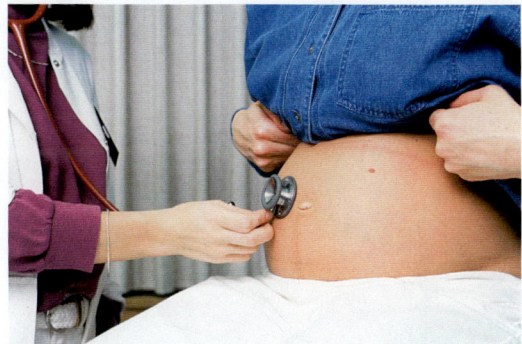

1 Kontrolle der Herztöne

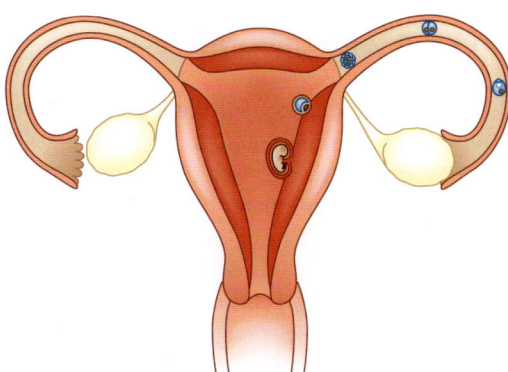

2 Weg der befruchteten Eizelle und Einnistung in die Gebärmutter

und so weiter. 5 bis 6 Tage nach der Befruchtung sind es etwa 100 Zellen, die eine Hohlkugel, den Blasenkeim, bilden. Dieser nistet sich in die Schleimhaut der Gebärmutter ein. Damit beginnt die eigentliche Schwangerschaft (↗ Abb. 2).

In den nächsten Wochen entwickelt sich aus dem Blasenkeim der **Embryo** (Keimling). Schon vier Wochen nach der Befruchtung kann man an dem erst 5 mm langen Embryo die beginnende Gliederung in Kopf und Rumpf sowie Gehirn und Herzanlage erkennen. Er ist fest mit der Gebärmutterschleimhaut verbunden. Aus dieser Verbindung entwickelt sich im weiteren Verlauf der Mutterkuchen, das Ernährungsorgan für das heranwachsende Kind.

Mit sechs Wochen bilden sich an dem jetzt 1,5 cm langen Embryo die Arm- und Beinanlagen. Mit zwölf Wochen sieht er schon wie ein richtiger kleiner Mensch aus, er wird dann **Fetus** genannt. Alle Organe sind angelegt. Finger und Zehen sind ausgebildet. Etwa neun Monate dauert die Entwicklung im Mutterleib, dann wird das Kind geboren. Die Geburt setzt mit Wehen ein.

Gewusst · Gekonnt

Eine schwangere Frau soll nicht rauchen, keinen Alkohol trinken und möglichst keine Medikamente einnehmen. Recherchiere und begründe, warum das sein muss! 💡🖥

Ein Kind wird geboren

Die **Geburt** kündigt sich für die Frau durch ziehende Schmerzen in Unterleib und Rücken an. Diese **Wehen** werden durch Zusammenziehen der Gebärmuttermuskulatur hervorgerufen.

Das Kind wird dabei mit dem Kopf in Richtung Gebärmutterausgang gedrückt. Da die Scheide (der Geburtskanal) sehr eng ist, hilft die Mutter bei der Geburt aktiv mit. Sie spannt ihre Bauchmuskeln an und presst mit den Wehen das Kind aus ihrem Körper. Arzt und Hebamme helfen ihr dabei (↗ Abb. 1–3).

Das Neugeborene hängt zunächst noch an der Nabelschnur. Mit dem ersten Schrei füllt es seine Lungen mit Luft und beginnt, selbst zu atmen. Nun kann die Nabelschnur abgebunden und durchtrennt werden.

Etwa 20 Minuten danach wird der Mutterkuchen mit den Resten von Nabelschnur und Fruchtblase als **Nachgeburt** ausgestoßen. Damit ist der Geburtsvorgang beendet.

Die Frau kann ihr Kind zu Hause, in einem Geburtshaus oder in der Klinik zur Welt bringen.

> **Nach etwa 9 Monaten wird das Kind durch Wehen aus dem Körper der Mutter herausgedrückt. Es wird geboren. Dabei helfen Arzt und Hebamme.**

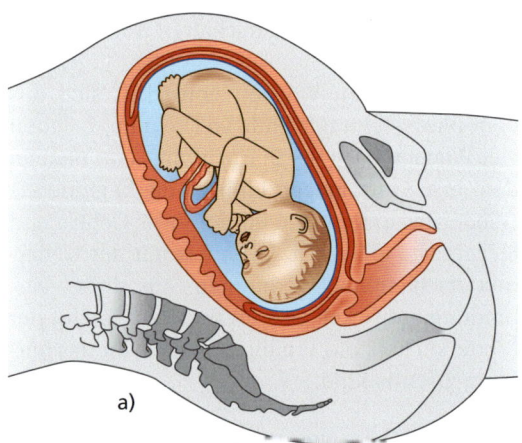
a)

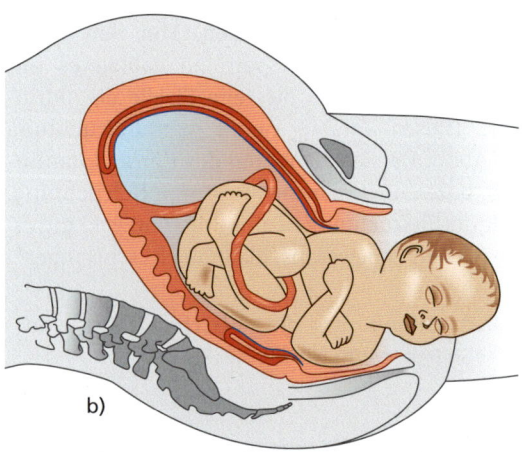
b)

1 Das Kind wird in den Gebärmutterausgang a) gedrückt und aus dem Körper gepresst b).

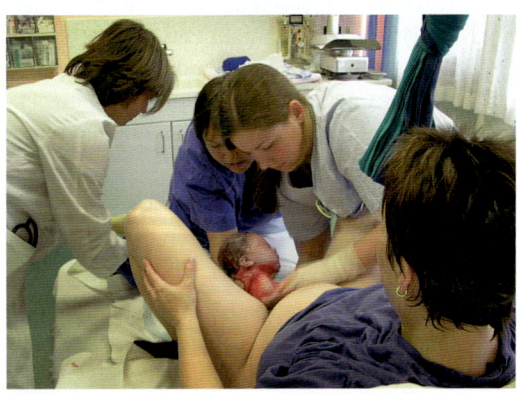

2 Ein Kind wird geboren.

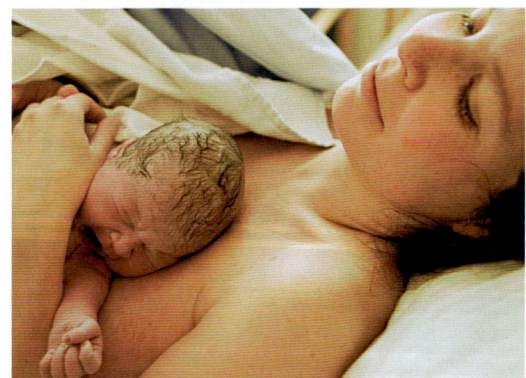

3 Ein Kind ist geboren.

Entwicklung des Säuglings

Nach der Geburt kann ein **Säugling** sofort saugen, schreien und sich mit den Fingern anklammern. Ansonsten ist er jedoch völlig hilflos und auf die Fürsorge und Pflege seiner Eltern angewiesen.
Die Eltern baden und wickeln das Kind. Schreit das Kleine, tragen sie es auf dem Arm, streicheln es oder geben ihm Nahrung. Die Mama stillt es (↗ Abb. 1). Dabei hat das Kind ganz engen Kontakt mit der Mutter, das wirkt beruhigend.
Dieses enge Verhältnis zwischen Eltern und dem Säugling führt zu einer Eltern-Kind-Beziehung. Für die gesunde Entwicklung eines Säuglings ist diese Beziehung ganz wichtig.

Ein gesundes Baby kann bereits Ende des 1. Monats Personen und Gegenstände mit den Augen verfolgen und Töne und Geräusche wahrnehmen. Manche lächeln sogar schon, wenn sie das Gesicht der Mutter sehen oder ihre Stimme hören.

Mit drei Monaten kann das Baby den Kopf heben und nach vorgehaltenen Gegenständen greifen. Besonders interessant sind auffällig bunte Gegenstände und solche, die beim Bewegen Geräusche machen. Aber hier muss man aufpassen: Babys stecken gern alles in den Mund.

Nach fünf Monaten kann sich das Baby in der Bauchlage aufstützen und den Körper drehen.
Mit sechs Monaten beginnt es zu sitzen. Sitzen sollte es aber nur, wenn es selbstständig in die-

2 Das Baby interessiert sich für alles.

se Position gelangt. Zwischen dem achten und neunten Monat beginnt es zu robben und zu krabbeln und auf allen Vieren seine Umgebung zu erkunden.

Im 10./11. Monat zieht es sich zum Stand hoch und am Ende des ersten Jahres macht es, an der Hand gehalten, erste Laufschritte und Gehversuche.
Parallel dazu entwickeln sich das **Sehen** und **Hören** sowie das **Spielen** und die **Sprache.**
Babys und Kleinkinder spielen gern mit Figuren zum Anfassen und Schmusen, wie dem Teddybär oder anderen Tieren. Dabei lachen und kreischen sie vergnügt und machen erste einfache Lautäußerungen wie „baba", „tata".

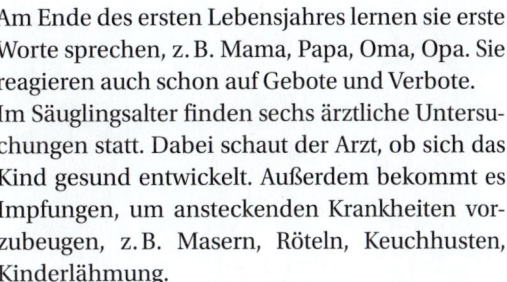

Am Ende des ersten Lebensjahres lernen sie erste Worte sprechen, z. B. Mama, Papa, Oma, Opa. Sie reagieren auch schon auf Gebote und Verbote.
Im Säuglingsalter finden sechs ärztliche Untersuchungen statt. Dabei schaut der Arzt, ob sich das Kind gesund entwickelt. Außerdem bekommt es Impfungen, um ansteckenden Krankheiten vorzubeugen, z. B. Masern, Röteln, Keuchhusten, Kinderlähmung.

> Das Neugeborene ist noch längere Zeit auf intensive Betreuung angewiesen (Nesthocker).

1 Eine Mutter stillt ihr Kind.

Pubertät – Übergang vom Kind zum Erwachsenen

Der Übergang vom Mädchen zur Frau oder vom Jungen zum Mann ist ein wichtiger Lebensabschnitt. Er wird **Reifezeit** oder **Pubertät** genannt. Bei Mädchen beginnt die Pubertät ungefähr mit 11 Jahren, bei Jungen ungefähr mit 13 Jahren. Abgeschlossen ist sie bei den Mädchen mit 16 bis 17 Jahren, bei den Jungen mit 17 bis 19 Jahren.

Der Beginn der Pubertät macht sich äußerlich durch einen starken **Wachstumsschub** (bis zu 12 cm im Jahr) bemerkbar. Bei Mädchen setzt er etwas früher ein als bei Jungen. Später holen diese die Mädchen wieder ein und überholen sie in der Körperlänge. Mit dem Wachstum verändern sich auch die Körperformen und -merkmale. Es bilden sich jetzt die typischen Körpermerkmale von Frau und Mann, die sekundären Geschlechtsmerkmale (↗ S. 161), heraus (↗ Abb. 1).

In der Pubertät können auch vorübergehend Begleiterscheinungen auftreten. Eine davon ist **Akne,** das sind Pickel, Knötchen in der Haut (entzündete Talgdrüsen). Bei starker oder anhaltender Ausprägung sollten die betroffenen Jugendlichen den Hautarzt aufsuchen.

Im Verlauf der Pubertät verändern sich die **Empfindungen** und **Stimmungen,** die **Einstellungen** und **Verhaltensweisen.** Viele Jugendlichen sind betont selbstbewusst. Sie lehnen gerne Pflichten und Normen ab, führen Auseinandersetzungen mit Eltern und Lehrern.

Früher oder später erwacht auch das Bedürfnis nach Austausch von Zärtlichkeiten, Küssen, Schmusen und Streicheln. Jungen und Mädchen interessieren sich zunehmend für sexuelle Fragen, möchten mehr dazu erfahren. Hierüber kann man offen sprechen, mit Eltern, Bekannten, auch mit Lehrern.

Sexuelle Kontakte und Partnerbeziehungen sollten aber nicht zu früh oder unüberlegt aufgenommen werden. Wichtig hierbei ist, dass man sich vorher gründlich kennenlernt und dass man die Gefühle und Einstellungen des anderen achtet. Außerdem darf man nichts erzwingen.

Gewusst · Gekonnt

1. a) Erläutere den Begriff „sekundäre Geschlechtsmerkmale"!
   b) Nenne die sekundären Geschlechtsmerkmale einer Frau bzw. eines Mannes!

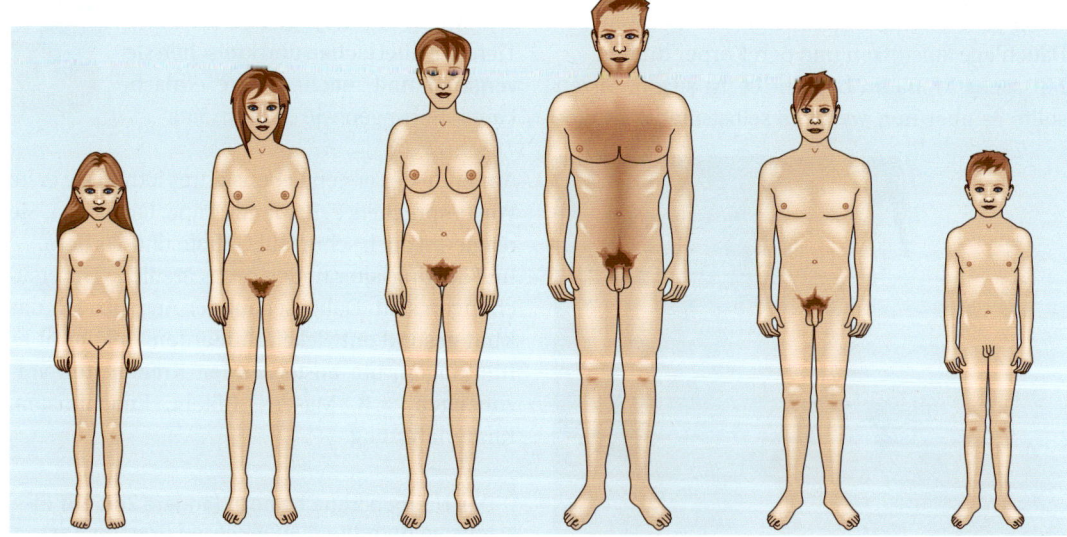

1 Veränderungen des Körpers von Mädchen und Jungen während der Pubertät

Verhütungsmethoden

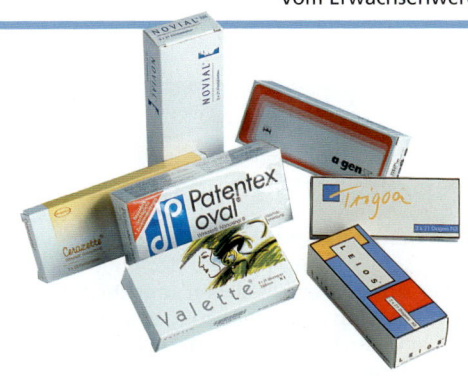

Wenn man sich liebt, will man auch Zärtlichkeiten austauschen und „miteinander schlafen". Da das zu einer Schwangerschaft führen kann, haben beide Partner eine große Verantwortung. Zur Verhütung ungewollter Schwangerschaften gibt es Methoden und Mittel mit unterschiedlicher Anwendung, Wirkung und Sicherheit. Am häufigsten angewendet und für junge Partner die geeignetsten Verhütungsmittel sind Kondom und die Pille.

Kondome sind die am meisten verwendeten Verhütungsmittel. Die dünne, elastische Gummihülle, die es in den verschiedensten Ausführungen gibt (↗ Abb. 1), fängt beim Samenerguss des Mannes die Samenflüssigkeit auf und verhindert somit eine mögliche Befruchtung. Außerdem dient das Kondom als Schutz vor Infektionen, z. B. vor **Geschlechtskrankheiten** und **Aids.**

Das Kondom wird über das versteifte Glied aufgerollt. Nach dem Samenerguss wird das Glied noch vor dem Erschlaffen aus der Scheide gezogen. Dabei sollte das Kondom am Ring festgehalten werden. Bei jedem Geschlechtsverkehr ist ein neues Kondom zu verwenden.

1   Kondome in unterschiedlichen Farben

Die **Antibabypille** ist ein Verhütungsmittel, dessen Wirkstoffe mit hoher Zuverlässigkeit bei der Frau das Freiwerden von befruchtungsfähigen Eizellen verhindern. Es gibt verschiedene Pillensorten (↗ Abb.), die der Frauenarzt individuell auswählt und verschreibt.

Die Einnahme muss exakt nach Vorschrift erfolgen (Beipackzettel beachten!), dann ist die Sicherheit, nicht schwanger zu werden, sehr hoch. Wegen möglicher Nebenwirkungen sind halbjährliche Kontrolluntersuchungen notwendig.

Pille und Kondome sind sichere Mittel zur Empfängnisverhütung. Andere Mittel, z. B. Zäpfchen, Gels, sind nicht so sicher.

Sichere Empfängnisverhütung ist für eine Frau die Voraussetzung, selbst zu bestimmen, wann sie ein Kind möchte, damit sie ohne Angst vor einer Schwangerschaft ihre Ausbildung abschließen und ihren Beruf sinnvoll ausüben kann.

> Die gebräuchlichsten Verhütungsmittel sind „Pille" und Kondom. Letzteres gibt zugleich Schutz vor Infektionen mit Geschlechtskrankheiten und Aids.

Gewusst · Gekonnt

1.   Stelle eine Übersicht verschiedener Empfängnisverhütungsmittel und -methoden zusammen. Bewerte sie hinsichtlich ihrer Sicherheit!
2.   Informiere dich über Geschlechtskrankheiten und Aids!

Interessantes aus der Biologie

Sexuell übertragbare Krankheiten

Wer **Geschlechtsverkehr** mit Partnern hat, die man nicht so gut kennt, und sich dabei nicht schützt, kann sich mit verschiedenen Krankheitserregern infizieren. Das geschieht häufiger, als man vermutet. In Deutschland gibt es jährlich über 1 Million Fälle, darunter viele Jugendliche!

Verdächtige Anzeichen für **Geschlechtskrankheiten** sind u.a.: auffällige Rötungen und Hautjucken in der Intimregion, Schmerzen im Unterleib und beim Wasserlassen, verstärkter Ausfluss aus Harnröhre oder Scheide. Bei solchen Anzeichen muss jeder Mann und jede Frau den Partner informieren und zur genaueren Diagnose der Krankheit einen Facharzt aufsuchen.

Tripper wird durch Kugelbakterien hervorgerufen. Sie rufen in den Schleimhäuten der Harn- und Geschlechtsorgane von Mann und Frau Entzündungen hervor. Erste Anzeichen nach 3–5 Tagen sind Juckreiz, Brennen beim Wasserlassen und Ausfluss, zunächst wässrig, dann schleimig und eitrig. Tripper muss im Frühstadium mit Antibiotika behandelt werden, um die Schädigung anderer Organe und Unfruchtbarkeit zu vermeiden.

Syphilis wird durch spiralförmige Bakterien verursacht und verläuft in mehreren Phasen. Zunächst bilden sich etwa 3 Wochen nach Ansteckung knotige Geschwüre an den Geschlechtsteilen oder auch an Lippen, Zunge und After. Sie sind hochgradig ansteckend.
Wird die Krankheit nicht behandelt, breiten sich die Erreger über die Blutbahn im ganzen Körper aus und führen nach Jahren zu schweren Schäden an Knochen, Herz und Nervensystem.

Aids (Abk. für „acquired **i**mmune **d**eficiency **s**yndrome", auf Deutsch „durch Ansteckung erworbene Immunschwäche") ist die jüngste und gefährlichste sexuell übertragbare Krankheit. Ihr Erreger ist das Human-Immundefekt-Virus (HIV). Seit seiner Entdeckung vor 25 Jahren haben sich weltweit 40 Mio. Menschen mit HIV infiziert und starben rund 25 Mio. an Aids. Allein 2005 waren es 2,8 Mio. Menschen.

Den besten Schutz vor Geschlechtskrankheiten bieten Kondome.

Sexuelle Wertorientierung

Als **Sexualität** bezeichnet man die Gesamtheit der Körpervorgänge und Handlungen, die mit der „Geschlechtlichkeit" und den Beziehungen der beiden Geschlechter zusammenhängen.

Die meisten Menschen sind sexuell auf Partner des anderen Geschlechts orientiert (**heterosexuell**). Etwa 5–10% haben sexuelle Beziehungen zu Partnern des gleichen Geschlechts (**homosexuell**). Lieben sich zwei Frauen und leben zusammen, spricht man von einer **lesbischen Beziehung.** Wenn zwei Männer sich lieben und zusammen sind, bezeichnet man sie als **schwul**.
Homosexualität ist in unserer Gesellschaft kein Tabuthema mehr. Meist setzt die Auseinandersetzung mit der eigenen Homosexualität (**Coming-out**) in der Jugend ein. Manchmal erkennen Menschen erst viel später, dass sie homosexuell sind.

Zu Beginn des 19. Jahrhunderts wurden Schwule und Lesben menschenverachtenden „Therapien" ausgesetzt, um ihre sexuelle Identität „umzupolen". Selbstverständlich ohne Erfolg, denn Homosexualität ist weder pervers, noch krank. Erst 1993 hat die Weltgesundheitsorganisation (WHO) die Homosexualität aus der „Internationalen Liste für Krankheiten" gestrichen.
In Deutschland gibt es seit dem 1. August 2001 die sogenannte „Eingetragene Lebenspartnerschaft".

1   Ein schwules Paar heiratet.

Sexuelle Gewalt und sexueller Missbrauch

Sexualität ist ein Wesensmerkmal des Menschen, sexuelle Beziehungen sind ein wichtiger Bestandteil menschlichen Verhaltens. Wenn zwei Menschen sich lieben und Zärtlichkeiten austauschen, so ist das etwas sehr Schönes, in körperlicher wie in geistig-seelischer Hinsicht.

Es gibt aber negative oder sogar abartig-krankhafte Formen sexuellen Verhaltens. Das sind solche sexuellen Handlungen, die gegen den Willen der Betroffenen, mit **Gewaltanwendungen** oder **Drohungen** vollzogen werden.

Ganz besonders schlimm ist der sexuelle **Missbrauch von Kindern.** Sexueller Missbrauch bedeutet, dass Mädchen oder Jungen zu sexuellen Handlungen verführt oder gezwungen werden, z. B. zum Anschauen oder Berühren der Geschlechtsorgane oder zum gewaltsamen Geschlechtsverkehr mit Verletzung oder sogar anschließender Tötung. Sexueller Missbrauch wird deshalb unter schwere Strafe gestellt.

Die Täter sind in solchen Fällen zumeist Personen, die ihre Opfer im Auto mitnehmen oder durch Geld, Geschenke, Süßigkeiten und Versprechungen an einsame Orte locken.
Es sind nicht immer Fremde, die Kinder missbrauchen, oft sind es Bekannte, Verwandte oder sogar Familienangehörige (Vater, Stiefvater oder Onkel).

Die strafbaren sexuellen Handlungen finden in solchen Fällen oft wiederholt über längere Zeit statt. Sie werden erst spät aufgedeckt, weil die betroffenen Kinder durch Belohnungen oder Druck zum Schweigen gezwungen werden oder sich schämen, offen darüber zu sprechen.

Nicht jede Zärtlichkeit zwischen Erwachsenen und Kindern/Jugendlichen ist gleich sexueller Missbrauch. Daher keine Panik, aber im Zweifels- oder Wiederholungsfall nicht schweigen, sondern offen Rat und Hilfe holen.

Beachte deshalb:
– Du darfst dich nicht in Gefahr begeben, z. B. niemals zu Fremden in ein Auto steigen, dich nicht in fremde Wohnungen oder an einsame Orte locken lassen.

– Du darfst dich nicht von Bekannten oder Verwandten zu sexuellen Handlungen überreden lassen, auch keine Belohnungen oder Geschenke dafür annehmen.

– Du sollst sofort mit den Eltern oder anderen Vertrauenspersonen sprechen, wenn jemand dich missbrauchen will oder missbraucht hat.

– Du musst lernen „Nein" zu sagen, wenn es dir unangenehm ist, wie dich jemand berührt.

Gewusst · Gekonnt

1. Geschlechtsorgane im Vergleich

a) Beschreibe und benenne anhand von Abbildungen
   - die männlichen Geschlechtsorgane,
   - die weiblichen Geschlechtsorgane!

b) Stelle die einander entsprechenden Körperteile in einer Übersichtstabelle nach folgendem Muster zusammen:

Geschlechtsorgane

	Mann	Frau
äußere		
innere		

c) Nenne und begründe Maßnahmen
   - zur Körperhygiene,
   - zur Hygiene der Geschlechtsorgane,
   - zur Menstruationshygiene!

2. Regelmäßig führen!
Welche Bedeutung hat das gewissenhafte Führen eines „Regelkalenders"?

3. Schutz in der Schwangerschaft
Informiere dich über Maßnahmen und Einrichtungen zur Betreuung der werdenden Mutter während der Schwangerschaft! Sprich darüber mit deiner Mutter!

4. Entwicklung im Mutterleib und außerhalb des Mutterleibs

a) Beschreibe anhand von Abbildungen die Entwicklung des Kindes im Mutterleib und die Geburt!

b) Schildere die Entwicklung des Babys im ersten Jahr nach seiner Geburt und die erforderlichen Maßnahmen seiner Betreuung!

Nutze deine eigenen Erfahrungen mit jüngeren Geschwistern oder sprich mit deiner Mutter darüber!

5. Körperliche Veränderungen sind angesagt

a) Welche körperlichen Veränderungen vollziehen sich während der Pubertät
   - beim Mädchen,
   - beim Jungen?

b) Vergleiche die Beschreibung auf Seite 160 mit deiner eigenen Entwicklung, mit der Entwicklung deiner Klassenkameraden und Geschwister!

6. Flegeljahre
Diskutiere in der Klasse über Erfahrungen und Probleme mit Verhaltensänderungen im Pubertätsalter!

7. Vermeidung von Gefahrensituationen

a) Wie können Kinder Gefahrensituationen für sexuellen Missbrauch und für Gewalttaten vermeiden?

b) Wie können sie zur Aufklärung solcher Vorfälle beitragen?

c) Bewerte Aussagen wie: „Mir wird schon nichts passieren."

8. Aids und seine Folgen
Die rote Schleife ist seit einigen Jahren das Symbol im Kampf gegen Aids. Bereite mithilfe des Internets einen kleinen Vortrag über die Geschichte der Aidsschleife vor!

9. Diskussion über Fortpflanzung
Welche weiteren Fragen hast du zum Themenkreis Fortpflanzung und Entwicklung des Menschen?

10. Safer Sex
Erläutere, was man unter „Safer Sex" versteht! Nutze dazu ein Lexikon bzw. das Internet oder frage deine Eltern!

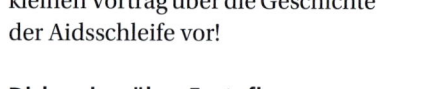

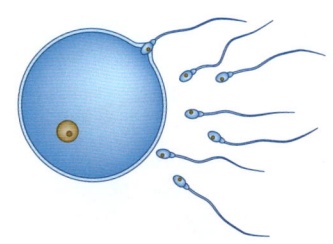

Vom Erwachsenwerden

Bau und Funktion der Geschlechtsorgane

■ Junge und Mädchen, Mann und Frau unterscheiden sich durch primäre und sekundäre Geschlechtsmerkmale. Diese bilden sich in der Phase der Pubertät voll aus.

■ Männliche Geschlechtsorgane   ■ Weibliche Geschlechtsorgane

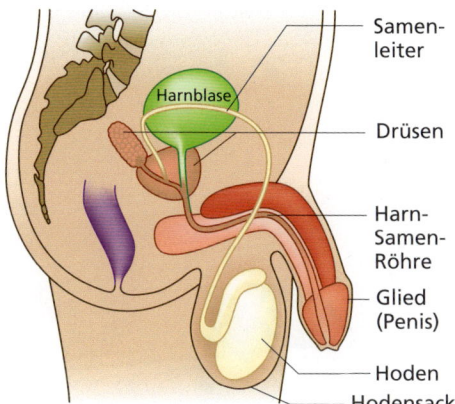
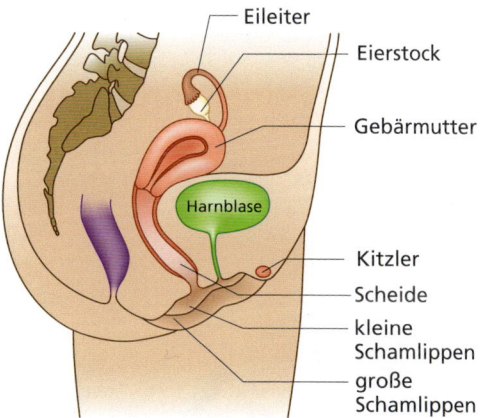

Entwicklung des Menschen

■ Vorgeburtliche Entwicklung
Nach der Befruchtung der Eizelle entwickelt sich in den 9 Monaten der Schwangerschaft im Mutterleib die befruchtete Eizelle zum Embryo, Fetus und geburtsreifen Kind.

■ Nachgeburtliche Entwicklung
Diese Phase umfasst die Entwicklung des Organismus von der Geburt bis zum Tod. Sie beinhaltet mehrere Entwicklungsabschnitte, u.a. Säuglingsalter und Pubertät.

Die Pubertät ist gekennzeichnet durch körperliche Reifungsvorgänge und geistig-seelische Veränderungen. Das äußert sich in den Empfindungen, Stimmungen und Verhaltensweisen der Jugendlichen.

■ Verhütungsmethoden
Für junge Partner am geeignetsten sind Kondome und „Antibabypillen".

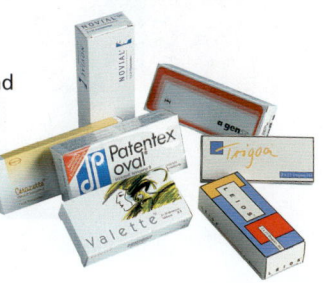

5 Keiner lebt für sich allein

Wie leben Pflanzen und Tiere zusammen?

Pflanzen produzieren den Sauerstoff, den die Tiere atmen. Sie stellen die Nahrungsgrundlage für die Pflanzenfresser dar. Ein Baum bietet aber auch Nistplätze und Unterschlupf. Die Beziehungen zwischen Pflanzen und Tieren sind vielfältig. Die Tiere beeinflussen sich gegenseitig. Und alle Lebewesen zusammen sind von den Bedingungen der nicht lebenden Natur abhängig.

Wie beeinflussen die Menschen Pflanzen und Tiere?

Der Pflanze auf der Fensterbank und dem Hamster im Käfig geht es nur gut, wenn sie richtig gepflegt werden. Landwirte wissen genau, was das Getreide auf dem Feld benötigt und wie sie ihre Tiere füttern müssen. Sie sorgen im Stall und im Gewächshaus für optimale Bedingungen.

Auf die Lebensräume der wild lebenden Pflanzen und Tiere übt der Mensch vielfältige Einflüsse aus.

5.1 Das Leben in einem Lebensraum

1 **Ökosystem im Kleinformat**

An einem vermodernden Baumstumpf kannst du interessante Lebewesen entdecken.
Zähle die unterschiedlichen Tier- und Pflanzenarten, die einen Baumstumpf im Park oder Wald besiedeln! Stelle die Häufigkeit ihres Auftretens grafisch dar!

2 **Platz für Pflanzen und Tiere**

Betrachte einen Ausschnitt aus einem Garten, einem Park oder einem natürlichen Gelände! Stelle dir vor, dass alle Lebewesen verschwunden sind!
– Liste auf oder zeichne, was nach dem Verschwinden noch vorhanden wäre!
– Überlege gemeinsam mit anderen, wie sich das Gelände verändern würde, wenn die Pflanzen und Tiere über einen längeren Zeitraum fortblieben!

3

Tiere aus aller Welt

In zoologischen Gärten kannst du auch hier bei uns Tiere aus aller Welt kennenlernen.
In diesem Puzzle sind einige dieser Tiere durcheinandergeraten. Welche Tiere kannst du erkennen? Was meinst du, wo kommen sie her?

4

Lebewesen werden von der Umwelt beeinflusst

Frühaufsteher wissen, dass im Frühling einige Zeit vor Sonnenaufgang der Gesang der Vögel beginnt.
- Informiere dich über den Gesang verschiedener Vogelarten!
- Plane eine Frühexkursion und notiere den Gesangsbeginn verschiedener Vogelarten!
- Recherchiere, wovon es abhängt, wann die Vögel mit dem Gesang beginnen!

6

Modernes Leben

Menschen heizen oder kühlen Häuser je nach Wunsch. Sie passen ihre Umgebung oft ihren Bedürfnissen an. Überlege, welche Teile der nicht lebenden Natur dein Leben dennoch beeinflussen! Beeinflussen sie auch Pflanzen und Tiere? Diskutiere mit deinen Mitschülern!

5

Genau hingeschaut

Manche Merkmale von Lebewesen sind ganz klein. Du musst eine Lupe oder gar ein Mikroskop benutzen, um sie erkennen zu können. Was wurde hier unter der Lupe fotografiert?
Untersuche selber Gegenstände aus der Natur und aus deiner Umgebung mithilfe einer Lupe!

Kleine Dinge sichtbar gemacht

Oft reichen unsere Sinnesorgane für Beobachtungen nicht aus. Lupen und Mikroskope sind unentbehrliche Hilfsmittel, um kleine Objekte, wie z. B. die Bestandteile von Pflanzen, betrachten und untersuchen zu können.

Lupen eignen sich, um auch größere Objekte genauer zu betrachten. Deine Haut oder die Haare auf der Oberfläche eines Blattes lassen sich gut mit einer Lupe untersuchen. Auch nicht lebende Objekte werden mit Lupe oder Mikroskop untersucht.

Gehe bei der Nutzung einer Lupe folgendermaßen vor:
1. Halte die Lupe dicht vor ein Auge!
2. Bewege Lupe und Gesicht zum Objekt!
3. Betrachte das Objekt!

In der Schule werden vorwiegend **Lichtmikroskope** (↗ Abb. 1) genutzt. Wie du Präparate vorbereitest und wie du mit dem Mikroskop arbeiten kannst, erfährst du auf den folgenden Seiten.

Lichtmikroskope heißen deshalb so, weil sie meistens nur dann ein Bild ergeben, wenn das Objekt lichtdurchlässig ist. Für die Betrachtung der Objekte mithilfe von Lichtmikroskopen sind Glaslinsen notwendig. Die Beleuchtung erfolgt durch ein Lämpchen oder einen Spiegel.

Gewusst · Gekonnt

1. Mache dich mit der Handhabung eines Lichtmikroskops vertraut (↗ S. 179)!

2. Betrachte ein Haar mit der Lupe und mithilfe des Mikroskops!

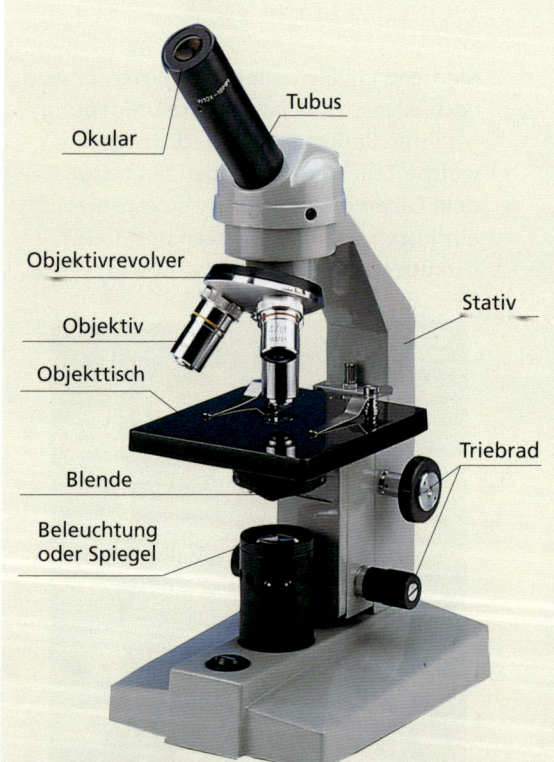

Okular
Tubus
Objektivrevolver
Objektiv
Stativ
Objekttisch
Triebrad
Blende
Beleuchtung oder Spiegel

Auf dem Foto ist ein Lichtmikroskop abgebildet. Die Teile haben folgende Funktionen:

Im **Okular** ist eine Linse, die das Bild des betrachteten Objekts um das 5- bis 24-Fache vergrößert.

Im **Objektivrevolver** (nicht bei allen Lichtmikroskopen vorhanden) befinden sich meist drei **Objektive**. Diese enthalten ebenfalls Linsen.

Der **Tubus** verbindet Okular und Objektiv miteinander.

Der **Objekttisch** trägt das zu untersuchende Objekt (z. B. in einem Präparat). Durch eine kleine Öffnung im Tisch wird das Objekt von unten beleuchtet.

Mit der **Blende** wird die passende Helligkeit für das Objekt eingestellt. Je kleiner die Blende, desto dunkler, aber auch schärfer wird das Bild.

Mit dem **Triebrad** wird die Schärfe des Bildes eingestellt. Es gibt einen Grob- und einen Feintrieb.

1 Das Lichtmikroskop – seine Bestandteile und Funktionen

Wie mikroskopiere ich Objekte?

Durch das Lichtmikroskop erfolgt eine Vergrößerung des Objektbilds. Es kommt ein Bild zustande,
welches das Objekt, z. B. ein Haar, 400 bis 600-
fach vergrößert zeigt. Um ein Objekt so vergrößert
mithilfe des **Mikroskops** betrachten zu können,
muss man das Gerät sachgerecht handhaben und
eine bestimmte Schrittfolge einhalten.

Aufgabe
Betrachte als Dauerpräparat eine Ligusterbeeren-
zelle mithilfe eines Mikroskops.
Klemme das Präparat auf dem Objekttisch fest.

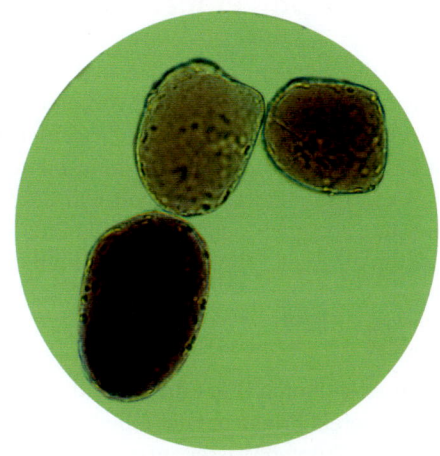

1 Zellen einer Ligusterbeere mit Chloroplasten

Schritt 1

Ausleuchten
Stelle den Spiegel so ein, dass Licht bis in das
Okular gelangt, oder knipse die Lampe an.

Schritt 2

Einstellen der Vergrößerung
Stelle zunächst die kleinste Vergrößerung ein.

Schritt 3

Scharfstellen des Bildes
Drehe den Tubus mit dem Grobtrieb bis auf etwa
2 mm an dein Objekt (Präparat) heran (↗ Abb. a).
Sieh durch das Okular und drehe den Tubus langsam nach oben. Erscheint ein scharfes Bild, regu-
liere mit dem Feintrieb nach (↗ Abb. b).

Schritt 4

Einstellen der nächsten Vergrößerung
Wenn du die nächste Vergrößerung nutzen willst,
musst du zuerst den Objekttisch nach unten drehen. Dann kannst du ein anderes Objektiv wählen und das Bild wieder scharf einstellen.

Schritt 5

Fehlersuche
Wenn du nichts sehen kannst, prüfe, ob dein Objekt genau über der Lichtöffnung auf dem Objekttisch liegt. Wiederhole dann die Schritte 1–3.

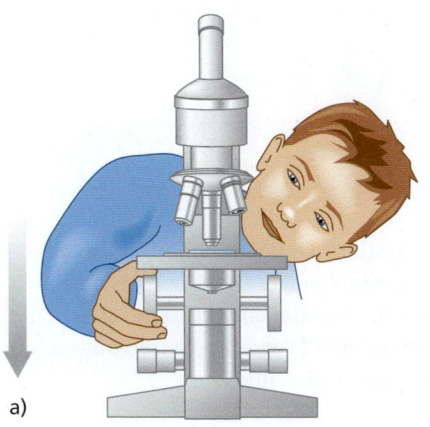

a)

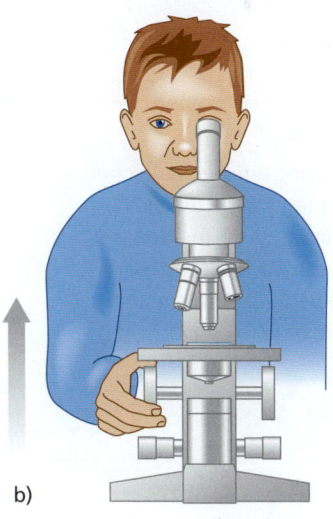

b)

Anfertigen von Präparaten

Objekte, die mit dem Lichtmikroskop betrachtet werden sollen, müssen erst dafür vorbereitet werden. Es muss ein **Präparat** hergestellt werden. Das geht besonders leicht mit einem Moosblättchen. Dieses kannst du einfach mit einer Pinzette vom Pflänzchen abzupfen. Schwieriger sind Präparate, bei denen du einen Schnitt anfertigen musst.

Schritt 1

Lege einen sauberen **Objektträger** und ein Deckgläschen bereit! Bringe mit der Pipette ein bis zwei Tropfen Wasser auf den Objektträger!

Schritt 2

Gib das Objekt (z. B. ein Moosblättchen) in den Tropfen!

Schritt 3

Lege vorsichtig ein **Deckgläschen** auf den Wassertropfen mit dem Objekt! Um Luftblasen zu vermeiden, solltest du das Deckgläschen schräg an den Tropfen heranbringen und langsam absinken lassen!

Schritt 4

Wenn seitlich Wasser hervorquillt, kannst du es vorsichtig mit einem Filterpapierstreifen ansaugen. Bei Wassermangel tropfst du Wasser seitlich am Deckglas hinzu, welches selbst hineinfließt.

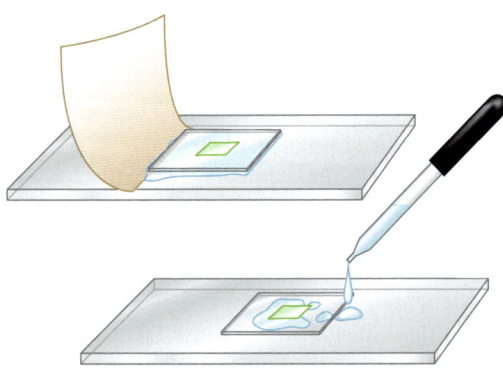

Schritt 5

Soll ein Objekt angefärbt werden, tropfe wenige Tropfen **Farbstofflösung** an den Rand des Deckgläschens und sauge sie mithilfe eines Filterpapierstreifens unter dem Deckglas hindurch!

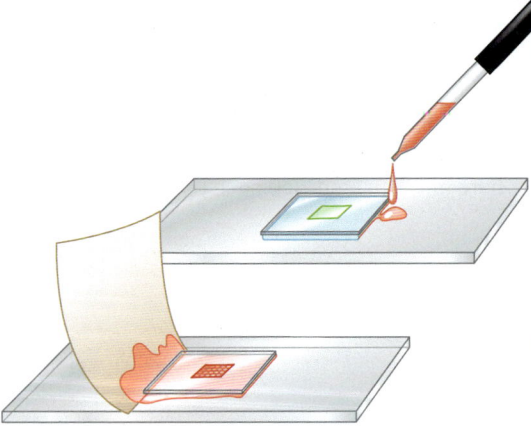

Zum Mikroskopieren benötigst du außer Mikroskop, Objektträger und Deckgläschen etwas Wasser, eine Pipette, eine Pinzette, eine Schere, eine Rasierklinge (**Vorsicht: Verletzungsgefahr**) und eventuell Farbstofflösung.

Mikroskopische Untersuchungen

Die Nutzung eines Mikroskops eröffnet uns den Blick in „winzige Welten". Häufig werden Objekte aus der lebenden Natur mikroskopiert. Von Pflanzenteilen wie Blättchen oder Pollen kannst du selber Präparate herstellen. Von Insektenflügeln gibt es Dauerpräparate. Das Mikroskop ist auch geeignet, Objekte aus der nicht lebenden Natur zu betrachten. Hier eignen sich Bodenproben und Kristalle.

1. Untersuche ein Blättchen der Wasserpest!

Materialien:
Blättchen der Wasserpest (oder vom Sternmoos), Mikroskop, Lupe, Objektträger, Deckgläschen, Pipette, Wasser, Pinzette, Becherglas

Durchführung und Beobachtung:
a) Trenne ein Blättchen vom Stämmchen der Wasserpestpflanze oder der Moospflanze ab!
b) Tropfe etwas Wasser auf einen Objektträger und lege das Blättchen vorsichtig hinein! Benutze eine Pinzette!
Decke das Objekt mit einem Deckgläschen ab! Gehe dabei nach der Anleitung auf Seite 180 vor!
c) Betrachte das Objekt mithilfe eines Mikroskops oder einer Lupe!

Auswertung:
Beschreibe das mikroskopische Bild!

2. Untersuche Pollen von verschiedenen Samenpflanzen!
Einzelne Pollen sind mit bloßem Auge nicht zu sehen. Mit dem Mikroskop kann man ihre unterschiedlichen Formen erkennen.

Materialien:
Mikroskop, Objektträger, Deckgläschen, Pinzette, feiner Pinsel, Blüten mit Staubblättern, z.B. von Tulpen, Löwenzahn oder Gänseblümchen

Durchführung:
a) Tupfe die Blüte direkt auf einen Objektträger oder streiche mit dem feinen Pinsel vorsichtig Blütenstaub ab!
b) Lege das Deckgläschen vorsichtig auf den Blütenstaub, das geht in diesem Fall ohne die Verwendung von Wasser.
c) Mikroskopiere nach der Anleitung auf Seite 179!
* d) Fertige eine Zeichnung an!

Auswertung:
a) Beschreibe die Formen der Pollen! Lassen sich aus ihrer Form Schlüsse auf die Art der Bestäubung ziehen?
b) Nenne die Bedeutung der Pollen für den Lebenszyklus der Samenpflanzen!
c) Informiere dich darüber, welche Pollen Allergien auslösen können!

1 Wasserpest

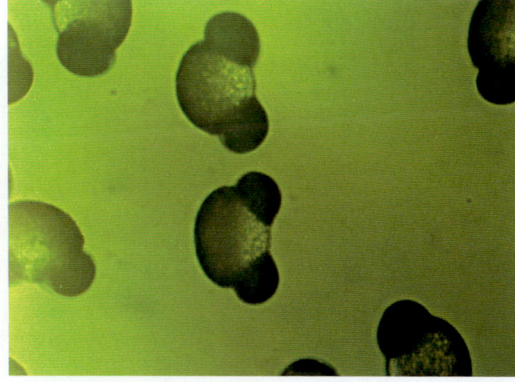

2 Kiefernpollen

Lebensräume sind vielfältig

Den höchsten Berg Thüringens, den Großen Beerberg mit seinen 982 Metern, kennt bestimmt jeder von euch und natürlich auch den Fluss Unstrut.

Im Naturpark Thüringer Wald mit dem berühmten Wanderweg auf dem Kamm der Berge, dem Rennsteig, wart ihr vielleicht auch schon einmal. Außer ausgedehnten Nadelwäldern in den Höhenlagen finden sich Bergwiesen, naturnahe Quellen und Bäche.
An den wenigen Beispielen könnt ihr schon sehen, dass die Landschaften in Thüringen sehr vielgestaltig sind.

Schaut man über die Grenzen des Bundeslandes hinaus, sind auch in Deutschland noch ganz andere Landschaftsformen anzutreffen, z. B. Meere und Hochgebirge. Weiter weg gibt es Wüsten und Regenwälder.

Meist sind **Landschaftsbereiche** leicht zu unterscheiden. Im Wald z. B. sind Bäume und Sträucher vorherrschend. Oft weisen sie einen stockwerkartigen Aufbau auf. Im Moor dagegen bestimmen Gräser (Seegen) das Bild. Wasser ist kennzeichnend für ein Gewässer.

In diesen Landschaftsbereichen leben viele und sehr unterschiedliche Lebewesen, beispielsweise Pflanzen, Tiere, Algen. Sie können dort nur leben, weil bestimmte **Lebensbedingungen,** wie Licht, Temperatur, Luft (Sauerstoff, Kohlenstoffdioxid), Luftbewegung (Wind), Niederschläge, Luftfeuchtigkeit, vorhanden sind. Aber auch Mineralstoffe, andere Lebewesen, u. a. auch als Nahrung, oder Schutzmöglichkeiten müssen vorhanden sein.

> **Der Lebensraum mit den jeweils herrschenden Lebensbedingungen ist die Lebensstätte der Organismen.**

Ein **Lebensraum** verändert sich ständig. Von außen wirken ständig Stoffe und Energie ein (↗ Abb. 1), es werden aber auch fortwährend Stoffe und Energie an die Umwelt abgegeben. Zum Beispiel wird ständig Wasser verdunstet und gelangt als Wasserdampf in die Atmosphäre. Tiere verlassen einen Lebensraum und siedeln in einem anderen Lebensraum, und auch der Mensch entnimmt ständig Stoffe aus dem Lebensraum.

Gewusst · Gekonnt

Suche mithilfe des Atlas vier verschiedene Landschaftsformen Thüringens heraus!

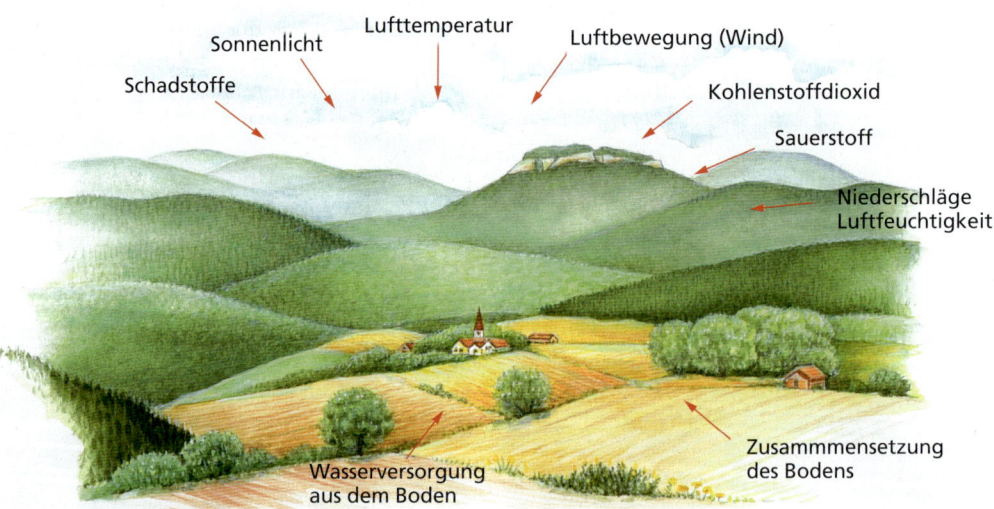

1   Lebensbedingungen eines Lebensraums

Tiere und Pflanzen in ihren Lebensräumen

Pflanzen können nur in Form von Samen von einem Ort zum anderen gelangen. Dort, wo sie einmal gewachsen sind, bleiben sie, solange sie leben.
Tiere können sich fortbewegen. Viele von ihnen bleiben aber ebenfalls in einem bestimmten Gebiet.

Ob Pflanzen an einem Ort keimen oder nicht, ob sie groß und kräftig werden und selber wieder Früchte und Samen entwickeln, hängt von den Lebensbedingungen (↗ S. 182, Abb. 1) ab.
Tiere müssen genügend Nahrung und Schutz, z. B. vor Kälte und Fressfeinden, vorfinden.

Pflanzen und Tiere sind sehr gut an die Lebensbedingungen angepasst. So gibt es Pflanzen, die am Ufer eines Sees im Wasser stehen, wie das Schilf oder der Rohrkolben (↗ Abb. 1). Seerosen wurzeln im Boden und ihre Blätter schwimmen an der Oberfläche. Es gibt auch Pflanzen, die ganz unter Wasser leben. Andere Pflanzen, wie das Springkraut, bevorzugen feuchte Wälder. Am Seeufer würden ihre Wurzeln faulen, weil der Boden zu nass ist. Der Mauerpfeffer (↗ Abb. 2) lebt auf Felsen oder im trockenen Sand, an Stellen, an denen andere Pflanzen vertrocknen würden.

2   Mauerpfeffer gedeiht auf trockenen Stellen.

Fische leben im Wasser. Dabei gibt es in Seen und Flüssen unterschiedliche Arten. Alle sind durch ihre Körperform an das Leben im Wasser angepasst und atmen mit Kiemen.
Durch ihre Lebensweise und vor allem durch die Art der Fortpflanzung sind auch die Lurche auf Gewässer als Lebensraum angewiesen.
Auch einige Vögel haben besondere Anpassungen an das Leben am Gewässer. So haben die Enten Füße mit Schwimmhäuten.
Von den Säugetieren sind der Fischotter und der Biber besonders auf Gewässer als Lebensraum angewiesen.

1   Pflanzen und Tiere am und im Lebensraum See

| Pflanze
Erzeuger | Pflanzenfresser
Verbraucher | Fleischfresser
Verbraucher | Fleischfresser
Verbraucher |

1 Pflanzen sind Anfangsglieder von Nahrungsketten.

Nahrungsketten

Nicht nur Menschen nutzen Pflanzen oder Teile von ihnen. Auch alle anderen Lebewesen sind auf Pflanzen angewiesen. Vögel beispielsweise fressen die Samen oder Früchte von Pflanzen (↗ Abb. 2). Die Vögel wiederum können Beute von Raubtieren wie Katzen oder Raubvögeln (↗ Abb. 3) sein. Auf diese Weise stehen alle Lebewesen in einer Nahrungsbeziehung.

Solch eine einfache Nahrungsbeziehung zwischen Pflanze oder Teilen einer Pflanze, Pflanzenfresser und Fleischfresser wird als **Nahrungskette** (↗ Abb. 1) bezeichnet.

Pflanzen sind Anfangsglieder von Nahrungsketten. Sie stellen Stoffe her, die von allen anderen Lebewesen genutzt werden. Man nennt sie deshalb auch **Erzeuger**.

Als nächste Glieder folgen dann die Pflanzenfresser und die Fleischfresser. Dabei werden die ersten Fleischfresser oft wieder als Nahrung verzehrt. Sie werden als **Verbraucher** bezeichnet. Die Amsel frisst die Früchte der Eberesche auf. Sie kann von einer Katze gefressen werden, diese wiederum von einem anderen Raubtier (↗ Abb. 1).

> Lebewesen stehen untereinander in Nahrungsbeziehungen. Einfache Nahrungsbeziehungen werden Nahrungsketten genannt.

Gewusst · Gekonnt

*Was würde passieren, wenn ein Teil der Nahrungskette ausstirbt?
Formuliere eine Vermutung!

2 Stieglitz – Pflanzenfresser

3 Schleiereule – Fleischfresser

Wie bestimme ich eine Pflanze?

Bestimmen ist ein Verfahren, um den Namen einer unbekannten Pflanze zu ermitteln und sie einer Gruppe (z.B. einer Familie) zuzuordnen. Du kannst eine unbekannte Pflanze mit Abbildungen vergleichen. Dabei kommt es aber leicht zu Irrtümern, da sich manche Pflanzen sehr ähneln und doch zu einer anderen Gruppe gehören.

Das Bestimmen mithilfe eines **Bestimmungsschlüssels** ist ein viel sicherer Weg. Wie ein solcher Bestimmungsschlüssel aufgebaut ist, zeigt Abbildung 1 am Beispiel der Taubnesseln.

Diese bildhafte Form benötigt viel Platz. Sie kann deshalb in eine **Tabelle** umgeschrieben werden (↗ Abb. 2).

Zu dem Zweck erhält jedes Merkmal des Merkmalspaars eine Ziffer – das jeweils gegensätzliche Merkmal zusätzlich zur Ziffer einen Stern (z.B. 1*). Am Ende der Zeile erscheint eine Ziffer (z.B. 2; 3). Die Ziffer führt dich zu dem Merkmalspaar, bei dem du die Bestimmung fortsetzen musst.

Schritt 1

In einem Bestimmungsschlüssel ist immer ein gegensätzliches Merkmalspaar angegeben. Die dir unbekannte Pflanze wird mit dem Merkmalspaar verglichen. Lies die Beschreibungen der zu vergleichenden Merkmale genau durch!

Beispiel:
Du hältst eine rot blühende, dir unbekannte Taubnessel in der Hand. Dass es sich um eine Taubnessel handelt, kann man aus der Blütenform und aus der Form und Anordnung der Blätter ableiten.

Im ersten Merkmalspaar geht es um die Blütenfarbe. Diese wird daraufhin noch einmal genau betrachtet.

Schritt 2

Entscheide, welches der beiden Merkmale (z.B. 1 oder 1*) zutrifft!

Die Entscheidung fällt für 1. Damit geht die Bestimmung beim Merkmalspaar mit der Nummer 2 weiter.*

Schritt 3

Gehe Schritt für Schritt weiter, bis du beim Namen der Pflanze angelangt bist!

Ebenfalls über die Blütenfarbe gelangt man zu Merkmalspaar 3/3. Mit der Beobachtung, dass die Blätter gestielt sind und den Stängel nicht umfassen, gelangt man zum Pflanzennamen: Purpurrote Taubnessel.*

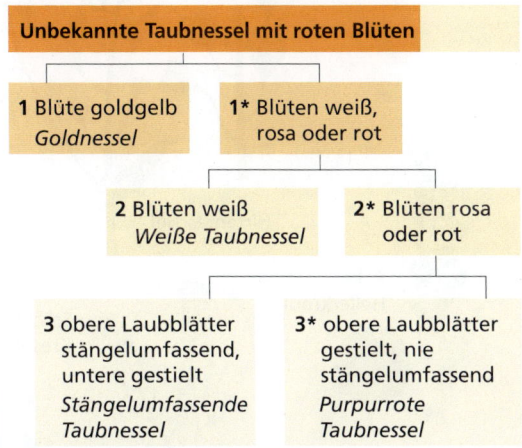

Unbekannte Taubnessel mit roten Blüten

1 Blüte goldgelb
Goldnessel

1* Blüten weiß, rosa oder rot

2 Blüten weiß
Weiße Taubnessel

2* Blüten rosa oder rot

3 obere Laubblätter stängelumfassend, untere gestielt
Stängelumfassende Taubnessel

3* obere Laubblätter gestielt, nie stängelumfassend
Purpurrote Taubnessel

1 Bestimmungsschlüssel für Taubnesseln

• entweder **Goldnessel**	1 Blüten goldgelb	
oder	1* Blüten weiß, rosa oder rot	2
• entweder **Weiße Taubnessel**	2 Blüten weiß	
oder	2* Blüten rosa oder rot	3
• entweder **Stängelumfassende Taubnessel**	3 obere Blätter stängelumfassend, untere gestielt	
oder **Purpurrote Taubnessel**	3* obere Blätter nie stängelumfassend, gestielt	

2 Bestimmungstabelle

Wir bestimmen einige Kreuzblütengewächse

1	• Frucht weniger als 3-mal so lang wie breit (Schötchen) 2
1*	• Frucht mehr als 3-mal so lang wie breit (Schote) 8
2	• Kronblätter verschieden groß **Bauernsenf** Blätter in grundständiger Rosette, Schötchen löffelförmig gebogen, schmal geflügelt
2*	• Kronblätter gleich groß 3
3	• Kronblätter violett **Blaukissen** Blätter sitzend, meist behaart, Schötchen kleiner als 1 cm, nicht geflügelt, Pflanze kleiner als 20 cm
3*	• Kronblätter gelb, gelblich weiß oder weiß. 4
4	• Kronblätter weiß 5
4*	• Kronblätter gelb oder gelblich weiß **Sumpfkresse** Schötchen kugelig bis länglich, vielsamig, untere Blätter fiederspaltig oder gefiedert
5	• Kronblätter bis zur Mitte gespalten, 2-lappig **Frühlings-Hungerblümchen** Blätter als grundständige Rosette, Pflanze kleiner als 20 cm
5*	• Kronblätter ungespalten 6
6	• Schötchen dreieckig bis verkehrt herzförmig, ungeflügelt **Gemeines Hirtentäschel** Grundblätter kurz gestielt, Rosette bildend, Blätter stängelumfassend
6*	• Schötchen rundlich eiförmig 7
7	• Schötchen deutlich geflügelt, Flügel oben tief eingeschnitten, vielsamig **Acker-Hellerkraut**
7*	• Schötchen kaum oder nur an der Spitze geflügelt, mit 2 Samen **Kresse**

Blaukissen

3

Bauernsenf

2

Sumpfkresse

4

5

5

Frühlings-
Hunger-
blümchen

6

7

Hirtentäschel

Acker-
Hellerkraut

Schutt-
Kresse

7*

8	• Blätter alle ungeteilt, gestielt oder sitzend 9
8*	• Blätter mehr oder weniger geteilt 10
9	• Kronblätter goldgelb bis braun und angenehm stark duftend • Narben geteilt und aneinanderliegend • Pflanze graufilzig **Goldlack**
9*	• Kronblätter rot bis rotviolett, wohlriechend • Narben geteilt und aneinanderliegend • Pflanze grün • **Gemeine Nachtviole**
10	• Kronblätter rot, violett oder weiß 11
10*	• Kronblätter gelb oder gelblich weiß. 13
11	• Blätter nicht aus getrennten Blättchen, fiederteilig, zusammengesetzt, dickfleischig und unbehaart **Meersenf** Kronblätter hellviolett, Schoten zweigliedrig, Strandpflanze
11*	• Blätter gefiedert, gefingert, meist aus völlig getrennten Blättchen zusammengesetzt 12
12	• Schoten mit verlängertem Schnabel • Blattachsen selten mit braunen Zwiebeln (Brutknospen) **Zahnwurz**
12*	• Schoten sehr kurz geschnäbelt • Blattachsen immer ohne Zwiebeln (Brutknospen) **Schaumkraut**
13	• Kelchblätter aufrecht, anliegend • Schote stark gegliedert, perlenschnurartig geschnürt (Gliederschote) **Acker-Hederich**
13*	• Kelchblätter abstehend • Frucht kaum eingeschnürt **Acker-Senf**

Gemeine Nachtviole

Goldlack

9

9*

Meersenf

11

12*

Zwiebel-Zahnwurz

Wiesen-Schaumkraut

12

13*

Acker-Hederich

Acker-Senf

13

Einen Lebensraum erkunden

Die Pflanzen und Tiere in einem Lebensraum stehen in Beziehungen zueinander. Alle Lebewesen sind auch von der Luft, dem Boden, dem Wasser und anderen Einflüssen aus der nicht lebenden Natur abhängig.

Untersuche die nicht lebenden und die lebenden Teile eines Lebensraums, z. B. in einem Park!

Wetter als Teil der nicht lebenden Natur

Ob es regnet oder nicht, lässt sich leicht feststellen. Um die Menge der Niederschläge zu messen, musst du jedoch einen Regenmesser verwenden.

1. Regenmesser
Baue einen Regenmesser und miss die Niederschlagsmenge über einen Monat!

Material:
Trichter aus Glas oder Kunststoff, Becherglas (1 000 ml), Messzylinder, Sand

Durchführung:
a) Fülle zum Beschweren das Becherglas ca. 4 cm hoch mit Sand!
b) Stelle den Messzylinder in das Becherglas und hänge den Trichter ein!
c) Stelle deinen Regenmesser so ins Freie, dass er nicht umfallen kann!
d) Lies den Wasserstand im Messzylinder täglich zur gleichen Zeit ab! Notiere die abgelesenen Werte!

Auswertung:
a) Trage die wöchentlichen Regenmengen in ein Säulendiagramm ein!
b) Baue einen zweiten Regenmesser und vergleiche die Regenmengen an zwei Orten!
c) Warum müssen die Auffangtrichter von zwei Regenmessern, deren Werte verglichen werden, gleich groß sein?

Die Temperatur wird in jeder Wetterstation mit Thermometern gemessen. Die Thermometer müssen dazu vor Wind und direkter Sonnenstrahlung geschützt aufgehängt werden. Nur so sind die Werte vergleichbar. Es gibt Thermometer, an denen sich jeweils die höchsten und niedrigsten Temperaturen eines bestimmten Zeitraums ablesen lassen.

2. Warm oder kalt?
Miss den Tagesgang der Lufttemperatur!

Vorbereitung:
a) Informiere dich, in welcher Maßeinheit die Temperatur angegeben wird!
b) Bringe ein Thermometer an einem schattigen Platz an!

Durchführung:
a) Stelle zusammen mit deinen Mitschülern einen Arbeitsplan auf! Legt fest, wer jeweils für das Ablesen verantwortlich ist!
b) Tragt die Messwerte in eine Tabelle ein!

Auswertung:
a) Fertige nach der abgebildeten Vorlage auf Millimeterpapier ein Zeit-Temperatur-Diagramm an!
b) Beschreibe den Zusammenhang zwischen der Uhrzeit und der Lufttemperatur!

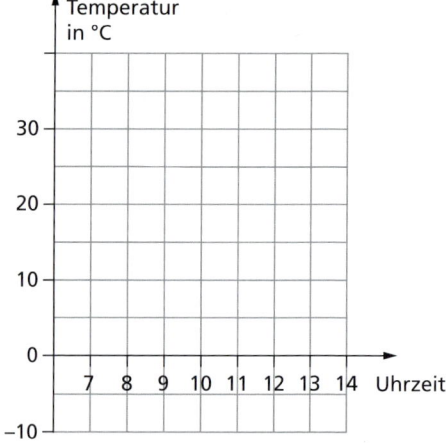

Die **Windrichtung** ist für das Wetter von Bedeutung. Sie gibt Auskunft darüber, woher die Luft kommt, die das Wetter an einem Ort bestimmt.

3. Bestimme die Windrichtung!

Bei windigem Wetter lässt sich die Windrichtung mit einer einfachen Methode bestimmen. Probiere sie aus!
a) Befeuchte deinen Zeigefinger mit Wasser! Halte ihn in den Wind!
b) Beschreibe, was du fühlst! Finde eine Erklärung!
c) Bestimme mithilfe des Kompasses die Windrichtung!

4. Wetterfahne

Baue einen Windrichtungsmesser, damit du die Windrichtung genauer bestimmen kannst!

Material:
Kompass, Nagel, Hammer, Kleber, Holzbrett (ca. 10 x 5 cm), Strohhalm, Karton (ca. 20 x 6 cm)

Durchführung:
a) Knicke den Karton in der Mitte der Längsseite und lege den Strohhalm in die Falte! Klebe die beiden Hälften des Kartons zusammen!
b) Schlage den Nagel in die Mitte des Bretts!
c) Stecke den Karton mit dem Strohhalm über den Nagel! Achtung: Er muss sich leicht drehen lassen.
d) Richte den Windrichtungsmesser mit einem Kompass im Freien aus! Beschrifte das Brett mit N, W, S und O für die Windrichtungen!

Auswertung:
a) Lies die Windrichtung an mehreren aufeinanderfolgenden Tagen ab!
   Beachte: Man benennt die Winde stets nach der Richtung, aus der sie kommen.
b) Trage die Ergebnisse in eine Skizze ein!

In jeder Wetterstation befindet sich auch ein Barometer, mit dem der Luftdruck gemessen wird. Steigender Luftdruck kündigt meist gutes Wetter an, fallender Luftdruck lässt Regen wahrscheinlich werden.

Den Luftdruck können wir nicht wahrnehmen. Einige Menschen spüren starke Schwankungen des Luftdrucks. Diese Schwankungen lassen sich mit einem einfachen Instrument sichtbar machen.

5. Dosenbarometer

Baue ein Barometer, mit dem du den Luftdruck ungefähr messen kannst!

Material:
Glasgefäß, Gummihaut (z. B. Luftballon), Gummiband, Trinkhalm als Zeiger, Karton

Durchführung:
a) Zeichne eine Skala auf den Karton!
b) Spanne die Gummihaut über die Öffnung des Glasgefäßes und befestige sie mit dem Gummiring! Sie muss ganz dicht sein.
c) Klebe den Zeiger auf die Gummihaut und richte ihn an der Skala aus (Abb.)!
d) Markiere jeden Tag die Stellung des Zeigers auf der Skala und beobachte die Veränderungen!

Auswertung:
a) Fertige eine Messwertetabelle an!
b) Kannst du Zusammenhänge zwischen dem Luftdruck und anderen Eigenschaften des Wetters feststellen?

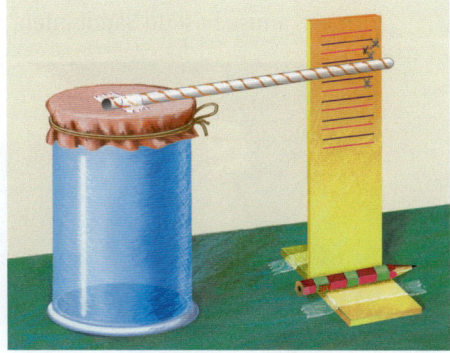

Lebensbedingungen im Park

Im Park beeinflussen die Gärtner die Lebensbedingungen für Pflanzen und Tiere. Sie mähen, düngen und setzen Pflanzen ein. Dennoch ist es auch von den natürlichen Gegebenheiten abhängig, wie sich die Lebewesen entwickeln.

6. Lufttemperatur in einer Hecke
Untersucht den Einfluss der Pflanzendecke auf die Temperatur!
a) Wählt für die Untersuchung möglichst einen wolkigen Tag aus!
b) Legt je ein Thermometer zur gleichen Zeit auf einen Rasen und unter eine Hecke!
c) Lest die Temperaturen bei Sonne und bei Verdeckung der Sonne durch Wolken an beiden Orten ab!
d) Begründet auftretende Temperaturunterschiede an den beiden Standorten bei Sonne und bei Wolken und zwischen den beiden Standorten!

Für die Pflanzen von großer Bedeutung ist auch der Boden. Unterschiedliche Bodenarten können unterschiedlich gut das Wasser halten. Sammle Bodenproben von verschiedenen Standorten und untersuche sie in der Schule!

7. Bodenuntersuchung mit der Fingerprobe
Untersuche Bodenproben von verschiedenen Standorten mit den Händen! Lies die drei Beschreibungen durch und ordne die Bodenprobe zu!
– Wenn du viele einzelne Körner siehst, beim Reiben ein Knirschen hörst und keine Rolle formen kannst, hast du Sandboden.

– Wenn du nur wenige Körner spürst, der Boden klebrig ist und sich gut formen lässt, handelt es sich um einen Lehmboden.
– Wenn du Körnchen weder sehen noch fühlen kannst, der Boden sich fettig oder seifig anfasst und sich gut verformen und dünn ausrollen lässt, ist es ein Tonboden.

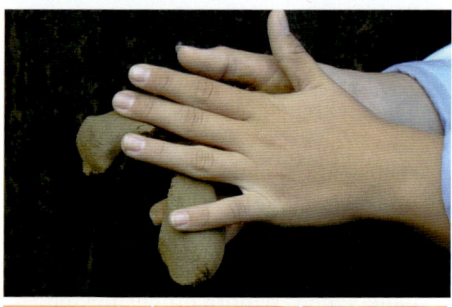

Boden-probe	Beobach-tung	Bodenart
...	...	...

8. Wassergehalt im Boden
Aus deiner Erfahrung mit Topfpflanzen weißt du, dass Böden Wasser einige Zeit lang festhalten können. Diese Fähigkeit ist für den Pflanzenwuchs von großer Bedeutung.
Die Fähigkeit, Wasser aufzunehmen und zu halten, ist bei verschiedenen Bodenarten unterschiedlich. Entwickle ein Experiment, um diese Vermutung zu überprüfen!

9. Hohlräume im Boden
Das Wasser im Boden befindet sich in winzig kleinen Hohlräumen zwischen den festen Bodenbestandteilen. Untersuche den Rauminhalt der Bodenporen bei Sand und bei Lehm!
a) Gieße in einen Messzylinder 40 ml Wasser und streue danach 30 ml trockenen Sand hinein! Ermittle das Gesamtvolumen und berechne das Porenvolumen in Milliliter!
b) Wiederhole den Versuch mit Lehm!
c) Vergleiche die Ergebnisse!

Das Leben im Park

10. Das Alter der Bäume

Bäume werden mit zunehmendem Alter dicker. Finde heraus, ob die Bäume im Park gleich alt sind!

a) Wähle eine bewaldete Fläche im Park aus!

b) Miss den Umfang einiger Bäume in derselben Höhe!

c) Zähle an einem gefällten Baum die Jahresringe und schätze das Alter!

11. Vielfalt der Arten

Bestimme die Anzahl der Pflanzenarten an unterschiedlichen Standorten!

a) Grenze an einem Pflanzenstandort eine quadratische Fläche von etwa 1 Meter mal 1 Meter durch Pflöcke ab, die du mit einer gut sichtbaren Schnur oder einem farbigen Band verbindest!

b) Bestimme die Pflanzenarten und die Anzahl der Pflanzen jeder Art in dem abgesteckten Quadrat!
Kannst du die Pflanzenarten nicht mit ihrem Namen bestimmen, so benenne sie mit Buchstaben!

c) Zeichne ein Quadrat und trage darin mit farbigen Punkten die Anzahl der Pflanzen der einzelnen Arten ein!

d) Wiederhole die Untersuchung an Standorten mit anderen Bedingungen (z. B. Bodenart, Wärme, Wasser) und vergleiche die Ergebnisse!

12. Tiere im Park

a) Notiere alle Tiere, die du während der Untersuchung beobachtest!

b) Suche nach Tierspuren! Viele Tiere hinterlassen auch beim Fressen ihre Spuren!

c) Stelle aus deinen Beobachtungen und weiteren Kenntnissen eine Nahrungskette der Lebewesen im Park auf!

13. Nadeln oder Blätter?

Suche im Park einen Baum, der Nadeln, und einen anderen, der Laubblätter hat!

a) Beschreibe die Bäume (z. B. Wuchsform, Rinde) und bestimme sie!

b) Vergleiche das Aussehen beider Bäume im Sommer und im Winter!

14. Besondere Pflanzen

Finde besondere Pflanzen im Park, z. B. solche mit Dornen, solche mit essbaren Früchten oder Giftpflanzen!

15. Pflanzen an ungewöhnlichen Orten

Manche Gebiete in Städten und Siedlungen erscheinen uns sehr lebensfeindlich. Dennoch können wir auch auf viel begangenen Gehwegen und sogar auf Gebäuden Pflanzen entdecken.

a) Suche nach Pflanzen, die an Stellen wachsen, an denen du sie nicht vermutet hättest!

b) Formuliere die Bedingungen, die erfüllt sein müssen, damit Pflanzen wachsen können!

Im Wandel der Jahreszeiten

Einfluss von Licht und Temperatur

Um pünktlich im Unterricht zu sein, musst du jeden Tag zur gleichen Zeit losgehen. Im Frühling und Sommer ist es meist hell, im Herbst und Winter dagegen noch dunkel. Mit den Lichtverhältnissen ändert sich auch das Aussehen der Landschaft. Wir können den Wechsel der Jahreszeiten vor allem an den Pflanzen erkennen.

Den entscheidenden Einfluss auf die Entwicklung einer Pflanze hat das **Licht.** Im Winter steht den Pflanzen weniger Licht zur Verfügung, im Sommer mehr. Licht benötigen Pflanzen aber zum Aufbau von Stoffen (↗ S. 86) und damit zum Wachstum.

Mit der Veränderung der Sonneneinstrahlung verändert sich auch die **Temperatur** im Lauf eines Jahres.
Im Winter ist aufgrund der niedrigen Temperaturen der Wassermangel am größten. Pflanzen können kaum Wasser aufnehmen und durch Leitungsbahnen in die Blätter transportieren, wenn es gefroren ist.

Frühblüher

Nicht nur an Bäumen kann man die jahreszeitlichen Veränderungen sehen.
Im Frühjahr bedecken z. B. Tausende Buschwindröschen den Boden eines Laubwaldes. Innerhalb kurzer Zeit ist die Blütenpracht vorbei.
Ursache für die kurze **Entwicklungs- und Blühdauer** dieser Frühblüher ist auch wieder das Licht. Im Frühjahr ist das Laub an den Bäumen nicht voll entwickelt. Viel Licht gelangt zum Boden. Die Entwicklung der Frühblüher beginnt. Die Nährstoffe, die sie für das Wachstum benötigen, entnehmen sie unterirdischen Speicherorganen. Ist erst einmal das Blätterdach der Bäume geschlossen, gelangt zu wenig Licht an den Waldboden.

1 Siebenschläfer im Winterschlaf

Die Tierwelt im Winter

Auch die Tierwelt verändert sich mit den Jahreszeiten. Insekten sind im Winter fast gar keine zu beobachten. Auch Frösche und Eidechsen scheinen verschwunden zu sein.

Die Körpertemperatur dieser Tiere hängt von der Umgebung ab.
Sie sind **wechselwarm.** Sinkt die Körpertemperatur, so wird auch der Stoffwechsel der Tiere herabgesetzt. Lurche und Kriechtiere suchen sich frostfreie Verstecke und überwintern in einer Winterstarre.

Säugetiere und Vögel hingegen sind **gleichwarm.** Sie halten eine gleichmäßige Körpertemperatur aufrecht, auch wenn es sehr kalt ist. Dafür benötigen sie sehr viel Energie. Im Winter herrscht aber für die meisten Tiere Nahrungsmangel. Sie überstehen den Winter auf unterschiedliche Weise (↗ S. 194).

Gewusst · Gekonnt

Nenne wild lebende Tiere, die du im Winter bei uns beobachten kannst!

Überwinterung von Pflanzen

1. Lebensbedingungen im Winter

Der Winter stellt für die Pflanzen eine große Veränderung dar.

Stelle in einer Übersicht zusammen, welche Veränderungen es gibt! Denke dabei an verschiedene Lebensbedingungen der nicht lebenden und der lebenden Natur!

Beschreibe, welche Auswirkungen sie auf die Pflanze haben!

2. Winter im Gefrierfach

Einige Pflanzenarten vertragen keinen Frost. Sie würden erfrieren.

Vergleicht, was passiert, wenn man verschiedene Pflanzenteile in das Gefrierfach legt!

Material:
verschiedene Pflanzenteile (kleine Äste, Früchte, Nüsse, Blätter verschiedener Dicke), Teller, Gefrierfach

Durchführung:
Legt die Pflanzenteile mehrere Stunden auf einem Teller in das Gefrierfach!

Auswertung:
a) Beschreibt, was mit den verschiedenen Pflanzenteilen geschehen ist, wenn ihr sie aus dem Gefrierfach nehmt!
b) Welche Teile können ohne Schaden überwintern?

3. Was passiert, wenn Wasser gefriert?

Sicherlich habt ihr schon eine Vermutung, weshalb dünne Blätter sehr niedrige Temperaturen nicht vertragen.

Der folgende Versuch soll euch die Wirkung von Temperaturen unter dem Gefrierpunkt von Wasser verdeutlichen.

Material:
Leeres Röhrchen mit Plastikverschluss (z. B. von Brausetabletten), Wasser, Gefrierfach

Durchführung:
Füllt das Röhrchen mit Wasser und verschließt es! Legt das gefüllte Röhrchen über Nacht in das Gefrierfach!

Auswertung:
a) Beschreibt eure Beobachtung!
b) Pflanzen bestehen hauptsächlich aus Wasser. Erklärt, was mit Blättern passiert, wenn sie sehr niedrigen Temperaturen ausgesetzt sind und gefrieren!

1 Wandel der Landschaft mit den Jahreszeiten

Anpassungen von Tieren an den Wechsel der Jahreszeiten

Fellwechsel bei Säugetieren

Kaninchen wechseln wie auch andere Säugetiere mindestens zweimal im Jahr ihr Fell. Im Frühjahr wird das **Winterfell** gegen ein leichteres **Sommerfell** gewechselt, im Herbst bekommen die Tiere ihr Winterfell. Im Fell der meisten Säugetiere werden weiche **Wollhaare** und derbere **Grannenhaare** unterschieden. Wenn man z. B. das Fell vom Wildschwein und vom Schaf (↗ Abb.) mit der Lupe betrachtet, kann man diese unterschiedlichen Haare gut erkennen.

1. **Fell unter der Lupe**
   a) Betrachtet ein Stück Fell mit der Lupe! Beschreibt den Aufbau des Fells! Welche Unterschiede stellt ihr zwischen Woll- und Grannenhaaren fest?
   b) Haare erfüllen bestimmte Aufgaben. Recherchiert, welche Aufgaben die Grannenhaare und die Wollhaare im Fell besitzen!

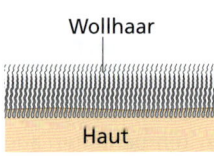

Schaffell

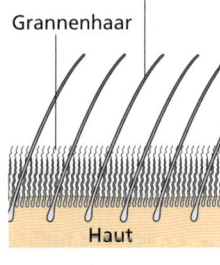

Wildschweinfell

   c) Vergleicht das Sommerfell und das Winterfell! Nutzt dazu die folgende Abbildung:

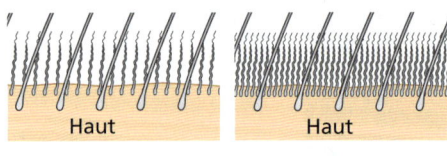

Sommerfell · Winterfell

   d) Begründet folgende Aussage: Das Winterfell ist für die Winterzeit geeignet!
   e) Der Mensch gehört auch zu den Säugetieren. Er hat aber kein „Fell". Wie schützt sich der Mensch vor Wärmeverlust?

Andere Tiere im Winter

Viele Säugetiere schützen sich durch ein Winterfell. So können sie auch kältere Jahreszeiten gut überstehen. Doch wie kommen andere Tiere, z. B. Kröten, Eidechsen, Amseln, Drosseln, Spatzen, Hasen, Igel, Käfer, Libellen, über den Winter?

2. **Hierbleiben oder Fortziehen?**
   Informiert euch über das Vorgehen von Tieren bei der Überwinterung!
   a) Stellt in einer Tabelle zusammen, welche von den abgebildeten Tieren im Winter hierbleiben und wie sie überwintern!
   b) Nennt Tiere, die im Winter in wärmere Gegenden ziehen!
   c) Es gibt auch Tiere, die im Winter erst zu uns kommen. Findet heraus, woher diese Tiere kommen!

3. **Unterkunft für den Igel im Winter**
   Die Wintermonate verbringen Igel im Winterschlaf. Zu Beginn der kalten Jahreszeit müssen sie einen trockenen und warmen Schlafplatz finden. Dabei könnt ihr helfen.
   a) Informiert euch über die Lebensweise eines Igels!
   b) Baut einen Reisighaufen als Igelunterkunft für den Winter (↗ Abb.)!

Zweige · Laub · Zweige + Laub

Exotische Tiere im Zoo

In vielen Städten gibt es zoologische Gärten (kurz Zoo genannt) oder Tierparks.

Der Alternative Bärenpark in Worbis im thüringischen Eichsfeld hat sich den Tier-, Natur- und Artenschutz zum Ziel gesetzt. Wölfe und Bären leben dort in einem großen Freigehege. Daneben werden seltene Haustierrassen gezeigt und gezüchtet.

Der größte Zoo Thüringens ist der Thüringer Zoopark Erfurt, im Norden der Landeshauptstadt gelegen. Er beherbergt etwa 3 000 Tiere, die zu 560 Arten aus aller Welt gehören.

Sicher wart ihr schon mal in der Nähe eures Wohnortes in einer solchen Einrichtung.

1. **Wo sind Zoos?**
   Erkundigt euch, in welchen Städten diese Zoos sind und wo in eurer Umgebung Tierparks zum Bummeln und Beobachten einladen!
   a) Findet heraus, welche Einrichtung die älteste, die bekannteste, die kleinste ist und welche die meisten Tiere, die größten Tiere, die gefährlichsten Tiere hat!
   b) Fertigt ein Lernplakat an, in dem eure Ergebnisse übersichtlich und interessant dargestellt sind!

Wenn ihr einen Zoo oder einen Tierpark besucht, könnt ihr dort an einem Tag eine Weltreise durch die Tierwelt von fünf Kontinenten unternehmen. Das Zeigen der Tiere ist eine der wichtigen Aufgaben von Zoos und Tierparks.

Die Besucher sollen **Tiere kennenlernen,** u. a. solche, die bei uns nicht leben. Aber das ist nur eine Aufgabe. In Zoos und Tierparks bemühen sich die Mitarbeiter auch, viele von der Ausrottung **bedrohte Tierarten** zu erhalten. Die Zoos arbeiten dabei in internationalen Zuchtprogrammen zusammen.

2. **Aufgaben von Zoos**
   Informiert euch über die Aufgaben von Zoos und Tierparks!
   Befragt Mitarbeiter dieser Einrichtungen und recherchiert im Internet!

In Zoos und Tierparks werden viele Wildtiere aus anderen Regionen der Erde gehalten, z. B. aus Wüsten oder Polargebieten. Ihre natürlichen Lebensbedingungen sind ganz anders als unsere.

3. **Tiere aus fernen Ländern**
   Sucht in einem Tierpark bei euch in der Nähe Tiere, die nicht in Europa vorkommen!
   a) Notiert, wie sie gehalten werden, z. B. Größe des Geheges, Wasser, Temperatur!
   b) Fertigt eine Skizze an, in die ihr auch Sträucher, Trinkstelle u. Ä. einzeichnet!
   c) Vergleicht dann mit den Bedingungen in ihren natürlichen Lebensräumen!

4. **Tiere aus verschiedenen Lebensräumen**
   Sucht Tiere, die in folgenden Lebensräumen vorkommen: tropischer Regenwald, Polargebiete, Wüsten, Australien. Bereite zu einem Tier einen Vortrag vor, den ein Zooführer halten könnte!

5. **Artgerecht**
   Zoos und Tierparks halten nur Tiere, denen man artgerechte Lebensmöglichkeiten bieten kann. Erläutert, was man unter artgerechter Haltung versteht!

Leben unter extremen Bedingungen

Wirbeltiere können auch unter extremen Bedingungen, z.B. in den Wüsten oder den Polargebieten, leben. Eine ganze Reihe von besonderen Körpermerkmalen und Eigenschaften macht das einigen Tierarten möglich. Außer einem gut angepassten Körperbau besitzen sie besondere Körperfunktionen und verhalten sich den Bedingungen entsprechend.

Leben im Eis

Unter extremen Bedingungen ganz besonderer Art leben Tiere in den Polargebieten. Sie müssen in eisiger Kälte mit Temperaturen weit unter 0 °C, Schneestürmen und langer Dunkelheit zurechtkommen. Das Angebot an Pflanzen, die als Nahrung dienen könnten, ist an Land sehr gering.
In diesen Regionen des nördlichen Polargebiets ist der Eisbär zu Hause. Er gilt als das größte an Land lebende Raubtier der Erde, denn er wird bis zu drei Meter groß und wiegt dann 800 Kilogramm. An die extremen Lebensbedingungen ist er besonders gut angepasst:
– Er hat ein dickes Fell mit isolierender Luftschicht. Die Haare kann er bei Kälte aufstellen, um das Luftpolster noch zu verstärken.
– Das Fell besteht aus hohlen Haaren, die das Sonnenlicht zur Haut durchlassen.
– Die schwarze Haut nimmt die Wärme des Sonnenlichts auf.
– Eine Fettschicht gibt die Wärme langsam an das Körperinnere ab und hält sie dort.

2   Eisbär in seinem Lebensraum

Außerdem ist der Eisbär ein reiner Fleischfresser. Seine weiße Farbe bietet ihm als Räuber dabei die perfekte Tarnung in der eisigen Umgebung, damit die Beutetiere ihn nicht zu früh sehen.
Fett und Luftpolster im Fell unterstützen ihn auch beim Schwimmen im kalten Wasser, wenn er auf die Jagd geht, denn sie geben ihm Auftrieb.

Die Wärmedämmung nach Eisbärart (Abb. 1) ist sogar Vorbild für die Entwicklung von Dämmstoffen, die beim Hausbau eingesetzt werden.

Gewusst · Gekonnt

*1. Der Eisbär ist ein reiner Fleischfresser. Wo findet der Eisbär seine Nahrung und womit beginnt die Nahrungskette, an deren Ende er steht?

*2. Begründe, warum Pinguine nicht zur Beute der Eisbären gehören können!

Schwarze Haut nimmt Wärme auf.

Hohle Haare leiten Sonnenstrahlen an die Haut und isolieren gegen Wärmeverluste.

Speckschicht speichert Wärme und gibt sie allmählich an den Körper ab.

1   Fell und Haut des Eisbären sind ideal zur Aufnahme und Speicherung von Wärme geeignet.

Schutz vor Kälte

1. Was wärmt am besten?

Ermittle die Wärmeisolation verschiedener Materialien.

Materialien:
5 gleich große Bechergläser (200 ml), Wasser, 5 Thermometer, Fell, Papier, Stoff, Heizplatte, Messuhr, Wasserkessel

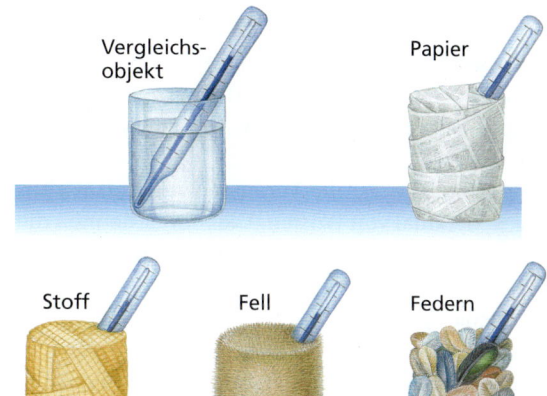

Durchführung:

a) Je 1 Becherglas wird mit Stoff, Papier, Fell und Federn fest umhüllt. Das 5. Gefäß verbleibt als Vergleichsobjekt (Abb.).
   In jedes Becherglas wird ein Thermometer gestellt.

b) In einem Wasserkessel wird Wasser auf 45 bis 50 °C erhitzt.

c) In jedes Becherglas wird vorsichtig (**Arbeitsschutz beachten!**) die gleiche Wassermenge eingefüllt.

d) Beobachte nach 5, 10 und 15 min die Höhe der Temperatur in den Thermometern und notiere sie!

Auswertung:

a) Vergleiche die in den 5 Thermometern angezeigte Temperatur!

b) Welche Schlussfolgerungen kannst du in Bezug auf die Qualität der Wärmeisolation der verwendeten Materialien ziehen?

c) Ziehe Schlussfolgerungen in Bezug auf die Körperbedeckung und die Körpertemperatur der verschiedenen Wirbeltierklassen!

2. Ein Steckbrief

Alle Säugetiere in der Arktis sind richtig warm eingepackt. Sie haben ein wärmendes Fell und andere Anpassungen an das Leben in ihrem eisigen Lebensraum. Auch ihr Verhalten ist angepasst.

a) Informiere dich über die Lebensweise von Robben, Eisbären oder Polarfüchsen!

b) Suche im Atlas und im Internet nach ihren Lebensräumen im Winter und im Sommer!

c) Wie schützen sie sich vor Kälte?

d) Wähle ein Tier aus und gestalte einen Steckbrief!

Leben in der Wüste

Bei **Wüsten** denken wir zuerst an die Wüste **Sahara** in Afrika. Sie ist die größte Wüste der Welt (8 700 000 km^2), aber nicht die einzige. Auf allen Kontinenten, außer bei uns in Europa, gibt es Wüsten.
Regenmangel ist die Voraussetzung und wichtiges Merkmal von Wüsten. Die Araber nennen die Wüste deshalb auch „Meer ohne Wasser". Wenn es nach Jahren regnet, fällt der Regen wolkenbruchartig vom Himmel.

Aufgrund der **extremen Lebensbedingungen** gibt es in den trockenen Wüsten relativ wenige **Pflanzen.** Vorhandene Pflanzen sind an Trockenheit angepasste Sträucher, Gräser und bestimmte tief wurzelnde Bäume (z. B. Akazien). Diese Pflanzen sind u. a. in der Lage, Wasser zu sparen oder zu speichern. Sie können unterirdisch überleben oder können innerhalb ganz kurzer Zeit blühen, Samen und Früchte ausbilden.

Obwohl die Lebensbedingungen in vielen Wüsten der Welt nicht gerade zum Leben einladen, trifft man zahlreiche **Tierarten** an. Neben einigen Säugetieren leben dort Kriechtiere und sehr anpassungsfähige Insekten und Skorpione.

Die in heißen Sandwüsten lebenden Tiere sind an die hohen Oberflächentemperaturen des Sandes besonders angepasst.
Insekten beispielsweise, die tagsüber auf dem Sand laufen, haben meist außergewöhnlich lange Stelzbeine. Die Temperatur nimmt nämlich schon wenige Zentimeter über dem Sand deutlich ab. Die Tiere können sich dadurch schnell fortbewegen und sind vor Überhitzung geschützt.

> **Lebewesen in Wüsten sind an den Wassermangel und die hohen Temperaturen durch spezielle Merkmale angepasst.**

Gewusst · Gekonnt

1. Nenne die Merkmale einer Wüste!

2. Suche für jeden Kontinent der Erde eine Wüste im Atlas!
Schreibe charakteristische Merkmale dieser Wüsten auf (z. B. Klima, Vorkommen von Tier- und Pflanzenarten)!

1 Sand, Hitze, Trockenheit – Kennzeichen der Wüste

Lebewesen in der Wüste

Kakteen

Vorkommen: tropische und subtropische Gebiete zwischen Mexiko und Argentinien; besiedeln u.a. Tiefebenen, Hochgebirge, tropische Regenwälder, Steppen, Trockenwüsten; Wasser steht in allen Lebensräumen nur zeitweise zur Verfügung

Beschreibung: meist mehrjährige Sträucher; fast alle Arten können Wasser speichern; aufrecht stehend; der größte Kaktus wird bis zu 15 Meter hoch, der kleinste kaum einen cm Durchmesser groß; kann bis 2000 Jahre alt werden.

Anpassung an den Lebensraum: Großflächiges Wurzelsystem knapp unter der Erdoberfläche saugt das Wasser, wenn es regnet, auf und leitet es in den Stamm weiter. Der Stamm ist wie eine Ziehharmonika aufgebaut, mit vielen Falten. Diese dehnen sich aus, wenn Wasser aufgenommen wird. Dadurch wird Feuchtigkeit gespeichert, die in Trockenzeiten genutzt wird. Mithilfe dieser Bauweise kann z.B. der Saguaro-Kaktus mehrere 100 Liter Wasser auf einmal aufnehmen und rund ein Jahr lang damit auskommen.
Eine dicke Lederhaut schützt den Kaktus vor Wasserverlust und Austrocknung. Blätter sind zu Dornen umgewandelt (Verdunstungsschutz).

Wüstenfuchs
Vorkommen: Nordamerika

Merkmale: mit Schwanz bis 70 cm groß; sandfarbenes Fell; große Ohren

Lebensweise: lebt gesellig in Fuchsbauen, Männchen und Weibchen bleiben lange zusammen; frisst Mäuse, Echsen, Insekten, Eier, Aas, Früchte

Anpassung: große Ohren – kann damit alle Geräusche in der Wüste sehr genau orten, sie strahlen auch Wärme ab (Schutz vor Überhitzung); weiches, dickes Fell – isoliert gegen Kälte nachts und gegen Hitze tags; trinkt nicht viel – Wasser, das Beutetiere enthalten, reicht zum Überleben

Sandotter
Vorkommen: in den Wüsten Asiens und Afrikas

Merkmale: bis 60 cm lang; breiter Kopf, rasselt mit Schuppen, Gift ist stärker als das der Kobra; frisst Echsen, kleine Säugetiere

Anpassung: Fortbewegung – bewegt sich schräg seitwärts zur Längsachse des Körpers (seitenwindend), bestens für Fortbewegung auf Sand geeignet; Schuppen – rasselt damit bei Bedrohung

STECKBRIEF

Gewusst · Gekonnt

1. Überall Lebensräume

Verschaffe dir eine Übersicht über Lebensräume in deiner Umgebung! Denke daran, dass auch im Dorf und in der Stadt Pflanzen und Tiere leben (↗ Abb.)! Erstelle eine Liste der Lebensräume! Fertige für einen Lebensraum ein Plakat an!

a) Klebe Bilder von Pflanzen und Tieren auf, die dort vorkommen!

b) Verbinde die Tierbilder mit denen von Pflanzen oder Tieren, von denen sie sich ernähren!

c) Ergänze Informationen über die Lebensbedingungen in den verschiedenen Lebensräumen!

2. Kleines Ratespiel

Wähle ein Tier aus und notiere seine Eigenschaften! Trage die Eigenschaften nacheinander der Klasse vor und lass deine Mitschüler das Tier erraten!

3. Körpertemperaturen von Tieren

Erläutere die Begriffe wechselwarmes Tier und gleichwarmes Tier! Nenne jeweils Beispiele!

4. Pflanzen im Jahreslauf

Mit den Jahreszeiten ändern sich die Lebensbedingungen. Es ändert sich auch das Aussehen der Pflanzen. Beschreibe an zwei unterschiedlichen Beispielen den Wandel im Laufe eines Jahres!

*5. Ohne Pflanzen kein Leben

Erkläre, warum die Ernährungsgrundlage aller Lebewesen auf der Erde die grünen Pflanzen sind!

6. Nahrung und Winter

Vögel und Säugetiere können als gleichwarme Tiere ihre Körpertemperatur regulieren. Sie erfrieren also nicht so leicht. Trotzdem ist der Winter auch für sie eine harte Jahreszeit.

a) Informiere dich über die Ernährungsweise einiger Tiere in den verschiedenen Jahreszeiten!

b) Erläutere, warum das Nahrungsangebot im Winter knapper ist als im Frühjahr und Sommer!

c) Viele Tiere überstehen den Winter. Nenne Strategien, wie sie das schaffen!

7. Warum blühen Frühblüher früher?

Im Frühjahr wachsen in der Krautschicht des Laubwaldes einige Pflanzen sehr schnell. Diese Frühblüher blühen und fruchten, bevor die Bäume Blätter tragen.

a) Finde Beispiele für Frühblüher!

b) Begründe, warum die Lebensweise der Frühblüher als Anpassung an die Jahreszeiten angesehen werden kann!

8. Leben in der Wüste

Finde weitere Tierarten mit besonderen Anpassungen an den Wassermangel, die hohen Temperaturen und Sandstürme in der Wüste!

Pflanzen und Tiere in ihren Lebensräumen

Lebensräume sind vielfältig

In einem Lebensraum beeinflussen sich Pflanzen und Tiere gegenseitig. Außerdem wirken die Bedingungen der nicht lebenden Natur auf Pflanzen und Tiere. Durch die Ausprägung der Lebensbedingungen werden einzelne Lebensräume charakterisiert.

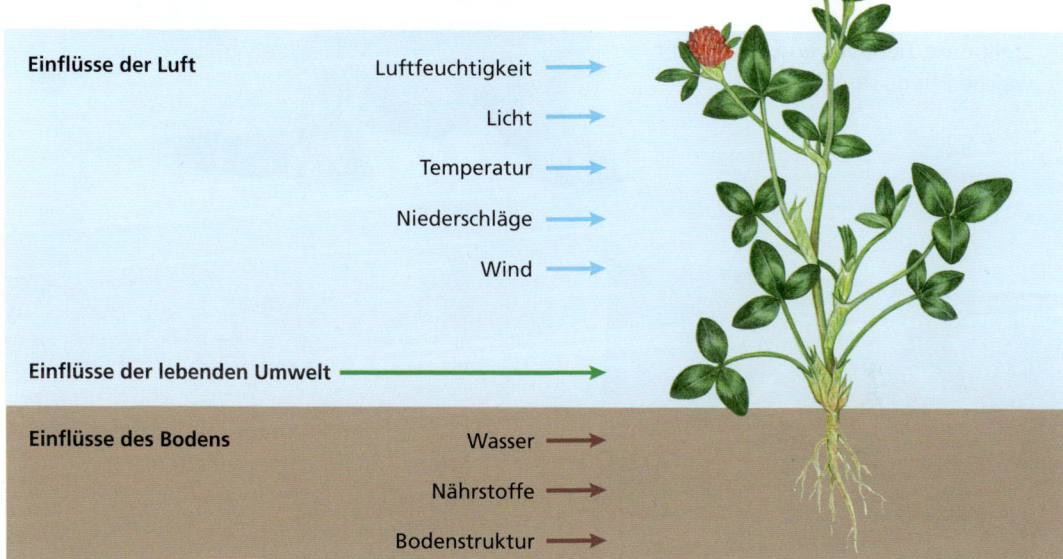

Einflüsse der Luft

Luftfeuchtigkeit →

Licht →

Temperatur →

Niederschläge →

Wind →

Einflüsse der lebenden Umwelt →

Einflüsse des Bodens

Wasser →

Nährstoffe →

Bodenstruktur →

Lebensräume lassen sich untersuchen

Um das Leben in einem Lebensraum beschreiben zu können, muss man seine lebenden und nicht lebenden Bestandteile untersuchen. Dazu kann man durchführen:

- ■ Messungen von Wetterelementen: z.B. Lufttemperatur, Luftdruck, Niederschlagsmenge,
- ■ Bodenuntersuchungen, z. B. mit der Fingerprobe,
- ■ Bestimmung von Pflanzen und Tieren,
- ■ Untersuchung von Tierspuren.

Pflanzen und Tiere sind an die Bedingungen in ihren Lebensräumen angepasst

- ■ Sogar in Lebensräumen mit wenig Nahrung und großer Hitze oder extremer Kälte leben Lebewesen. Einige Tiere sind mit ihrem Körperbau, ihren Lebensfunktionen und ihrem Verhalten daran angepasst.

5.2 Die Natur nutzen und schützen

1

Wer hat welches Heimtier?

Stellt in der Klasse fest, welche Heimtiere in den Familien zu Hause sind! Stellt eure Tiere vor und beschreibt, welche Pflege sie brauchen!

2

Stadtbewohner gesucht

Viele Tiere sind inzwischen richtige Stadtbewohner. Manche kommen sogar in die Häuser und lassen sich auf Dachböden oder in Kellern nieder.
Berichte über eigene Beobachtungen von Wildtieren in deinem Wohnort! Sammle Zeitungsartikel zu diesem Thema!

3

Haltung von Hühnern

Hühner werden unter sehr unterschiedlichen Bedingungen gehalten.
Beschaffe Informationen über
– Käfighaltung,
– Bodenhaltung,
– Freilandhaltung.
Diskutiert über die Vor- und Nachteile der verschiedenen Haltungsformen.

4

Verfasse einen Antwortbrief

Lea hat an die Ratgeberredaktion
einer Tierzeitschrift folgenden Brief
geschrieben. Entwirf einen möglichen
Antwortbrief!

> Liebe Tierexperten,
> ich heiße Lea und bin 12 Jahre alt. Ein
> Kätzchen zu haben, ist mein größter
> Wunsch. Ich lebe mit meinen Eltern und mei-
> ner kleinen Schwester in einer großen hellen
> Etagenwohnung in einem grünen Wohnviertel
> vor den Toren einer großen Stadt.
> Mein Taschengeld würde ausreichen, um
> regelmäßig Katzenfutter zu kaufen, und ich
> habe auch genug Zeit, um mich häufig mit
> der Katze zu beschäftigen. Morgens, wenn
> wir in der Schule sind, sind Mama und Papa
> beide berufstätig und das Tier wäre allein.
> Besonders deshalb sind meine Eltern nicht be-
> geistert von meinem Wunsch. Bitte schreibt
> mir doch, ob das ein Problem ist. Vielleicht
> könnt ihr mir auch auflisten, was eine Katze
> braucht und was wir alles beachten müss-
> ten. Wenn ich ganz sicher bin, dass wir es
> schaffen, dann kann ich bestimmt auch meine
> Eltern überzeugen!
> Ich warte gespannt auf eure Antwort.
> Viele Grüße Lea

5 **Nutztiere früher und heute**

Hatten es Schweine und Rinder früher besser? Informiere dich über die Nutztierhaltung
in früheren Zeiten! Besuche ein Heimatmu-
seum, frage ältere Menschen oder suche in einer
Bibliothek nach Informationen! Vergleiche mit den
Informationen zur heutigen Tierhaltung, die du im
Laufe des Kapitels erhältst!

Vom Baum zum Papier

Menschen nutzen Pflanzen und Tiere nicht nur als Nahrungsquelle. Lebewesen liefern auch Rohstoffe. So wird z. B. die Seide aus dem Spinnfaden einer Schmetterlingsraupe gewonnen.

Bäume liefern den Rohstoff Holz, der vielseitig verwendbar ist. Unter anderem dient Holz als Ausgangsstoff für die Papierherstellung.

1. Fasern im Papier

Reiße ein Stück von einem Löschpapier ab. Betrachte die Reißkante mit einer Lupe!

2. Papiersorten

Erstelle eine Liste von Papiersorten! Erweitere die Liste zu einer Tabelle, in die du Eigenschaften und Verwendung einträgst!

3. Papier untersuchen

Verschiedene Papiersorten haben unterschiedliche Eigenschaften.

Entwickle selber Methoden, mit denen du Glätte, Saugfähigkeit und Reißfestigkeit untersuchen und vergleichen kannst!

4. Stelle aus altem Papier neues Papier her!

Beachte, dass zwischen der Vorbereitung und dem Papierschöpfen einige Zeit liegen muss!

Vorbereitung:

a) Sammle vor Beginn der Arbeit farbiges Papier! Es muss durchgefärbt und nicht nur bedruckt sein.

b) Zerreiße das Papier in kleine Schnipsel!

c) Weiche die Schnipsel farblich sortiert einige Tage in Wasser ein!

d) Für das Schöpfen der Papiermasse brauchst du Siebe. Du kannst Fliegengitter in rechteckige Stücke schneiden und die Ränder mit einer Zange nach unten biegen! Aufwendiger sind Schöpfsiebe mit Holzrahmen.

e) Bereite deinen Arbeitsplatz mit Schöpfsieb, eingeweichtem Papier, Frotteehandtuch, Küchenfließ, Teigroller, Pürierstab, Wäscheständer mit Klammern, Küchensieb und mehreren Plastikwannen vor!

Durchführung:

a) Püriere das vorgeweichte Papier in kleinen Portionen, gib es in eine Wanne mit Wasser!

b) Tauche ein Schöpfsieb senkrecht ein, drehe es waagerecht und nimm es langsam raus!

c) Halte das Sieb jetzt schräg, damit das überschüssige Wasser abläuft!

d) Lege das Sieb mit der Papiermasse nach unten auf das Küchenfließ, das auf dem Handtuch liegt! Mit dem Teigroller presst du das überschüssige Wasser heraus!

e) Nun kannst du das Sieb an der Ecke hochnehmen. Auftropfen von Wasser auf die Rückseite oder Abziehen mit den Fingern erleichtern das Ablösen.

f) Hast du das Küchenfließ voll belegt, hängst du es am Wäscheständer auf. Das Papier trocknet über Nacht.

g) Löse das Papier nach dem Trocknen vom Küchenfließ!

1 Bau eines Schöpfrahmens

Wirbeltiere als Haustiere

Es gibt viele Tiere und Pflanzen (↗ S. 90), die schon seit langer, langer Zeit von Menschen gehalten wurden. Wildziegen, Wildschafe und Wildschweine lebten schon immer in menschlichen Siedlungen. Später folgten Wildpferd und Wildrind.

Aus diesen **Wildtieren** züchtete der Mensch die heutigen **Nutztiere**, z. B. Ziege (↗ Abb. 1), Wasserbüffel, Hausrind, Pferd, Schaf und Hausschwein.

Auch die **Heimtiere** wie Katzen, Goldhamster, Kaninchen, Meerschweinchen und Mäuse stammen von Wildtieren ab, der **Hund** z. B. vom **Wolf**.

Heimtiere werden gern gehalten, weil es Freude macht, sie zu streicheln, sie mit Futter zu versorgen und mit ihnen zu spielen. Viele Menschen sehen in ihnen einen Gefährten. Außerdem ist es interessant, ihr Verhalten zu beobachten.

2 Schildkröten sind nicht kuschelig, aber trotzdem als Heimtiere beliebt.

Gewusst · Gekonnt

1. Erarbeite einen Steckbrief von deinem Lieblingstier!

2. Von welchem Wildtier stammen die Hauskatzen ab? Bereite einen Vortrag vor.

3. Wellensittiche, viele Schildkrötenarten und sogar Meerschweinchen stammen nicht aus Europa. Informiere dich über die Lebensbedingungen in ihrer Heimat!

1 Der Mensch nutzt Haustiere als Nahrungslieferanten und als Transportmittel.

Das Hausschwein – wichtiger Fleischlieferant

In Deutschland werden ca. 20 Millionen Schweine gehalten. Bei guter Fütterung mit energiereichem Mastfutter nehmen die Hausschweine schnell an Masse zu. Nach 4 bis 7 Monaten sind sie mit 100 bis 110 kg Lebendgewicht schlachtreif.
Neben Fleisch werden vom Menschen weitere Teile des Schweines verwertet (↗ Abb. 1).

Die vorwiegende Haltung der Schweine ist eine **Intensivhaltung,** auch industrielle Schweinehaltung genannt. Dies ist eine Stallhaltung ohne Stroh und Tageslicht. Die Hausschweine stehen auf Böden aus Betonplatten, durch die Kot und Urin hindurch in Sammelbehälter fallen. Das Gemisch aus beiden wird als Gülle auf Äcker und Weiden verteilt. Die Tiere bekommen keinen Auslauf.

Diese Schweinehaltung ist darauf gerichtet, dass die Hausschweine in möglichst kurzer Zeit viel Muskelfleisch ansetzen. Der natürlichen Lebensweise der Schweine entspricht sie nicht. Norma-lerweise bewegen sich Hausschweine gerne. Sie durchwühlen mit ihrem Rüssel den Erdboden nach Nahrung und wälzen sich in Pfützen. Sie suhlen sich.

Deshalb kommt die **Buchtenhaltung** der Lebensweise von Schweinen näher. Die Buchten sind nur zur Hälfte mit Böden versehen, durch die Kot und Urin fallen können. Die andere Hälfte bildet der mit Stroh ausgelegte Ruhebereich. In den Buchten leben mehrere Schweine zusammen (↗ S. 207, Abb. 1).

Wirklich artgerecht ist nur die **Freilandhaltung** (↗ S. 207, Abb. 1). Die angeborenen Verhaltensweisen wie Wühlen und Suhlen können von den Hausschweinen ausgeführt werden.

Gewusst · Gekonnt

Tiere sollten entsprechend ihrer natürlichen Lebensweise gehalten werden. Nenne Gründe dafür. Bewerte die unterschiedlichen Haltungsformen.

Fett

Blut

Muskel

Haut

Borsten

Hufe

Darm

Knochen

1 Verwertbare Teile des Schweines und erzeugte Produkte

1 In Buchten leben Schweine eng zusammen. Bei der Freilandhaltung bleiben sie fast immer draußen.

Vom Wildschwein zum Hausschwein

Schweine zählen zu den ältesten Haustieren des Menschen überhaupt. Schon 10 000 v. Chr. zähmten die Steinzeitmenschen in Ostasien **Wildschweine** und nutzten sie als Fleischlieferanten. In Europa dauerte es länger, aus dem europäischen Wildschwein ein Haustier zu züchten. Das geschah erst um 8 000 v. Chr.

Beide Wildschweinarten, das asiatische und das europäische, gelten als Stammform unserer Hausschweine. Aus beiden Formen züchteten die Menschen unzählige Hausschweinrassen. Sie werden unterschiedlich gehalten: in Buchten und im Freiland (↗ Abb. 1). Wildschweinen begegnen wir auch jetzt noch häufig. Sie wagen sich sogar in die Nähe der Städte.

Tagsüber halten sie sich z. B. im Unterholz von Laubwäldern und Kiefernschonungen auf. In der Dämmerung und nachts gehen sie auf Nahrungssuche. Sie durchwühlen mit ihrer rüsselförmigen Schnauze den Erdboden nach Fressbarem, z. B. nach Samen, Früchten, Wurzeln, Insekten, Mäusen, aber auch nach Kartoffeln und jungen Getreidepflanzen.

Durch ihr dichtes, schwarzbraunes Borstenkleid sind die Wildschweine in ihrem Lebensraum gut getarnt.

Die Sauen (Bachen) und Jungtiere leben meist in Familienverbänden, den Rotten, zusammen. Ausgewachsene Wildschweineber (Keiler) sind dagegen Einzelgänger.

Wildschweine werden u. a. wegen ihres Fleisches gejagt.

2 Eine Bache mit ihren Jungen (Frischlingen) auf Futtersuche.

Unsere Hausrinder sind wichtige Nutztiere

Rinder sind ebenfalls wichtige Nutztiere. Sie grasen auf Wiesen und Weiden (↗ Abb. 1). Auffällig sind ihr **massiger Körper** und ihre **stämmigen Beine.** Jeder Fuß endet in zwei kräftigen Zehen. Die Spitzen der Zehen sind von einer dicken Hornschicht, den **Hufen,** umgeben. Sie schützen die Zehen. Mit den Hufen treten die Rinder auf den Boden auf. Sie gehören zu den **Huftieren.** Da die Hufe zweifach (paarig) vorhanden sind, bezeichnet man die Rinder als **Paarhufer.**

Die Rinder sind **Pflanzenfresser.** Mit ihrem guten Geruchs- und Geschmackssinn können sie fressbare von ungenießbaren Pflanzen unterscheiden. Mit der langen, rauen Zunge umfassen sie die Grasbüschel, rupfen sie ab und schlucken das Gras fast unzerkaut hinunter. Gras enthält wenig Nährstoffe und ist auch schwer verdaulich. Jedes Rind frisst daher täglich 50 bis 80 kg Grünfutter.

Die Rinder haben einen großen **Magen.** Er besteht aus vier Teilen: Pansen, Netzmagen, Blättermagen, Labmagen (↗ Abb. 2) Über die Speiseröhre gelangt die Nahrung in den Pansen. Nach ca. zwei Stunden Einweichzeit gelangt die Nahrung über den Netzmagen wiederum zurück in das Maul. Nun wird sie durch die Backenzähne gründlich

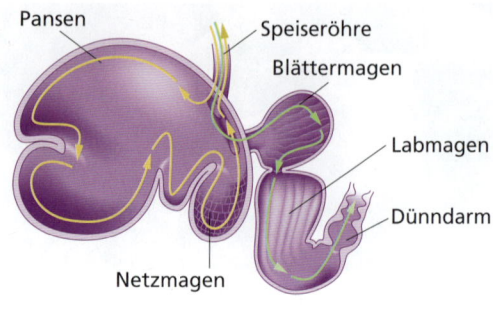

2   Weg der Nahrung ⟶ im Rindermagen

zerkaut, durch die Speiseröhre in den Blättermagen, von dort in den Labmagen und anschließend in den Darm transportiert. Da die Rinder die Nahrung ein zweites Mal aus dem Magen in das Maul befördern und dort zerkauen, werden sie als **Wiederkäuer** bezeichnet.

In Deutschland werden die Rinder als Milch- und Fleischlieferanten genutzt.
Milchrinder erreichen eine besonders hohe Milchleistung, zwischen 8 000 und 10 000 Liter im Jahr. Die Kuhmilch ist für uns ein wichtiges Nahrungsmittel. Sie enthält Eiweiß, Fett, Zucker, Vitamine und Mineralstoffe.
Die Fleischrinder zeichnen sich durch einen schnellen Fleischzuwachs sowie durch besonders mageres und zartes Fleisch aus.

1   Diese Rinder verbringen die meiste Zeit des Jahres im Freien auf Wiesen und Weiden.

Tiere und Pflanzen brauchen bestimmte Lebensbedingungen

Tiere im Stall

Wenn du Haustiere hast, dann weißt du, dass sie nicht nur genug zum Fressen und ausreichend Wasser benötigen. Kaninchen können zwar im Winter draußen bleiben, wenn der Stall geschützt steht, im Sommer geht es ihnen in der prallen Sonne aber gar nicht gut. Die Katze sucht sich selbst einen Platz, an dem sie sich wohlfühlt. Die Temperatur entscheidet auch darüber, ob dein Tier gesund bleibt. Dabei kann die „richtige" Temperatur von Art zu Art ganz verschieden sein.

Haus- und Nutztiere werden schon seit Jahrtausenden gehalten. Dennoch bleiben es Lebewesen mit ganz bestimmten Bedürfnissen. Nur wenn diese erfüllt sind, bleiben die Tiere gesund und können ihre Aufgaben erfüllen.

Kühe, Schweine und Hühner sind meist in großen Ställen untergebracht. Die Tiere geben selber Wärme ab, sodass eine Heizung nicht unbedingt erforderlich ist. Nur die Jungtiere haben es gerne schön warm (↗ Abb. 1). Später reagieren die Tiere eher empfindlich gegenüber zu hohen Temperaturen.

1 Ferkel werden durch Wärmestrahlung gewärmt.

↗ Abb. 1

Selbst erforscht

Automatische Temperaturregelung

1. Regelkreise
An vielen Orten ist eine gleichmäßige Temperatur erforderlich. Finde Beispiele!

2. Modell für ein Bimetall
In einem Regelkreis zur Regulierung der Temperatur gibt es ein Bauteil, das mit der Temperatur seine Form ändert. Das kann ein Streifen aus zwei verschiedenen Metallen, ein Bimetall, sein. Untersuche die Wirkung von Wärme auf ein zweischichtiges Kaugummipapier!

Material:
Streichholz, Kaugummipapier (enthält eine Aluminium- und eine Papierschicht), Teelicht, Schere, feuerfeste Unterlage

Durchführung:
a) Schneide einen 1 cm breiten Streifen von dem Kaugummipapier ab und klemme ihn in das Streichholz!
b) Wickle das Kaugummipapier mit der Aluschicht nach innen zu einer Spirale! Halte es vorsichtig über das Teelicht!
c) Wiederhole den Versuch, aber wickle die Spirale nun mit der Papierseite nach innen!
d) Wiederhole den Versuch jeweils nur mit der Alu- oder nur mit der Papierschicht!

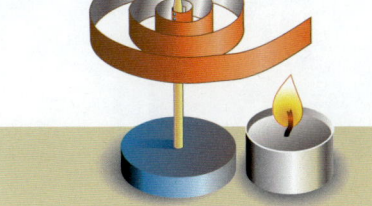

Die günstigsten Lebensbedingungen würden die meisten Nutztierrassen bei einer Haltung im Freiland und bei ungünstigen Witterungsbedingungen in geräumigen Ställen genießen. Hühner halten die Menschen bereits seit 4000 Jahren. Wesentliche Verhaltensweisen des wild lebenden Vorfahrens sind aber geblieben. Dazu gehören die Eiablage in Nestern, das Scharren und das Ruhen auf erhöhten Stangen. In der Landwirtschaft geht es aber auch darum, mit den Produkten der Tiere einen Gewinn zu machen. Das geht nur, wenn der Aufwand zur Pflege verhältnismäßig gering ist und die Tiere trotzdem gesund bleiben, damit sie viel Milch geben oder viele Eier legen.

Die Aufrechterhaltung günstiger Bedingungen erfolgt daher weitgehend automatisch. Der Bauer muss nicht schauen, ob es im Schweinestall zu stickig ist, und die Lüftung einschalten. Das übernehmen Mess- und Regeleinrichtungen.
Über solche Einrichtungen werden die Lebensbedingungen in den Ställen gesteuert:
– Licht,
– Temperatur,
– Belüftung.
Auch für weitere Aufgaben hat die Technik Einzug in die Ställe gehalten. Die Fütterung erfolgt automatisch und ebenso der Abtransport von Mist oder Gülle. Sogar das Melken übernehmen Maschinen.

1 Durch Zusatzbeleuchtung kann im Gewächshaus die Leistung gesteigert werden.

Pflanzen im Gewächshaus

Das Wachstum der Pflanzen ist stark von den äußeren Bedingungen abhängig. Vor allem von Wärme und Licht (↗ Abb. 1).
Viele Pflanzen werden deshalb unter Folien oder in Gewächshäusern kultiviert. Diese erwärmen sich leicht durch die Sonnenstrahlung und lassen die Pflanzen früher wachsen und blühen als im Freiland.

In den Gewächshäusern werden die Pflanzen auch künstlich mit Wasser und mit Mineralstoffen versorgt. Die Luft wird mit Kohlenstoffdioxid angereichert. Das Kohlenstoffdioxid nehmen die Pflanzen auf und produzieren daraus mithilfe des Sonnenlichts Traubenzucker, den Ausgangsstoff für weitere körpereigene Stoffe (↗ S. 85, 86).

Gewusst · Gekonnt

1. Früher war in vielen Bauernhöfen der Kuhstall direkt neben der „guten Stube". Im Winter, wenn die Kühe drinnen waren, haben sie mit ihren Körpern dazu beigetragen, das Haus warm zu halten.
   a) Finde heraus, ob heute die Abwärme aus dem Stall genutzt wird!
   b) Erkunde, wie die Abfälle aus Rinder-, Schweine- oder Hühnerställen genutzt werden! Recherchiere unter den Stichworten: Gülle, Mist, Biogas!

2. Hühner benötigen in verschiedenen Abschnitten ihres Lebens bestimmte Temperaturen. Sie werden in verschiedenen Ställen gehalten: Eier bei 37,8 – 38 °C, Küken im Alter von 2 Wochen bei 28 – 30 °C, Küken im Alter von 4 Wochen bei 25 °C und Junghennen bei 5 – 15 °C.
   Wie muss in den Ställen gearbeitet werden, um diese Temperaturen zu gewährleisten?

3. Diskutiert, wie ihr als Verbraucher dazu beitragen könnt, Wirtschaftlichkeit und Tierschutz besser in Einklang zu bringen!

Interessantes aus der Vogelwelt

Der Vogelzug – eine geheimnisvolle Tierwanderung

Viele Vögel verlassen in der kalten Jahreszeit ihre Brutgebiete. Im Herbst kann man beobachten, wie sie sich sammeln und als Schwarm davonziehen (Gänse, Kraniche, Schwalben). Andere Vögel, z. B. die Krähen, die man während des Sommers nur als Paare in unserem Gebiet gesehen hat, ziehen in großen Schwärmen vorbei.

Die Wissenschaftler haben festgestellt, dass einige Vögel in dieser Zeit verschiedene **Wanderungen** vollziehen. So legen Kranich, Roter Milan, Rauchschwalbe, Bachstelze, Weißstorch und Kuckuck sehr weite Strecken bis nach Afrika zurück. Dort ist es warm und sie finden genügend Nahrung. Sie sind **Zugvögel.**

Die Zugvögel verlassen in der kalten Jahreszeit ihre nördlichen Brutgebiete und fliegen zu warmen Winterquartieren im Süden. Der Rückflug erfolgt im Frühjahr. Dieses Zugverhalten ist angeboren. Der Vogelzug ist eine **Anpassungserscheinung** an ungünstige Lebensbedingungen im Brutgebiet im Spätherbst und im Winter.

Auf ihrer langen Reise sind die Zugvögel zahlreichen Gefahren ausgesetzt. Sie verletzen sich an Stromleitungen, können mit Flugzeugen zusammenstoßen oder werden durch nächtliches Licht in die Irre geleitet. Durch Veränderungen der Umwelt und die Zerstörung der Rastplätze wird es für die Zugvögel immer schwerer, die notwendigen Energiereserven anzulegen. Solche Rastplätze sind z. B. Seen mit flachen Ufern oder überflutete Wiesen, auf denen sie ungestört fressen können.

2 Elstern sind Standvögel.

Teilzieher, Strich- und Standvögel
Reiherente, Rotkehlchen und Haubentaucher sind Vögel, die nicht ganz so weit wegziehen. Meist fliegen sie nur bis in die südlich an Deutschland angrenzenden Länder oder in den Mittelmeerraum. Andere Vögel kommen aus den nördlichen Gebieten zu uns. Diese Vögel sind **Teilzieher.**

Im Herbst und Winter tauchen Vögel in Gruppen auf und verschwinden wieder, obwohl sie das ganze Jahr bei uns zu finden sind. Dies sind **Strichvögel,** die auf der Suche nach Nahrung über ihr eigentliches Brutgebiet hinaus die Gegend durchstreichen. Hierzu gehören u. a. Kohlmeise, Kleiber, Buchfink, Goldammer und Gimpel.

Standvögel wie Sperling, Habicht, Elster, Specht und Amsel bleiben ganzjährig in ihrem Revier, auch im Winter.

1 Kraniche sind Zugvögel.

3 Kohlmeisen gehören zu den Strichvögeln.

Schutz für Tiere und Pflanzen

Lebewesen können nur dann existieren, wenn bestimmte **Lebensbedingungen** gegeben sind. Dazu gehören u. a. sauberes Wasser, schadstoffarme Luft und geeignete Bodenverhältnisse.

Diese Lebensbedingungen werden häufig von den Menschen so verändert, dass Gefahren für viele Pflanzen und Tiere entstehen. Ursachen dafür sind Baumaßnahmen, Abgase (z. B. von Autos), Einleiten ungereinigter Abwässer in Seen und Flüsse und vieles mehr.

Ganze Lebensräume werden zerstört oder so stark verändert, dass die Pflanzen und Tiere beeinträchtigt werden, eingehen oder abwandern.

In Feuchtgebieten wird beispielsweise häufig durch Gräben zu viel Wasser abgeleitet. Dadurch kann Wassermangel für die Pflanzen entstehen und die Fotosynthese kann nur vermindert oder gar nicht ablaufen.

Sehr nachteilig wirkt sich auch aus, wenn durch Fahrzeuge oder auf andere Weise Staub aufgewirbelt wird. Der Staub lagert sich auf den Laubblättern ab. Dadurch dringt weniger Licht in das Innere des Laubblattes.

Die Pflanzen wachsen und entwickeln sich langsamer oder sterben sogar ab. Für alle anderen Organismen steht weniger Nahrung zur Verfügung und es wird weniger Sauerstoff von den Blättern abgegeben. Den Sauerstoff benötigen die meisten Organismen zur Atmung.

Als Folge sind viele Samenpflanzen vom Aussterben bedroht oder gefährdet (↗ Abb. 1–4). Einige Arten sind bereits ausgestorben.

Gewusst · Gekonnt

Informiere dich über die Lebensbedingungen einer der hier abgebildeten Pflanzen!

1   Herbst-Zeitlose (stark gefährdet)

3   Holunder-Knabenkraut (vom Aussterben bedroht)

2   Sommer-Adonisröschen (vom Aussterben bedroht)

4   Frauenschuh (stark gefährdet)

Um die Vielfalt an Lebewesen zu erhalten, ist es daher notwendig, alles zu ihrem Schutz zu tun, vor allem sollten:

– Lebensräume nicht unüberlegt durch Baumaßnahmen (z. B. durch Straßenbau oder Anlage von Wohnsiedlungen) zerstört werden,
– alle Abwässer gereinigt werden, bevor sie in Gewässer gelangen,
– Feuchtgebiete nicht entwässert werden,
– Lebensräume, in denen seltene Pflanzen wachsen, geschützt werden.

Jeder von uns kann beispielsweise durch sorgsamen Umgang mit Schadstoffen (z. B. sparsamer Umgang mit Haushaltschemikalien) dazu beitragen, dass wir uns auch in Zukunft an der Formen- und Farbenpracht in der Natur erfreuen können. Auch Tiere sind von der Zerstörung der Lebensräume betroffen. Sie finden nicht genügend Nahrung. Oft gehen geeignete Nistplätze verloren, z. B., wenn ein alter Baum gefällt wird oder eine Hecke einem riesigen Feld weichen muss. Viele Tiere reagieren auch empfindlich auf Lärm.

> **Der beste Schutz für die einheimischen Tiere und Pflanzen ist die Erhaltung und der Schutz ihrer Lebensräume.**

Zu den besonders gefährdeten Tierarten gehört der Fischotter (↗ Abb. 3). Man findet ihn nur noch in naturnahen Flusslandschaften. Flussregulierungen, Befestigung der Ufer sowie Gewässerverschmutzungen verringern die Überlebenschancen. Fischotter sind scheu und brauchen als nachtaktive Tiere ruhige und vor allem ungestörte Uferzonen am Tage.

Gewusst · Gekonnt

Informiere dich über die Lebensbedingungen eines der hier abgebildeten Tiere!

1 Haselmaus (gefährdet)

3 Fischotter (vom Aussterben bedroht)

2 Steinkauz (stark gefährdet)

4 Laubfrosch (stark gefährdet)

Tiere auf der Roten Liste

Gefährdete Arten

Früher war der Weißstorch in vielen Orten zu Hause. Er gehörte zu den Tieren in der Nachbarschaft. Heute sieht man ihn nur noch selten. Hausdächer mit Storchennestern stellen eine besondere Attraktion dar.

Störche ernähren sich von Fröschen und anderen Kleintieren, die sie auf feuchten Wiesen fangen. Solche Lebensräume sind heute selten.

Tiere und auch Pflanzen, die sehr selten oder sogar vom Aussterben bedroht sind, werden in die „Rote Liste" aufgenommen.

1. Was ist eine „Rote Liste"?
   Erkundet, was man unter der Roten Liste versteht! Wer gibt diese Liste heraus? Wann wird sie veröffentlicht?

Schon immer sind Tierarten auf unserer Erde ausgestorben, sonst gäbe es ja heute noch Dinosaurier und Flugechsen. Aber die Wissenschaftler gehen davon aus, dass Tiere und Pflanzen heute besonders schnell aussterben. Dass eine Tierart nicht mehr überleben kann, liegt fast immer an den Veränderungen der Lebensbedingungen. An diesen Veränderungen sind wir Menschen in großem Ausmaß beteiligt.

2. Veränderung der Umwelt
   Erkundet in eurer unmittelbaren Umgebung, wo Veränderungen in der Umwelt (Landschaft) stattgefunden haben!
   – Ist die Bevölkerung über diese Veränderungen informiert worden?
   – Welche Tierarten haben dort ihren Lebensraum gehabt?

3. Gefährdete Tiere in Thüringen
   Informiert euch bei Umweltämtern oder im Internet, welche Tiere in Thüringen gefährdet sind! Stellt eine Liste zusammen, die jeweils ein Tier jeder **Gefährdungsstufe** enthält!

> **Die Gefährdungsstufen der Roten Liste:**
> 0: ausgestorben oder verschollen
> 1: vom Aussterben bedroht
> 2: stark gefährdet
> 3: gefährdet
> 4: möglicherweise gefährdet

4. Was brauchen die Tiere zum Leben?
   a) Erkundet die Lebensbedingungen einer gefährdeten Tierart!
   b) Findet heraus, was zur Gefährdung der ausgewählten Art geführt haben könnte!
   c) Nennt die Auswirkungen eines möglichen Aussterbens auf andere Arten!

*5. Zugvögel in Gefahr
   Von den Vogelarten, die in Deutschland auf der Roten Liste stehen, sind etwa die Hälfte Zugvögel. Erläutere, warum die Zugvögel besonders gefährdet sind!

6. Gefährdete Flugkünstler
   Fledermäuse sind Säugetiere, die fliegen können. Viele Fledermausarten stehen auf der Roten Liste, weil sie immer weniger Unterschlupfmöglichkeiten finden.
   a) Erkundige dich, warum die Quartiere von Fledermäusen weniger werden!
   b) Informiere dich, was zum Schutz der Fledermäuse unternommen wird!

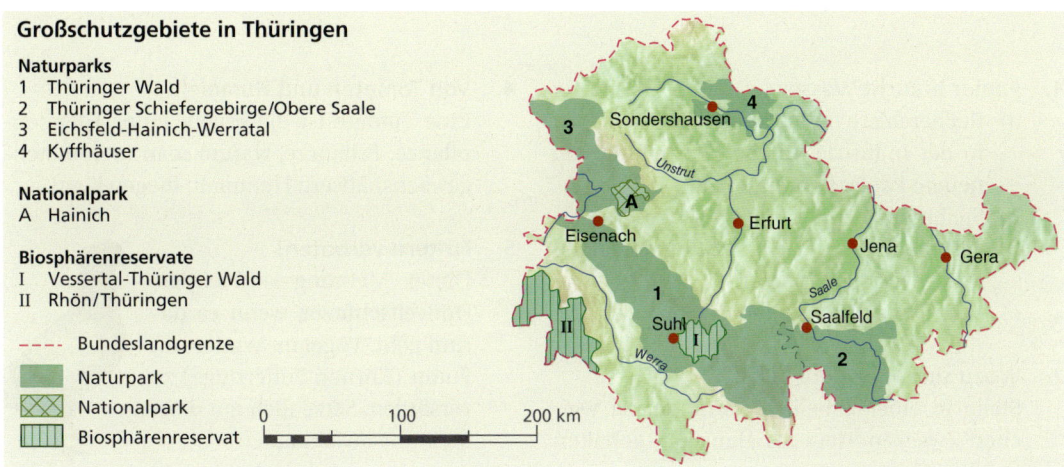

Großschutzgebiete in Thüringen

Naturparks
1 Thüringer Wald
2 Thüringer Schiefergebirge/Obere Saale
3 Eichsfeld-Hainich-Werratal
4 Kyffhäuser

Nationalpark
A Hainich

Biosphärenreservate
I Vessertal-Thüringer Wald
II Rhön/Thüringen

---- Bundeslandgrenze

Naturpark

Nationalpark

Biosphärenreservat

0   100   200 km

1 Großschutzgebiete in Thüringen

Das können wir tun

Weil wir Menschen in vielen Fällen Schuld sind, dass Tierarten aussterben, können wir natürlich auch etwas dagegen tun. Darum gibt es viele Schutz- und Hilfsprogramme für bedrohte Tierarten. Manchmal haben sie großen Erfolg! Vier Fledermausarten und der Biber konnten ganz aus der Roten Liste herausgenommen werden.

7. Schutz vor Ort
Entwerft ein Schutz- und Hilfsprogramm, das zum Überleben der von euch gewählten Art beitragen könnte.
a) Formuliert die Schritte, die getan werden sollten, möglichst genau!
b) Schlagt dieses einer Naturschutz- oder anderen Organisation (Gemeinde, Kirchengemeinde, Jugendtreff, …) vor!
c) Überlegt euch, wie ihr dazu beitragen könnt, das Programm umzusetzen!

Weil sich einzelne Tierarten nur gemeinsam mit ihren Lebensgemeinschaften wirksam schützen lassen, werden größere Gebiete unter Schutz gestellt. Biosphärenreservate, Nationalparks und Naturparks gehören zu den Großschutzgebieten (↗ Abb. 1). Naturschutzgebiete sind kleiner, aber für den Schutz von Tier- und Pflanzenarten auch von Bedeutung.

8. Schutzgebiete in Thüringen
Informiere dich über Schutzgebiete in deiner Nähe!
a) Finde heraus, welche Tiere und Pflanzen dort geschützt werden sollen!
b) Erstelle ein Plakat mit Regeln, die in einem Naturschutzgebiet eingehalten werden müssen!

2 Arbeitseinsatz zum Pflanzen von Bäumen

Gewusst · Gekonnt

1. Papier braucht Wasser

a) Recherchiere im Internet, wie viel Wasser in der Industrie für die Herstellung von neuem Papier benötigt wird!

b) Suche nach einem Wert für den Wasserverbrauch bei der Herstellung derselben Menge Recyclingpapier!

c) Vergleiche die Werte!

2. Wozu sind Haustiere gut?

Stelle in einer Tabelle zusammen, zu welchen Zwecken Tiere als Haustiere gehalten werden!

Tier	Haltungszweck
Hund	Freund Blindenführer Spurensucher Rettungshund Schlittenhund
Kaninchen	…
…	…

3. Steckbrief eines ausgestorbenen Tiers

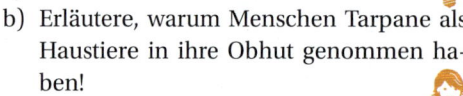

Das europäische Wildpferd wird auch Wald- und Steppentarpan genannt. Es gilt als Vorfahr unserer heutigen Pferderassen. Es ist Ende des 19. Jahrhunderts ausgestorben.

a) Beschreibe das Tier!

b) Erläutere, warum Menschen Tarpane als Haustiere in ihre Obhut genommen haben!

c) Auf welche Eigenschaften wurde bei der Züchtung der vielen Pferderassen besonders geachtet?

d) Sammle weitere Informationen über das europäische Wildpferd und stelle Vermutungen darüber an, warum es ausgestorben ist!

4. Von Tomaten und Hummeln

Eine Tomate ist die Frucht einer Tomatenpflanze. Erläutere, warum man in Tomatengewächshäusern Hummeln fliegen lässt!

5. Füttern verboten!

Dieser Meinung sind einige Umweltschützer, wenn es darum geht, Vögel im Winter mit Futter (Körner, Futterringe) zu versorgen. Setze dich mit dieser Meinung auseinander!

6. Tiere werden transportiert

Lies den Text zunächst gründlich durch!

„Jedes Jahr werden mehr als 360 Millionen Tiere quer durch Europa transportiert. Dabei werden sie (z. B. Rinder, Schweine oder Schafe) eng eingepfercht über 3 000 km transportiert.

Aber auch innerhalb Deutschlands sind die Strecken nicht gerade kurz. Vom Beladen der Tiere, z. B. in Schleswig-Holstein, bis zum Erreichen und Entladen, z. B. in einem bayerischen Schlachthof, vergeht etwa ein Tag.

Vor allem Schlachttieren geht es bei diesen Transporten nicht sehr gut. Beim Verladen werden sie z. T. durch Tritte, Schläge und Elektroschocks traktiert. In den Transportern sind zu viele Tiere. Das Klima ist dadurch unerträglich. Deshalb sind viele Tiere entkräftet und brechen zusammen.

Verhandlungen mit allen betroffenen Ländern zur Verbesserung der Situation bei Tiertransporten sind sehr schleppend. Streitpunkte sind immer Ladedichte, Anforderungen an die Temperatur und Luftfeuchte während des Transports sowie eine Fahrt- und Pausenregulierung."

a) Mach dir kurze Notizen zu den Inhalten des Textes!

b) Wer könnte den Text verfasst haben?

c) Bewerte die Tiertransporte aus der Sicht von Landwirten, Transportunternehmern, Verbrauchern und Tierschützern!

Pflanzen und Tiere, die wir nutzen

Aufgaben und Produkte von Pflanzen und Tieren

Pflanzen liefern
- Nahrung (Gemüse, Obst, Nüsse, Getreide und Getreideprodukte, Öl),
- Faserstoffe, Papier,
- Duftstoffe, Färbemittel,
- Treibstoff.

Tiere
- sind Helfer und Begleiter,
- liefern Nahrung (Fleisch, Milch und Milchprodukte, Eier),
- liefern Leder und Pelz.

Tiere brauchen zum Leben günstige Bedingungen

Wildtiere	Haus- und Nutztiere
geeignete Lebensräume	genügend Platz und Auslauf
ausreichend Nahrung, sauberes Wasser	artgerechtes Futter, sauberes Wasser
geschützte Ruhe- und Nistplätze	geeignete Ruheplätze
möglichst saubere Luft	ausreichend Luft und Licht, geeignete Temperaturen

Natur schützen

Viele Tier- und Pflanzenarten sind durch die Tätigkeiten des Menschen gefährdet. Um die Vielfalt zu bewahren, müssen auch die Lebensräume geschützt werden.

Naturschutzgebiet

6

Bionik – Lernen von der Natur

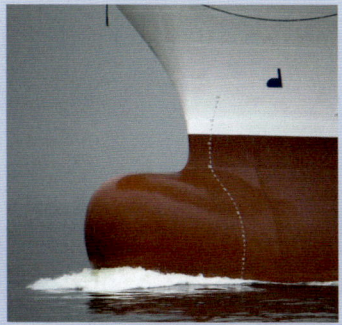

Der Natur abgeschaut

Die lebende Natur diente den Menschen schon immer als Vorbild für die Lösung technischer Probleme. So erfand der bekannte Erfinder und Künstler LEONARDO DA VINCI schon vor über 500 Jahren technische Geräte durch Abgucken von der Natur. Aber erst im Jahre 1960 wurde der Name für diese Methode geprägt: Bionik. Dieses Wort besteht aus den Begriffen Bio-logie und Tech-nik.

Nie mehr putzen?

Nie mehr das Fahrrad putzen, Hausfassaden, die nicht verschmutzen, Autos und Fensterscheiben, die sich bei Regen selbst reinigen – das wäre toll. Mit dem Selbstreinigungseffekt der Natur wird es möglich.

Die erste Idee wäre, eine selbstreinigende Oberfläche müsste besonders glatt sein. Genaue Beobachtungen im ganz Kleinen zeigen jedoch das Gegenteil.

6.1 Eine Wissenschaft von heute?

1 **Durcheinandergeraten**

Hier sind einige Silben durcheinandergeraten.
Ordne sie und bilde sinnvolle Wörter!
Wenn es passt, verwende die Silben mehrmals.

be	ben	Bio	der	dung	Er	fin
	heit	gie	Le	Leh	lo	Mensch
	Na	nik	Pflan	rer	sen	Tech
	Tier	tur	we	ze		

2

Erfinder ihrer Zeit

Die folgenden Erfinder werden in diesem Buch genannt. In welcher Zeit haben sie gelebt und was haben sie erfunden?

Otto Lilienthal
1848 – 1896

George de Mestral
1907 – 1990

Leonardo da Vinci
1452 – 1519

3

Was würdest du tun?

Stell dir vor, du würdest als Wissenschaftler arbeiten! Du hast den Auftrag, ein technisches Gerät zu bauen.
Welchen Bauplan oder welchen Vorgang aus der lebenden Natur würdest du genauer untersuchen und als Vorbild verwenden?

Woher kommt die Bionik?

Die ersten Menschen bevölkerten vor fast vier Millionen Jahren die Erde. Sie hatten sich bereits an der Natur orientiert und von ihr gelernt. Zunächst nutzten sie wenig veränderte Materialien wie Holz oder Stein als Werkzeuge. Sie beobachteten ihre Umwelt sehr genau, z. B., um rechtzeitig vor Katastrophen fliehen zu können, aber auch, um Nahrung zu finden.

Einer der ersten „Bioniker" war wohl LEONARDO DA VINCI (1452–1519). Er fertigte nach Beobachtungen des Vogelflugs Zeichnungen und Modelle für Schlagflügelfluggeräte an. Inspiriert von den Studien LEONARDOS entwickelten im Laufe der Geschichte noch andere Erfinder Fluggeräte und probierten sie sogar aus. Ebenfalls sehr früh dienten die Fische als Vorbilder für den Bau von seetüchtigen Schiffen. So wurden im 16. Jahrhundert leichte und gut zu steuernde Galeonen für die englische Marine entwickelt.

Im 19. Jahrhundert

Anlässlich der Weltausstellung in London im Jahre 1851 entwarf der englische Architekt Sir JOSEF PAXTON den Crystal Palace (↗ S. 218, Abb. 2). Als Vorbild für das Gebäude diente ihm das Tragesystem der Riesenseerose (↗ S. 218, Abb. 1). Der besondere Bau der Blattunterseite sichert der Pflanze größtmögliche Stabilität bei geringstem Materialeinsatz.

Auch der Stacheldraht, der viele Viehweiden abgrenzt, entstand nach einem natürlichen Vorbild: In Texas nahm sich MICHAEL KELLY eine Pflanze namens Osagedorn als Vorbild. Dieser mit Dornen versehene Strauch eignete sich hervorragend dafür, Vieh auf vorgegebenen Plätzen zu halten. KELLY bildete das Prinzip aus Draht nach und ließ es 1868 als „stacheligen Draht" patentieren. Im Jahre 1874 ließen GLIDDEN und HAISH eine etwas geänderte, aber billigere Variante von KELLYS Draht patentieren und gelten seither als die Erfinder des Stacheldrahts.

Auch OTTO LILIENTHAL (1848–1896), dem es gelang, mit einem Gleitflieger zu fliegen, gehört zu den Vorreitern der Bionik (↗ S. 107). Er studierte sehr genau den Flug großer Vögel, z. B. der Störche, und nutzte seine Erkenntnisse für den Bau seiner Fluggeräte.

Unterwasserantrieb

Kraken (↗ Abb. 1) bewegen sich durch eine ganz besondere Antriebsart fort. Sie ziehen ihren muskulösen Mantel kräftig zusammen und stoßen einen Wasserstrahl aus. Bei Gefahr können sie damit sehr schnell entkommen. Man nennt diese Antriebsart „Rückstoßprinzip". Der Tiefseeforscher JACQUES-YVES COUSTEAU ließ sich durch den Antrieb des Kraken anregen. Er entwickelte zusammen mit dem Ingenieur JEAN MOLLARD 1959 sein erstes Unterwasser-Forschungsboot, die „Soucoupe plongeante SP 350" (↗ Abb. 2).

1 Das Antriebsprinzip des Kraken diente als Vorbild für ein Unterwasserfahrzeug.

2 Die „tauchende Untertasse" von J.-Y. COUSTEAU nach dem Vorbild des Kraken

Autoreifen und Haftfüße

Raubkatzen erreichen bei der Jagd sehr hohe Geschwindigkeiten. Dabei haben sie immer festen Halt. Ihre Pfoten verbreitern sich beim Bremsen und eine größere Fläche berührt den Boden. Es wurde bereits ein Autoreifen entwickelt, der durch dieses Prinzip einen kürzeren Bremsweg hat als andere Reifen.

Ein anderer Reifenhersteller untersucht als Vorbild die Fußsohlen von Baumfröschen. Die Tiere haften selbst an glatten Wänden, können sich aber zum Absprung mühelos lösen. Dieselben Fähigkeiten hat ein Gecko (↗ Abb. 1). Unter seinen Füßen befinden sich zahlreiche winzige Härchen. Zwischen ihnen und dem Untergrund wirken Anziehungskräfte, durch die die Füße gut haften, sich aber bei jedem Schritt blitzschnell lösen können.
Es gibt bereits den „Gekkomaten" (↗ Abb. 2) als Versuch, der es einem Menschen ermöglicht, an Wänden hochzuklettern. Amerikanische Forscher haben 2002 künstliche Hafthaare hergestellt, die sich für Roboter oder als Klebstoffe in der Chirurgie einsetzen lassen könnten.

Alltägliche Gegenstände

Auch ganz alltägliche Dinge haben wir der aufmerksamen Beobachtung der Natur zu verdanken, sogar etwas so Einfaches wie einen Salzstreuer. Der Botaniker RAOUL FRANCÉ stand vor der Aufgabe, Kleinstlebewesen gleichmäßig auf einen Boden aufzubringen. Er probierte es mit Sieben, Zerstäubern und Streuern. Aber erst mit dem Vorgehen „Von der Natur lernen" gelang es ihm.
Die Mohnkapsel (↗ Abb.) diente als Vorbild. FRANCÉ erhielt für seine Erfindung 1920 das erste bionische Patent in Deutschland.

Möglichkeiten der Bionik

Bei allen Möglichkeiten, die die Bionik heute bietet, ist sie doch kein Allheilmittel für die technischen Probleme unserer Zeit. Sie kann traditionelles Erfinden und Konstruieren nicht ersetzen. Aber sie kann die Ingenieure dazu anregen, durch das Studium der Natur zu neuen Ideen zu gelangen. Bionik ist auch nicht automatisch die natürlichere und umweltverträglichere Variante der Technik.

Gewusst · Gekonnt

1. Finde heraus, wie schnell die schnellsten Raubkatzen laufen können!

2. Suche im Sommer nach trockenen Mohnkapseln und streue die Samen aus!

1 Der Gecko läuft mühelos an Wänden hoch und sogar kopfüber an der Decke.

2 Der Mensch benötigt großen technischen Aufwand, um eine Betonwand hochzulaufen.

Was gehört zur Bionik?

So vielfältig wie die Vorbilder aus der Natur, so vielfältig sind die Einsatzmöglichkeiten der Bionik. Die Wissenschaftler und Ingenieure arbeiten in verschiedenen Teilgebieten. Bei den einzelnen Themen kann es aber zu Überschneidungen kommen.

Als Vorbilder aus der Natur dienen
– innere und äußere Baupläne,
– Materialien,
– Strukturen von Oberflächen,
– Bewegungsabläufe,
– Abläufe des Stoffwechsels.

Das wohl verbreitetste „Bionik"-Produkt nutzen heute Menschen in aller Welt: den Klettverschluss (↗ S. 39). Sein Erfinder, GEORGE DE MESTRAL, hat sehr genau den **Zusammenhang von Bau und Funktion** bei Klettfrüchten untersucht. Er hat dann aber keine Kletten nachgebaut, sondern das Prinzip übertragen. Dabei hat er es auf die Anforderungen an ein verschließbares Band angepasst.

Das Beispiel des Vogelflugs (↗ S. 107) zeigt sehr deutlich, dass ein Kopieren der Natur nicht funktioniert. Alle Versuche, mithilfe von Schlagflügeln zu fliegen, so wie die Vögel dies tun, sind gescheitert. Der Energieaufwand ist ungeheuer groß. Abgeschaut wurden aber die Form und die Stellung der Flügel und der stromlinienförmige Bau.

4 Tragfläche mit Winglet

Flugzeuge werden heute mit dem Ziel weiterentwickelt, den Energiebedarf zu senken und das Fliegen sicherer zu machen.
Hierzu werden die Luftströmungen am Vogelflügel sehr genau untersucht. Eine Umsetzung der daraus gewonnenen Erkenntnisse findet man bereits an Flugzeugen, die in den letzten Jahren gebaut wurden. Ihre Tragflächen sind am äußeren Ende nach oben umgebogen. Diese Winglets (↗ Abb. 4) verringern Verwirbelungen und sind den Flügelenden der Vögel nachempfunden.

Sogar Architekten orientieren sich beim Bau von Häusern an der Natur. Dabei bauen sie natürlich keine Schneckenhäuser nach oder lassen ihre Kunden in Nestern leben. Sie suchen nach Vorbildern, die zeigen, wie mit geringem Materialeinsatz größtmögliche Stabilität erreicht werden kann (↗ Kapitel 6.2).

1 Das Eisbärfell ist an extreme Bedingungen angepasst.

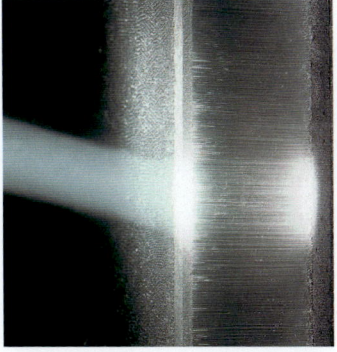

2 Wärmedämmung nach Vorbild des Eisbärfells.

3 Die Dämmung wird in großen Platten an Fassaden angebracht.

Heizung und Klimaanlagen benötigen sehr viel Energie. Es ist deshalb angebracht, nach Möglichkeiten zu suchen, Häuser gegen Hitze und Kälte von außen zu schützen oder sie auf effektivere Weise zu klimatisieren.

> In der Bionik wird die Natur nicht einfach kopiert. Es werden Baupläne oder Vorgänge genau untersucht und in die Technik umgesetzt.

Eine Möglichkeit der Wärmedämmung wurde dabei dem Fell des Eisbären abgeschaut (↗ S. 196). Es ist optimal an die Bedingungen bei starkem Sonnenschein und auch eisiger Kälte angepasst. Lichtdurchlässige Haare lassen das Licht bis zur Haut durchdringen. Die Haut ist schwarz und wärmt sich deshalb auf. Darunter liegt noch eine gut isolierende Fettschicht.

Dämmplatten nach diesem Vorbild bestehen aus lichtdurchlässigen Röhren. Diese lassen Sonnenlicht auf eine dunkle Platte fallen, die sich erwärmt (↗ S. 223, Abb. 1 – 3). Steht die Sonne im Sommer höher am Himmel, fällt das Licht nicht senkrecht durch die Glasröhrchen. Es wird an ihnen zurückgeworfen. So wird verhindert, dass sich das Haus zu sehr erwärmt.

Genau hinsehen

Beim bionischen Arbeiten ist sehr genaues Hinschauen erforderlich. Das zeigt ein Beispiel aus der Geschichte. Im 18. Jahrhundert nahm sich ein Engländer gleitende Pflanzensamen (↗ S. 71) zum Vorbild für einen Fallschirm. Er studierte den Wiesenbocksbart. Dessen Samen trudeln nicht durch die Luft, sondern schweben gleichmäßig, immer mit dem Samenkorn nach unten. Ihr Schwerpunkt liegt weit unten und die tragende Fläche ist nicht eben, sondern nach außen hochgezogen. Das gibt ihm die nötige Stabilität.

Auf diese Erkenntnisse aus der Beobachtung eines kleinen Pflanzenteils geht die Entwicklung des ersten nutzbaren Fallschirms zurück. Auch bei diesem Fallschirm liegt der Schwerpunkt weit unten und die Tuchflächen werden an den Außenrändern nach oben gezogen.

Vom Mensch zum Roboter

Auch der Mensch dient als Vorbild für technische Geräte. In der Wirklichkeit ist es jedoch noch nicht gelungen, so vielfältig einsetzbare Roboter zu schaffen, wie dies in Science-Fiction-Filmen dargestellt wird. In Japan wird allerdings an Geräten gearbeitet, die die Pflege alter Menschen übernehmen sollen. Sogar künstliche Aushilfslehrerinnen werden entwickelt.

Es ist bereits sehr schwierig, eine Maschine auf zwei Beinen gehen zu lassen. Etwas, das wir mit Leichtigkeit bewältigen. Dort, wo unser Gleichgewichtssinn wirksam wird, ohne dass wir es merken, würde ein Roboter schnell umfallen. Und dass er wieder aufsteht, ist schwer vorstellbar.

Um Hindernisse wahrzunehmen, müssen Kameras verwendet werden und dazu ein Computer, der die vielfältigen Bilder auswertet. Dies erfordert enorme Rechenleistung.

Der Vergleich von Roboter und Mensch zeigt wiederum, wie kompliziert der menschliche Körper aufgebaut ist und funktioniert und zu welchen Vorgängen er ganz ohne technische Hilfsmittel in der Lage ist.

In den beiden folgenden Teilkapiteln werden zwei Bereiche der Bionik genauer betrachtet. Anhand der Beispiele kannst du die Arbeitsweise der Bionik nachvollziehen.

Gewusst · Gekonnt

1. Diskutiert folgende Aussage: Bionik ist nicht automatisch die natürlichere und umweltverträglichere Variante der Technik.

2. Schreibe einen Artikel für die Schülerzeitung zum Thema Bionik!

Bionik – modern und mit langer Geschichte

■ Wie die Natur funktioniert, interessiert die Menschheit schon seit Langem. Besonders der Flug der Vögel hat sie schon immer fasziniert. Die Bionik ist aber auch eine Wissenschaft unserer Zeit, denn heute werden biologische Vorbilder in sehr vielen Bereichen genutzt.

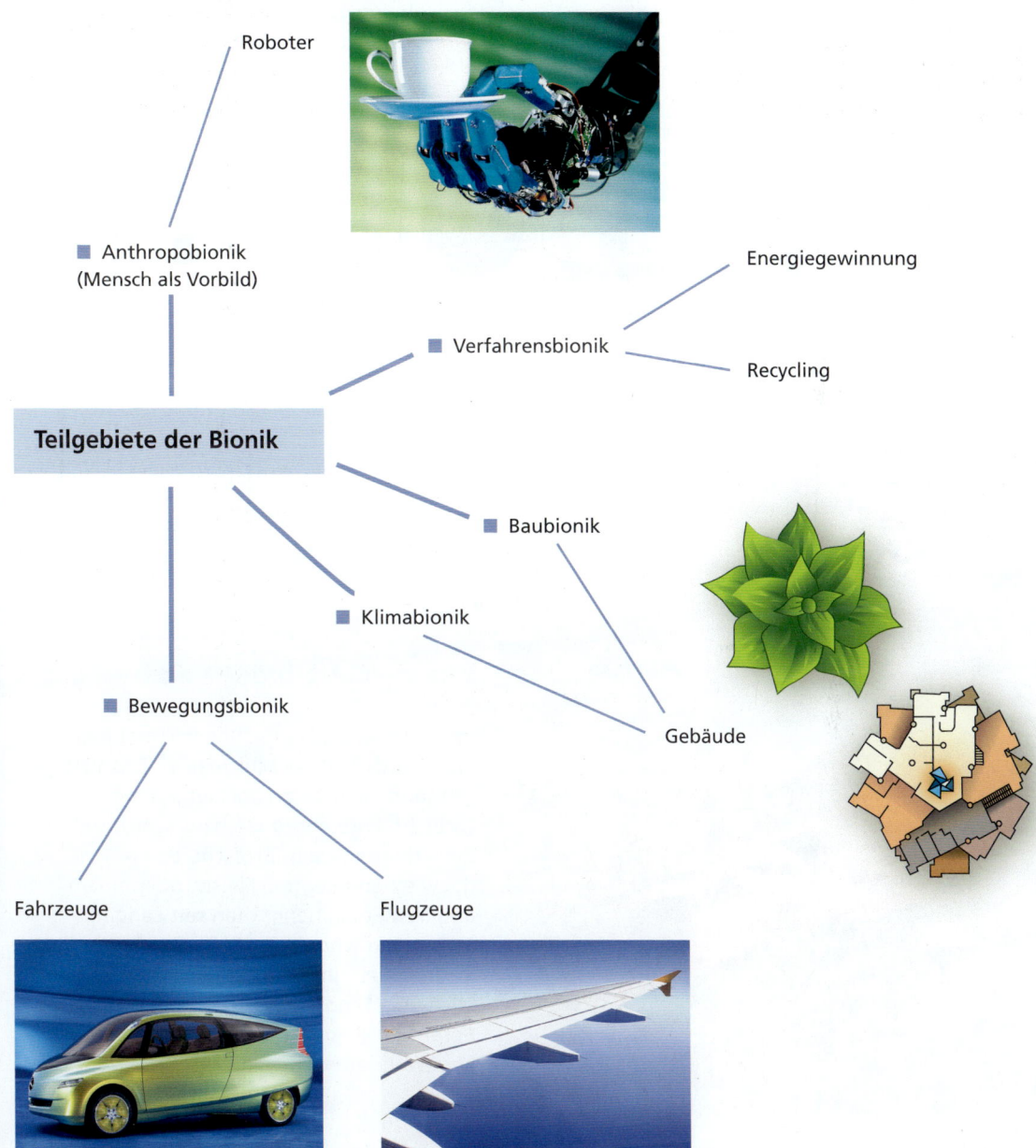

Roboter

Anthropobionik
(Mensch als Vorbild)

Energiegewinnung

Verfahrensbionik

Recycling

Teilgebiete der Bionik

Baubionik

Klimabionik

Gebäude

Bewegungsbionik

Fahrzeuge

Flugzeuge

6.2 Leichtbaumeisterin Natur

1 **Leichtbauprofile in Technik und Natur**

Die Abbildung zeigt Leichtbauprofile in der Technik. Übertrage die Tabelle in dein Heft!
Finde an Halm-, Stängel- und Knochenquerschnitten gleiche oder ähnliche Formen!
Benenne die gesammelten Pflanzen, fertige Querschnitte an und ergänze die Tabelle!

Profil				
L	Doppel-T	O	U	T
Naturform				

2 **Wie ein Butterbrot**

Im technischen Englisch bezeichnet man ein „Sandwich" als Schichtstoff. Das Verb „to sandwich" ist zu übersetzen mit „schichtweise anordnen bzw. schichten". Zwei dünne (Weiß-)Brotscheiben mit dazwischengelegtem Fleisch oder einem anderen Belag nennt man seit Langem – in England schon seit 1796 – Sandwich. Recherchiere im Internet unter dem Stichwort Sandwichbauweise, in welchen Bereichen diese Art der Stabilisierung angewendet wird!

3

Zusammen sind sie stark

Zwei dünne Deckschichten und eine dazwischenliegende dicke Schicht mit vielen Hohlräumen sichern Stabilität bei minimalem Materialeinsatz. Halmwände, Blattquerschnitte, Bienenwaben und die Deckflügel von Käfern sind einige Beispiele für dieses Prinzip.

Die Bauweise von Wabennestern der Bienen ist die perfekte Vorlage für leichte, aber trotzdem stabile Konstruktionen für Flugzeugtragflächen und Flugzeugrümpfe. Auch die Träger für große Spiegelteleskope zur Beobachtung des Weltraums sind so gebaut.

Finde im Alltag Anwendungen des Prinzips der Verbundstabilisierung!

4   **Welcher Profilträger kann das größte Gewicht tragen?**

Untersuche die Tragfähigkeit von verschiedenen Profilträgern! Fertige aus Zeichenkarton des Formats DIN A4 zwei Profilträger (↗ Abb.) an! Belaste sie in der Mitte mit selbst gewählten Gewichtsstücken! Als Auflager können zwei Stuhllehnen dienen.

Finde den Profilträger mit der größten Tragfähigkeit!

Überlege, wie die Gewichtstücke in der Mitte der Trägermodelle für die Durchführung des Versuches befestigt werden können!

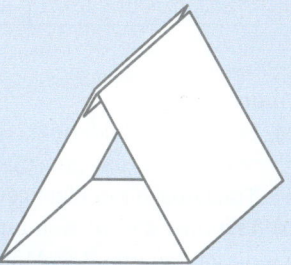 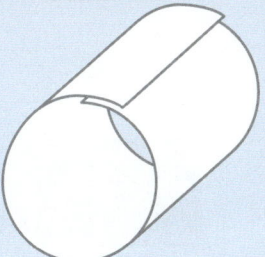

Wie stabil sind Leichtbauprofile?

An Land wiegen sich zarte Grashalme im Wind, Blätter bleiben auch im Sturm an den Zweigen hängen. Unter Wasser sind Pflanzen der ständigen Strömung im Fluss ausgesetzt und Korallen stehen stabil in der Brandung.

In der lebenden Natur existiert eine Fülle von Möglichkeiten, mit denen die Teile von Pflanzen und Tieren eine hohe Stabilität erreichen. Sie wenden dabei ein Minimum an Material auf. Durch Profilierung, also bestimmte Formgebung, kann Material eingespart werden. In der Technik wird ebenfalls nach Leichtbauprinzipien vorgegangen. Hier bedeutet eine Verstärkung durch mehr Materialeinsatz gleichzeitig eine Verteuerung und Zunahme des Eigengewichts. Beides muss heute vermieden werden.

1. Untersuche die Tragfähigkeit von Profilmodellen

Materialien:
Zeichenkarton DIN A4, zwei Holzklötze als Auflager, ein Holzklotz als Belastungslager, Briefwaage, Schere, Falzbein, diverse Gewichtsstücke aus Buchenholzstäben

Vorbereitung:
Fertige mehrere Profilträger aus Zeichenkarton an (300 x 30 mm)!

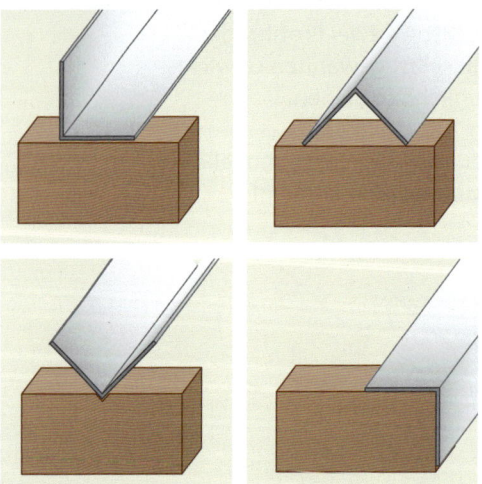

Durchführung:
a) Wiege jeden Träger mit der Briefwaage und trage die Querschnitte und das Gewicht in eine Tabelle ein!
Lege die Trägermodelle über die beiden Auflager und belaste diese mit den Gewichtsstücken bis zum Knicken. Beachte, dass für eines der Modelle eine Einkerbung im Auflager erforderlich ist!

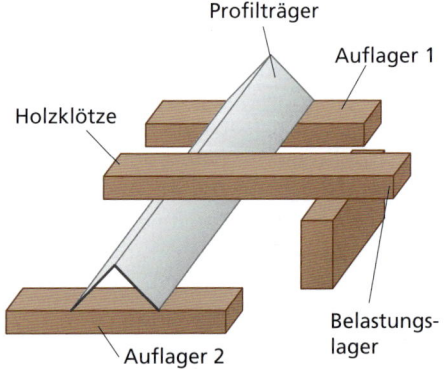

Profilträger

Auflager 1

Holzklötze

Auflager 2

Belastungslager

b) Ermittle denjenigen Träger, der das günstigste Verhältnis von Tragfähigkeit (T) zu Eigengewicht (G) hat!

Profil	Tragfähigkeit (T)	Eigengewicht (G)	T : G
∟	...	...	...
⋀			
⋁			

Auswertung:
a) Finde eine Erklärung, warum der ermittelte Träger das günstigste Verhältnis von Tragfähigkeit zu Eigengewicht hat!
b) Erkunde die Verwendung von Bauteilen dieser Bauart z. B. in Möbeln!

Beanspruchungsarten

Pflanzenstängel und Grashalme stehen aufrecht. Sobald aber der Wind weht, werden sie gebogen und die auf sie einwirkenden Kräfte ändern sich (↗ Abb. 1).

Wenn wir uns auf das Fahrrad setzen, wird der Rahmen durch das Körpergewicht auf Biegung beansprucht. Grashalm und Fahrradrahmen widerstehen aufgrund des gleichen Grundaufbaus diesen Kräften bis zu einer gewissen Höchstbelastung. Der Grundaufbau, das Rohr bzw. Hohlprofil, ist gegenüber Biegekräften widerstandsfähiger als ein massiver Stab gleicher Masse.

Kleine Masse – große Stabilität

Auch ein Roggenhalm ist innen hohl und sehr stabil. Er hat einen Durchmesser von etwa 3 – 4 Millimetern und besteht aus einer Außen- und einer Innenröhre. Beide bilden eine Sandwichkonstruktion nach dem Prinzip der Verbundstabilisierung. Beide Röhren bilden also eine Wand, die eine Dicke von nur 0,4 Millimetern besitzt. Die beiden dünnen, aber festen Röhren haben eine Wandstärke von nur 0,05 Millimetern. Zwischen beiden Röhren befinden sich Stege von 0,003 Millimetern Dicke. So entsteht ein schlankes, doppelwandiges Rohr von enormer Biegefestigkeit. Dieses sichert mit wenig Material geringes Gewicht und gleichzeitig hohe Stabilität (↗ Abb. 2).

Beanspruchung bei Wind

Durch die sich ändernde Windrichtung werden Zug- und Druckbelastungen auf die Stängel und Stiele ausgeübt, die man insgesamt als **Biegebelastung** bezeichnet. Auf der einen Seite wird das Gewebe gedehnt **(Zug)** und auf der anderen Seite gestaucht **(Druck).**

In der Mitte des Stängels oder Stiels wirken weder Zug-, noch Druckbelastungen. Deshalb wird dieser Bereich als **„neutrale Faser"** bezeichnet.

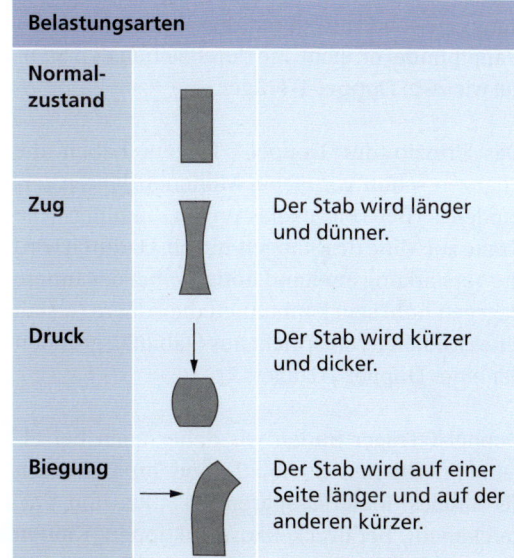

Belastungsarten		
Normal-zustand		
Zug		Der Stab wird länger und dünner.
Druck		Der Stab wird kürzer und dicker.
Biegung		Der Stab wird auf einer Seite länger und auf der anderen kürzer.

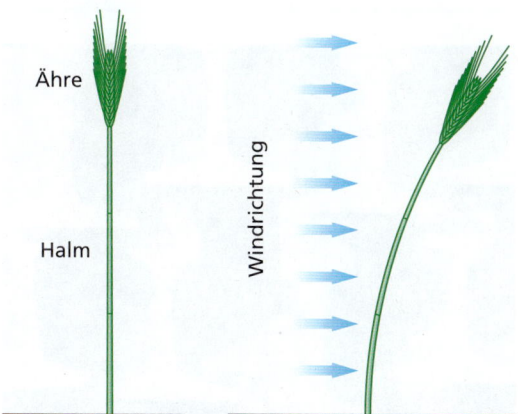

1 Bei Wind wird der Halm des Roggens gebogen. Er bricht jedoch nicht.

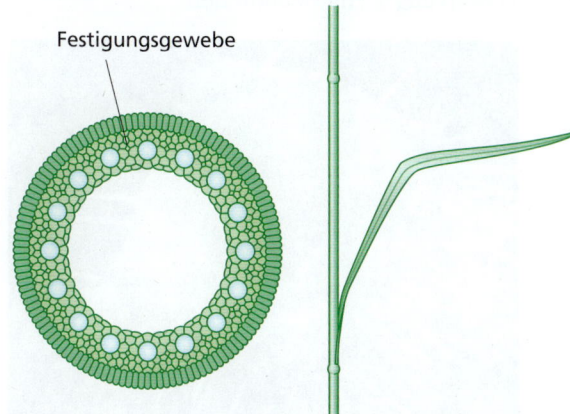

Festigungsgewebe

2 Das Festigungsgewebe im Grashalm liegt außen, die Knoten sind besonders stabil.

Verstärkung

Damit Stängel und Stiele bei durchschnittlich starker Belastung nicht brechen, findet an Stellen der höchsten Belastung eine Materialverstärkung statt. Das bedeutet, die Anordnung des Materials erfolgt möglichst weit entfernt von der „neutralen Faser".

Beispielsweise befindet sich an den äußersten Stängelecken der Taubnessel eine verstärkte Materialanhäufung in Leistenform (↗ Abb. 1). Das sind die Orte mit der höchsten Belastung. Die stabilisierende Wirkung dieser Leisten aus Festigungsgewebe wird durch den Verbund der vier Hauptbündel erreicht. Sie durchziehen den Stängel wie zwei **Doppel-T-Träger.**

Das Prinzip des Doppel-T-Trägers haben die Pflanzen schon vor vielen Millionen Jahren „erfunden". Bei Biegebelastungen nehmen die Kräfte zur Mitte des Stängels hin ab. Dadurch wird die Verstärkung am Rand nötig, wobei das Innere dagegen hohl sein kann. Auch die äußere Gestalt eines Knochens entspricht aus Stabilitätsgründen der eines Doppel-T-Trägers.

Doppel-T-Träger finden wir daher auch bei Eisenbahnschienen (↗ Abb. 2) und im Bauwesen als stabiles, Material sparendes Stütz- und Trägerelement. Bei Brückenkonstruktionen, Kränen und Stahlgerüsten lässt sich dieses Prinzip der Verstärkung leicht wiederfinden.

Selbst erforscht

Ein Grashalm wird gebogen

Untersuche Stängel und Stäbe auf Biegebelastung und stelle die Zusammenhänge in einer Skizze richtig dar!

a) Sammle Getreide- oder Schilfhalme! Untersuche sie von außen und schneide einen von ihnen auf!
b) Skizziere einen Halm so, dass er durch eine von der rechten Seite wirkende Windbelastung eine Biegung erfährt!
c) Kennzeichne diejenige Seite, die länger und damit gedehnt wird, mit einem Farbstift (z. B. grün)!
   Ordne die jeweilige Belastungsart zu und beschrifte die Skizze!
d) Kennzeichne dann diejenige Seite, die kürzer und damit gestaucht wird, mit einer anderen Farbe! Ordne auch hier die richtige Belastungsart zu!
e) Markiere auch den Bereich, der weder gestaucht, noch gedehnt wird, mit einer weiteren Farbe!
   Bezeichne auch diesen Bereich mit dem richtigen Begriff!

1 Der Querschnitt durch den Stängel einer Taubnessel zeigt die Verstärkung in den Kanten.

2 Doppel-T-Träger finden auch als Eisenbahnschienen Verwendung.

Faltkonstruktionen

In Natur und Technik gibt es viele Faltkonstruktionen. So haben manche Palmenarten riesige Blätter, die wie Segel wirken und oft gewaltigen Windbelastungen ausgesetzt sind. Die Washingtonia-Palme trägt auch Blätter, die mehr als einen Quadratmeter groß sind. Ein so riesiges Blatt wird von einem relativ dünnen Stiel getragen, der übrigens ein Profil hat und starken Wind sowie heftige Regengüsse gut überstehen kann. Diese Pflanze hat für die Sicherung der Stabilität eine intelligente Konstruktion „erfunden" – das Faltprinzip. Dadurch werden die Blätter knicksteif und halten Biegekräften stand. Durch Faltung wird die Dicke sozusagen ohne zusätzlichen Materialaufwand verwirklicht. Auch Insektenflügel sind aus Stabilitätsgründen längs gefaltet. Sie sind beim Fliegen großen Kräften ausgesetzt.

Falt- oder Wellenprofile ermöglichen große Belastbarkeit bei geringem Materialaufwand. Auch der Mensch hat sich diese Eigenschaften zunutze gemacht. Er entwickelte ebenfalls Wellenprofile (Wellpappe, Wellbleche), Kunststoffabdeckungen mit Wellenprofil usw.

1 Flügel lassen sich durch Faltung klein „verpacken" und können schnell wieder genutzt werden.

Selbst erforscht

Faltung schafft Stabilität

Ein Blatt Papier biegt sich durch das Eigengewicht durch.
Wie kann die Durchbiegung eines Blattes Papier verhindert werden?

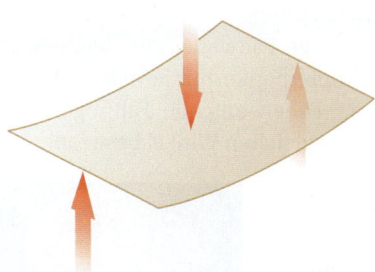

a) Erkläre die Erscheinung der Durchbiegung! Kann die Durchbiegung durch mehrere Lagen von Papierblättern verhindert werden? Überprüfe diese Maßnahme!
b) Falte ein Blatt Papier wie in der Abbildung!
c) Belaste das so entstandene Tragwerk in der Mitte mit Gewichtsstücken (z. B. Buchen-

holzleisten, Petrischale oder Becherglas, welches schrittweise mit Sand aufgefüllt wird) und ermittle die maximale Tragfähigkeit!
Hinweis: Die Tragfähigkeit ist überschritten, wenn sich die Falten auseinanderziehen und das Tragwerk bricht.
d) Ermittle, um das Wievielfache die Tragfähigkeit des gefalteten Blattes gegenüber dem ungefalteten angestiegen ist, und finde eine Erklärung!

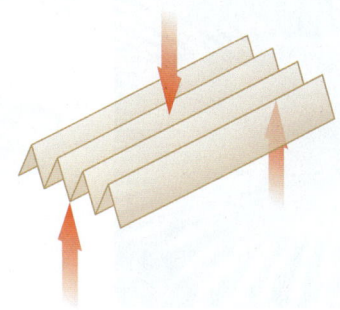

Biologische Phänomene entdecken – technische Lösungen erfinden

Bionik ist nicht das Kopieren von Natur. Sie zeichnet sich durch das genaue Untersuchen und Verstehen der Prinzipien und deren Umsetzung in die Technik aus. Probiert diese Vorgehen an einem einfachen Zusammenhang aus!

1. **Anfertigen von Faltmodellen**
   a) Nimm ein ungefaltetes Blatt Papier zwischen Daumen und Zeigefinger (Einspannstelle) und beobachte die Durchbiegung!
   b) Untersuche Faltprofile aus der Natur (↗Abb. 1–3)!
   c) Fertige Skizzen von den Faltprofilen an und stelle aus Zeichenkarton entsprechende Faltmodelle her!
   d) Nimm nun die Faltmodelle in gleicher Weise wie das Blatt Papier bei a) in die Hand! Vergleiche das Verhalten des Papiers und erkläre die Erscheinung!

2. **Wellpappe auf Tragfähigkeit testen**
   Untersuche, welche Bedeutung die Art der Faltung für die Tragfähigkeit von Wellpappe hat!

   Materialien:
   1 Wasserglas, etwas Sand, Bogen Zeichenkarton, Wellpappe, 2 Holzklötze gleicher Größe als Auflager und eine Schere

   Durchführung:
   a) Schneide mit der Schere zwei Streifen Wellpappe gleicher Lage an, sodass ein Streifen mit Längswellen und einer mit Querwellen entsteht!
   b) Teste die Belastung beider Streifen mit dem Glas Sand! Welchen Unterschied stellst du fest?
   c) Untersuche den Aufbau der Wellpappe und vergleiche diesen mit dem gefalteten Zeichenkarton! Erkläre Unterschiede und Gemeinsamkeiten!

Ein ungefaltetes Blatt Papier kann nicht einmal sein eigenes Gewicht tragen. Ein gefaltetes Blatt Papier dagegen kann ein Vielfaches seines Eigengewichtes tragen. Im nachfolgenden Versuch soll herausgefunden werden, welche Faltenanzahl für die Tragfähigkeit von Bedeutung ist.

3. **Entdecken des Zusammenhangs von Faltenanzahl und Belastung eines Tragwerks**

   Materialien:
   6 Bogen Zeichenkarton DIN A 4, 6 Bogen Kopierpapier in gleicher Größe, Lineal, Schere, Falzbein oder Reißnadel zum Anritzen des Papiers, Gewichtsstücke (Holzklötze), Briefwaage, 2 Holzklötze als Auflage

   Durchführung:
   a) Fertige Faltwerke aus Zeichenkarton und Kopierpapier mit jeweils 2, 3, 5, 8, 10 und 12 Falten an! Alle Faltungen sollen etwa den gleichen Winkel besitzen!

1 Schirmpalme

2 Schnarrheuschrecke

3 Herzmuschel

b) Führe nun den Belastungsversuch mit den Holzklötzen durch und trage die Ergebnisse in eine Tabelle ein!

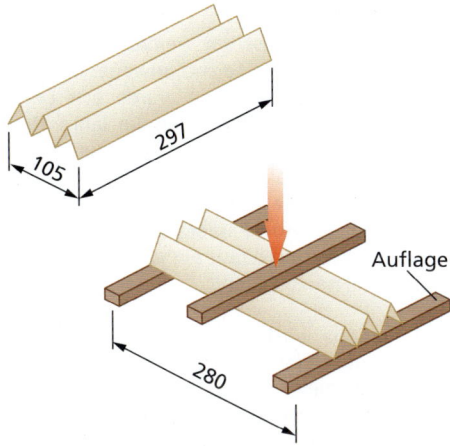

c) Führe für mehrere Faltwerke (Karton/Papier) den Belastungstest in Abhängigkeit von der Faltenanzahl durch und finde das Faltwerk mit der höchsten Belastung!

d) Zeichne ein Diagramm wie in der Vorlage (↗ Abb.)! Trage die Ergebnisse ein!

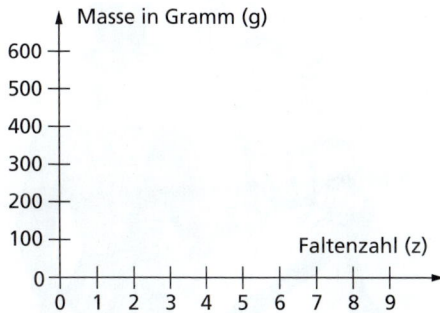

e) Triff Aussagen über den Zusammenhang von Faltenanzahl und Tragfähigkeit!

Bei Belastung der Falten werden diese gestreckt und die Stabilität des Faltwerkes gibt nach. Die Tragfähigkeit wächst mit der Größe des sogenannten Neigungswinkels. Ist dieser zu gering, verliert das Faltwerk an Stabilität (↗ Abb. 1).
Das Strecken der Falten lässt sich durch einfache konstruktive Veränderungen verhindern. Dadurch erträgt das Faltwerk eine weitere Erhöhung der Belastung.

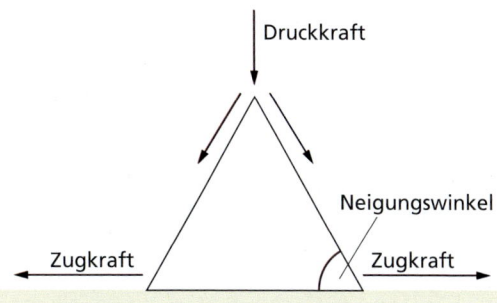

1 Die Tragfähigkeit eines Faltwerks

4. Erfinden von Stabilisierungslösungen für Faltwerke

Materialien:
2 Holzklötze als Auflager, Zeichenkarton, Lineal, Schere, Klebstoff, diverse Gewichtsstücke (Buchenholzleisten oder Glas mit Sand) und Briefwaage

Durchführung:
a) Finde konstruktive Möglichkeiten zur Verhinderung des Streckens der Falten bei Belastung!
b) Skizziere und beschreibe die Lösungsmöglichkeiten!
c) Führe Belastungsproben durch und ermittle dabei diejenige Tragwerksversteifung, die die höchste Tragfähigkeit besitzt! Begründe das Zustandekommen der höchsten Tragfähigkeit!

Lösungen zur Verhinderung des Streckens:

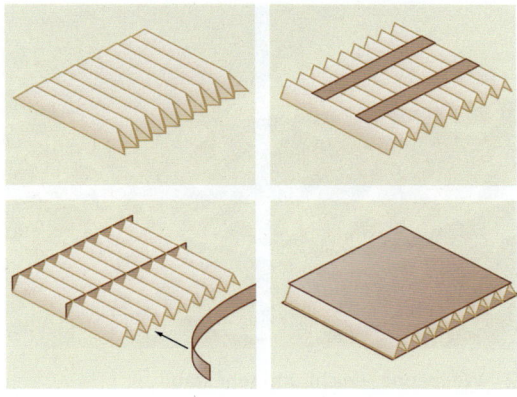

Auf die Anordnung kommt es an

Halme und Stängel widerstehen bei Windeinwirkungen Biegebelastungen in hervorragender Weise. Auch technische Materialien, wie Papier und Stahl, können solchen Belastungen widerstehen, wenn sie in geeigneter Weise geformt werden. Für die Tragfähigkeit ist also nicht allein die Art des Materials, sondern auch dessen Anordnung und die Form von Bedeutung. So können aus Wellpappe Möbel mit hoher Stabilität hergestellt werden.

Bauteile, die wie die Wellpappe geformt sind, werden auch aus Metall und aus Kunststoffen hergestellt. Wegen ihrer Stabilität und weil sie sich in jeder gewünschten Form anfertigen lassen, eignen sie sich gut zur Gestaltung von Wandverkleidungen von Fahrzeugen und großen Räumen.

1 Dieses Regal in Form eines Schafs ist aus Wellpappe gebaut.

2 Wellpappe – leicht und sehr stabil

Die Erfindung der Wellpappe

Die Wellpappe ist ein weitverbreitetes Verpackungsmaterial in Leichtbauweise. Mit der Herstellung der Wellpappe wurde erst Ende des 19. Jahrhunderts begonnen. Im Jahre 1871 soll der Amerikaner ALBERT L. JONES durch die Herstellung von Halskrausen und Rüschen auf einer Plissiermaschine auf die Idee gekommen sein, anstelle von Stoff Papier durch gefräste Walzen zu schicken und damit ein elastisches Packungsmaterial herzustellen.

Wellpappe wird heute vorwiegend als Verpackungsmaterial und beim Warentransport verwendet. Dabei gibt es Wellpappenpaletten mit einer Tragfähigkeit von mehr als einer Tonne, was dem Gewicht eines Pkws entspricht. Diese außerordentlich hohe Tragfähigkeit wird unter anderem dadurch erzielt, dass mehrere Lagen Wellpappe mit Wellen in verschiedenen Größen übereinandergeklebt werden.
Bei der Verwendung von Wellpappe ist ihr geringes Gewicht von Vorteil. Außerdem kann sie wiederverwertet werden.

3 Dame mit Halskrause um 1820

Vorbilder aus der Natur	Architektonische Umsetzung und ihr Nutzen

Prinzip der Röhrenkonstruktionen

Gräser und Schachtelhalme sind leicht, dünnwandig und biegsam. Trotzdem können sie es mit Wind und Wetter aufnehmen, ohne umzuknicken. Gründe für die hohe Stabilität sind die Röhrenstruktur der Halme und die Knoten.

Wände und Decken, die wie Röhrenkonstruktionen ausgebildet sind, ermöglichen bei gleicher Grundfläche eine größere Nutzfläche. Bauteile sind wesentlich schlanker und leichter, ohne an Stabilität und Tragfähigkeit zu verlieren.

Prinzip der Verbundstabilisierung

Die Faserstruktur und der Faserverlauf bei Übergängen vom Baumstamm zum Ast, vom Ast zum Zweig haben sich je nach Beanspruchung in der Natur unterschiedlich ausgebildet.

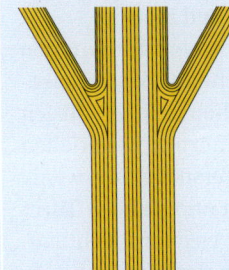

Bionische Holzverbindungen müssen in ihren Knotenpunkten nicht durch Stahlbauteile verstärkt werden.
Das verbessert Ästhetik, Materialbedarf und Kraftübertragung.

Prinzip von Rippenstruktur und Faltung

Diese Palmblätter erhalten ihre Form durch eine Kombination aus Rippenstruktur und Faltung. Dadurch sind sie sehr leicht und trotzdem sehr stabil. Ähnliche Prinzipien findet man z. B. auch bei Libellenflügeln und Muschelschalen.

Bei Anwendung von Rippenstrukturen und Faltprinzipien auf Decken-, Dach- und Wandausbildungen ist die Überspannung großer Räume ohne Zwischenstützen möglich. Schubkräfte werden durch die „gefaltete Wand" aufgefangen.

Prinzip der verschiedenen Festigkeitszonen

Eier haben, bedingt durch ihre Form, verschiedene Festigkeitszonen. Sie sind oben und unten einigermaßen stabil, in der Mitte leicht zerbrechlich. Damit können sie insgesamt dünnwandig sein und es wird wenig Material benötigt.

Dünnwandigkeit wie beim Ei ist nur erreichbar, wenn eine Bauform in einem Arbeitsgang hergestellt wird, z. B. bei Kraftwerken. Für andere Bauten ist der Aufwand zu groß. Schwachstellen werden durch Doppelwandigkeit verstärkt.

Gewusst · Gekonnt

1. Belastungsarten
Suche im Alltag Beispiele für Zug-, Druck- und Biegebelastungen. Fertige dazu eine Übersicht an!

2. Leichtbau bei Pflanzen
Sammle und untersuche Teile von Pflanzen nach Profilen (U-I-V-O-Profile)! Fertige dazu Quer- und Längsschnitte an! Skizziere die Profilquerschnitte!

3. Wer baut den höchsten Turm?
Material: 4 Bogen Zeichenkarton DIN A 4, Klebestift, Lineal, Schere und Bleistift
a) Fertige aus dem Zeichenkarton einen möglichst hohen Turm an, der auf eigenem Fundament stehen soll. Es dürfen nur die oben angeführten Materialien verwendet werden. Versuche, mit wenig Material einen hohen und stabilen Turm zu bauen. Überlege, welche Leichtbauprofile Anwendung finden könnten!
b) Teste den Turm, indem das Lineal mindestens 20 Sekunden auf der Turmspitze verbleiben muss.
Derjenige ist Sieger, dessen Turm am höchsten ist und das Lineal die angegebene Zeit tragen kann.

4. Eierschale
Du benötigst quer aufgeschnittene, leere Eierschalenhälften.

Überlege, wie du sie herstellst, und bringe sie mit!
a) Zeichne die Formen auf (durch verschiedene Trennungen ergeben sich unterschiedliche Formen)!
b) Führe mit verschieden hohen Gewichten Belastungsproben durch!
c) Protokolliere, bei welchem Gewicht und bei welcher Art der Belastung die verschiedenen Eierschalenformen brechen! Finde die optimale Form!

5. Insektenflügel
Diskutiert, was passieren würde, wenn Insektenflügel statt der längs gefalteten Flügel solche mit einer Querfaltung besitzen würden!

6. Ein Experiment
Die folgenden Abbildungen zeigen den Ablauf eines Experiments:

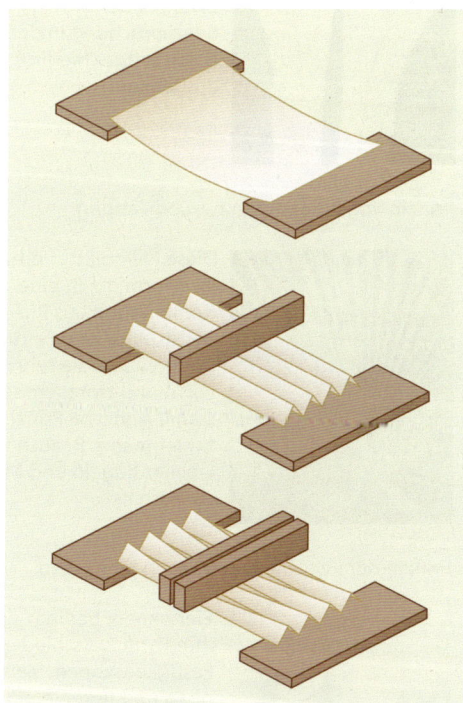

a) Finde einen Namen für das Experiment!
b) Schreibe eine Anleitung für das Experiment! Beachte die Angabe des Materials und das Vorgehen in Schritten!
c) Führe das Experiment durch!

Leicht und doch stabil

Materialeinsparung durch Leichtbaukonstruktionen

Die lebende Natur steckt voller „Leichtbaukonstruktionen". So können Material sparende und stabile Formen überall im Pflanzen- und Tierreich entdeckt werden, z.B. in Pflanzenstängeln, bei Knochen, bei Muschelschalen, im Chitinpanzer der Insekten und in Bienenwaben. Diese Profile bieten viele Vorteile, die auch in der Technik genutzt werden.

Das Minimum-Maximum-Prinzip

Diesen natürlichen Leichtbaukonstruktionen liegt das sogenannte Minimum-Maximum-Prinzip zugrunde. Es besagt, dass mit einem Minimum an Material ein Maximum an Stabilität erreicht wird. So wird Material, also Biomasse, verstärkt dort angelagert, wo die Belastungen groß sind und an Stellen geringer Belastung findet weniger Materialanhäufung statt.

Beispiele aus der Natur

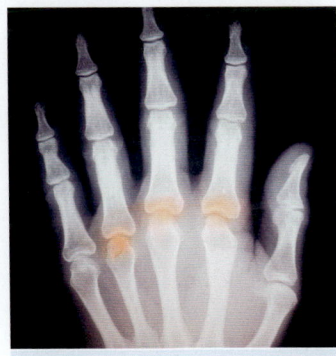

In Knochen wird dort Material angelagert, wo die Belastung am größten ist.

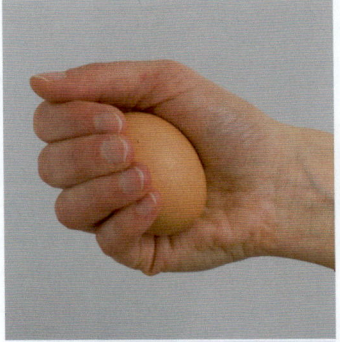

Ein Ei besitzt Zonen unterschiedlicher Stabilität.

Bäume verstärken besonders ihre Astgabeln.

6.3 Nie mehr schmutzig

1

Ein Tropfen auf …

Gib mit der Pipette jeweils einen Tropfen
Wasser auf
– Kunststofffolie,
– Kopierpapier,
– Löschpapier!

Untersuche alle drei Oberflächen mit der Lupe
und beschreibe ihr Aussehen! Beschreibe, was
mit dem Tropfen passiert!

2

Blätter mit „Lotus-Effekt©"

Sammle Blätter der Kohlra-
bipflanze, der Kapuzinerkresse
und des Frauenmantels!
Tauche jedes Blatt vollständig
in Wasser und beobachte die
Erscheinung!
Untersuche, wie sich das Wasser
beim Herausziehen verhält!
Finde weitere Blätter, die den
„Lotus-Effekt©" besitzen!

3

Das Symbol der Reinheit

Die Lotuspflanze gilt in Asien als Symbol der Reinheit. Die schildförmigen Blätter dieser Pflanze entfalten sich stets perfekt sauber aus dem schlammigen Untergrund der Gewässer. Wasser perlt so von der Blattoberfläche wie von einer heißen Herdplatte ab und reißt Staub- und Schmutzteilchen gleich mit. Die Oberfläche wird so makellos sauber. Das wird „Selbstreinigung" oder auch „Lotus-Effekt©" genannt.

Zeichne eine Lotuspflanze ab! Nimm Fotos als Vorbild oder suche in einem botanischen Garten nach einer Pflanze!

4

Oberflächenschutz

Pflanzen schützen ihre Oberflächen vor Verunreinigungen aus der Luft, vor unterschiedlichen Verschmutzungen sowie vor Pilzsporen und schädlichen Absonderungen von Insekten, wie beispielsweise vor Honigtau. Dabei haben sie im Laufe ihrer langen Entwicklung verschiedene Mechanismen entwickelt. Der Oberflächenschutz ist notwendig, weil …

Vervollständige den Satz mithilfe der Abbildung!

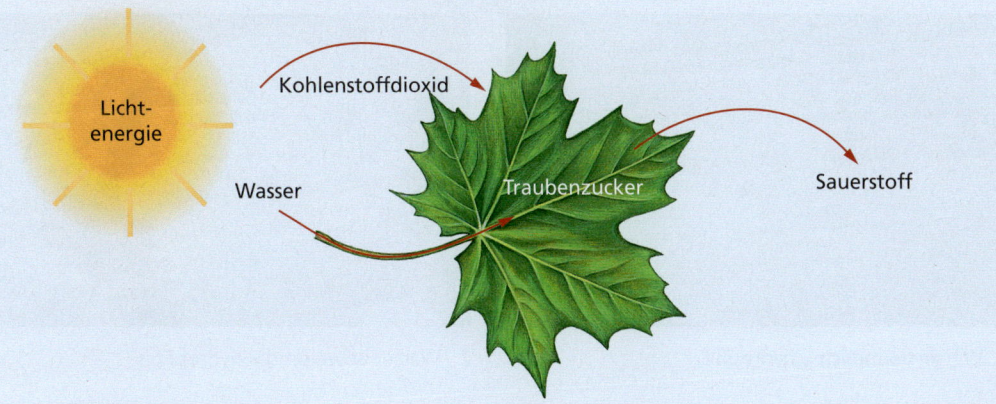

Wasserfreundlich oder Wasser abweisend ?

Pflanzen sind nicht in der Lage, sich wie wir Menschen aktiv zu reinigen. Wie sauber ihre Blätter bleiben, hängt von der Beschaffenheit ihrer Oberfläche ab. So gibt es solche Oberflächen, auf denen das Wasser gut haftet. Die Wassertropfen zerfließen und bilden eine relativ große Fläche (↗ Abb. 1). Diese wasserfreundliche Erscheinung wird hydrophil genannt. Es gibt aber auch Oberflächen, auf denen die Wassertropfen nicht zerfließen, sondern regelrecht abrollen (↗ Abb. 2). Oberflächen mit einer solchen wasserfeindlichen Eigenschaft, bei denen die Tropfen Kugelform annehmen, nennt man hydrophob.

Eine saubere Blattoberfläche hat den Vorteil, dass Licht ungehindert auftrifft. Das Sonnenlicht brauchen die Pflanzen, um mithilfe der Fotosynthese körpereigene Stoffe aufzubauen.

1. Eine Materialeigenschaft

Finde heraus, welche Materialien hydrophil und welche hydrophob sind!

a) Gib jeweils etwas Wasser zu einer Probe verschiedener Stoffe und mische!
   Verwende z. B.:
   – getrockneten und im Mörser zerriebenen Gartenlehm,
   – Ruß (halte einen Metalllöffel über eine brennende Kerze),
   – Kopierer- oder Druckertoner,
   – Grafitstaub (für das „Schmieren" von Schlössern zu kaufen).
b) Stelle als Tabelle dar, welche Stoffe sich gut mit Wasser mischen und welche nicht!

2. Verschiedene Oberflächen

Fertige Platten mit verschiedenen Oberflächen an! Untersuche, ob die Oberflächen wasserfreundlich oder Wasser abweisend sind!

Materialien:
Kerze, etwas Lehm, Mehl, 3 Sperrholz- oder Hartfaserplatten von etwa 100 x 100 mm Größe, Pipette, Pinsel und Lupe

Durchführung:
a) Bestreiche die drei Platten: mit Wachs, mit Mehl und mit Lehm!
b) Gib mit der Pipette einen Tropfen Wasser auf jede der drei Oberflächen!
c) Untersuche mit der Lupe die Form der Wassertropfen und fertige davon Skizzen an!
d) Ordne den drei Oberflächen die Eigenschaften „hydrophob" und „hydrophil" zu!

Auf den drei Testoberflächen bilden sich unterschiedlich geformte Wassertropfen. Sie sehen entweder flach oder kugelförmig aus.

Die Materialien weisen unterschiedliche Haftkräfte auf. So übt jedes Material eine bestimmte Anziehungskraft auf Wasser aus. Ist diese hoch, so liegt der Wassertropfen flach auf der Oberfläche. Ist die Anziehungskraft so gering, dass die Oberfläche das Wasser regelrecht abstößt, zieht sich der Wassertropfen zu einer Kugel zusammen. Diese Erscheinung wird **Oberflächenspannung** genannt.

1   Wasserfreundlich = hydrophil

2   Wasser abweisend = hydrophob

Oberflächenspannung – was ist das?

Die **Oberflächenspannung** ist im Alltag und in der Natur zu beobachten:
- Wassergläser lassen sich leicht über den Rand füllen und bilden auf dem Wasser eine Wölbung.
- Pinsel ziehen ihre Borsten zusammen, wenn sie in Wasser getaucht werden.
- Rasierklingen und Nadeln schwimmen auf der Wasseroberfläche und bilden auf der Wasserhaut eine leichte Vertiefung.
- Wasserläufer bewegen sich auf der Wasseroberfläche fort (↗ Abb. 1). Ihre Beine sind mit feinen, Wasser abweisenden Haaren besetzt, zwischen denen sich Luft befindet. Außerdem sind die Haare wiederum mit einem Wasser abweisenden Sekret überzogen. Der Wasserläufer wird durch die Oberflächenspannung des Wassers getragen.

Die Ursache der Oberflächenspannung findet man bei der Betrachtung der Teilchen des Wassers (↗ Abb. 2). Da Flüssigkeiten ihre Oberfläche stets klein halten, ziehen sich die Wasserteilchen wie kleine Magnete gegenseitig an und bilden daher die Kugelform. Die unterschiedlichen Haftkräfte der Materialien und die Schwerkraft verhindern jedoch, dass sich der Tropfen zu einer Kugel ausbildet, und ziehen diesen flach auf die Oberfläche.

Übrigens macht die Oberflächenspannung des Wassers die Fortbewegung des Wasserläufers überhaupt erst möglich. Die Wasseroberfläche bildet die Grenzfläche zur Luft. Hier stoßen die Wasserteilchen nur an einer Seite an Teilchen der Luft. Die abstoßende Kraft von unten ist größer als die abstoßende Kraft aus der Luft. An der Oberfläche heben sich daher die dort befindlichen Moleküle an und bilden scheinbar eine Haut, auf der der Wasserläufer laufen kann.

Selbst erforscht

Die magische Wasseroberfläche

1. Der Wasserberg
   a) Fülle ein Glas randvoll mit Wasser!
   b) Lass am Rand des Glases vorsichtig einige Münzen nacheinander in das Wasser gleiten!
   c) Beobachte die Wasseroberfläche und beschreibe ihre Form!

2. Können Büroklammern schwimmen?
   a) Stelle eine Voraussage auf, ob Gegenstände aus Metall, wie Büroklammern oder Stecknadeln, auf der Wasseroberfläche schwimmen können!
   b) Fülle eine Schüssel etwa zur Hälfte mit Wasser!
   c) Lege ein Stück Löschpapier auf die Wasseroberfläche und darauf eine Büroklammer oder eine Stecknadel!
   d) Entferne das Löschpapier mit einer Pinzette, indem du es nach unten wegziehst!

1 Wasserläufer

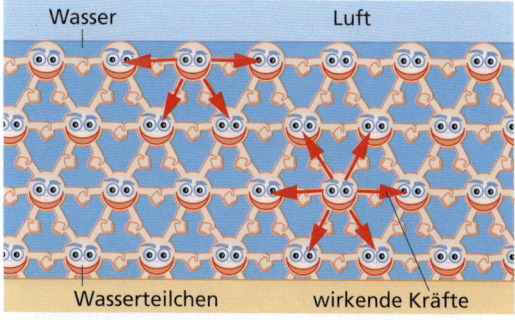

2 Kräfte wirken zwischen den Teilchen.

Wie funktioniert der „Lotus-Effekt©"?

Die Entdecker

Der Bonner Botaniker Professor BARTHLOTT entdeckte schon vor 30 Jahren feinste Erhebungen auf der Oberfläche der Blätter von Lotuspflanzen. Später untersuchte er mit einem weiteren Wissenschaftler, dem Botaniker NEINHUIS, die Wasser abweisende Wirkung der Lotusblätter. Beide erkannten, dass diese Erscheinung auch für technische Oberflächen interessant sein könnte. In Zusammenarbeit mit mehreren Firmen werden nun auf der Grundlage dieser Erscheinung Schmutz abweisende Lacke, Farben und andere Oberflächenbeschichtungen entwickelt, die vielfältige Anwendungen ermöglichen.

Die Blattoberfläche

Aus den Untersuchungen am Lotusblatt resultiert das Oberflächenparadox:
– glatt und schmutzig,
– rau und sauber.
Lange Zeit glaubte man, dass nur besonders glatte Flächen sauber sein können. Heute weiß man, je rauer die Oberfläche von einem Blatt ist und je mehr Wachsgebilde sie zeigt, desto schlechter lässt sie sich mit Wasser benetzen und verschmutzen. Glatte Oberflächen ohne Wachskristalle sind benetzbar und verschmutzen leicht.

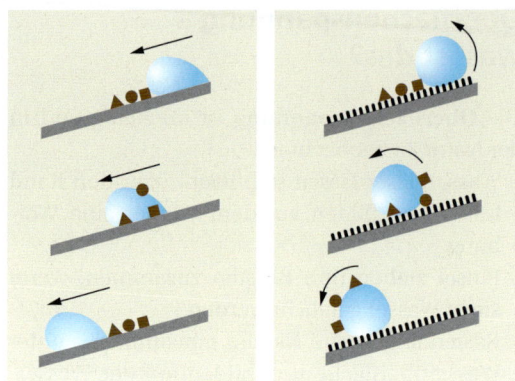

2 Glatte Oberflächen und raue Oberflächen bieten unterschiedlich gute Möglichkeiten für Wassertropfen, Schmutz mitzureißen.

Das Lotusblatt und manche andere Blattoberflächen sind mit vielen kleinen Noppen oder Hügelchen besetzt, vergleichbar mit einer Berg- und Tallandschaft im Kleinstmaßstab. Die Hügelchen sind aber nur mit einem hochauflösenden Mikroskop sichtbar (↗ Abb. 1).
Die Noppen sind außerdem mit Wachskristallen besetzt. Dadurch wird das Wasser abgestoßen. Schmutzteilchen können auf einer solchen Oberfläche nicht fest haften und Wasser kann nicht verlaufen. Während ein Tropfen auf einer glatten Oberfläche über die Schmutzteilchen hinwegkriecht und sie wieder ablagert, nehmen die kugelförmigen Tropfen auf der rauen Oberfläche die Schmutzteilchen auf und entfernen sie auf diese Weise – das ist das Geheimnis dieses Schmutz abweisenden, selbst reinigenden Effekts.

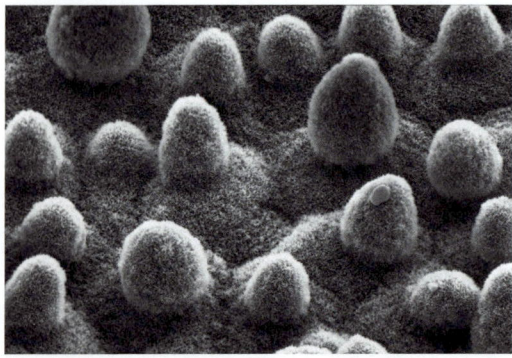

1 Blattoberfläche im Rasterelektronenmikroskop bei 10 000-facher Vergrößerung

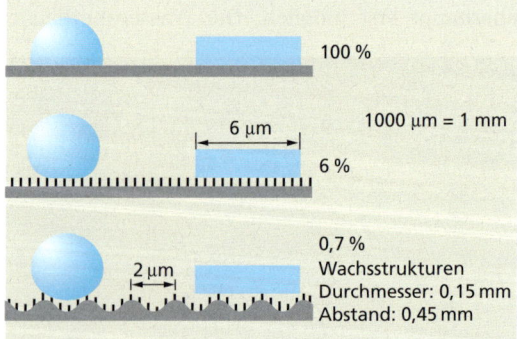

100 %

6 µm

1000 µm = 1 mm

6 %

2 µm

0,7 %
Wachsstrukturen
Durchmesser: 0,15 mm
Abstand: 0,45 mm

3 Wirksame Kontaktfläche auf unterschiedlichen Oberflächen

Die Selbstreinigung

Abbildung 2 auf Seite 242 zeigt den Vergleich von glatten und rauen Oberflächen. Auf der glatten **Oberfläche** werden die Schmutzteilchen nur wenig verschoben, während sie auf der rauen Oberfläche fortgespült werden.

Da der Wassertropfen nur auf den Spitzen der Wachskristalle aufliegt, grenzt der größte Teil der Tropfenoberfläche an die Luft. Die Luft ist extrem Wasser abweisend. Der Tropfen kugelt sich ab, da seine Gestalt durch die **Oberflächenspannung** des Wassers bestimmt wird.

Die Schmutzteilchen liegen nur auf den äußersten Spitzen der Wachskristalle auf. Daher ist ihre Kontaktfläche mit der Blattoberfläche sehr klein (↗ S. 242, Abb. 3) und damit verbunden sind auch die gegenseitigen Anziehungskräfte klein. Deshalb sind die Anziehungskräfte zum Wassertropfen viel größer als zur Blattoberfläche. Diese Tatsache verhindert, dass sich ein schädigender Stoff überhaupt erst festsetzt. Ein Tropfen, der über die Blattoberfläche rollt, nimmt das Schmutzteilchen auf und reißt es mit sich fort.

Bei den „superhydrophoben", also extrem Wasser abweisenden Pflanzenoberflächen beträgt die Kontaktfläche weniger als 1 % der Partikelfläche.

Diese Vorgänge lassen sich in der Natur nicht direkt beobachten, da sie sich im Kleinen abspielen. Erst die Untersuchung mit dem Rasterelektronenmikroskop macht sie sichtbar (↗ Abb. 1).

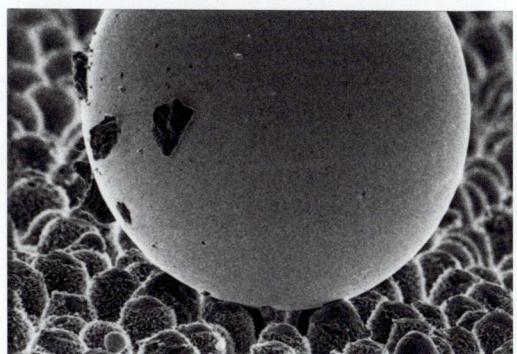

1 Ein Wassertropfen wäscht Schmutz von der Blattoberfläche.

Kontaktwinkel α und Tropfendurchmesser d

In dem Punkt, in dem Wasser, Luft und Blattoberfläche zusammentreffen, wird der Kontaktwinkel α (alpha) gebildet. Ist dieser größer als ein rechter Winkel und beträgt 90 bis 110 Grad und mehr, spricht man von hydrophoben, also Wasser abweisenden Oberflächen. Ist dieser Winkel kleiner als 90 Grad, so werden solche Oberflächen als hydrophil, also wasserfreundlich bezeichnet.

Auf hydrophoben Oberflächen haben Tropfen einen kleinen Durchmesser an der Auflagestelle. Auf hydrophilen Oberflächen haben Tropfen einen großen Durchmesser an der Auflagestelle.

Nicht genau nachmachen, sondern zu neuen Ideen anregen

Um eine technische Oberfläche mit Selbstreinigungseffekt zu entwickeln, ist es nicht notwendig, die Oberfläche des Lotusblattes in allen Einzelheiten genau „nachzuahmen".

Die Natur musste neben der Selbstreinigung ja noch eine Reihe anderer Eigenschaften auf der Blattoberfläche verwirklichen, wie zum Beispiel das Kühlen.

Bei der technischen Anwendung des „Lotus-Effekts©" kommt es eben nur auf die Wasser- und Schmutz abweisende Wirkung an. Diese lässt sich ausgehend vom biologischen Vorbild durch den Ideenreichtum des Menschen noch weiter verbessern.

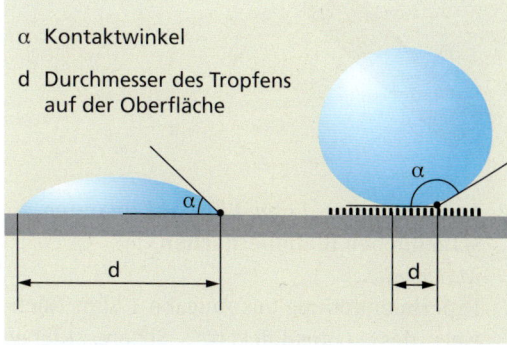

α Kontaktwinkel

d Durchmesser des Tropfens auf der Oberfläche

2 Wassertropfen auf einer wasserfreundlichen und auf einer Wasser abweisenden Oberfläche

Welche Blattoberflächen sind hydrophil und welche hydrophob?

Für die Unterscheidung von hydrophilen und hydrophoben Blattoberflächen spielt das Verhältnis von Kontaktwinkel und Tropfendurchmesser eine Rolle. Entwickle selber ein Verfahren, um diese beiden Messgrößen zu ermitteln, und wende es an!

1. Eine spezielle Experimentierlupe

Zum Nachweis von Randwinkel und Tropfendurchmesser ist eine geeignete Experimentierlupe erforderlich. Mit ihrer Hilfe sollen die beiden Messgrößen an unterschiedlichen Pflanzenoberflächen experimentell bestimmt werden. Der Randwinkel soll in Grad und der Tropfendurchmesser in Millimeter angegeben werden.

Überlege, wie eine herkömmliche Lupe mittlerer Größe mit einer dafür geeigneten Skala versehen werden kann!

Beachte beim Experimentieren, dass die verschiedenen Blattproben auf gleicher Höhe der Millimeterskala liegen müssen!

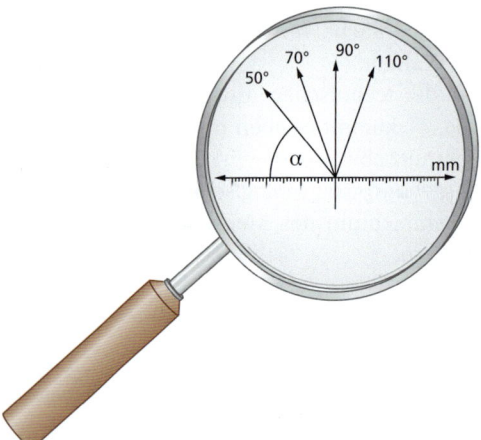

2. Entdecken des „Lotus-Effekts©" an unterschiedlichen Blattoberflächen

Materialien:
Experimentierlupe aus Aufgabe 1 zum Nachweis des „Lotus-Effekts©", Schere, Kleber, Pinzette, Pipette, 1 Blatt Papier, Holzleiste zum Aufkleben der Blattproben

Durchführung:

a) Sammle und bestimme verschiedene Blattarten!

Geeignet sind auch Blätter von verschiedenen Kohlsorten oder Salat.

Für das Sammeln und den Transport empfiehlt sich die Verwendung von Frischhaltetüten mit einem mit Wasser getränkten Zellstofftuch oder auch Kunststoffdosen mit Deckel.

b) Trage die Namen der Blätter in das Versuchsprotokoll ein!

Messprotokoll

Blattart	Kontaktwinkel	Tropfendurch-messer

c) Schneide aus den verschiedenen Blattarten kleine Quadrate (etwa 15 x 15 mm) aus! Vermeide bei der Auswahl die Stellen, wo sich dickere Blattadern befinden, da die Blattproben dann nicht exakt auf der Holzleiste aufliegen können!

d) Trage auf der Rückseite aller Blattproben vorsichtig einen Tropfen Klebstoff auf (Pinzette verwenden) und klebe sie in der gleichen Reihenfolge wie auf dem Protokollblatt auf die Holzleiste auf! Benutze zum Andrücken auf die Leiste ein Stück Papier, damit die Blattoberfläche nicht beschädigt wird!

e) Gib auf jede Blattprobe mit der Pipette einen Tropfen Wasser! Das erfordert einige Übung, damit die Wassermenge auf jeder Blattprobe gleich ist.

f) Bringe nun mit der Lupenvorrichtung die Millimeterskala auf gleicher Höhe mit den Blattproben auf der Leiste an! Miss nacheinander bei allen Blattproben die Randwinkel und Tropfendurchmesser!

g) Trage die Messergebnisse in das Protokoll ein!

Auswertung:
Ordne nach dem Vergleichen der Messwerte die Blattarten den zwei grundlegenden Eigenschaften der Blattoberfläche zu! Welche sind hydrophil und welche sind hydrophob?

Hinweis:
Ihr könnt auch Kontaktwinkel und Tropfendurchmesser technischer Oberflächen ermitteln, wie solche von Kunststofffolie, Papier, Pappe, Fotopapier, Holz, Metall u. a. Auch hier lässt sich die Größe des Kontaktwinkels als Maß für die Benetzbarkeit oder Wasseraufnahmefähigkeit von Oberflächen ermitteln.

Die Selbstreinigung der hydrophoben Blattoberflächen lässt sich auf zwei besondere Eigenschaften zurückführen:
– Die Oberfläche ist nicht glatt, sondern rau. Sie besitzt eine noppenartige Struktur.
– Die Oberfläche ist mit Wachs, einem extrem Wasser abweisenden Stoff, beschichtet.

3. „Wettbewerb" der Blattoberflächen – welche Oberfläche wird vollständig sauber?

Materialien:
verschiedene Blätter, Sprühflasche für Zimmerpflanzen mit Wasserfüllung, Schere, dickes Buch als Unterlage, ein Stück Sperrholz oder stabile Pappe als Testfläche, Klebefilm, Kreidestaub als Schmutzteilchen

Hinweis: Der Kreidestaub kann mithilfe einer Raspel hergestellt werden.

Durchführung:

a) Lege die Blätter einzeln auf die schräg gestellte Testfläche und befestige sie mit Tesafilm!

b) Beschmutze die Blätter mit dem Kreidestaub!

c) Besprühe nun nacheinander die Blattproben und bewerte bei jeder die Reinigungsqualität! Dazu kann eine Skala mit einer Wertung von 1–6 angefertigt werden (z. B.: 6 Punkte – vollständig sauber oder 0 Punkte – noch genauso schmutzig wie vorher).

d) Notiere, vergleiche und werte die Ergebnisse in einer Tabelle aus! Finde das „Siegerblatt"!

4. Zerstörte Oberfläche

a) Reibe eins der Blätter aus Aufgabe 3 zwischen zwei Fingern!

b) Beschmutze das Blatt und besprühe es mit Wasser!

c) Vergleiche mit dem Ergebnis aus der Aufgabe 3!

1 Wassertropfen nimmt Schmutzteilchen auf und spült sie vom Blatt.

Anwendung des „Lotus-Effekts©" in der Technik

Der Selbstreinigungseffekt ist heute in einer Reihe von Dingen verwirklicht – so in der Fassadenfarbe „Lotusan", die eine hohe Wasser- und Schmutzabweisung gewährleistet und auch einen Schutz gegen Algen und Pilzbefall bietet.

Es gibt außerdem selbst reinigende Dachziegel und optische Sensoren. Diese Sensoren sind Messfühler, die auf Licht reagieren. Sie sind bei Mautbrücken auf den Autobahnen im Einsatz.

Auch Textilien mit Selbstreinigungseffekt wurden entwickelt. Kommen beispielsweise Ketchup oder Senf vom Bratwurstessen auf solche Textilien, so finden sie auf dem beschichteten Gewebe keinen Halt. Flecken können mit etwas Wasser leicht entfernt werden. Dafür sorgen winzig kleine Nanoteilchen auf der Oberfläche. Jedes dieser Teilchen ist nur wenige Millionstel Millimeter dick. Würde man ein menschliches Haar durchtrennen, könnten 10 000 Nanoteilchen auf dieser Schnittfläche Platz finden.

Nie mehr putzen ?

Wasser, Energie und auch eine Menge Reinigungsmittel können eingespart werden, wenn Hausfassaden, Autos, Fenster u. a. nicht mehr gereinigt werden müssen. Außerdem können auf Oberflächen mit „Lotus-Effekt©" Mikroorganismen nicht haften bleiben, die im Laufe der Zeit zerstörende Wirkung haben.

Dächer mit selbstreinigenden Ziegeln bleiben lange Zeit glänzend und frei von Moos und Algen.

1 Dächer mit unterschiedlichen Ziegeln: links ohne und rechts mit Versiegelung nach Lotus-Art

---

Vergleich einer Fassade mit und ohne „Lotus-Effekt©"

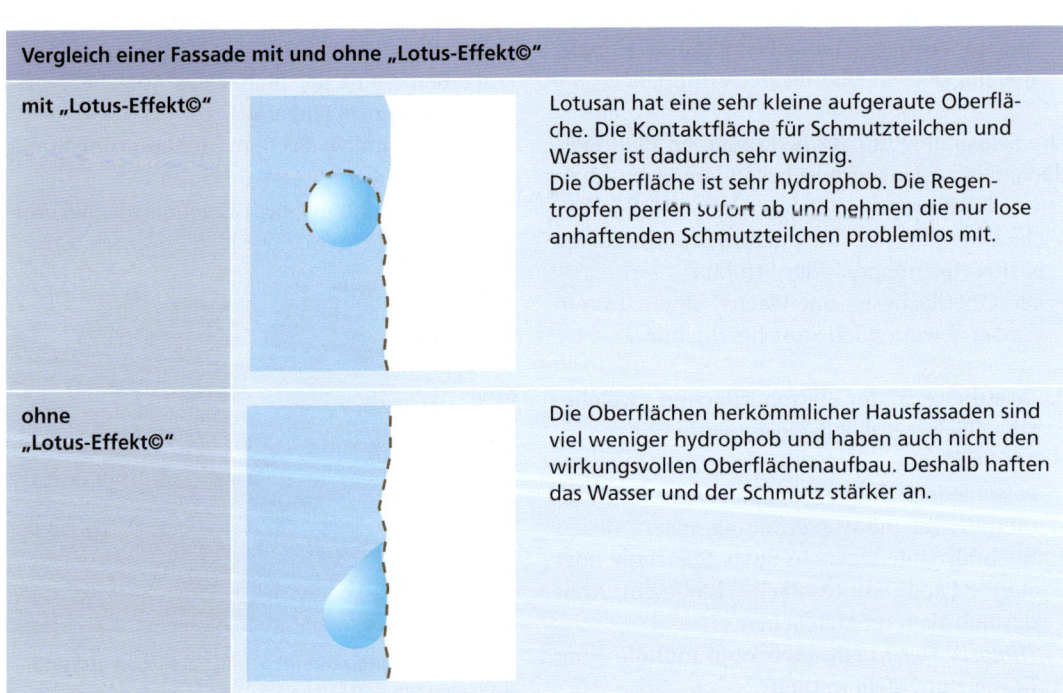

mit „Lotus-Effekt©"

Lotusan hat eine sehr kleine aufgeraute Oberfläche. Die Kontaktfläche für Schmutzteilchen und Wasser ist dadurch sehr winzig.
Die Oberfläche ist sehr hydrophob. Die Regentropfen perlen sofort ab und nehmen die nur lose anhaftenden Schmutzteilchen problemlos mit.

ohne „Lotus-Effekt©"

Die Oberflächen herkömmlicher Hausfassaden sind viel weniger hydrophob und haben auch nicht den wirkungsvollen Oberflächenaufbau. Deshalb haften das Wasser und der Schmutz stärker an.

Weitere Untersuchungen an der Oberfläche

1. Wirkung von Reinigungsmitteln auf selbstreinigende Blätter

In dem Versuch soll die Wirkung von Reinigungsmitteln auf Kohlrabiblätter untersucht werden.

a) Mische Spülmittel mit Wasser im Verhältnis 1:1, also halb Wasser und halb Spülmittel! Benetze das Kohlrabiblatt mit dem Spülmittel-Wasser-Gemisch! Verwende dazu eine Sprühflasche! Lass die Oberfläche des Blatts trocknen! Ein Fön beschleunigt den Trocknungsvorgang!

b) Besprühe das Blatt nun mit Wasser und untersuche die Blattoberfläche hinsichtlich der Wasseraufnahme!

c) Finde eine Erklärung für das Beobachtungsergebnis!

2. Herstellen und Testen von zwei einfachen selbstreinigenden Oberflächen

Material:

2 Glasobjektträger, Laborzange, Kerze, Esslöffel, Pinsel und sehr feines Schleifpulver, Pipette mit Wasserglas und etwas Kreidestaub

Durchführung:

a) Halte einen Glasobjektträger mit der Laborzange über eine Kerzenflamme und stelle so die erste selbstreinigende Oberfläche her!

b) Schmelze nun etwas Kerzenwachs im Esslöffel, indem dieser über die Kerzenflamme gehalten wird. Gib das Schleifpulver dazu und stelle eine Mischung her!

c) Streiche mit dem Pinsel das noch heiße Wachs-Pulver-Gemisch gleichmäßig auf den zweiten Glasobjektträger! Trage das Gemisch möglichst dünn auf! Lass das Wachs-Pulver-Gemisch vollständig trocknen!

d) Gib auf die fertigen, leicht schräg gestellten Flächen etwas Kreidestaub und benetze beide mit Wasser!

e) Beobachte den Kreidestaub und finde eine Erklärung!

3. Untersuche Wasser abweisende Oberflächen

Material:

frische Kohlrabiblätter, wasserlöslicher Klebstoff, Wassergefäß

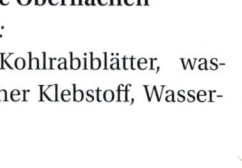

Durchführung:

a) Sammle frische Kohlrabiblätter (evtl. auch im Supermarkt zu bekommen)!

b) Tauche ein Kohlrabiblatt vollständig in Wasser und beobachte die Oberfläche beim Herausziehen! Was stellst du fest?

c) Reibe nun mit einem Tuch die eine Hälfte des Blattes ab und beobachte diese Hälfte während des Herausziehens aus dem Wasser! Erkläre die Erscheinung!

d) Benetze ein trockenes Kohlrabiblatt mit einem Klebstoff auf Wasserbasis und beobachte den Verlauf des Tropfens auf der Blattoberfläche! Erkläre auch hier die Erscheinung!

4. Modelloberflächen

Ordne die beiden Aussagen den beiden Abbildungen zu:

a) Gartenboden saugt Wasser auf und lässt sich mit ihm vermischen. Die Teilchen des Bodens sind hydrophil.

b) Auf einem mit Ruß bedeckten Objektträger werden kleine Wassertropfen abgestoßen und sind kugelförmig. Große Tropfen reißen Rußpartikel mit sich (rechts). Die Oberfläche ist hydrophob.

Gewusst · Gekonnt

1. Untersuchung von Pflanzenteilen

Sammle Blätter von verschiedenen Pflanzen und finde durch ein selbst entwickeltes Experiment heraus, welche der Blattoberflächen mehr oder weniger hydrophobe oder hydrophile Eigenschaften haben!

2. Nagelbrett und Blattoberfläche mit Selbstreinigungseffekt

Vergleiche Schmutzteilchen auf einer hydrophoben Oberfläche mit dem Nagelbrett eines Fakirs!

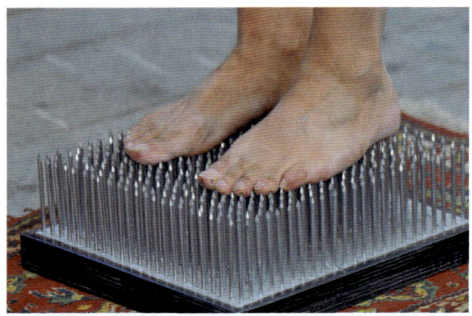

Finde heraus, welche Eigenschaften ähnlich sind und welche nicht übereinstimmen!

3. Internetrecherche

Recherchiere im Internet, welche Erzeugnisse mit Selbstreinigungseffekt es noch gibt, und fertige dazu eine Übersicht an!

4. Empfindlichkeit

Pflanzenoberflächen mit Selbstreinigungseffekt sind empfindlich gegen Beschädigungen. Was muss auch bei künstlichen Erzeugnissen mit Selbstreinigungseffekt unbedingt beachtet werden? Diskutiere mit deinen Mitschülern!

5. Benetzbar machen

Stelle eine Vermutung auf, wie man eine hydrophobe Oberfläche doch mit Wasser benetzbar machen kann!
Probiere es an den Blättern der Kapuzinerkresse aus!

6. Der Fleck

Erfinde eine Geschichte zu diesem Foto von einem Fleck auf der Kleidung oder auf einer Tischdecke!

7. Eigenschaften von Oberflächen mit Selbstreinigungseffekt

a) Benenne die beiden Eigenschaften, die Selbstreinigung von pflanzlichen Oberflächen möglich machen!
b) Überlege, wie man diese Prinzipien auf eine künstlich hergestellte Oberfläche übertragen kann!
c) Lege eine Tabelle an!

8. Bionische Arbeitsweise

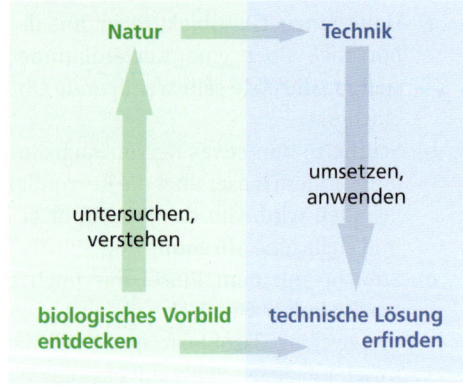

a) Beschreibe das Vorgehen bei der bionischen Arbeitsweise!
b) Übertrage das Schema in dein Heft und ergänze es für das Beispiel der selbstreinigenden Oberflächen!

Vom Vorbild aus der Natur zur technischen Anwendung

Lotus – Blume der Reinheit

■ Die Blätter der Lotusblume wachsen aus dem schlammigen Untergrund des See-ufers. Wenn sie sich entfalten, haftet aber kein Schmutz an ihrer Oberfläche.

Nicht glatt, sondern genoppt

■ Untersuchungen mit dem Rasterelektro-nenmikroskop zeigen die Beschaffenheit der Oberfläche. Das Blatt der Lotuspflanze ist nicht, wie erwartet, ganz glatt. Es besitzt winzig kleine Erhebungen und ist von einer Wachsschicht überzogen.

Es ist deshalb Wasser abweisend = hydro-phob. Wasser perlt ab und trägt Schmutz mit sich.

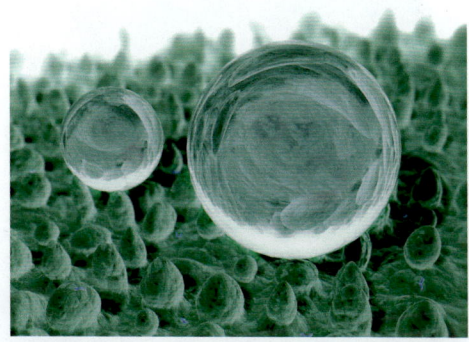

Übertragung in die Technik

■ Selbstreinigende Oberflächen lassen sich künstlich herstellen.
Sie finden Anwendung bei Farben und Be-schichtungen auf verschiedenen Oberflä-chen.

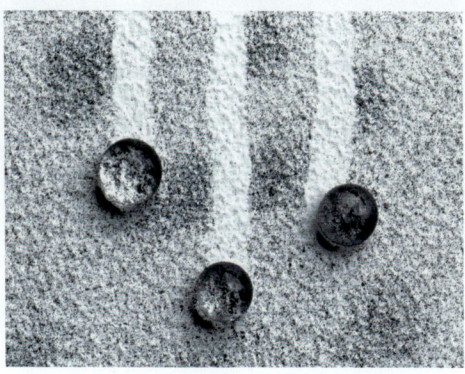

7 So kannst du vorgehen

Informationen erhalten, auswerten und austauschen

Wenn du etwas wissen möchtest, musst du dich informieren. Du kannst dazu Texte lesen. Andere Fragen kannst du durch eigenes Beobachten, Messen oder Experimentieren beantworten. Das Sammeln, Aufbereiten und Weitergeben von Informationen hilft dir und anderen, Zusammenhänge zu verstehen. Deshalb gehören Präsentationen zum naturwissenschaftlichen Unterricht.

Schritt für Schritt

Damit du fit für die Lösung der Aufgaben im Fach Mensch – Natur – Technik wirst, musst du dir nicht nur Wissen aneignen. Du musst auch verschiedene Fähigkeiten und Fertigkeiten entwickeln.

Die folgenden Seiten zeigen, wie du dabei in Schritten vorgehen und die Methoden einüben kannst. In diesem Kapitel kannst du jederzeit nachschlagen, wie etwas geht.

Lesen und Auswerten von Texten

Wenn du ein spannendes Buch liest, im Internet surfst oder die Gebrauchsanleitung für dein neues Handy verstehen willst, erhältst du Informationen. Bei Texten in Lehrbüchern oder in Nachschlagewerken geht es ebenfalls darum, wichtige Inhalte zu erfassen.
Damit du diese Inhalte besser verstehst und längere Zeit im Gedächtnis behältst, solltest du beim Lesen und Auswerten von Texten schrittweise vorgehen.

Schritt 1

Erfassen der Leseaufgabe
Lies die Aufgabe genau durch! Wenn du sie nicht richtig verstanden hast, frage noch einmal nach! Die Leseaufgabe hilft dir, Fragen an den Text zu stellen. Mithilfe von Fragen kannst du gezielter nach Informationen suchen.

Erarbeite mithilfe des Textes die wesentlichen Merkmale von Lebewesen!
Als Frage: Welches sind die wesentlichen Merkmale von Lebewesen?

Schritt 2

Erfassen des Hauptinhalts des Lesetextes
Lies den ganzen Text durch, damit du einen Überblick erhältst!
Unterstreiche alle Wörter, die du nicht kennst!

Hinweis: Gehört das Lehrbuch nicht dir, arbeite mit einer Kopie oder schreibe die Wörter in dein Heft!

Schritt 3

Gründliches Durcharbeiten des Textes
Lies den Text jetzt gründlich durch!
Kennzeichne Wörter, die dir wichtig erscheinen, mit einem Marker!
Kläre die unbekannten Wörter mithilfe des Registers im Lehrbuch oder in anderen Nachschlagewerken!

Lebendes oder Nichtlebendes?

Füchse, Schmetterlinge und Regenwürmer sind Lebewesen, das steht fest. Bei Pflanzen wie Birke, Gänseblümchen, Sonnenblume, Moos ist man nicht so sicher. Welche Eigenschaften zeichnen ein Lebewesen aus? Wie unterscheiden sich Pflanzen und Tiere von Steinen, Stofftieren und Kunstpflanzen?

Bei Tieren fällt uns insbesondere die selbstständige Bewegung auf: Pferde galoppieren über die Weide, Bienen fliegen von Blüte zu Blüte. Ein Stein dagegen hüpft nur dann über die Wasseroberfläche, wenn wir ihn geschickt werfen. Pflanzen sind in der Regel an einem Ort festgewachsen. Sie bewegen jedoch Teile ihres Körpers. Diese Bewegungen sind oftmals so langsam, dass wir Geduld brauchen, um sie wahrzunehmen. Zimmerpflanzen wenden ihre Blätter zur Fensterseite, Gänseblümchen öffnen ihre Blütenkörbchen, wenn es warm wird. Die Waldrebe windet ihre Blattstiele um dünne Zweige und wächst so in den Baum hinein.

Tiere nehmen Nahrung auf: Schafe fressen Gras auf der Wiese, Meisen picken im Winter

Merkmale des Lebens

Bewegung

Sonnenblumenkerne und sammeln im Sommer unermüdlich Insekten und Würmer für sich und ihre Brut.

In ihrem Körper wird die Nahrung verarbeitet. Der bei der Atmung aufgenommene Sauerstoff spielt dabei eine wichtige Rolle. Unverdauliche Reste werden mit dem Kot, Abfallstoffe mit dem Urin und der Ausatemluft ausgeschieden.

Auch Pflanzen nehmen Stoffe auf und nutzen sie: Wasser, Mineralien aus dem Boden und Kohlenstoffdioxid aus der Luft. Als Abfallstoff geben sie Sauerstoff in die Luft ab. Auch Pflanzen verändern also Stoffe. Diese Vorgänge werden als Stoffwechsel bezeichnet.

Kälbchen, Küken, Kätzchen sind nach der Geburt klein. Sie wachsen, nehmen an Gewicht zu und entwickeln sich zu erwachsenen Tieren. Diese können selbst Junge bekommen.

Auch Pflanzen verändern sich im Laufe ihres Lebens: Aus einer winzigen Keimpflanze kann ein riesiger Baum heranwachsen, aus einem kahlen Acker wird im Laufe des Sommers ein Maisfeld, in dem man sich verirren

Stoffwechsel

Fortpflanzung, Wachstum

kann. Pflanzen bilden Samen und Ableger, aus denen neue Pflanzen heranwachsen können. Auch sie pflanzen sich also fort.

Tiere orientieren sich mit ihren Sinnesorganen in der Umwelt: Nachtfalter fliegen zum Licht, Wespen werden vom Geruch des Grillgutes angelockt. Hunde achten auf die Stimme und die Befehle des „Herrchens" oder „Frauchens". Sie nehmen also Reize aus der Umgebung auf und reagieren darauf: Sie sind reizbar.

Dies gilt auch für Pflanzen. Beim Öffnen und Schließen von Blüten wirken Regen, Licht und Wärme als Reiz auf die Pflanze. Das Hinwenden der Stängel und der Laubblätter zum Licht ist die Reaktion der Pflanze auf den Lichtreiz.

Reizbarkeit

Schritt 4

Erkennen der inhaltlichen Gliederung
Formuliere für jeden Abschnitt des Textes eine inhaltliche Überschrift!
Schreibe diese Überschrift an den Rand des Abschnitts oder auf ein extra Blatt!
Stelle Fragen an den Text und versuche, sie zu beantworten!
Schau dir die Abbildungen zum Text an! Welche Beziehungen zwischen Text und Abbildungen gibt es?

Schritt 5

Zusammenfassen des Wesentlichen
Lies den Text erneut gründlich durch! Formuliere wichtige Inhalte des Textes in einer Zusammenfassung, besonders wenn es ein längerer Text ist! Stimme deine Zusammenfassung mit der Aufgabenstellung ab! Hast du alles berücksichtigt? Präge dir die wichtigsten Inhalte ein!

Beispiel: Pflanzen und Tiere können sich bewegen. Sie pflanzen sich fort und wachsen. Weitere Kennzeichen von Lebewesen sind Reizbarkeit und Stoffwechsel.

Wie plane ich ein Experiment, führe es durch und werte es aus?

Viele Erkenntnisse werden durch Experimentieren gewonnen. Erscheinungen aus der Natur werden zielgerichtet genauer untersucht und Größen bestimmt. Dabei wird beobachtet, gemessen und ausgewertet.

Jedes Experiment muss wiederholbar sein, damit seine Ergebnisse überprüft werden können. Deshalb müssen alle Beobachtungen und Messungen protokolliert werden.

Experimente laufen meistens in drei Schritten ab: Vorbereitung, Durchführung und Auswertung.

Beispiel: Pflanzen müssen ständig Wasser aufnehmen. Aber mit welchen Organen nehmen die Pflanzen vorwiegend Wasser auf – mit dem Stängel, dem Blatt oder der Wurzel?

Schritt 1

Vorbereiten des Experiments
Bei diesem Schritt überlege u. a. Folgendes:
- Soll beobachtet oder auch gemessen werden?
- Wie kann das Experiment aufgebaut werden?
- Welche Materialien werden benötigt? Stelle sie bereit!
- Welche Bedingungen müssen verändert werden und welche Bedingungen müssen übereinstimmen, um zu einem verwertbaren Ergebnis zu kommen?

Die Vermutung ist, dass Pflanzen mit Wurzeln Wasser aufnehmen, da sie schnell welken, wenn sie mit ihren Wurzeln aus dem wasserreichen Boden genommen werden.

Um die Vermutung zu überprüfen und zu einem eindeutigen Ergebnis zu gelangen, müsste die Pflanze verändert werden. Die übrigen Bedingungen, z. B. die Temperatur, müssen gleich sein.
Das Experiment könnte so ablaufen:
a) Pflanzen mit Wurzeln ins Wasser stellen.
b) Pflanzen mit Blättern ins Wasser stellen.
c) Pflanzen ohne Wurzeln ins Wasser stellen.
d) Zum Vergleich ein mit Wasser gefülltes Gefäß ohne Pflanze nutzen (Kontrollversuch).

Alle Wasseroberflächen werden mit einer Ölschicht versehen, damit kein Wasser verdunstet. Dann muss man die Gefäße einige Zeit stehen lassen und beobachten. Man benötigt also vier Messzylinder, Wasser, Öl, Pflanzen mit und ohne Wurzel.

Schritt 2

Durchführen des Experiments
So wie unter Schritt 1 geplant, wird das Experiment durchgeführt.

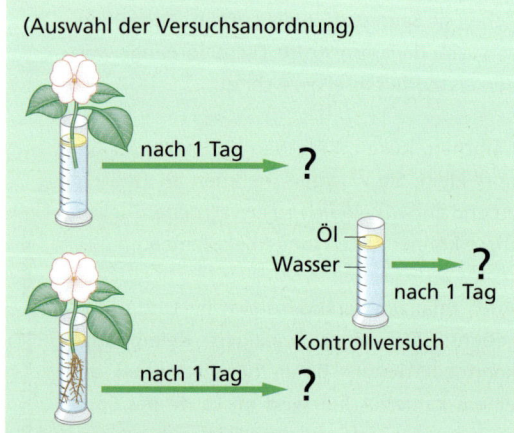

(Auswahl der Versuchsanordnung)

nach 1 Tag ?

Öl
Wasser
nach 1 Tag ?
Kontrollversuch

nach 1 Tag ?

Schritt 3

Auswerten des Experiments
Beim Auswerten musst du zwischen Beobachtung und Deutung unterscheiden!

Beobachtungen:
a) Wasserstand niedriger
b) Wasserstand unverändert
c) Wasserstand niedriger
d) Wasserstand unverändert

Deuten der Beobachtungen:
In dem Gefäß, in dem die Pflanze mit den Wurzeln stand, ist der Wasserstand am niedrigsten. Das fehlende Wasser muss mit den Wurzeln aufgenommen worden sein. Auch mit den Stängeln kann die Pflanze geringfügig Wasser aufnehmen.

Wie fertige ich ein Protokoll an?

Die Vorgehensweise beim Experimentieren und die Ergebnisse des Versuchs sollten immer sorgfältig **protokolliert** werden.
Dabei orientieren wir uns an den **Schritten des Versuchs**.

Beispiel: Es wird untersucht, welche Rolle der Stängel im Wasserhaushalt der Pflanzen spielt.

Schritt 1

Vorbereiten des Experiments
Das Wasser wird durch die Wurzeln aufgenommen, aber von allen Pflanzenteilen gebraucht.

Folgende Frage wird zu Beginn des Protokolls notiert:
Auf welchem Weg gelangt das Wasser von den Wurzeln zu den Blättern und den Blüten?

Da die Sprossachse die Wurzeln mit Blättern und Blüten verbindet, **vermuten** wir, dass sie Vorrichtungen enthält, in denen das Wasser geleitet wird.
Wir kennen Wasserleitungen vom Wasserwerk bis zum Wasserhahn im Bad. Hier durchfließt das Wasser Rohre.
Wir nehmen deshalb an, dass auch in der Sprossachse Röhrchen enthalten sind.

Vermutung:
Im Stängel sind Röhrchen enthalten, in denen das Wasser geleitet wird.

Wir überlegen, dass wir die Wasserleitung sichtbar machen können, wenn wir das Wasser anfärben. Das gefärbte Wasser müsste im Stängel, in Blüten und Blättern sichtbar sein.

Material und Vorbereitung:
Pflanzen mit hellen Blüten und weichen Stängeln, intensiv gefärbtes Wasser (z. B. mit Lebensmittelfarbe),
Standzylinder, Brettchen und Messer, um die Stängel zu durchschneiden, Lupe

Schritt 2

Durchführung
Wir formulieren die Durchführung und ergänzen sie, wenn möglich, durch eine Skizze. Messwerte werden in einer Tabelle erfasst.

Wir schneiden den Stängel der Pflanze mit einem scharfen Messer glatt an und stellen die Pflanze mit dem Stängel in das Gefäß mit dem angefärbten Wasser.
Nach etwa fünf Stunden betrachten wir Blätter und die Blüten genau, schneiden den Stängel längs und quer durch und betrachten die Schnitte mit einer Lupe.

Schritt 3

Auswertung
Alle Beobachtungen werden aufgeschrieben und anschließend gedeutet.

Beobachtung:
Die hellen Blüten sind angefärbt. Die Blattadern treten deutlich hervor und auch der Stängel sieht dunkler aus als zuvor.
Im Stängelquerschnitt beobachten wir kleine farbige Punkte.
Im Stängellängsschnitt sind farbige Streifen erkennbar.

Deutung:
Das Wasser wurde in alle Pflanzenteile verteilt. Im Stängel sind – wie vermutet – Röhrchen enthalten. Diese sehen im Querschnitt wie Pünktchen aus. Im Längsschnitt der gefärbten Pflanze erscheinen die Röhrchen als Streifen.
Die Blattadern sind die Fortsetzungen der Röhrchen in den Blättern.

Darstellen und Auswerten von Messungen in einem Diagramm

Bei vielen **Experimenten** wird gemessen und die Messwerte werden in einer Tabelle erfasst.

Wie ändert sich die Temperatur von Wasser beim Erwärmen?
Zeichne ein Diagramm und werte es aus.

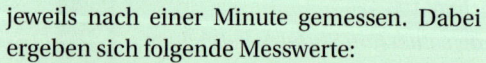

In einem Experiment wird die Temperatur von Wasser unter ständigem Rühren jeweils nach einer Minute gemessen. Dabei ergeben sich folgende Messwerte:

Zeit in min	0	1	2	3	4	5
Temperatur in °C		14	16	23	27	33	36

Schritt 1

Zeichnen eines Koordinatensystems
Schreibe an die jeweiligen Achsen des Koordinatensystems die physikalischen Größen mit ihrer Einheit (↗ Abb. 1).

Für die Zeitachse gilt: 1 cm ≙ 1 min
Für die Temperaturachse gilt: 1 cm ≙ 10 °C

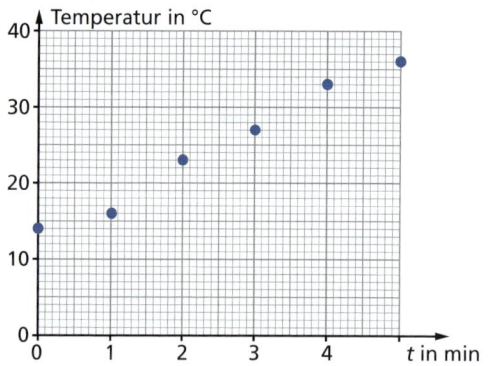

1 Beschriften der Achsen und Eintragen der Messwerte in ein Diagramm

Schritt 2

Eintragen der Messwerte
Trage Messwerte, die zusammengehören (Messwertepaare), in das Diagramm ein (↗ Abb. 1)!

Schritt 3

Zeichnen der grafischen Darstellung
Die Wertepaare können durch eine Gerade verbunden werden (↗ Abb. 2).
Die Gerade kann gezogen werden, weil sich das Wasser auch zwischen den Zeitmessungen erwärmt hat. Manchmal „tanzen" Messwerte „aus der Reihe". Wenn du selber keinen Fehler beim Zeichnen gemacht hast, liegt ein Messfehler vor. Das ist bei Messungen normal.

Schritt 4

Auswerten des Diagramms
Beschreibe den Zusammenhang zwischen beiden physikalischen Größen.

Mit zunehmender Zeit steigt die Temperatur.

Du kannst aus dem Diagramm auch Werte ablesen, die du gar nicht aufgenommen hast. So hat das Wasser z. B. nach 2,5 min eine Temperatur von 25 °C.

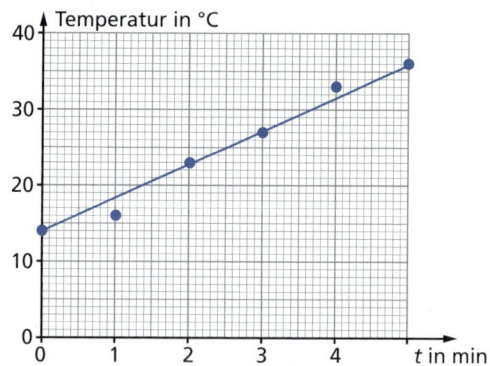

2 Verbinden der Messwerte mit einer Geraden, die möglichst viele Punkte berührt

Arbeiten mit Modellen

Mit Modellen können Sachverhalte veranschaulicht, erklärt oder vorausgesagt werden, z.B. die Aggregatzustandsänderungen des Wassers.
Modelle stimmen in wichtigen Teilen mit der Wirklichkeit überein, aber nicht in allen.

Schritt 1

Genaues Lesen der Aufgabenstellung
Erkläre mithilfe des Teilchenmodells, warum Wasser bei Wärmezufuhr und bei Wärmeabgabe seinen Aggregatzustand ändert!

Schritt 2

Darstellen des Sachverhalts
Was willst du mithilfe des Modells veranschaulichen, erklären bzw. voraussagen?

Bei Wärmezufuhr wird Eis bei 0 °C flüssig. Bei 100 °C wird Wasser gasförmig. Bei Wärmeabgabe wird Wasserdampf bei 100 °C flüssig. Wasser erstarrt bei 0 °C.

Schritt 3

Auswählen des Modells und Anwenden auf den Sachverhalt
Beziehe allgemeine Aussagen des Modells auf den Sachverhalt!

Nach dem Teilchenmodell sind die Teilchen eines festen Körpers regelmäßig angeordnet. Sie bewegen sich an ihrem Platz, verlassen ihn aber nicht.
Bei Flüssigkeiten haben die Teilchen keinen festen Platz. Sie bewegen sich an dem Platz hin und her, an dem sie sich gerade befinden.
Bei Gasen ist die Bewegung der Teilchen noch stärker. Der Abstand der Teilchen ist groß.

Schritt 4

Anwenden des Modells
Beim Erwärmen nehmen die Bewegungen der Teilchen zu. Sie werden ab 0 °C so stark, dass die Teilchen ihre Plätze verlassen. Eis schmilzt und geht in den flüssigen Aggregatzustand über.
Bei weiterer Erwärmung bewegen sich die Teilchen noch schneller. Die Abstände zwischen ihnen vergrößern sich. Letztlich bewegen sie sich so heftig, dass ein Teil von ihnen die Wasseroberfläche verlassen kann. Sie bilden den gasförmigen Wasserdampf.

Umgekehrtes gilt beim Abkühlen: Die Teilchen des Wasserdampfs bewegen sich langsamer. Der Wasserdampf kondensiert und geht in den flüssigen Aggregatzustand über. Bei weiterer Abkühlung bewegen sich die Teilchen noch langsamer und nehmen letztlich feste Plätze ein. Das Wasser erstarrt.

 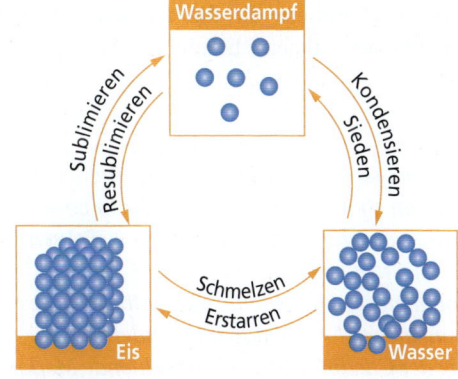

1 Wasser kann in Abhängigkeit von den Bedingungen fest (Eis), flüssig oder gasförmig (Wasserdampf) sein (Änderung der Aggregatzustände – links auf Stoffebene, rechts nach dem Teilchenmodell).

Beobachten und Beschreiben

Eine wichtige Tätigkeit im Biologieunterricht ist das **Beobachten von Naturobjekten und Naturvorgängen.** Dabei ermittelst du mithilfe deiner Sinnesorgane wichtige Merkmale, Eigenschaften und Verhaltensweisen der Objekte. Oftmals musst du beim Beobachten Hilfsmittel, z. B. Lupe, Fernglas, Mikroskop, Thermometer, Lineal, Messzylinder, Präparierbesteck oder Waage, einsetzen, um konkrete Ergebnisse zu erreichen.

Am Ende der Beobachtung musst du deine Ergebnisse darstellen. Das kann in Form einer **Beschreibung** erfolgen, aber auch als Tabelle, Diagramm oder als einfache Zeichnung.

Beim **Beschreiben** wird zusammenhängend dargestellt, wie ein Gegenstand oder eine Erscheinung beschaffen ist oder wie ein Vorgang abläuft. Das Beschreiben erfolgt gegliedert und in logischer Reihenfolge. Dabei werden Fachbegriffe verwendet.
Formuliere eine Beschreibung immer in der Gegenwart!

Beim Beobachten und Beschreiben kannst du **schrittweise vorgehen.**

Schritt 1

Erfassen der Beobachtungsaufgabe
Lies die Beobachtungsaufgabe genau durch! Merke und notiere dir die zu beobachtenden Kennzeichen, Eigenschaften und Verhaltensweisen!

Aufgabe
In einem Terrarium in der Schule, im Schlangenhaus von zoologischen Gärten oder in einem Film kann man die Fortbewegung von Echsen und Schlangen gut beobachten!
Beobachte und beschreibe die Fortbewegung einer Zauneidechse! Achte dabei besonders auf die Stellung der Gliedmaßen! Zu beobachtende Merkmale und Erscheinungen sind Beinstellungen und Körperbewegung.

Schritt 2

Auswählen notwendiger Hilfsmittel
Wähle die Hilfsmittel aus, die du zur Beobachtung benötigst.

Hinweis: Du benötigst für die Ausführung dieser Beobachtungsaufgabe keine Hilfsmittel.

Schritt 3

Erfassen wesentlicher Merkmale
Beobachte genau die Stellung der Gliedmaßen. Notiere deine Beobachtungsergebnisse.

Gliedmaßen: Das rechte Vorderbein und das linke Hinterbein oder das linke Vorderbein und das rechte Hinterbein werden gleichzeitig bewegt.
Körperbewegung: Die Vorderseite des Körpers wird gemeinsam mit dem entsprechenden Vorderbein entweder nach rechts oder nach links bewegt.
Der hintere Teil des Körpers bewegt sich genau entgegengesetzt zum vorderen.

Schritt 4

Aufschreiben der Beobachtungsergebnisse in einfachen Sätzen

Die Zauneidechse bewegt sich vorwärts, indem sie gleichzeitig das rechte Vorderbein und das linke Hinterbein bzw. das linke Vorderbein und das rechte Hinterbein bewegt.
Dadurch wird der Körper entweder zur rechten oder zur linken Seite bewegt.
Der hintere Teil des Körpers wird immer zur genau entgegengesetzten Seite im Vergleich zur vorderen bewegt.
Dadurch kommt die schlängelnde Bewegung der Zauneidechse zustande.

Erklären

Beim Erklären wird zusammenhängend und geordnet dargestellt, warum Erscheinungen oder Vorgänge in Natur und Technik so und nicht anders auftreten. Dabei werden die Erscheinungen oder Vorgänge auf Gesetze oder Modelle zurückgeführt. Es ist zweckmäßig, beim Erklären **schrittweise** vorzugehen.

In Thüringen sind wie in allen Teilen Deutschlands Moore, Auenwälder und viele andere Feuchtgebiete unter Schutz gestellt.
Erkläre, warum das so ist!

Schritt 1

Nennen des zu erklärenden Sachverhalts
Dabei ist zwischen wesentlichen und unwesentlichen Aspekten der Erscheinung bzw. des Vorgangs zu unterscheiden.

Es soll erklärt werden, warum Feuchtgebiete in Deutschland geschützt werden.

Schritt 2

Aufsuchen von Gesetzen oder Modellen
Dabei geht es um solche Gesetze und Modelle, deren Gültigkeitsbedingungen in der Erscheinung oder in dem Vorgang vorliegen.

Folgende Sachverhalte müssen für die Erklärung berücksichtigt werden:
– charakteristische Merkmale von Feuchtgebieten,
– Artenvorkommen in Feuchtgebieten,
– Rolle von Feuchtgebieten bei der Wasserversorgung von Mensch und Natur.

Schritt 3

Zurückführen der Erscheinung auf Gesetze oder Modelle
Dabei wird zusammenhängend und geordnet dargestellt, dass diese Gesetze oder Modelle in der Erscheinung wirken, die erklärt werden soll. Die Erscheinung wird aus den Gesetzen oder Modellen und deren Gültigkeitsbedingungen abgeleitet.

Feuchtgebiete beherbergen viele Tier- und Pflanzenarten. Viele der Tiere leben sowohl im Wasser als auch auf dem Land. Sie dienen Wassertieren und auch Landtieren als Nahrung. Der Weißstorch ernährt sich z. B. von Fröschen; Wasservögel und Jungfische ernähren sich von Kaulquappen.
Verschwinden diese Tiere, verlieren viele andere Tiere ihre Nahrungsgrundlage. Durch die Trockenlegung von Feuchtgebieten zur Nutzung für den Menschen werden der Lebensraum und die Nahrungsgrundlage vieler Tiere zerstört. Viele Arten sind vom Aussterben bedroht.
Der Schutz der Lebensräume ist wichtig für die Erhaltung der Artenvielfalt. Tiere und Pflanzen können auf Dauer nur erhalten werden, wenn die Moore und Auenwälder geschützt sind, in denen sie leben.
Feuchtgebiete sind auch für die Versorgung der Natur und des Menschen mit Süßwasser wichtig. Sie sind Grundwasserspeicher. Daher müssen Feuchtgebiete besonders geschützt werden.

Vergleichen

Beim **Vergleichen** werden zwei oder mehrere Objekte oder Vorgänge einander gegenübergestellt, um Gemeinsamkeiten oder Unterschiede herauszufinden. Das Ergebnis eines Vergleichs wird als Text oder in Form einer Tabelle dargestellt. Ein Vergleich wird immer zu einem bestimmten Zweck durchgeführt.

Schritt 1

Festlegen der Objekte, die verglichen werden sollen
Vergleiche Tiere (Fische, Wale) und Fahrzeuge, die sich im Wasser bewegen!

Schritt 2

Auswählen geeigneter Merkmale
- *Aufbau und äußere Form*
- *Antrieb*
- *Regulierung der Schwimmtiefe*

Schritt 3

Durchführen des Vergleichs
Es sind Gemeinsamkeiten und Unterschiede der zu vergleichenden Objekte zu ermitteln. Die Ergebnisse sind in geeigneter Form darzustellen.

Gemeinsamkeiten
Beide haben einen stromlinienförmigen Körper, damit sie möglichst wenig Energie benötigen, um sich im Wasser vorwärtszubewegen.
Die Form des Bugs ist bei einigen großen Schiffen der Delfinschnauze sogar sehr ähnlich (↗ Abb.).
Der Antrieb erfolgt zwar auf unterschiedliche Weise, bei beiden ist die Antriebsvorrichtung aber am hinteren Ende angebracht.

*Die **Unterschiede** sind in der Übersicht unten dargestellt.*

Schritt 4

Ableiten einer weiterführenden Erkenntnis (Schlussfolgerung)
Sowohl Tiere, die sich im Wasser fortbewegen, als auch Fahrzeuge sind in ihrer Bauweise daran angepasst. Beide können sich so mit möglichst geringem Energieaufwand und sicher im Wasser fortbewegen.
Es kann nützlich sein, die Angepasstheit der Lebewesen als Vorbild für technische Geräte zu nutzen.

Unterschiede zwischen Fischen bzw. Walen und Schiffen

Fische und Wale	Schiffe
■ Antrieb erfolgt durch Flossen, die bei Fischen senkrecht und bei Walen waagerecht angeordnet sind.	■ Antrieb erfolgt durch eine Schiffsschraube.
■ Bewegung wird durch Muskelkraft hervorgerufen.	■ Bewegung wird durch einen Motor hervorgerufen.
■ Viele Fische besitzen eine Schwimmblase zur Regulierung der Schwimmtiefe. Wale sind durch ihre Bewegungen in der Lage, die Tauchtiefe zu regulieren.	■ Bauweise sorgt dafür, dass das Schiff an der Wasseroberfläche bleibt. Ballasttanks, die mit Wasser gefüllt werden können, können aber den Tiefgang den äußeren Gegebenheiten anpassen.

Begründen

Das **Begründen** zielt darauf ab, den Nachweis zu führen, dass eine Aussage richtig bzw. falsch oder zweckmäßig bzw. unzweckmäßig ist. Dazu müssen Argumente angeführt werden. Solche Argumente können sein: Beobachtungen, Fakten, Zusammenhänge, Gesetze, Beispiele bzw. Gegenbeispiele, aber auch Eigenschaften von Körpern, Stoffen oder Lebewesen.
Wird die Begründung auf Meinungen oder Ansichten von Personen gestützt, dann wird sie subjektiv.
Es ist zweckmäßig, beim Begründen in folgenden **Schritten** vorzugehen:

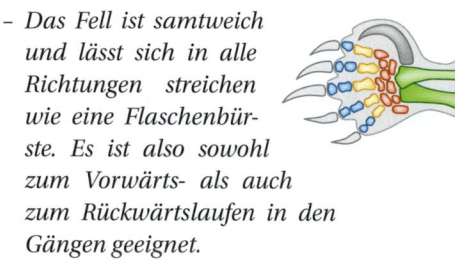

– Das Fell ist samtweich und lässt sich in alle Richtungen streichen wie eine Flaschenbürste. Es ist also sowohl zum Vorwärts- als auch zum Rückwärtslaufen in den Gängen geeignet.
– Augen und Ohren sind in verschließbaren Hautfalten verborgen: ein guter Schutz vor hineinfallenden Erdkrümeln!
– Empfindliche Tasthaare und ein guter Geruchssinn ermöglichen das Auffinden von Beutetieren im Dunkeln.

Schritt 1

Nennen der Aussage, die begründet werden soll
Ein Maulwurf lebt vorwiegend im Erdboden. Er ist an seinen Lebensraum angepasst.
Begründe diese Aussage!

Schritt 2

Sammeln von naturwissenschaftlichen Argumenten
Dabei geht es sowohl um Argumente, die *für* als auch *gegen* diese Aussage sprechen.

– *Der Körper des Maulwurfs ist walzenförmig. Die Beine sind kurz. Damit passt er gut durch die engen Röhrengänge.*
– *Sein Kopf ist keilförmig. Damit kann er sich gut durch die Erde bohren.*
– *Die Vorderfüße haben die Form einer Schaufel. Damit kann er gut graben.*

Schritt 3

Formulieren der Begründung
Die Begründung ist zusammenhängend und geordnet darzustellen.

Der Maulwurf ist an eine Lebensweise in engen Erdgängen sehr gut angepasst:
Die Formen von Kopf, Rumpf und Gliedmaßen sowie die Art der Behaarung ermöglichen ihm eine flinke Fortbewegung in den engen Gängen.
Mit seinen schaufelförmigen Vorderfüßen kann er die Gänge ausbauen.
Die Sinnesorgane sind vor Krümeln geschützt und so ausgeprägt, dass der Maulwurf in der Dunkelheit des Erdbodens Nahrung finden kann.

Bewerten

Oftmals wirst du aufgefordert, einen Gegenstand oder Sachverhalt zu bewerten. Entweder sollst du den Wahrheitsgehalt einschätzen oder dir einen eigenen Standpunkt erarbeiten bzw. gegenteilige Argumente gegenüberstellen und abwägen. Immer ist deine persönliche Sicht gefordert. Auch wenn du deine eigene Meinung darlegst, sollte sie sachlich begründet sein.

Rinder und Schweine werden quer durch Deutschland oder gar durch Europa zu den Schlachthöfen transportiert. Die Transporte dauern in Deutschland oft stundenlang. Immer wieder hört man von den schlimmen Bedingungen während der Tiertransporte: enge Laster, zu viele Tiere, schlechte Belüftung.
Bewerte diese Berichte nach selbst gewählten Kriterien.

Pro	Kontra
Tiere werden nur zum Zweck der Nahrung gehalten.	Tiere sind Lebewesen und sollten so behandelt werden.
Transporte sollten so billig wie möglich sein.	Transporte sind notwendig, sollten den Tieren aber keinen Stress bereiten.
Der Kilopreis für das Fleisch würde enorm steigen, wenn die Transporte zu teuer werden.	Tiere sollten ausreichend Platz, Luft, Wasser und Futter im Lkw haben. Dadurch ist die Qualität des Fleisches besser.

Schritt 1

Präzisieren der Anforderung
Überlege dir, welcher Sachverhalt bewertet werden soll und welche fachlichen Inhalte davon berührt werden.

- *Tiertransporte*
- *Artgerechte Tierhaltung*

Schritt 2

Bereitstellen von Fachwissen
- *Haltung von Tieren zum Zwecke der Bereitstellung von Nahrung für Menschen*
- *Artgerechte Haltung, Folgen von Stress für Tiere*

Schritt 3

Sammeln von Material
Sammle Fakten und Argumente, die für die Bewertung des Sachverhalts wichtig sind:
- positive und negative Aspekte,
- Argumente, die für oder gegen den Wahrheitsgehalt sprechen,
- Argumente, die Pro und Kontra verdeutlichen.

Schritt 4

Finden geeigneter Bewertungskriterien
Das könnten z. B. biologische (Tierschutz) und ökonomische Gesichtspunkte sein.

Schritt 5

Ableiten des Werturteils
Wende deine Kriterien unter Nutzung des Fachwissens zur kritischen Prüfung des Sachverhalts an und formuliere dein begründetes Werturteil.

Tiertransporte sind notwendig. Sie sollten aber aus Gründen des Tierschutzes (Tiere sind Lebewesen) so stressfrei wie möglich für die Tiere ablaufen.

Anlegen von Tabellen

Tabellen werden angelegt, um Messwerte übersichtlich zu erfassen (↗ S. 32). Sie eignen sich aber auch, um bestimmte Sachverhalte in einer Übersicht darzustellen. Objekte, Gegenstände, Zahlen usw. können in Tabellen erfasst werden.

Tabellen eignen sich
– zum übersichtlichen Gegenüberstellen,
– Erarbeiten von Textstellen,
– zum Vergleichen von Sachverhalten,
– zum Eintragen von Messwerten.

Eine Tabelle besteht aus Spalten und Zeilen, die sich jeweils in einem Tabellenfeld schneiden.

Entnimm dem Text Informationen über die Ernährungsweise von Fischen und stelle diese übersichtlich in einer Tabelle dar!
Fische unterscheidet man nach ihrer Ernährungsweise. Raubfische fressen kleinere Fische, Jungfische und Kleintiere. Sie besitzen ein spitzes Maul und einen Kiefer mit vielen Zähnen. Friedfische ernähren sich von Pflanzenteilen, Schnecken und anderen Kleintieren. Ihr rundes Maul enthält einen zahnlosen Kiefer.

Schritt 1

Formulieren der Überschrift
Formuliere für die Tabelle eine Überschrift entsprechend der Aufgabe!

Schritt 2

Finden von Schlüsselwörtern
Lies den Text, suche und unterstreiche die Schlüsselwörter! Ordne sie in Gruppen! Nutze gleich mehrere Farben beim Unterstreichen!

Schritt 3

Festlegen von Spaltenüberschriften
Suche für jede Gruppe Gemeinsamkeiten oder einen Oberbegriff, der zu einer Spaltenüberschrift der Tabelle werden kann!

Schritt 4

Anlegen von Spalten und Zeilen
Lege für jede Gruppe eine Spalte an! Verwende Lineal und Bleistift! Trage die Spaltenüberschriften ein! Überlege, wie viele Fakten oder Unterbegriffe du gefunden hast oder wie viele Daten vorliegen, so viele Zeilen wirst du benötigen!

Ernährung der Fische

Raubfische	Friedfische
…	…

Schritt 5

Eintragen der Merkmale als Zeilenbeschriftung
Für einige Tabellen benötigst du eine zusätzliche Spalte für Merkmale. Ordne diese links an!

Ernährung der Fische

Merkmale	Raubfische	Friedfische
Nahrung	kleine Fische, Kleintiere	Pflanzenteile, Kleintiere
Maul	spitz	stumpf
Zähne	viele	keine

Schritt 6

Ausfüllen der Tabelle
Trage nun die gefundenen Begriffe oder Zahlen in die Tabellenfelder ein!

Ernährung der Fische

Raubfische	Friedfische
kleinere Fische	Pflanzenteile
Kleintiere	Kleintiere
Jungfische	Schnecken

Erstellen einer Mindmap

Mindmaps (*mind,* engl. = Gedanken; *map,* engl. = Karte) sind so etwas wie Gedankenkarten, in denen man Zusammenhänge zwischen Begriffen und Fakten darstellt. Es entsteht eine bildliche Darstellung deiner Gedanken, deren Verästelungen an einen Baum erinnern (↗ Abb. 1). Mindmaps verschaffen dir einen Überblick über wichtige Themen, müssen aber nicht unbedingt vollständig sein bzw. können vervollständigt werden, wenn du weitere Erkenntnisse gewonnen hast. So ist das auch mit dem folgenden Beispiel:

Im Alltag spricht man oft über Energie: Sie wird in vielen Lebensbereichen benötigt, wird verbraucht, gespeichert, kostet viel, wird immer weniger ...

Der Energiebegriff wird dabei in ganz unterschiedlichen Zusammenhängen verwendet. Erstelle eine Mindmap für Bereiche, in denen Energie benötigt wird.

Beim Erstellen einer Mindmap kannst du dich an den Schritten 1 bis 4 orientieren.

Schritt 1

Wählen eines Themas
Schreibe einen zentralen Begriff des Hauptthemas in die Mitte eines unlinierten Blatts!

Schritt 2

Finden von Schlüsselwörtern
Denke über Teilthemen, Schwerpunkte oder Aspekte nach und schreibe diese als eingängige Wörter, auch Schlüsselwörter genannt, auf je einen Hauptast! Hauptäste sind mit dem Thema verbunden.

Schritt 3

Erweitern der Gedankenebenen
Füge weitere Gedankenebenen als Verzweigung der Hauptäste hinzu! Die so entstehenden Nebenäste sind mit dem Hauptast verbunden, werden aber als andersfarbige oder dünnere Linien dargestellt. Weitere Verästelungen sind möglich.

Schritt 4

Gestalten der Mindmap
Schlüsselwörter, Hauptäste und ihre Verzweigungen können farblich gestaltet werden, um z. B. Zusammenhänge deutlich zu machen. Passende Skizzen oder Symbole helfen dir beim Behalten der Informationen. Handgemacht prägen sie sich besonders gut ein.

Übertrage die Mindmap in dein Heft und vervollständige sie! Finde weitere Schlüsselwörter!

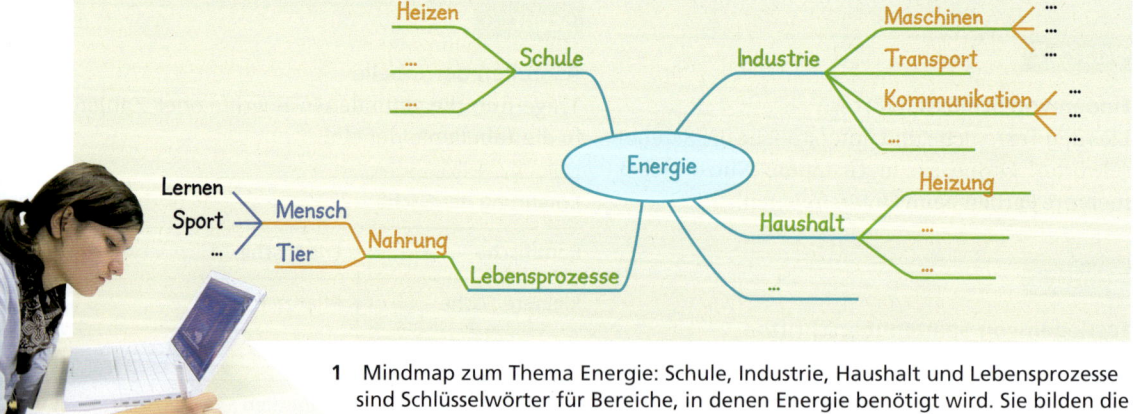

1 Mindmap zum Thema Energie: Schule, Industrie, Haushalt und Lebensprozesse sind Schlüsselwörter für Bereiche, in denen Energie benötigt wird. Sie bilden die Hauptäste, die sich in Nebenäste verzweigen können.

Vorbereiten und Halten eines Vortrags

Gesammelte Informationen zu einem Thema oder Ergebnisse, die in einer Gruppe erarbeitet wurden, sollen allen Mitschülern vorgestellt werden. Das kann durch einen Vortrag geschehen. Folgende **Schritte** sind hierbei hilfreich:

Schritt 1

Vorbereiten eines Vortrags
Bei der Vorbereitung des Vortrags ist es hilfreich, folgende Hinweise zu beachten:
- Überlege dir, was alles zum Thema gehört. Nutze dazu verschiedene Informationsquellen (↗ Übersicht unten).
- Gliedere den Vortrag in Abschnitte.
- Schreibe dir Schwerpunkte in Kurzform (in Stichwörtern) auf.
- Überlege dir, was du an die Tafel oder auf Folien schreibst.
- Bereite Versuchsaufbauten vor und stelle Geräte bereit.

Schritt 2

Halten eines Vortrags
Beachte beim Halten des Vortrags folgende Tipps:
- Wecke am Anfang des Vortrags Interesse und Neugier und nenne das Thema.
  Beginne beispielsweise mit „Wusstet ihr überhaupt, dass …?" oder „Hättet ihr gedacht, dass …?".

> **Lärm macht krank**
>
> 1. Einleitung
> - Begriff „Lärm"
> - Was heißt objektiv und subjektiv?
>
> 2. Das Ohr - ein Schallempfänger
> - Aufbau des Ohrs (Folie)
> - Gehörschaden (vorübergehend, bleibend)
>
> 3. Weitere Gesundheitsschäden
> - Erhöhung des Blutdrucks
> - Beschleunigung der Atmung
> - Erhöhung der Herzfrequenz
>   → Schlafstörungen, Konzentrationsschwierigkeiten, Magenschmerzen
>
> 4. Lärm vermeiden und sich vor Lärm schützen

- Nenne und zeige die Gliederung des Vortrags (Tafel, Folie, Beamer).
- Leite neue Absätze deutlich ein, z. B. mit „Ein weiterer Punkt ist …" oder „Als Nächstes …".
- Sprich in kurzen Sätzen.
- Verwende nur Fachbegriffe, die du auch selbst erklären kannst.
- Bemühe dich, laut, langsam und deutlich zu sprechen. Schaue deine Zuhörer an.
- Achte auf die Zeit. Schließe den Vortrag mit einer kurzen Zusammenfassung ab.

Informationsquellen

elektronische Medien	Literatur	Schulbücher	Internet
Fernsehen CD DVD Film	Zeitschriften Sachbücher Lexika	Lehrbücher Tabellenwerke Schülerlexika	Suchmaschinen Direktsuche www.schuelerlexikon.de

Anfertigen eines Lernplakats

Lernplakate fallen auf. Sie sind geeignet, um sachliche Informationen, Versuchsergebnisse oder den Verlauf und die Ergebnisse eines Projekts darzustellen. Meist geschieht das im Fachraum oder im Schulflur. Damit jeder sofort erkennt, worum es geht, hier ein paar Tipps:

– Achte jedoch darauf, dass das Lernplakat nicht überladen wirkt!
– Nenne deine verwendeten Informationsquellen!
– Bei einem umfangreicheren Thema kann man mehrere Lernplakate zu einer kleinen Ausstellung zusammenfassen!

Schritt 1

Suchen nach einer treffenden Überschrift
Jedes Lernplakat hat eine Überschrift. Sie soll sofort über den Inhalt informieren und Neugier beim Betrachter wecken.

Schritt 2

Anlegen einer Materialsammlung
Alles, was zum Thema passt, Texte und Abbildungen, wird zunächst einmal gesammelt.

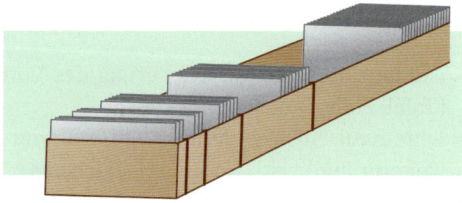

Schritt 3

Auswählen geeigneter Abbildungen und Texte
Lernplakate leben von Fotos, Grafiken und Skizzen. Deshalb sollte nach aussagekräftigen Abbildungen gesucht werden. Verwende nur so viel Text wie nötig.

Schritt 4

Anordnen der Inhalte
Ordne Abbildungen und Texte übersichtlich an. Kennzeichne mit gleichen Schriftarten, Farben und Formen, was inhaltlich zusammengehört.

Beachte:
– Teste die Lesbarkeit aus einer größeren Entfernung!

Lärm macht krank

Lärmquellen

Auswirkung auf die Gesundheit

Kopfschmerzen / Hörschäden

Konzentrations-
störungen   Schlafstörungen

Lärmschutz

- Schalldämmung

- Schalldämpfung

Arbeiten in Projekten

Beim **Bearbeiten von Projekten** geht es darum, eigene Ideen zum Thema zu entwickeln und sich eigene Aufgaben zu stellen, die die jeweilige Gruppe möglichst selbstständig bearbeitet. Dabei wird das Thema von unterschiedlichen Seiten aus betrachtet.

Schritt 1

Sammeln von Ideen
Am besten veranstaltet man zuerst einmal einen Markt der Ideen und wählt daraus die Themenbereiche aus, die die jeweilige Gruppe bearbeiten möchte.

Schritt 2

Erstellen eines Arbeitsplans
Die Gruppe erstellt einen Arbeitsplan. Die Punkte, die dabei geklärt werden sollten, findet ihr auf der Tafel unten.

Schritt 3

Arbeiten am Projekt
Es erfolgt die Umsetzung des Arbeitsplans. Treten Fragen auf, wendet euch an eure Lehrkraft.

Schritt 4

Präsentieren der Ergebnisse vor den Mitschülern
Nach Beendigung der Gruppenarbeit werden die Ergebnisse präsentiert. Dabei muss man beachten, dass sich die Mitschüler meistens mit anderen Fragestellungen beschäftigt haben. Die Art der Darstellung muss also in kurzer und logischer Form erfolgen, sodass alle Mitschüler die Versuche und Ergebnisse verstehen und die gewonnenen Erkenntnisse nachvollziehen können. Hilfreich sind **Präsentationen mit dem Computer**.

Schritt 5

Präsentieren der Ergebnisse in der Schule oder in der Öffentlichkeit
In einer Wandzeitung oder einer Plakatausstellung könnt ihr die Ergebnisse der ganzen Klasse übersichtlich und anschaulich darstellen. Wählt für die Ausstellung einen Ort in der Schule, an dem sie gut sichtbar ist. Ihr könnt die Ergebnisse auch im Internet präsentieren. Dafür gibt es spezielle Programme.
Hinweise zum Präsentieren von Informationen findet ihr ebenfalls in diesem Kapitel.

Welche Fragen sollen in der Gruppe zum Themenbereich beantwortet werden?

Welche Materialien und Medien sollen genutzt werden?

Bis wann müssen die Teilaufgaben bearbeitet sein? Wann muss das Projekt beendet werden?

Wer ist für welche Frage zuständig?

Welche Methoden sollen bei der Informationsbeschaffung angewendet werden?

Welche Experimente möchte die Gruppe durchführen?

Wie sollen die Ergebnisse dargestellt werden?

Projekt: Fliegen in Natur und Technik
Themenbereiche ergeben sich z. B. aus verschiedenen Fragestellungen. Es kann der Frage nachgegangen werden, welche Tiere außer den Vögeln fliegen können. Die Anpassungen der Vögel an die Fortbewegung in der Luft können ermittelt werden oder es kann der Entwicklung des Fliegens in der Technik auf den Grund gegangen werden.

Register

Bildquellenverzeichnis

AEARO GmbH: 266/6; akg-images: 107/2, 220/1; BackArts GmbH: 72/1, 83/1, 127/1; Prof. W. Barthlott, Nees-Institut, Universität Bonn: 242/1, 243/1; Bayer CropScience AG: 217/1; Bibliographisches Institut AG: 9/4, 15/1a, b, 22/01, 44/2, 45/3, 48/01, 02, 1, 2, 50/1a,b, 58/2- 4, 60/1, 61/1, 66/01, 02, 70/2, 91/2, 4, 94/1, 3, 95/5, 96/1, 3, 98/2, 5, 6, 113/1, 126/1, 128/2, 3, 174/3, 175/3, 177/1, 183/2, 192/1, 200/2, 203/2, 205/2, 212/1-4, 213/4, 216/1, 219/7, 230/01, 232/1, 2, 234/3, 249/1; A. Biedermann: 41/1; M. Biere-Mescheder: 60/2, 3, 73/1-3, 75/1-3, 119/1a,b; BilderBox.com: 166/2; O. Boigk: 23/2; Bosch AG: 84/1; Prof. Dr. Wolfgang Bricks: 199/1; Bundesministerium für Finanzen: 19/1; CNH Deutschland GmbH: 99/1b; Condomi AG, Köln: 169/1; Tim Pannell/Corbis: 250/3; Corel Photos Inc.: 20/1a,b, 25/2, 35/2, 91/1, 103/2, 103/3, 113/2, 122/1, 2, 177/2, 199/2, 231/1, 235/1, 5, 7, 257/1c, 260/1; Cornelsen Experimenta: 29/1d, 33/1, 4, 34/1, 251/2; DaimlerChrysler AG: 99/1a, 219/4, 5, 225/2; Degussa AG, Frankfurt am Main: 80/2; Deutsche Gesellschaft für Ernährung e.V.: Umschlag hinten; Deutsche Gesellschaft für Kunststoff-Recycling mbH (DKR), Köln: 235/6; DZT/TMB/Boettcher: 214/1; Deutsches Technikmuseum Berlin: 267/1; Diener/Gluszak: 52/2; DLR: 225/1; Dr. Frank Gymnasium, Staßfurt: 21/1; Duden Paetec GmbH: 59/1, 74/2, 1, 148/01; L. Engelmann: 232/3; Flad & Flad Communication Group: 248/2; fotolia IV: 85/2; Fotolia/Angelika Bentin: 219/2, 260/2; Fotolia/bierchen: 114/4; Fotolia/P. Boegner: 261/1; Fotolia/Caila: 35/4; Fotolia/Jacek Chabraszewski: 8/4; Fotolia/J. Chabraszewski: 136/1; Fotolia/Chushkin: 218/4; Fotolia/Mikael Damkier: 23/4; Fotolia/Friedrich Hartl: 213/3; Fotolia/S. Iversen: 62/1; Fotolia/kai-creativ: 52/1; Fotolia/D. Kneafsey: 31/01; Fotolia/S. Lange: 95/2; Fotolia/Maria.P.: 236/1; fotolia/Kurt MISAR: 235/2; Fotolia/Thomas Perkins: 43/1; Fotolia/photocreo: 9/3; Fotolia/robynmac: 226/1, 264/1; Fotolia/Olaf Schmitz: 234/2; Fotolia/James Steidl: 71/1b; Fotolia/toramaus: 49/1; Fotolia/Vasiliy Koval: 210/1; FZI, Karlsruhe: 219/6; N. Geist: 167/2; K. Haber, Kösching: 114/3; M.Hannemann Georg-Weerth-Oberschule: 264/2; M. Hartl: 10/2; Hemera: 11/3, 23/1, 29/1a, 33/5, 82/1, 88/2, 97/3, 167/3, 250/2, 4, 251/4, 7; Henkel-Werksarchiv: 257/1b; www.hessen-tourismus.de: 205/1; IMA, Hannover: 90/4; Informationszentrale Deutsches Mineralwasser (IDM): 148/1; InfraTec GmbH, Dresden: 151/2; iStockfoto/Zifa_K: 88/1; iStockphoto: 8/3, 11/2, 21/2, 3, 23/7, 36/1, 43/3, 45/5, 46/1, 54/2a,b, 58/1, 64/1, 67/2, 84/1a, 86/2, 94/2, 95/1, 3, 4, 114/2, 117/1, 128/1, 133/1, 136/3, 137/2, 3, 146/1, 2, 156/1b, 160/2, 166/3, 174/2, 202/1, 205/01, 211/3, 221/1, 223/1, 259/1; iStockphoto/J. Bosse: 125/1; iStockphoto/Linda Bucklin: 224/1; iStockphoto/L.Cattel: 113/3; iStockphoto/marissa childs: 237/2; istockphoto/J. Manuel Diaz: 160/1; istockphoto/Elena Elisseeva: 193/1a; iStockphoto/J. Fraser: 111/2; iStockphoto/J. Haart: 208/1; iStockphoto/C. Hansen: 184/3; iStockphoto/C. Hennigan: 44/1; iStockphoto/A. Howe: 184/2; istockphoto/B. Jacobs: 250/1; iStockphoto/Len Jellicoe: 174/4; iStockphoto/T. Karock: 211/1; iStockphoto/R. Kohlhuber: 266/4; iStockphoto/Massimiliano Leban: 248/1; iStockphoto/Lupico: 202/2; iStockphoto/Gary Martin: 262/1; iStockphoto/Brian Morrison: 240/1; istockphoto/M. de Nijs: 193/1c; istockphotoI/Andrey Popov: 9/2; istockphoto/A. Prill: 176/1; iStockphoto/S. Randall: 198/1; iStockphoto/M. Romain: 4/1, 51/1; iStockphoto/R. Rushton: 193/1b; iStockphoto/Anssi Ruuska: 266/5; iStockphoto/Scott T Slattery: 207/1b; iStockphoto/Maxim Smerichinsky: 237/1; iStockphoto/E. Snow: 45/6, iStockphoto/C. Soutar: 116/1, 174/1; iStockphoto/Jeremy Sterk: 139/1; iStockphoto/N. Suslov: 167/1; iStockphoto/R. Thornton: 211/2; iStockphoto/J. Udvang: 266/3; iStockphoto/Trista Weibell: 136/4; iStockphoto/C. Wu: 9/1, 134/1; John Foxx Images: 142/2b; Sebastian Karpp: 6/1, 195/2; 2007 Katholieke Universiteit Leuven/ Prof. Paul Busselen: 67/2a; Claudia Kilian: 37/1, 56/1, 238/1, 2, 240/2, 246/1; M. Konrad: 121/1; Landeskriminalamt, Thüringen: 16/1-3; LD Systeme AG & Co. KG: 29/1a, c; M. Lembcke: 22/1, 188/1, 189/1; Lichtwer Unternehmensgruppe: 57/1; G. Liesenberg: 9/5, 23/3, 29/1b, 33/3, 35/5, 45/4, 82/2, 90/1, 91/3, 217/3, 265/3; B. Mahler, Fotograf, Berlin: 3/1, 8/1, 28/1, 34/2, 92/1, 217/2, 237/4; H. Mahler, Fotograf, Berlin: 23/5, 24/4, 25/3, 26/1, 35/1, 3, 42/1, 64/2, 74/3, 80/1, 3, 83/2, 88/3, 104/1, 114/1, 137/1, 147/1, 148/01, 149/1, 2, 164/1, 169/2, 173/2, 193/01, 247/01, 251/6; mauritius images/André Pöhlmann: 30/1; mauritius images/J. Müller: 44/4; mauritius images/Marc Gilsdorf: 75/4; mauritius images/Tunger: 150/1; mauritius images/Peter Enzinger: 156/1a; mauritius images/BananaStock: 157/2; mauritius images/Dieter Herrmann: 199/3; mauritius images/STOCK4B: 251/3; MEKRUPHY GmbH, Pfaffenhofen: 43/2; Metabowerke GmbH, Nürtingen: 266/2; Meyer, L., Potsdam: 85/1, 266/1; Heike Moller, Rödental: 96/2, 213/2; NASA: 24/2; Silvestris/S. Kerscher: 161/01; Naturfotografie Frank Hecker: 70/1, 237/5, 241/1; Z. Neuls: 23/8, 79/2; J. Nieder: 245/1, 247/1, 2; Prof. Dr. Carsten Niemitz, Berlin: 142/2a; NTL Austria: 11/1, 175/4, 251/5; D. Oligmüller, Bochum: 235/3; panthermedia: 45/2; 223/4; panthermedia/A. Antl: 136/2; panthermedia/F. Bayersdorfer: 36/2; panthermedia/Ueli Bögle: 175/1; panthermedia/Marc Dietrich: 225/3; panthermedia/I. Dumreicher: 236/2; panthermedia/Josef Freitag: 9/6; panthermedia/Katharina Groth: 218/3; panthermedia/Werner Heiber: 149/3; panthermedia/Horst Hellwig: 97/5; panthermedia/H. Hellwig: 175/2; panthermedia/Rainer Huber: 7/1; panthermedia/J. Humbert: 97/1; panthermedia/Mario Kaul: 97/2; panthermedia/M.Kosa: 157/1; panthermedia/Bernd Kröger: 31/1; panthermedia/E. Krone: 219/1; panthermedia/Arndt Manzel: 98/4, 222/1; panthermedia/Ronny Nöller: 203/1; panthermedia/A. Paralis: 23/6; panthermedia/Alexander Rochau: 177/3; panthermedia/C. Rother: 103/1; panthermedia/M. Schauer: 98/1; panthermedia/Oliver Schmidt: 45/1; panthermedia/William Thielicke: 249/2; panthermedia/Thomas Weber: 80/4; panthermedia/T. Weinholzner: 8/2; panthermedia/G. Wittig: 66/1, Photo Disc Inc.: 55/1, 95/6, 98/3, 159/1, 2, 161/1, 165/1, 170/01, 172/1, 196/1, 219/3, 230/2, 237/3; Photosphere: 235/8, 257/1a; PHYWE SYSTEME GmbH & Co. KG, Göttingen: 24/1, 178/1; Picture Press/Sohns, Jürgen+Christine: 14/1; picture-alliance/KPA/Picture24/Kuttig, Siegfried: 97/4; picture-alliance/KPA/HIP/Ann Ronan Picture Library: 218/2; picture-alliance/KPA: 173/1; picture-alliance/dpa: 181/1, 207/1a, 209/1, 220/3, 221/2; picture-alliance/dpa/dpaweb: 159/5; picture-alliance/HB-Verlag: 137/4; picture-alliance/maxppp: 154/1; picture-alliance/OKAPIA KG, Germany: 24/3, 25/1, 115/1; picture-alliance/ Manfred P.Kage/OKAPIA: 162/2, 218/1; picture-alliance/ZB: 215/2; Pitopia/Nils Klippstein, 2003: 175/5; Pixland: 7/2, 159/4; Karlheinz Lutzmann/printbig: 239/1; Prof. Dr. W. Probst: 252/1; S. Raake: 102/1, 175/6; B. Raum, Neuenhagen: 190/1, 2; rebelpeddler Chocolate Cards: 40/1; Dornier Medienholding GmbH: 213/1; C. Ruppin,: 173/3; Sartorius AG: 33/2; S. Schmitz: 10/1, 44/3, 46/2, 200/1; SCHOTT, Mainz: 227/2; Wolfgang Schreier, Leipzig: 220/2; H. Seitz: 89/1; Siemens AG/München: 9/7; Stange Design GmbH: 234/1; Sto AG: 223/2, 3, 249/3; Stockphoto: 207/2; Techniker Krankenkasse/Zapf, Michael: 159/3; H. Theuerkauf, Gotha: 179/1, 181/2, 227/1, 230/1; Tierbildarchiv Angermayer, Holzkirchen: 128/4, 131/1, 2; ullstein - AP: 170/1; Universitätsbibliothek Regensburg: 251/1; Marcus Vasters, Kallmünz: 94/4; D. Voges: 155/1; Volkswagen AG: 107/1; J. Vollmar: 119/01; G.Winkler/www.gekkomat.de: 222/2; BilderBox Bildagentur GmbH: 71/1a; E. Zabel: 90/2, 3; Zartbitter e.V., Köln: 171/1, 2.